하용조 강해서 전집 10

마태복음 3

제자

복음의 그물을 던지는 어부들

(8-12장)

하용조 강해서 전집 10

마태복음 3
제자
복음의 그물을 던지는 어부들
(8-12장)

지은이 | 하용조
초판 발행 | 2012. 8. 1
개정판 발행 | 2021. 7. 21
등록번호 | 제1988-000080호
등록된 곳 | 서울특별시 용산구 서빙고로 65길 38
발행처 | 사단법인 두란노서원
영업부 | 2078-3352   FAX | 080-749-3705
출판부 | 2078-3331

책값은 뒤표지에 있습니다.
ISBN 978-89-531-3511-6 04230

독자의 의견을 기다립니다.
tpress@duranno.com   www.duranno.com

두란노서원은 바울 사도가 3차 전도여행 때 에베소에서 성령 받은 제자들을 따로 세워 하나님의 말씀으로 양육하던 장소입니다. 사도행전 19장 8-20절의 정신에 따라 첫째 목회자를 돕는 사역과 평신도를 훈련시키는 사역, 둘째 세계선교(TIM)와 문서선교 (단행본·잡지) 사역, 셋째 예수문화 및 경배와 찬양 사역, 그리고 가정·상담 사역 등을 감당하고 있습니다. 1980년 12월 22일에 창립된 두란노서원은 주님 오실 때까지 이 사역들을 계속할 것입니다.

하용조 강해서 전집 10

마태복음 3

제자
복음의 그물을 던지는 어부들

(8-12장)

두란노

예수 그리스도를 만나고, 천국 백성의 삶을 살기를 바랍니다

강해 설교에 대한 확신을 가진 후 본격적으로 설교의 감격과 축복을 나누게 된 것은 마태복음 강해를 시작하면서입니다. 그동안 온 누리교회 성도들과 함께 주일 강단을 통하여 말씀의 능력과 축복의 실제가 무엇인지 경험했습니다.

참된 설교는 하나님의 말씀을 성령의 도우심으로 강해하여 그 시대 하나님의 백성에게 전달해 천국 백성의 삶을 살게 하는 데 있다고 생각합니다. 또 한 가지, 설교란 예수님이 하신 것처럼 알아듣기 쉬워야 하며, 적용이 실제적이어야 하며, 위로부터 오는 참된 능력이 있어야 한다고 생각합니다. 이번에 출간되는 마태복음 강해는 이런 점에 유의했다고 볼 수 있습니다.

이 강해집을 통하여 우리는 아브라함과 다윗의 자손이요 동시에 성령으로 잉태된 임마누엘이신 예수 그리스도를 만나게 될 것입니다. 예수 그리스도는 실로 온 인류의 메시아요 왕이며 우리의 구세주입니다. 이 영광스러운 왕과 동행하는 삶이 바로 그리스도인의 삶이요 마태복음 강해에서 보여 주는 삶입니다.

저에게 강해 설교에 대한 도전과 용기를 주신 분들을 잊을 수 없습니다.

첫째는, 10년 동안 강해 설교를 가르쳐 주신 데니스 레인 목사님입니다. 둘째는, 캠벨 모건과 마틴 로이드 존스 목사님의 강해 설교집을 통해 받은 은혜를 고백하고 싶습니다. 셋째는, 존 스토트, 존 맥아더, 그리고 짐 그레이엄 목사님의 강해 설교를 말하고 싶습니다. 특별히 강해 설교와 성령의 기름 부으심에 대한 짐 그레이엄의 통찰력은 저에게 또 하나의 빛이었습니다. 넷째는, 온누리교회 성도들과 특별히 제 아내입니다. 언제나 나의 설교에 대한 결정적인 비판자요 동시에 격려자는 제 아내였습니다. 마지막으로, 이 책이 나오도록 도와주신 두란노서원 식구들에게 감사를 드립니다.

차례

2부

그리스도의 부르심

마태복음 9:1-38

3부

그리스도의 가르침

마태복음 10:1-42

4부

그리스도를 따르는 제자의 길

마태복음 11:1-12:50

1부

그리스도의 영적 권세

마태복음 8:1-34

예수님이 세상에 오신 것은 사탄의 세력을 멸하고 죄의 권세를 깨뜨리며
우리의 모든 죄를 씻어 주시기 위해서입니다.
예수님은 우리의 죄를 용서해 주셨습니다.
예수님은 우리의 죄를 용서할 권세가 있으십니다.
예수 그리스도를 영접하고 그 앞에 어린아이처럼 나온 사람에게
예수님은 질병을 고쳐 주기보다는 먼저 그의 영혼을 고쳐 주실 것입니다.

1

믿음이
기적을 만든다

마태복음 8:1-4

예수님은 이제 산상설교의 긴 말씀을 다 마치셨습니다. 마태복음 8장 1절에 보면 예수님이 산에서 내려오셨다고 기록되어 있습니다. 마태복음 5장 1절에는 "예수께서 무리를 보시고 산에 올라가 앉으시니"라고 했습니다. 예수님은 산에 올라가셨고 산에서 내려오셨습니다. 왜 산에 올라가셨고, 왜 산에서 내려오셨을까요?

세상에 내려오신 예수님

예수님이 산에 올라가시게 된 동기는 4장 마지막 부분에서 찾아볼 수 있습니다.

> 예수께서 온 갈릴리에 두루 다니사 그들의 회당에서 가르치시며 천국 복음을 전파하시며 백성 중의 모든 병과 모든 약한 것을 고치시니 그의 소문이 온 수리아에 퍼진지라 사람들이 모든 앓는 자 곧 각종 병에 걸려서 고통 당하는 자, 귀신 들린 자, 간질하는 자, 중풍병자들을 데려오니 그들을 고치시더라 갈릴리와 데가볼리와 예루살렘과 유대와 요단 강 건너편에서 수많은 무리가 따르니라(마 4:23-25).

우리는 이 장면에서 얼마나 많은 사람이 예수님에 대한 관심과 호기심에 부풀어 있었는지 상상할 수 있습니다. 이때 예수님은 조용히 산으로 올라가셨습니다. 왜냐하면 기적보다 더 중요한 것이 진리기 때문입니다. 예수님은 올라가셔서 천국 진리를 가르치셨습니다. 산상설교에는 기적이 없습니다. 앉은뱅이가 일어나거나, 봉사가 눈을 뜨거나, 귀신이 나가거나 하는 얘기가 전혀 없습니다. 차분하고 조용하게 천국의 진리 속에 있어야 합니다. 기적 때문에 예수 믿는 것이 아닙니다. 말씀 때문에 믿는 것입니다. 예수님은 천국 말씀을 다 가르치셨습니다. 말씀을 마치신 예수님은 산에 더 계실 필요가 없었습니다. 그래서 다시 세상으로 내려오셨습니다.

그런데 이 말씀 속에 중요한 의미가 있습니다. 세상에 내려오신 예수님, 예수님의 마음속에는 언제나 현실이 있었습니다. 참된 신앙이란 산에 올라가서 은혜를 받고 동시에 은혜를 받으면 산에서 내려와 세상에서 사는 것이기도 합니다. 예수님은 결코 산에 머물지 않으셨습니다. 이것이 바로 이상과 현실의 문제입니다. 예수님은 언제나 현실을 주의 깊게 관찰하셨습니다. 사람들은 현실에서 고통을 느끼면 산으로 도망갑니다. 그리고 교회로 도망을 옵니다. 죄 많은 이 세상에 대해서 무관심하거나 도피하려고 합니다. 이러한 도피는 예수님의 생각과는 다른 행동입니다.

예수님은 죄 많은 세상 속으로 들어가셨습니다. 죄인들 속으로 들어가신 것입니다. 그가 살아야 할 현실은 산이 아니라 세상이었습니다. 그러나 산에 올라가셔야 할 때도 있었습니다. 예수님은 산에 가서 기도하셨습니다. 산에 가서 밤이 맞도록 철야 기도를 하셨습니다. 새벽 미명에 산에 가서 기도하셨습니다. 그러나 기도를 마치시고 난 후에는 꼭 현실로 돌아오셨습니다.

한번은 예수님이 베드로와 야고보와 요한과 같이 변화산에 올라가셨습니다. 거기서 그들은 하늘의 신비를 체험했습니다. 모세와 엘리야를 만났습니다. 예수님이 흰 옷을 입고 그들과 대화하고 계신 것을 보았습니다. 이때 그들은 "주여, 여기가 좋사오니 초막 셋을 짓고 여기서 삽시다"라고 했습니다. 그러나 예수님은 그러한 유혹에 말려들지 않으셨습니다. 그러한 신비의 체험을 같이 나누고 난 다음에 산에서 내려오셨습니다. 그리고 현실 속으로 들어가셨습니다.

오늘 그리스도인이 배워야 할 두 가지 사실이 있습니다. 그것은 현실에만 집착해서도 안 되지만, 동시에 이상에만 머물러서도 안 된다는 것입니다. 은혜 받고 하나님을 만나기 위해서는 산이 필요합니다. 믿음의 골방이 필요합니다. 우리는 교회에 와서 은혜를 받습니다. 그러나 받은 은혜를 가지고 미움과 죄와 질병과 고난이 있는 세상에 들어가서 그리스도의 사랑을 실천해야 합니다. 교회 안에서 승리할 뿐만 아니라 세상에 가서 승리하는 사람이 진정한 승리의 삶을 사는 사람입니다.

1절에 보면 "예수께서 산에서 내려오시니 수많은 무리가 따르니라"고 했습니다. 여기서 흥미로운 사실은 사람들이 말씀을 다 듣고 나서도 예수님의 말씀이 너무 좋아서 예수님을 떠나지 못하고 있다는 것입니다.

그런데 예수님과 함께 그들이 세상에 내려왔을 때 한 나병 환자가 나아왔습니다. 드디어 사건이 일어나기 시작한 것입니다. 예수님이 산에 계실 때는 이런 일이 없었습니다. 그런데 하나님의 진리의 말씀을 선포하고 세상에 내려오시자마자 그를 기다리던 한 사람이 있었으니, 그가 나병 환자였습니다.

나병은 저주받은 병이었습니다. 나병에 걸리면 사람들과 함께 살 수가 없었습니다. 그들은 집단적으로 굴 같은 곳에서 숨어 살아야만 했습니다. 나병에 걸린 사람이 동네에 나타나면 사람들이 돌로 치고 저주했습니다. 나병에 걸린 사람은 "나는 나병 환자다"라고 소리치며 다녀야 했습니다. 그래야만 사람들이 자신에게 접촉하지 않기 때문입니다. 이 나병 환자가 예수님 앞에 나아온 것입니다. 산에서 하나님의 음성을 듣고 내려왔을 때 현실에는 나병 환자가 있었습니다.

우리가 깊은 은혜를 받고 나면 언제나 현실이 기다리고 있습니다. 산에 가서 금식 기도, 철야 기도를 하고 은혜 받고 내려왔는데 집에 들어서면 신경질 날 일들이 가득합니다. 대부분의 사람은 그 문턱에서 신경질을 부려 받은 은혜를 다 쏟아 버리고 맙니다. 그러나 우리는 그 현실을 이겨내야 합니다.

예수님 앞에 나아온 나병 환자가 예수님을 기다리고 있었습니다. 그 저주받은 나병 환자가 예수님 앞에 나왔습니다. 본문을 좀 더 깊이 살펴보면 이 나병 환자의 믿음이 얼마나 큰지 알게 됩니다. 2절 말씀입니다.

> 한 나병 환자가 나아와 절하며 이르되 주여 원하시면 저를 깨끗하게 하실 수 있나이다 하거늘(마 8:2).

아주 간단한 말입니다. 그러나 이 말 속에는 엄청난 믿음의 비밀이 있습니다. 첫째, 나병 환자가 예수님에게 나왔습니다. 이 말은 굉장한 말입니다. 왜냐하면 절대로 그는 사람들 앞에 나타날 수가 없는 입장이기 때문입니다.

더구나 예수님 앞에 그렇게 담대히 나올 수 없는 입장이었습니다. 그런 그가 나왔습니다. 예수님 앞에 나온다는 것은 믿음 없이는 불가능합니다.

믿음의 첫걸음은 주님 앞에 나오는 것입니다. 오늘 우리는 믿음이 있기 때문에 이렇게 주님 앞에 나왔습니다. 끌려왔든, 습관으로 왔든 교회에 왔다는 사실은 믿음이 있다는 것입니다. 어떤 사람을 전도해 보면 입으로는 계속해서 예수님을 부인합니다. 그런데 교회에는 옵니다. 입으로는 자존심 때문에 예수님을 반대합니다. 그러나 속에서는 예수님을 받아들이고 싶은 것입니다. 박해를 받으면서도, 반대하면서도 나왔다는 사실은 관심이 있다는 것입니다. 이 나병 환자가 그런 저주받은 병이 있음에도 예수님 앞에 담대히 나왔다는 사실은 믿음 없이는 할 수 없습니다. 그는 수많은 사람의 저주와 돌 세례를 각오했을 것입니다. 그럼에도 불구하고 예수님 앞에 나왔습니다.

둘째, 그는 예수님 앞에 나와서 절을 했습니다. 예수님 앞에 나와서 바로 소리 지르지 않았습니다. 절했다는 단어는 마태복음에 13번 나오는데 이는 '경배하다'라는 뜻입니다. 이 나병 환자는 가볍게 인사한 것이 아니라, 무릎을 꿇고 온몸으로 겸손과 진실과 순수한 그 모든 것을 다 바쳐 예수님 앞에 조용히 머리를 숙였을 것입니다. 이것이 믿음입니다.

믿음이란, 주님 앞에 머리를 숙이는 것입니다. 우리는 머리가 곧아서는 안 됩니다. 하나님과 대결하면 손해만 봅니다. 그것도 아주 크게 말입니다. 예수님 앞에서 우리는 자존심을 꺾어야 합니다. 신앙이란 고개를 숙이는 것입니다. 특별히 교회에서 봉사를 많이 하시는 분은 겸손으로 봉사해야 합니다. 이렇게 머리를 숙인 저주받은 나병 환자는 그 다음에 어떻게 했습니까?

셋째, 2절에 "절하며 이르되"라고 했습니다. 그는 말했습니다. 말하는 것도 믿음입니다. 이것은 자기의 전인격을 언어에 다 넣어서 하나님 앞에 토하는 진실한 고백입니다. 이 말씀을 보면 예수님이 마태복음 7장 7절에서 하신 말씀이 생각납니다.

"구하라 그리하면 너희에게 주실 것이요 찾으라 그리하면 찾아낼 것이요 문을 두드리라 그리하면 너희에게 열릴 것이니."

이 사람은 나병 환자입니다. 이 사람에게는 병이 낫기를 바라는 간절한 요구가 있습니다. 그런데 여기서 그는 거지의 입장이 아닙니다. 이 나병 환자의 태도를 보면 예수님이 자기 아버지인 것처럼 믿음의 관계에서 요구하는 것을 볼 수 있습니다. 구걸이 아닙니다. 이는 어떤 면에서 당당한 요구처럼 느껴집니다.

오늘 우리에게 이 믿음이 필요합니다. 이는 열등감이 아니라 믿음입니다. 주님 앞에 우리의 모습을 자연스럽게 내놓아야 합니다. "주님, 나는 나병 환자입니다. 주님, 나는 이런 고민이 있습니다. 다른 사람이 알지 못하는 심각한 고통이 내 안에 있습니다. 그런데 주님, 내가 이것을 주님 앞에 이야기하고 싶습니다." 이것이 믿음입니다. 열등감이 있는 사람은 절대 이런 말을 못 합니다. 우월감이 있는 사람도 못 합니다. 믿음이 있는 사람만이 자기를 고백합니다.

어떤 사람은 죄를 고백하다가도 결정적인 순간에서는 자신을 숨깁니다. 주님 앞에 나를 내놓을 것 같다가도 내놓지 않습니다. 왜 그런지 아십니까? 믿음이 없어서입니다. 무섭고 두려워서입니다. 이 나병 환자는 자신을 공개했습니다. 우리는 예수님 앞에 자신을 다 공개해야만 합니다.

절박한 신앙 고백

넷째, 그가 어떤 말을 했는지 생각해 보겠습니다. 그는 먼저 예수님 앞에 나와서 예수님을 주님으로 고백했습니다. "주여"라고 했습니다. 신앙이란 고백입니다. 진정한 신앙은 바른 신앙 고백에서부터 시작합니다. 그는 "예수님, 당신은 나의 왕이십니다. 예수님, 당신은 나의 주인이십니다"라고 고백한 것입니다.

이 말씀은 마태복음 7장 21절에서 "나더러 주여 주여 하는 자마다 다 천국에 들어갈 것이 아니요"라는 말씀의 "주여"가 아닙니다. 이 나병 환자는 지금 종교적인 쇼를 할 만큼 한가한 사람이 아닙니다. '어떻게 하면 목소리를 더 멋있게 낼 수 있을까? 어떻게 하면 표정을 좀 더 멋지게 만들 수 있을까?' 이런 것을 생각할 수 있는 사람이 아닙니다. 그는 정말 오열하듯이, 피를 토하듯이, 자기의 온 마음과 인격을 다 바쳐서 "주여"라고 신앙을 고백한 것입니다. 이러한 신앙 고백이 오늘 우리에게 필요합니다.

그리고 이 사람은 "원하시면"이라고 했습니다. 이 말은 간단하지만 굉장히 중요한 말입니다. 이 사람은 나의 뜻보다는 주님의 뜻을 먼저 생각하고 있습니다. "예수님, 내 병을 고치고 싶습니다. 정말 고침 받기를 원합니다. 그러나 주님이 원하시면, 주님의 뜻이라면"이라고 말하고 있습니다.

누구든지 사람들은 자기의 필요를 먼저 생각하기 마련입니다. 다른 사람을 생각하기 어렵습니다. 남의 문제까지 생각해 준다는 것은 대단한 일입니다. 우리가 이해하기에는 분명히 나병 환자는 남을 생각할 만큼 여유 있는 입장이 아닙니다. 그는 돈도 없었을 것이고, 옷도 허술하게 입었을 것이고, 남에게 줄 거라고는 아무것도 없었을 것입니다. 육체적으로는 매일매일 고통 속에서 손이 떨어져 나가고 코가 떨어져 나가는 추악한 상태로 살아가야 하는 사람이었습니다. 이런 사람이 어찌 남을 생각할 수 있겠습니까? 그런데도 이 사람은 "주님이 원하신다면, 주님의 뜻이라면" 하고 말했습니다.

우리는 이것을 배워야 합니다. 나를 생각하기 전에 먼저 남을 생각해야 합니다. 내 뜻을 생각하기 전에 먼저 하나님의 뜻을 구해야 합니다. 이 나병 환자는 "주님의 뜻이라면 내 병을 고쳐 주십시오"라고 말했습니다. 얼마나 겸손하고 진지한 태도입니까? "주님이 원하시면." 이 말은 "주님이 원하시지 않으면 나는 병으로 죽겠습니다"라는 뜻입니다. 안 고쳐 주셔도 좋다는 뜻입니다. "아무리 좋은 것이라도 주님이 원하시지 않으면 나는 안 하겠습니다." 과연 우리에게 이런 믿음이 있습니까? 포기할 용기가 있습니까? 주님이 원하신다면 무엇이든지 할 만한 용기가 있습니까?

"주여, 원하시면 저를 깨끗하게 하실 수 있나이다." 이 말은 나병 환자가 예수님이 병 고치시는 분임을 믿었다는 것을 보여 줍니다. 믿는 데서 능력이 나타나고, 믿는 데서 기적이 일어납니다. 예수님이 아무리 능력이 있으셔도 우리가 믿지 않으면 그 능력은 우리의 것이 될 수 없습니다. 그러므로 우리는 어린아이처럼 하나님을 신뢰해야 합니다. 하나님이 나를 사랑하시는 것을 믿어야 합니다. "주 예수를 믿으라 그리하면 너와 네 집이 구원을 받으리라"(행 16:31)고 했습니다. 예수님은 무엇이든지 할 수 있는 능력이 있으십니다. 예수님이 하실 수 있음을 믿어야 합니다. 믿는 자에게는 불가능이 없습니다. 하나님의 뜻이라면 불가능이란 없습니다. 그 나병 환자는 이것을 믿었습니다. 얼마나 놀라운 믿음입니까?

저는 그 나병 환자의 믿음이 부럽습니다. 그 사람의 믿음을 닮고 싶습니다. 오늘 우리에게는 이런 믿음이 필요합니다. 그는 예수님에게 나아왔습니다. 엎드려 절했습니다. 그리고 믿음으로 말했습니다. "나의 주님이시여, 당신의 뜻이라면 나를 깨끗하게 하실 수 있습니다. 우리의 가정을 구원하실 수 있습니다. 내 문제를 해결해 주실 수 있습니다."

손을 내미시는 예수님

이 말씀을 듣고 예수님은 어떻게 하셨습니까? 3절에 예수님이 손을 내미셨다고 했습니다. 만약 예수님이 손을 내밀지 않으셨더라면 나병 환자가 얼마나 당황했겠습니까? 예수님은 그에게 손을 내밀어 주셨습니다. 말과 행동이 같이 온 것입니다. 사랑이란 입술에만 있는 것이 아니라 손과 발에도 있습니다.

더러운 데 손을 내미는 것, 저주받은 사람에게 손을 내미는 것은 결코 기분 좋은 일이 아닙니다. 그러나 사랑이란 이렇게 손을 내미는 것입니다. 별 볼일 없는 사람에게 손을 내미는 것입니다. 예수님은 우리에게 손을 내밀고 계십니다. 이렇게 손을 내미신 다음 "그에게 대시며"라고 했습니다.

소록도에 다녀오신 어떤 분이 나병 환자의 뭉그러진 손을 만지고 큰 은혜를 받았다고 합니다. 그 손을 만지고 울었다고 합니다. 그렇습니다. 손가락 없는 사람의 손을 만진다는 것은 쉬운 일이 아닙니다. 나병 환자의 손을 만지는 일이 어찌 기쁜 일이겠습니까? 그러나 예수님은 손을 내밀어 만져 주신 것입니다. 우리 주님은 우리의 가장 수치스러운 부분에 손을 대기를 원하십니다. 우리의 부끄러운 그 부분을 주님은 만져 주기 원하십니다. 이분이 예수 그리스도십니다.

그러고 나서 예수님은 말씀하셨습니다. "내가 원하노니 깨끗함을 받으라." 이것이 복음입니다. 예수님은 우리가 건강하기를 원하십니다. 예수님은 우리가 죄에서 벗어나기를 원하십니다. 예수님은 우리가 잘되기를 바라고 계십니다. 이것이 예수님의 뜻입니다. 예수님은 우리를 고난 속에 집어 넣고 즐기는 분이 아니십니다. 예수님은 죄를 미워하십니다. 예수님은 병과 어둠을 미워하십니다. 나사로의 죽음을 보셨을 때 예수님은 눈물을 흘리기까지 하셨습니다. 그만큼 죽음을 미워하십니다. 이것이 예수님의 마음입니다. 우리는 예수님의 이 마음을 믿어야 합니다.

은혜로 율법을 완성하다

> 내가 원하노니 깨끗함을 받으라 하시니 즉시 그의 나병이 깨끗하여
> 진지라(마 8:3).

이 말씀을 읽으면 창세기 1장의 "빛이 있으라 하시니 빛이 있었
고"라는 말씀이 떠오릅니다. 말씀의 동시성과 능력입니다. 예수님
에게는 병을 고치는 능력이 있습니다. 귀신을 쫓아내는 능력이 있습
니다. 죽음에서 살려 내는 능력이 있습니다. 우리는 여기서 하나님
에게는 불가능이 없다는 것을 깨닫게 됩니다. 자연법칙을 만드신 하
나님은 자연법칙을 초월하실 수 있습니다. 예수님은 나병을 고치실
뿐만 아니라 이보다 더 큰 기적도 행하시는 분입니다. 예수님은 어
제나 오늘이나 영원토록 동일하신 분이기 때문입니다. 만약 우리가
나병 환자와 같은 순수하고 진실한 믿음으로 주 앞에 나와서 경배
한다면 이런 일이 우리에게도 동일하게 일어날 것입니다.

나병보다 더 지독하고 큰 병이 있습니다. 그것은 죄라는 병입니
다. 나병은 특별한 사람들에게만 있습니다. 그러나 죄는 우리 모두
에게 있습니다. 죄는 나병과 같습니다. 나병에 걸리면 감각이 없습

니다. 코가 떨어져 나가도 아프지 않습니다. '죄'라는 나병에 걸리면 무감각해집니다. 뻔뻔해집니다. 양심에 화인을 맞습니다. 자기가 얼마나 큰 죄인인지도 모릅니다. 이것이 죄입니다. 이 사람은 나병이 나았습니다만 오늘 우리는 죄의 나병을 치료받아야 합니다. 예수님 앞에 나오면 이 죄가 치료될 수 있습니다.

보혈의 능력과 부활의 능력이 우리의 모든 더럽고 악한 죄를 치유해 줄 것입니다. 우리는 육체의 질병도 중요하지만 영혼의 질병이 더 중요하다는 사실을 알아야 합니다. 예수님은 우리의 육체뿐만 아니라 우리의 영혼도 치료하기를 원하십니다.

이제 나병 환자의 입장으로 돌아가 보겠습니다. "깨끗함을 받으라" 하시자 나병이 즉시 없어졌을 때 이 사람은 얼마나 기뻤을까요? 이 기쁨이 바로 구원의 기쁨입니다. 이 기쁨이 하나님을 만나는 기쁨이요, 하나님을 믿는 기쁨입니다. 신앙이란 이런 감격과 기쁨과 충격이 있습니다. 나병 환자에게는 말할 수 없이 벅찬 감격과 뛰며 소리치고 싶은 마음이 이 순간에 있었을 것입니다. 이때 예수님은 그에게 "삼가 아무에게도 이르지 말고 다만 가서 제사장에게 네 몸을 보이고 모세가 명한 예물을 드려 그들에게 입증하라"고 하셨습니다. 이 사람은 병이 나았습니다. 그는 제일 먼저 부모에게 가고 싶었을 것입니다. 친구에게 가고 싶었을 것입니다. 그러나 예수님은 제사장에게 먼저 가서 보이라고 하셨습니다.

왜 예수님은 이렇게 말씀하셨을까요? 여기에 중요한 뜻이 있습니다. 예수님은 은혜를 베푸시되 율법을 무시하지 않으셨습니다. 어떤 사람은 은혜 받았으면 그만이지 율법이 뭐 중요하냐고 합니다. 그러나 예수님은 한 번도 율법을 범하시거나 폐하거나 변형시키지 않으셨습니다. "예수 믿고 구원받고 은혜를 깨달았으면 그만이지 십일조가 뭐 중요하냐? 주일 성수가 뭐 중요하냐? 율법이란 죄다 인간을 얽매이게 하는 것이 아니냐?" 이렇게 반문하는 사람이 있습니다. 그러나 사도 바울은 율법이 있는 자에게는 율법이 있는 것처럼, 율법이 없는 자에게는 율법이 없는 것처럼 대한다고 말했습니다.

그렇습니다. 은혜를 받았다고 율법을 폐하라는 것이 아닙니다. 율법을 완성하라는 것입니다. 예수님은 이렇게 기적적으로 나병을 고쳐 주시고 나서 제사장에게 가라고 하십니다. 가서 보이라고 하십니다. 율법에 약속하고 기록한 대로 네가 나병에서 자유함을 받았다는 사실을 확인하라고 하십니다. 그러고 나서 예물을 드리라고 하십니다. 은혜와 치료를 받았으면 예물로 감사하는 것은 참으로 아름다운 일입니다. 이것이 바로 예수님이 율법을 존중하시는 모습입니다.

그리고 "입증하라"고 하셨습니다. 우리는 구원받은 것을 입증해야 합니다. 죄에서 자유한 사실을 입증해야 합니다. 우리 예수님이 왕이신 것을 입증해야 합니다. 그분에게 영광을 돌려야 합니다.

그리하지 아니하면 하늘에 계신 너희 아버지께 상을 받지 못하느니라(마 6:1).

첫째, 참된 신앙은 인간 앞에서가 아니라 하나님 앞에서 이루어집니다. 사람 앞에 나타내 보이거나, 칭찬을 받으려고 행한 모든 행위는 참된 신앙이 아닙니다. 예를 들면 사람을 의식해서 헌금을 한다든지, 사람에게 보이기 위해 교회에 나온다든지, 사람을 기쁘게 해 주기 위해 찬양을 한다든지, 사람을 즐겁게 하기 위해 설교를 한다든지 하는 것입니다.

인간의 의는 더러운 옷과 같아서 그 의로는 하나님 앞에 절대 나아갈 수가 없습니다. 그래서 예수 그리스도를 통해서 의의 옷으로 갈아입고 그 앞에 나아가야 하는 것입니다. 로마서에서는 우리의 신앙을 이렇게 요약하고 있습니다.

그러므로 우리가 믿음으로 의롭다 하심을 받았으니 우리 주 예수 그리스도로 말미암아 하나님과 화평을 누리자(롬 5:1).

이것이 신앙의 요점입니다. 그러나 문제는 우리의 신앙이 예수님을 통해 하나님에게 나아가려 하지 않고 사람을 향해 있다는 것입니다. 사람이 듣기 좋게 설교하고, 사람이 보기 좋게 교회 건물을 짓고, 사람에게 칭찬받기 위해 봉사하고 구제하는 신앙적인 행위를 합니다. 이것이 바로 타락이요 위선입니다. 성경에서는 이를

'외식'(外飾)이라고 표현했습니다. 위선 또는 외식은 처음에는 '웅변가'라는 뜻이 있었으나 나중에는 '배우'라는 뜻을 갖게 되었습니다. 배우는 참된 자기의 모습을 버리고 가면을 써서 다른 사람으로 변장합니다. 그리고 자기가 아닌 다른 사람이 되어 웅변적으로 사람을 설득하며 꼭두각시 역할을 합니다. 즉 자기의 본질은 감추고 다른 사람을 대역합니다.

성경 속 위선자들

외식은 구약 창세기에서부터 나타납니다. 성경에 보면 인류 최초의 위선자는 가인이었습니다. 그는 겉보기에 그럴듯한 거짓 제사를 하나님에게 드렸습니다. 그러나 그의 제사는 하나님 앞에 드린 제사가 아니라 사람에게 드린 위선적인 제사였습니다. 하나님은 속지 않으셨습니다. 그래서 제사를 받지 않으시고 거부하셨습니다. 그러자 거짓이 드러난 가인은 분노 때문에 동생 아벨을 죽이게 됩니다. 이것이 위선입니다.

거짓말한 사람은 거짓이 들통났을 때 화를 냅니다. 또한 위선적인 사람은 자기의 방법이 조금만 틀려도 속상해하며 남을 헐뜯습니다. 위선이 깊을수록 남을 정죄합니다. 그러나 진실하고 하나님 앞에 깨끗한 사람은 그렇게 화내고 흥분하지 않습니다. 그는 늘 하나님이 심판하시고 의가 승리하는 것을 믿기 때문에 들키거나 안 들키거나를 상관하지 않고, 오해받고 안 받고를 중요하게 여기지 않습니다.

　두 번째는, 구약에 나오는 아간입니다. 그가 여호수아와 함께 여리고 성을 정복하러 갔을 때, 하나님은 너희가 전쟁을 해서 정복하되 절대로 이방인의 물건에는 손대지 말라고 하셨습니다. 그러나 아간은 아무도 보지 않는 데서 좋은 물건을 훔쳐서 감추었습니다. 하나님은 기만당하지 않으셨습니다. 그래서 전쟁은 실패했고, 아간은 아골 골짜기에서 사람들에게 돌에 맞아 죽고 말았습니다. 이것이 바로 위선입니다.

　세 번째는, 압살롬입니다. 그는 거짓과 위선으로 아버지 다윗을 속였습니다. 그리고 배다른 자기 형제를 죽이고 내란을 일으켜 아버지의 정권을 빼앗으려 했으며, 아버지의 부인들을 강간했습니다. 결국 그는 머리털이 나무에 걸려서 공중에 매달렸다가 창에 찔려 죽는 비참한 최후를 맞이했습니다.

　네 번째는, 신약에 나타난 인류 최고의 위선자인 가룟 유다를 보겠습니다. 그는 제자로서 예수님과 함께 살았습니다. 3년간 예수님을 가장 잘 섬기는 사람처럼 위선을 떤 것입니다. 그러나 그는 예수님에게 한 번도 마음을 준 일이 없었습니다. 그냥 같이 지내며 따라다녔을 뿐입니다. 그러다가 결정적인 순간에 가룟 유다는 은 30냥에 예수님을 팔아넘겼습니다. 바로 예수님을 십자가에 내주는 장본인이 되었던 것입니다.

다섯 번째는, 아나니아와 삽비라입니다. 그들은 오순절에 성령이 임했을 때 생겨난 초대교회 일원이었습니다. 초대교회는 기뻐하며 떡을 떼고 하나님의 말씀을 들으며 구제하고 기도했습니다. 그들은 서로 재산을 통용했고, 자기 재산을 팔아 교회에 헌금했습니다. 그때 아나니아와 삽비라도 그들의 소유를 팔아 헌금했습니다. 사람들이 박수를 치고 칭찬했습니다. 그런데 문제는 그들이 헌금을 내놓을 때 일부를 빼돌리고 베드로에게는 그것이 전부라고 거짓말했다는 것입니다. 그래서 성령을 속인 죄로 그들은 그 자리에서 즉사하고 말았습니다. 이것이 바로 위선의 결과입니다.

돈이 없어서 헌금을 못 하면 어떻습니까? 교회는 돈보다 진실이 중요합니다.

위선이라는 죄

위선은 모든 곳에 존재합니다. 이방 종교에도 있고 기독교 안에도 있습니다. 또한 위선은 초대교회에만 존재했던 것이 아니라 오늘날 교회에도 있습니다. 현재 우리나라에 교회와 교인들이 그렇게 많은데 선한 힘을 행사하지 못하는 것은 외식과 위선이 있기 때문입니다. 위선은 마귀의 최고 공격 무기입니다.

그러나 성령이 밝히 말씀하시기를 후일에 어떤 사람들이 믿음에서 떠나 미혹하는 영과 귀신의 가르침을 따르리라 하셨으니 자기 양심이 화인을 맞아서 외식함으로 거짓말하는 자들이라(딤전 4:1-2).

구약에 보면 하나님은 외식하는 자들을 향하여 무섭게 진노하셨습니다.
아모스서와 이사야서에 있는 말씀을 보십시오.

내가 너희 절기들을 미워하여 멸시하며 너희 성회들을 기뻐하지 아니하나니 너희가 내게 번제나 소제를 드릴지라도 내가 받지 아니할 것이요 너희의 살진 희생의 화목제도 내가 돌아보지 아니하리라(암 5:21-22).

헛된 제물을 다시 가져오지 말라 분향은 내가 가증히 여기는 바요 월삭과 안식일과 대회로 모이는 것도 그러하니 성회와 아울러 악을 행하는 것을 내가 견디지 못하겠노라(사 1:13).

예수님도 이사야 말씀을 인용하여 마가복음에서 다음과 같이 바리새인과 서기관들의 위선을 지적하셨습니다.

이 백성이 입술로는 나를 공경하되 마음은 내게서 멀도다 사람의 계명으로 교훈을 삼아 가르치니 나를 헛되이 경배하는도다(막 7:6-7).

하나님 앞에서 모든 신앙 행위를 하는 것 같으나 실상은 세상의 교훈과 사람들의 칭찬을 구하고 있었다는 것입니다. '나를 어떻게 생각할까?' 하는 사람들의 칭찬에 대한 탐욕스러운 갈구, 이것이 바로 우리가 받는 유혹입니다.

예수님은 요한복음 5장 44절에서 "너희가 서로 영광을 취하고 유일하신 하나님께로부터 오는 영광은 구하지 아니하니"라고 말씀하셨습니다. 또 요한복음 12장 43절에서는 "그들은 사람의 영광을 하나님의 영광보다 더 사랑하였더라"고 탄식하셨습니다.

마태복음 23장에서는 무엇이든 용서하시는 인자하신 예수님이 "화 있을진저 외식하는 서기관들과 바리새인들이여"를 무려 일곱 번씩이나 반복하며 무섭게 책망하시는 것을 볼 수 있습니다.

예수님은 우리가 세상에서 살인을 해도, 간음을 해도, 도둑질을 해도, 또 탕자처럼 생활해도 회개하고 돌아오면 용서해 주십니다. 그러나 신앙적인 교만과 위선에 대해서는 조금도 용납이 없으십니다. 그래서 예수님은 너희가 행하는 모든 신앙적인 행동을 사람 앞에서 하는 것처럼 하지 말라고 하셨습니다. 오직 하나님 앞에서 행한 신앙만이 영원한 것입니다. 그러므로 모든 신앙적인 일에 있어서 우리의 관심은 오직 어떻게 하면 하나님의 영광을 나타낼 것인가에 있어야 합니다. 찰스 M. 쉘돈의 《예수라면 어떻게 할 것인가》(예찬사 역간)라는 책이 있습니다. 이런 상황에서 예수님은 어떻게 하실 것인가를 생각하며 행동하는 것이 바로 신앙적인 태도입니다.

여러분, 두세 사람이 모이는 지붕 없는 교회에서라도 진정으로 예배드릴 수 있다면 하나님은 기뻐하십니다. 동전 두 닢밖에 낼 수 없는 형편에서도 감격하며 내는 헌금을 하나님은 기쁘게 받으십니다.

참된 신앙의 원칙

두 번째로 참된 신앙은 그 상급이 인간이 아니라 하나님에게서 오는 것임을 믿는 것입니다. 그러므로 우리가 정말 하나님 앞에서 무슨 일을 했다면 다른 사람이 알아주지 않는 것에 섭섭함이 없어야 합니다. 왜냐하면 모든 상급은 하나님에게서 오기 때문입니다.

1절에 보면 하늘에 계신 너희 아버지께서 상을 주신다고 했는데 '상을 받는다'라는 단어의 뜻은 그 당시 상거래 전문용어로 물건을 샀을 때 영수증 받는 것을 의미합니다. 그러니까 하나님 앞에서 우리가 어떤 신앙적인 행위를 했을 때(그것이 예배, 찬양, 구제, 봉사, 헌금이든 간에), 그 상급은 이미 지불되었다는 것입니다.

그렇습니다. 우리가 하나님 앞에서 무엇을 하고자 마음먹는 순간 이미 상이 임한 것이요, 영수증이 나간 것입니다. 그런데도 사람에게 또 칭찬을 받으려고 한다면 영수증을 두 번 받으려는 것입니다. 만일 우리가 세상 사람에게 칭찬이나 인정을 받으려는 마음이 지나치다면 하나님에게 받을 것이 아무것도 없을 것입니다. 그러므로 가능하면 사람을 의식해서 하는 행위는 피해야만 그날에 하나님이 우리에게 주시는 상급이 클 것입니다.

사탄은 우리에게 완전하고 영원한 축복 대신 일시적이고 현실적인 축복으로 유혹합니다. 그래서 하나님에게서 오는 영적 축복보다는 사람들의 감미로운 칭찬에서 오는 입술의 상급을 바라게 합니다.

이러한 참된 신앙의 두 가지 기본적인 원칙 앞에서 예수님은 구체적인 실례 세 가지를 들어 주셨습니다. 첫째는 구제, 둘째는 기도, 셋째는 금식입니다.

구제에 관해서는 마태복음 6장 2-4절 말씀에 나와 있는데, 하나님은 구제라는 신앙적 행위를 통해서 '나와 이웃'의 관계를 정립하고 계십니다. 기도에 관해서는 마태복음 6장 5-15절 말씀에 나오는데, 여기서는 '나와 하나님'과의 신앙적인 관계를 어떻게 맺어야 하는가를 말씀해 주십니다. 금식에 관한 것은 마태복음 6장 16-18절 말씀으로 자기 절제의 문제인데, '나와 나'의 관계에서 이루어지는 신앙적인 의에 대해서 말씀해 주십니다. 나와 나 자신, 나와 이웃, 나와 하나님, 이 세 가지 관계를 통해서 신앙은 형성되는데, 이러한 세 관계의 한 예로 들어 주신 것이 바로 구제와 기도와 금식이었습니다.

구제할 때 생색내지 마라

그 첫 번째 실례인 구제에 대해서 말씀을 나누겠습니다.

> 그러므로 구제할 때에 외식하는 자가 사람에게서 영광을 받으려고
> 회당과 거리에서 하는 것같이 너희 앞에 나팔을 불지 말라(마 6:2).

구약이나 신약에서나 구제는 이웃을 향한 하나님의 뜻이요, 명령입니다. 교회가 구제와 선교에 얼마나 관심이 깊은가에 따라 교인들의 신앙의 성숙도를 가늠할 수 있습니다.

하나님은 악인에게도 선인과 마찬가지로 햇빛과 비를 골고루 주십니다. 자비와 사랑의 하나님은 특별히 배고픈 자, 억눌린 자, 소외된 자들에게 관심이 많습니다. 그래서 자기 백성이 그들을 도와주기를 원하십니다. 그러나 오늘날 기독교의 비극 중 하나는 예수를 잘 믿는다면서 세상에 무관심하기 때문에 사회 참여 비신자들에게 구제를 그들의 전유물로 빼앗긴 것입니다. 오늘날 이 땅의 교회들은 가난한 자를 돕고, 억눌린 자를 위로하며, 소외된 자에게 관심을 가져야 할 책임이 있습니다. 하나님이 이웃에게 도움을 주는 것을 얼마나 기뻐하시는지 모릅니다.

레위기 19장 18절에 보면 하나님이 "네 이웃 사랑하기를 네 자신과 같이 사랑하라"고 하셨습니다. 예수님은 하나님을 사랑할 뿐만 아니라 네 이웃을 네 몸과 같이 사랑하라고 하셨습니다.

사도행전에 보면 초대교회 때 성령 받은 사람들은 전도했을 뿐만 아니라 구제와 봉사에 전념했습니다. 특별히 구제할 때 생색을 내거나 자만심을 가져서는 안 됩니다. 왜냐하면 하나님이 내게 위탁하신 물질을 없는 사람에게 나누어 주는 것은 당연한 일이요, 단지 주인의 것을 우리가 대신 전달한 것에 불과하기 때문입니다.

먹고 입고 자고도 남는 돈은 하나님이 우리에게 땅 사라고 주신 돈이 아니라 가난한 자를 도우라고 주신 돈입니다. 요즘 부동산 투기로 세상이 요란합니다. 하나님의 것을 가지고 인간들이 구획을 정해 놓고 내 것이요, 네 것이요 하며, 싸우고 마음대로 값을 먹이며 투기하는 것을 볼 수 있습니다. 하나님의 땅은 투기 대상이 되어서는 안 됩니다.

병원에 안 가도 될 만큼 우리에게 건강을 주심은 그 건강을 자랑하고 정욕을 위해서 쓰라고 주신 것이 아니라 병든 자를 도와주라고 주신 것입니다. 또 하나님이 우리에게 권력을 주심은 그 권력을 지배하고 착취하라고 주신 것이 아니라 좋은 일을 하라고 우리를 높은 위치에 세우신 것입니다. 하나님이 우리에게 돈과 건강과 권력을 주신 의미를 잘 깨달아야 합니다.

그런데 문제는 구제하는 태도입니다. 실제로 우리는 구제는 작게 하면서 큰 소리로 나팔을 불지 않습니까? 전달식을 한다며 사진 찍고, 심지어 신문과 잡지에도 알립니다. 빈 수레가 요란하듯 언제나 작은 구제를 한 사람이 큰일이나 한 것처럼 소리치고 다니는 것이 현실입니다. 신앙의 외식이란 바로 나팔을 불어 자기를 선전하는 것입니다. 이러한 구제는 하나님이 기억하지 않으십니다. 진실한 신앙 행위란 언제나 그 자체에 이미 축복과 상급이 담겨 있습니다. 이것을 세상적인 것으로 더럽혀서는 안 됩니다. 2절에서 "진실로 너희에게 이르노니 그들은 자기 상을 이미 받았느니라"고 했습니다.

　어떤 사람은 헌금하거나 구제할 때 꼭 자기가 확인하고 간섭하며 그 결과를 추궁하는 사람이 있습니다. 아주 불행한 사람입니다. 헌금이나 구제를 했으면 잊어버리십시오. 다만 하나님의 뜻대로 잘 쓰이도록 기도하십시오. 그 내역을 다 알아야 하고, 확인해야 하고, 영수증을 받아야 하고, 그 결과까지 책임져야 하는 사람은 자기가 하나님이 되려는 사람입니다. 또 구제와 헌금을 통해 다른 사람을 지배하려는 태도를 갖는 사람이 있습니다. 이것은 구제도 아니고 헌금도 아닙니다.

자신도 모르게 구제하라

그러면 참된 구제의 태도는 어떠해야 합니까?

> 너는 구제할 때에 오른손이 하는 것을 왼손이 모르게 하여 네 구제함을 은밀하게 하라 은밀한 중에 보시는 너의 아버지께서 갚으시리라(마 6:3-4).

어찌 오른손이 하는 것을 왼손이 모를 수가 있겠습니까? 이 말의 뜻은 구제할 때 다른 사람이 모르게 하는 것뿐만 아니라 자기자신까지도 모르게 하라는 뜻입니다. 즉 도와줄 때 자기를 의식하거나 개입시켜서는 안 된다는 말입니다. 우리는 헌금할까 말까, 구제할까 말까를 자기하고 여러 번 의논하다가 막상 해야 할 즈음에는 자신을 굉장히 위대한 사람으로 만들어 놓습니다. 그래서 겉으로는 겸손한 척하지만 '남을 구제하는 너는 참 괜찮은 사람이야'라고 스스로 생각하며 자신을 교만하게 만듭니다. 자기가 구제한다는 것을 자기 자신에게 너무나 많이 설득했기 때문입니다. 이것은 구제가 아닙니다.

남을 도와준 것을 우리의 의식 속에서도 제거해 버려야 합니다. 예를 들면 어떤 사람이 와서 "작년에 도와주셔서 감사합니다"라고 인사해도 기억나지 않아야 한다는 말입니다. 또 다른 예로 "내가 이번에 너를 용서하면 세 번째 용서해 주는 것이야"라고 했다면 이는 다 용서하지 않았다는 뜻이 됩니다. 그 말은 "나는 네가 잘못한 것을 다 기억하고 있고, 두 번이나 용서해 준 것도 다 기억하고 있다. 그러니 내가 너를 봐준 것이다"라는 말입니다. 그것은 용서도, 사랑도 아니고 고도의 지배술입니다.

우리가 하나님 앞에서 행한 것이라면 잊어버려야 합니다. 하나님에게 영광을 돌렸다면 그것으로 끝나야 합니다. 그리고 언제나 새롭게 출발해야 합니다. '내'가 구제했다는 자아의식이 많은 사람은 영적으로 교만해집니다.

결론적으로 구제할 때 "이런 마음을 갖게 하신 이도 하나님이시요, 이런 행동을 하게 하신 이도 하나님이시니 내가 자랑할 것은 아무것도 없습니다. 오직 이 일을 이루신 하나님에게 영광을 돌려 드립니다"라고 고백할 수 있을 때 참된 구제가 이루어집니다.

하나님은 언제나 은밀하게 계시는 분이고, 은밀한 중에 보시는 분이며, 전부 기억하고 계시는 분입니다. 우리가 잊어도 하나님은 기억하고 계시며, 우리의 속마음을 감찰하고 계십니다.

예수님을 보십시오. 그분은 하나님이셨으면서도 인간으로 오셨을 때는 목수의 아들로 말구유에 오셨습니다. 그 낮고 천한 곳에 오셔서 제자들의 발을 씻어 주시고, 버림 받은 창녀와 세리들을 만나 주시고, 세상에서 소외된 사람들을 품어 주신 분이 예수 그리스도입니다. 한 번도 자기를 과시하거나 자기의 힘을 표현해 본 일이 없으십니다. 그분이 가진 권능으로 사람들을 섬기셨고, 그분이 가진 능력으로 병든 자를 고쳐 주셨으며, 그분이 가진 힘으로 배고픈 자들에게 먹을 것을 주셨습니다.

사도행전 20장 35절에 "주는 것이 받는 것보다 복이 있다"라는 말씀이 있습니다. 여러분 평생에 주는 사람이 되기를 바랍니다. 또 주고 나서 기억하지 않는 사람이 되기를 바랍니다. 그래서 하늘에서 오는 진정한 상급이 우리의 마음에 평화와 기쁨을 주고, 그날에 천국에 갔을 때 하나님에게 큰 상급을 받는 우리가 되어야 할 줄로 믿습니다.

2

백부장의
순수한 믿음을 배우라

마태복음 8:5-13

예수님이 산상설교를 마치고 산에서 내려오신 뒤 베푼 열 가지 기적을 크게 셋으로 나누면 다음과 같습니다.

첫 번째 기적은, 8장 1-17절까지의 내용으로, 예수님 앞에 나온한 나병 환자를 치료하신 사건, 백부장 하인의 중풍을 고치신 사건, 그리고 베드로의 장모의 열병을 고치신 사건입니다.

두 번째 기적은, 8장 23절부터 9장 8절까지 연속적으로 나오는 세가지 사건입니다. 풍랑이 이는 바다를 꾸짖어 잠잠하게 하신 사건, 귀신 들린 자로부터 귀신을 쫓아 돼지 떼에 들어가게 하신 사건, 그리고 친구들이 데리고 온 침상의 중풍 병자를 고치신 사건입니다.

세 번째 기적은, 9장 18-34절에 나타납니다. 예수님은 죽은 소녀를 살리시면서, 동시에 12년 동안 혈루증으로 고생하던 여인을 고쳐 주셨고, 두 맹인과 벙어리를 고쳐 주셨습니다.

말씀은 곧 능력이다

여기서 본문에 나타난 중요한 관계 하나를 생각하고자 합니다. 그것은 천국의 말씀과 능력의 관계입니다. 마태복음 5-7장에서 예수님이 산상설교를 하실 때는 기적이 없었습니다. 그러나 말씀을 가르치신 후 세상에 내려오시자마자 열 가지 기적을 동시에 행하셨습니다. 이것이 바로 예수님에게서 발견되는 양면성입니다. 예수님은 말씀만 하지 않으셨습니다. 말씀을 마치시고 나면 현실로 돌아오십니다. 그리고 죄와 사탄과 정욕과 싸우고 있는 현실 속의 우리에게 찾아오셔서 구체적으로 어루만져 주시고 고쳐 주시고 치료해 주십니다.

예수님은 기적만 베풀지 않으셨습니다. 기적을 베푸시기 전에 말씀이 있었습니다. 예수님이 고기를 한 마리도 잡지 못한 베드로에게 나타나셔서 그물을 깊은 데 던지라고 하셨을 때, 그때도 먼저 베드로의 배 위에 올라가셔서 말씀을 가르치셨습니다. 말씀을 다 가르치시고 나서 베드로에게 깊은 곳에 그물을 던지라고 하신 것입니다.

오늘날 어떤 사람들은 말씀만 있으면 다 되는 것처럼 생각하는데 말씀은 현실에 적용되어야 합니다. 말씀이 곧 능력이어야 합니다. 성경 말씀을 배우고, 설교를 아무리 들어도 현실적으로 삶의 변화가 없다면 예수님이 하신 말씀과 상관없는 것이 됩니다. 스스로를 속이는 자가 됩니다.

동시에 기독교는 기적만 베풀지 않습니다. 요즘 어떤 곳을 가 보면 병이 낫고, 귀신을 쫓고, 이상한 신비를 체험하고, 기적을 베풀고, 축복을 받는 데 온통 관심을 쏟는 모임이 있습니다. 위험한 일입니다. 왜냐하면 기적을 위해서 예수님이 계신 것이 아니기 때문입니다. 말씀을 전하시다 보니 말씀 그 자체가 능력이기 때문에 기적이 나타난 것입니다.

성경의 진리란 단순한 이론의 진리가 아니라 구원을 베푸시는 하나님의 능력입니다. 우리는 그것을 복음이라고 합니다. 로마서 1장 16절에 사도 바울은 이렇게 고백하고 있습니다.

"내가 복음을 부끄러워하지 아니하노니 이 복음은 모든 믿는 자에게 구원을 주시는 하나님의 능력이 됨이라."

이론이 아니라 능력이라고 했습니다. 복음은 능력입니다. 능력 있는 교회, 능력 있는 그리스도인, 구체적으로 이 세상에서 하나님의 놀라운 진리를 생활로 보여 줄 수 있는 사람이 그리스도인입니다.

산에서 천국 진리를 선포하시고 이 세상에 내려오셔서 병을 고치고 귀신을 내쫓고 많은 기적을 베푸신 예수님을 보면서, 구원이 영적인 것만이 아니라 육체적인 것과도 관계 있다는 사실을 배우게 됩니다. 육체만의 구원은 반쪽 구원입니다. 영만의 구원도 반쪽 구원입니다. 하나님이 우리에게 주시는 구원은 완전한 구원입니다. 우리의 영과 육이 함께 구원받기를 원하십니다.

믿음 뒤에는 은혜가 있다

예수님은 나병 환자를 고치신 후에 곧바로 가버나움으로 들어가십니다. 5절에 "예수께서 가버나움에 들어가시니"라고 했습니다. 그런데 가버나움에 들어가시자마자 한 사람이 예수님을 기다리고 있었는데, 그 사람은 백부장이었습니다.

6절에서 백부장이 예수님에게 이렇게 말했습니다.

"주여, 내 하인이 중풍병으로 집에 누워 몹시 괴로워하나이다."

나병 환자는 자기의 문제를 가지고 왔지만 백부장은 자기의 문제를 가지고 온 것이 아니었습니다. 자기 종의 문제로 예수님을 찾아왔습니다.

여기서 재미있는 사실은 자기 상관의 문제로 온 것이 아니라는 점입니다. 상관의 문제를 가지고는 이득이 생길 수 있으나 종의 문제로는 혜택이 있을 리 없습니다. 그럼에도 불구하고 이 사람은 하인의 문제를 가지고 예수님 앞에 왔습니다.

예수님은 7절에서 "내가 가서 고쳐 주리라"고 하셨습니다. 얼마나 좋은 말씀인지 모르겠습니다. 예수님은 복잡하지 않은 분이십니다. 내가 누군지 따지지 않으십니다. 이 말을 듣고 백부장이 말하기를 "주여, 내 집에 들어오심을 나는 감당하지 못하겠사오니 다만 말씀으로만 하옵소서. 그러면 내 하인이 낫겠사옵나이다"라고 했습니다. 그러면서 9절에서 자기의 직업에서 오는 경험을 말합니다. 이 말을 듣고 예수님이 이렇게 반응하십니다.

"예수께서 들으시고 놀랍게 여겨."

예수님은 좀처럼 놀라는 분이 아니십니다. 그런데 여기서는 놀라셨다고 했습니다. 예수님이 굉장히 놀라셨습니다. 그리고 13절에서 "가라 네 믿은 대로 될지어다 하시니 그 즉시 하인이 나으니라"고 했습니다.

이것이 오늘 우리에게 주어진 말씀의 전부입니다. 여기서 우리는 중요한 사실 하나를 발견하게 됩니다. 그 사실은 주인의 믿음으로 하인이 고침을 받았다는 것입니다. 나병 환자의 경우는 자기 스스로 문제를 해결하기 위해 왔고, 자신의 순수하고 아름다운 믿음으로 병 고침을 받았습니다. 그러나 중풍 병자인 하인의 경우는 본인의 믿음이 아니라 주인의 믿음으로 병 고침을 받았습니다. 물론 본문의 앞뒤를 잘 보면, 그리고 9장에 나타난 중풍 병자 사건도 같이 연결해 보면 이 중풍에 걸린 하인에게도 믿음이 있었음이 분명합니다.

다른 사람의 도움이 없으면 철저하게 무능해지는 것이 중풍 병자의 모습입니다. 이러한 경우에 과연 그 사람은 고침을 받을 수 없는 것일까요? 그렇지 않습니다. 예수님은 그런 경우라도 고쳐 주십니다. 내가 잘나서 고침 받는 것이 아닙니다. 내가 예수님 앞에 나왔기 때문에 고침 받는 것이 아닙니다.

그러므로 믿음 뒤에는 은혜가 있습니다. 언제나 믿음보다 더 큰 것은 하나님의 은혜입니다. 하나님은 우리의 믿음을 보고 병을 고쳐 주시고 우리의 문제를 해결해 주십니다. 그리고 내가 그렇게 할 수 없는 상황에 있을지라도 하나님은 은혜로 우리의 모든 연약한 질병과 아픔과 문제점을 해결해 주십니다.

내 노력으로 되는 것이 아닙니다. 어떤 경우에는 나병 환자처럼 스스로의 힘으로 고쳤다고 말할 수 있을지 모릅니다. 그러나 그렇게 되면 교만이 뒤따르게 됩니다. 완전히 은혜입니다. 이 중풍 병자는 자기의 힘으로 아무것도 할 수가 없었습니다. 이때에 주인인 백부장이 그를 대신하여 예수님 앞에 나아가서 병을 고쳐 주시기를 원했던 것입니다. 이에 예수님이 백부장의 믿음을 보시고 병을 고쳐 주십니다. 얼마나 위로와 용기를 주는 말씀인지 모릅니다.

내 힘으로 하나님 앞에 오는 것 같지만, 내가 스스로 하나님을 믿는 것 같지만 우리는 하나님을 믿을 만한 자격이 없는 사람들입니다. 내가 하나님을 믿게 된 것은 내 노력 때문인 것 같지만 그 뒤에 하나님의 은혜와 축복이 있었던 것입니다. 우리가 죄짓지 않는 것은 우리가 잘나서가 아니라 하나님의 성령이 죄짓지 않도록 도와주시기 때문입니다. 죄를 지을 수 있는 기회가 너무나 많았지만 하나님이 막아 주신 것입니다. 그래서 오늘 우리가 다 여기에 있는 것입니다. 믿음이 있으면, 내가 내 몸으로 갈 수 없고 내 입으로 고백할 수 없다 할지라도 하나님이 우리의 중심을 아시고 우리를 고쳐 주십니다.

중보 기도의 능력

여기서 더 생각할 것은 중보 기도의 능력입니다. 백부장의 믿음, 백부장의 기도, 백부장의 능력이 하인의 병을 고쳐 주게 되었습니다. 우리는 어머니의 기도를 기억해야 합니다. 우리가 이렇게 믿음이 있는 것은 우리 자신 때문이 아니라 우리 부모님의 기도 덕분인지도 모릅니다. 어머니의 기도가 없었던 사람은 친구의 기도가 있었을 것입니다. 친구의 기도가 없었던 사람은 동역자의 기도나 성도들의 기도가 있었을 것입니다.

100년 전 이 땅이 복음의 황무지였을 때 미국에 있는 몇몇 교회에서 선교사를 한국에 파송해 놓고 어려운 한국 땅을 위해서 눈물로 기도했습니다. 영국에서, 또 다른 나라에서도 한국 땅에 선교사를 보내고 눈물을 흘리면서 기도했던 까닭에 오늘날 우리는 이처럼 부흥할 수 있었던 것입니다. 누군가 기도하지 않고는 역사가 일어나지 않습니다. 부모님이나 친구가 나를 위해서 기도하지 않았다고 할지라도, 내가 예수를 믿은 것은 누군가가 나를 위해서 기도했기 때문입니다.

마태복음 9장에 보면 또 한 사람의 중풍 병자가 나오는데, 그의 친구들이 침상에 누운 그를 예수님 앞에 데려옵니다. 이때 예수님이 하신 말씀이 아주 인상적입니다. 2절에 "그들의 믿음을 보시고"라고 했습니다. 중풍 병자의 믿음이 아니라 친구들의 믿음을 보시고 예수님이 병을 고쳐 주신 것입니다. 우리가 누군가를 위해 기도할 때 하나님은 역사하신다는 사실을 믿어야 합니다. 안 들어주시는 것 같아도 하나님은 기억하고 계십니다. 친구들의 믿음을 보시고, 상관의 믿음을 보시고, 우리의 믿음을 보시고 하나님은 기도에 응답해 주십니다.

우리가 가정을 위해서 기도하면 분명히 기적이 일어납니다. 우리의 기도가 한국 사회를 바꿀 수도 있다고 믿습니다. 이것이 중보 기도의 능력입니다. 우리가 하나님 앞에 의롭고, 정직하고, 순결하고, 진실하다면 오늘 우리의 이 간절한 기도를 통해 이 사회를 변화시킬 수 있습니다. 우리의 가정을 변화시킬 수 있습니다. "주 예수를 믿으라 그리하면 너와 네 집이 구원을 받으리라"고 했습니다.

남편이 예수를 믿지 않는다고 실망하지 마십시오. 아내가 예수를 믿지 않는다고 실망하지 마십시오. 자녀들이 교회에 가지 않는다고 실망하지 마십시오. 믿음의 기도는 역사하는 힘이 있습니다. 야고보서 5장 15절에 "믿음의 기도는 병든 자를 구원하리니 주께서 그를 일으키시리라"고 했습니다.

하나님은 이방인의 기도도 들으신다

오늘 성경의 사건을 통해 발견하는 또 다른 중요한 사실은 하나님은 이스라엘 백성의 기도를 들으시지만 이방인의 기도도 들으신다는 사실입니다. 이것은 지금 우리의 상황에서는 이해가 가지만 예수님 당시에는 혁명적인 사실이었습니다. 상상할 수 없는 일이었습니다. 왜냐하면 이방인은 하나님 나라 밖의 자손이었고, 하나님을 믿고 구원받을 수 없다고 여겨졌기 때문입니다. 당시 유대인에게는 할례 받은 자만이 구원받는다는 선민의식이 있었습니다. 그런 때에 예수님이 이방인에게도 구원을 베풀어 주셨습니다.

11-12절에 "또 너희에게 이르노니 동서로부터 많은 사람이 이르러 아브라함과 이삭과 야곱과 함께 천국에 앉으려니와 그 나라의 본 자손들은 바깥 어두운 데 쫓겨나 거기서 울며 이를 갈게 되리라"고 했습니다. 구원은 선택된 이스라엘 백성에게만 있는 것이 아니라 이스라엘 백성이 보기에 구원받지 못했고 저주받은 자인 이방인에게도 있습니다. 동서로부터 이스라엘 밖에서 구원받은 백성이 물밀듯이 올 것인데 그들은 아브라함과 이삭과 야곱과 함께 천국에 앉겠지만 나라의 본 자손, 즉 선택받았다는 자만심과 교만에 꽉 차 있는 자들은 바깥 어두운 데 쫓겨나 울며 이를 갊이 있으리라고 하신 것입니다.

선택받은 유대인이라는 사실이 중요한 것이 아니라 천국에 들어갈 수 있는 믿음이 있느냐가 중요합니다. 삼대째 그리스도인인 집에서 태어났느냐, 순교자 집안에서 자랐느냐는 중요하지 않다는 뜻입니다. 이는 우리의 믿음에 도움이 됩니다. 적어도 신앙의 뿌리에서 내가 태어났다는 것은 축복입니다. 그러나 그것이 천국 갈 수 있는 보증은 아닙니다. 목사라고 다 천국 가리라는 보장이 없습니다. 천국 갈 믿음이 없으면, 이 나병 환자나 백부장이 가졌던 믿음이 없으면 아무 소용이 없다는 뜻입니다. 오히려 우리가 어두운 데 쫓겨나서 슬피 울며 이를 가는 일이 생길 수 있다는 것입니다. 우리는 교회 다닌다는 것으로 우쭐대지 말아야 할 것입니다. 바른 믿음이 없으면 반드시 울며 이를 갈게 될 것입니다.

하나님은 선택받은 이스라엘 백성뿐만 아니라 이방인도 구원하기를 원하십니다. 구원이란 이스라엘 백성에게만 주어지는 것이 아니라 주 예수를 진정으로 믿는 모든 믿음의 사람에게 주어지는 것입니다.

백부장의 믿음

이 사건에서 발견하는 또 한 가지 사실은 중풍 병자가 주인공이 아니라는 것입니다. 중풍 병자가 아니라 그의 주인인 백부장에게 초점이 맞춰져 있습니다. 중풍 병자는 그저 주인 때문에 병 고침을 받은 사람입니다. 병이 나았느냐 그렇지 않느냐가 중요하지 않습니다. 나을 수도 있고, 안 나을 수도 있습니다. 나으면 축복이고 낫지 않으면 저주라는 것은 비성경적인 말입니다. 낫든지 안 낫든지, 살든지 죽든지 내 몸에서 그리스도가 영광스럽게 나타나는 것이 중요합니다. 그것이 축복입니다.

여기서는 환자의 병이 나았습니다. 그러나 실제적 문제는 백부장의 믿음입니다. 13절에서 예수님이 "가라 네 믿은 대로 될지어다 하시니 그 즉시 하인이 나으니라"고 했습니다. 얼마나 놀랍습니까? 안수하신 것도 아닙니다. 그냥 나았습니다. 여기서 우리가 배워야 할 것은 백부장의 믿음입니다.

백부장의 믿음을 네 가지로 생각해 보겠습니다. 첫째, 이 백부장은 자기 부하를 조건 없이 사랑한 사람입니다. 백부장은 백 명의 부하를 데리고 있는 책임자입니다. 그런데 이 사람에게 종이 있었습니다. 그 당시로 보면 종은 물건입니다. 사고팔 수 있으며 죽일 수도 있는, 자기의 재산 목록 중 하나입니다. 인격이 아닙니다. 그런데 이 종이 중풍에 걸렸습니다. 도무지 주인에게 도움이 되지 않습니다. 오히려 거추장스럽습니다. 이 종이 살아 있는 동안에는 주인의 돈이 더 들게 됐습니다. 어떻게 해야 합니까? 이 종을 죽이거나 버려야 합니다.

그러나 이 주인은 자기의 인격과 신앙과 모든 것을 다 걸고 예수님 앞에 와서 자기가 병든 것처럼 진실하게 하인이 고침 받기를 원했습니다. 이는 정말로 놀라운 믿음입니다. 백부장은 하인을 물건으로 보지 않고 인격으로 보았습니다. 하나님의 형상으로 보았습니다. 자기 마음대로 부릴 수 있는 사람으로 보지 않았습니다.

둘째로, 백부장은 진정 겸손한 사람이었습니다. 예수님이 "내가 가서 고쳐 주리라"고 하셨을 때 백부장은 "주여, 내 집에 들어오심을 나는 감당하지 못하겠사오니 다만 말씀으로만 하옵소서"라고 거절했습니다. 주님이 오시겠다고 하는데도 주님의 오심을 내가 감당하지 못하겠다고 말한 것입니다.

그리스도에 대한 높은 존경심과 경외심은 곧 자신의 무가치를 깨닫게 합니다. 하나님의 위대한 능력을 발견한 사람은 상대적으로 자기의 무가치를 깨닫게 됩니다. 이것이 바로 겸손입니다. 겸손이란 하나님의 위대한 능력을 발견하는 데서부터 시작합니다. 예수 그리스도의 그 엄청난 사랑을 발견하는 데서부터 자기의 무능함을 깨닫는 것입니다.

아우구스티누스는 그리스도를 자기 집에 모셔 올 수 없다는 태도는 곧 그리스도를 마음에 맞이할 수 있는 태도라고 말했습니다. 진정한 겸손, 그것이 백부장의 믿음이었습니다. 가치 없는 종을 가장 가치 있는 사람으로 만나 주었던 믿음과 예수님에 대한 존경과 겸손과 신뢰가 이 백부장에게 있었던 것입니다.

셋째로, 백부장에게서 또 하나 발견하는 것은 말씀에 대한 확신입니다.

8절을 다시 보겠습니다.

"백부장이 대답하여 이르되 주여 내 집에 들어오심을 나는 감당하지 못하겠사오니 다만 말씀으로만 하옵소서 그러면 내 하인이 낫겠사옵나이다."

이 백부장의 믿음은 정말 순수하고 진실하고 놀라운 믿음입니다. 백부장은 예수님의 능력을 실제로 믿었습니다. 우리는 안수 받고, 성령의 불을 내리고, 체험해야만 믿습니다. 방언하지 않으면 믿음이 없다, 안수 받지 않으면 믿음이 없다고 생각합니다. "말씀만 하옵소서" 하는 믿음이 없습니다. 체험적이고 감정적인 믿음,

어떤 현상적인 믿음을 자꾸 요구합니다. 특히 요즘 성경에도 없는 예언을 해서 사람들을 혼란으로 이끄는 자들이 많습니다. 천국을 수시로 왔다 갔다 한다는 사람들, 참 문제입니다. 사도 바울은 천국을 체험하고도 14년이 지난 후에 그 말을 했습니다. 그 체험을 혼자 비밀로 했습니다. 그는 함부로 말하지 않았습니다. 사도의 권위가 도전을 받았을 때 비로소 이야기했습니다.

그런데 사람들은 이상한 환상을 본다든가 예언한다고 하면 몰려갑니다. 이런 것은 바람과 같습니다. 얼마 지나고 나면 없어질 것입니다. 중요한 것은 말씀입니다. "말씀만 하소서. 우리 집에 오실 것도 없습니다." 이 백부장의 믿음과 눈으로 봐야지 믿는 우리의 믿음은 얼마나 큰 차이가 있습니까? 우리는 환상을 좇지 말고 말씀을 추구해야 합니다. 희미한 것을 너무 확실하게 알려고 하지 말아야 합니다. 말씀을 통해서 성령이 역사할 때 비로소 그 말씀이 우리에게 구원을 줍니다.

은혜를 받은 사람일수록 겸손합니다. 주님이 오늘 오시면 어떻고, 일주일 후에 오시면 어떻고, 십 년 후에 오시면 어떻습니까? 그것에 동요될 필요가 없습니다. 주님이 언제 오시는지는 주님 뜻입니다. 우리의 관심이 아닙니다. 성경에는 우리가 관심 둘 바가 하나 있다고 했습니다.

오직 성령이 너희에게 임하시면 너희가 권능을 받고 예루살렘과 온 유대와 사마리아와 땅끝까지 이르러 내 증인이 되리라(행 1:8).

우리는 증인이 되는 데, 전도하는 데 관심을 가져야 합니다. 백부장의 믿음은 말씀을 의지하는 믿음이었습니다.

넷째로, 이 백부장의 믿음에서 또 한 가지 발견하게 되는 사실은 그가 자기 삶의 경험을 활용한 사람이라는 점입니다. 이 사람은 백 명의 부하를 거느리는 군인이었습니다. 남의 수하에도 있어 보고 상관으로도 있어 본 사람입니다. 놀라운 사실은 이 사람이 자기 직업의 경험을 통해서 천국의 비밀을 깨달았다는 것입니다. 성경에서 배웠다거나 설교를 듣고 알았다거나 하면 누구나 알 수 있습니다. 그러나 이 사람은 자기의 직업을 통해서 천국의 비밀을 깨달은 것입니다. 똑같은 군인이라 할지라도 그렇게 깨닫지 못하는 사람이 대부분입니다. 그러나 이 사람은 깨달았습니다.

우리는 직업과 삶의 경험을 통해서 천국의 진리를 깨달아야 합니다. 우리가 어떤 직업에 종사하든지 다 천국과 연관되어 있습니다. 직장을 그만두고 신학교에 가는 것이 중요한 게 아닙니다. 우리의 직업을 통해서 하나님 나라를 이룰 수 있어야 합니다. 그리고 궁극적으로 그 직업의 속성을 통해서, 즉 가정주부는 가정의 일에서, 직장에서 일하는 사람은 그 일에서 원리를 깨달아야 합니다.

어떤 직업을 가졌느냐가 중요한 것이 아닙니다. 어떤 믿음을 가졌느냐가 중요합니다. 멀리 갈 것 없습니다. 우리의 가정에서, 우리의 직장에서 믿음의 눈을 가지고 보면 기적이 일어납니다. 부족해서 안 되는 것이 아니라 믿음이 없어서 안 되는 것입니다. 환경이 나빠서 안 되는 것이 아닙니다. 하나님 앞에 드리는 내 마음의 태도가 순수하지 않기 때문에 안 되는 것입니다. 환경은 얼마든지 바뀝니다. 세상은 자꾸 변합니다. 변하는 세상과 환경과 제도와 사상에 우리의 인격과 인생을 걸지 말아야 합니다.

우리의 신앙의 근거가 성경 말씀에 있어야 합니다. 백부장의 믿음을 보시고 예수님은 기이히 여기셨다고 했습니다. 예수님이 놀라신 것은 전혀 예기치 못한 사람에게서 전혀 예기치 못한 말을 들었기 때문입니다. 우리도 예수님을 놀라게 해 드릴 수 있는 믿음의 사람이 되어야겠습니다.

3

믿음으로 요구할 때
응답하신다

마태복음 8:14-17

예수님은 산에서 내려오셔서 나병 환자를 고쳐 주셨고 백부장의 하인을 고쳐 주셨습니다. 그러고 나서 베드로의 집으로 자리를 옮기셨습니다. 베드로의 집에 가 보니 그의 장모가 와 있었는데 열병으로 몹시 고생하고 있었습니다. 이 베드로의 장모의 병을 고쳐 주신 기록은 마가복음 1장 29-31절과 누가복음 4장 38-39절에도 나와 있습니다. 이 세 기록을 종합해 보면 예수님은 베드로의 집에 혼자 가신 것이 아니라 다른 제자들과 함께 가셨습니다. 아마도 사역하다가 조금 쉬시려고 그 집에 들어가신 것으로 짐작됩니다. 아니면 베드로의 집에 심방을 가신 것으로 생각됩니다. 사람들은 베드로의 장모가 앓는 것을 보고 예수님에게 나아와서 장모의 병을 고쳐 주기를 간구합니다. 이때 예수님은 그 장모의 손을 만지고 일으키셔서 고쳐 주십니다. 병 고침을 받은 장모는 즉시 일어나서 예수님에게 수종을 들었습니다.

여자를 인격적으로 대하시다

예수님은 남자나 여자나 주인이나 종이나 이스라엘인이나 이방인이나 구별하지 않으셨습니다. 예수님은 나병 환자를 고쳐 주셨습니다. 그는 유대인이었습니다. 예수님은 백부장의 요구를 들어주셨습니다. 그는 이방인이었습니다. 백부장은 주인입니다. 백부장의 종은 하인입니다. 예수님은 주인의 요구도 들어주셨고, 종의 병도 고쳐 주셨습니다. 동시에 예수님은 남자의 병만 고쳐 주신 것이 아니라 여자의 병도 상관하시고 고쳐 주셨습니다.

본문을 통해서 예수님이 여자를 대하시는 태도를 먼저 주목해 볼 수 있습니다. 요즘 교회에는 여성들이 많고 여성들이 교회에서 봉사를 많이 하기 때문에 이 문제가 대수롭지 않게 보일 수도 있겠습니다만, 이천 년 전 당시의 정치, 사회, 문화적인 배경에서 베드로의 장모를 고쳐 주신 것은 아주 충격적이고 놀라운 일입니다. 그 당시 여자는 숫자에도 들어가지 못했습니다. 여자와 어린아이는 같은 취급을 받았습니다. 당시의 주변 철학이나 플라톤이나 아리스토텔레스의 글을 보면 여자들의 위치가 어떠했는지 잘 알 수 있습니다.

인류 역사상 여자를 한 인격으로, 하나님의 형상으로 정중하게 대해 주신 분은 예수님이 처음이셨습니다. 놀라운 일입니다. 예수님은 여자를 성경대로 남자와 동등하게 대해 주셨습니다. 그래서인지 예수님 주위에는 여자들이 많았습니다. 일곱 귀신 들렸던 막달라 마리아, 아주 친밀한 관계를 가졌던 나사로의 누이 마르다와 마리아, 예수님의 어머니, 그리고 오늘 여기 나온 베드로의 장모 등 많은 사람이 있었습니다.

더 나아가 예수님은 세상적으로 완전히 소외당하고 버림 받은 수가성의 한 창녀를 만나 주셨습니다. 그 여자를 정말 인간답게 대접해 주셨습니다. 유대인이신 예수님이 사마리아 사람을 만나 주시다니, 당시로서는 상상조차 할 수 없는 일이었습니다. 뿐만 아니라 간음하다 현장에서 붙잡힌 여자를 보호해 주셨고, 그를 구원해 주셨고, 새 길을 주셨습니다.

그런 까닭이었을까요? 예수님이 십자가에 못 박혀 죽으실 때 처형당하는 장소까지 따라다녔던 사람은 남자가 아니라 여자였습니다. 뿐만 아니라 위대한 역사적 사실, 즉 예수님의 부활을 처음으로 목격한 사람들도 바로 여자들이었습니다. 예수님은 여자를 한 인격으로 만나 주셨고 여자에게 지대한 관심을 가지셨습니다.

성경에 보면 여자는 남자 이하도 아니고 남자 이상도 아닙니다. 똑같이 하나님으로부터 지음 받은 피조물입니다. 하나님이 흙으로 사람을 지으시고 그 코에 생기를 불어넣어 남자를 만드셨습니다. 이것이 아담입니다. 그러나 이 아담이 혼자 있는 것이 보기에 좋지 않자 하나님은 남자의 갈비뼈 하나를 취해서 여자를 만들어 주셨습니다. 바로 그 여자가 하와입니다.

왜 이 말이 오늘날 교회에서 중요할까요? 남자는 여자를 학대하거나 구타하거나 비인격적으로 대해서는 안 된다는 사실 때문입니다. 여자는 남자의 뼈 중의 뼈입니다. 그런데 무식하고 못 배워서 여자를 학대하고 구타하는 것이 아닙니다. 요즘 보면 많이 배운 사람 중에서 이런 일들이 종종 있습니다. 예수님이 가장 싫어하시는 모습 중의 하나입니다. 여자를 학대해서는 안 됩니다. 동시에 여자도 남자를 무시하거나 조롱해서는 안 됩니다. 자기의 위치를 잘 지켜야 합니다. 이것이 가장 행복한 가정, 행복한 사회를 이루는 지름길입니다.

믿음으로 요구하라

두 번째로, 본문에서 발견하는 사실은 예수님에게 믿음으로 나오는 사람은 예수님이 결코 거절하지 않으신다는 것입니다. 성경을 보면 예수님은 누구의 요구도 거절하신 적이 없습니다. 예수님 앞에 나온 사람은 나병 환자거나, 베드로의 장모거나, 가깝게 지내는 사람이거나 그렇지 않거나, 이방인이거나 선택받은 사람이거나 절대로 거절당하지 않습니다. 예수님은 우리가 믿음으로 나아가서 요청할 때 언제든 만나 주시고, 위로해 주시고, 우리의 문제를 해결해 주십니다.

오늘 본문에는 예수님이 장모를 일으켜서 병을 고쳐 주셨다고 기록되어 있지만, 마가복음과 누가복음을 종합해 보면 사람들이 예수님에게 나아와서 장모의 병을 고쳐 달라고 요구한 것으로 되어 있습니다. 성경을 자세히 상고해 보면, 예수님이 길거리를 가다가 불쌍한 사람이 있어서 그가 요구하지도 않는데 고쳐 주신 적은 거의 없습니다. 반드시 그 사람이 먼저 요구하게 하셨고, 그에 대해 예수님이 대답해 주셨습니다.

예수님은 한 번도 거절하시지 않았습니다. 그 누구의 요구도 다 받아들이셨습니다. 이것은 은혜입니다. 그러나 그냥 하시지 않습니다. 그 사람에게 믿음을 요구하십니다. 이것이 믿음과 은혜의 관계입니다. 하나님은 우리에게 풍성한 은혜를 베풀어 주셨습니다. 이때 그 은혜의 자리에 들어오는 사람은 믿음으로 요구하는 사람입니다. 야고보서 4장 2절 말씀은 그런 의미에서 주의 깊게 기억해야 할 말씀입니다.

"너희가 얻지 못함은 구하지 아니하기 때문이요."

믿음으로 요구하는 자에게 하나님은 응답해 주십니다. 우리에게 많은 문제가 있는 것을 주님이 아십니다. 주님이 원하시는 것은 믿음으로 그 문제를 가지고 구체적으로 기도하고 요구하는 것입니다.

그 예를 마가복음 9장 22절 이하에서 볼 수 있습니다. 어느 자녀가 귀신이 들렸습니다. 그러나 제자들이 귀신을 쫓아 주지 못했습니다. 그 아버지의 심정이 어떠했겠습니까? 예수님이 이 문제를 아시고는 무슨 일이냐고 물어보셨습니다. 아버지가 아이의 문제를 설명하면서 예수님에게 "무엇을 하실 수 있거든 우리를 불쌍히 여기사 도와주옵소서"라고 했습니다.

이때 예수님은 이 요구를 그냥 들어주지 않으셨습니다. 이 아버지의 요구가 잘못된 것이라고 지적해 주셨습니다. 23절에 "할 수 있거든이 무슨 말이냐 믿는 자에게는 능히 하지 못할 일이 없느니라"고 하셨습니다. 네가 정말 주님이 고쳐 주실 것이라고 믿고 기도했느냐, 아니면 막연하게 기대만 했느냐를 지적하신 것입니다. 이때 이 아버지는 "내가 믿나이다"라고 했습니다. 그런데 그는 믿는다고 소리 지르긴 했지만 실상 자기 자신 안에는 믿음이 없다는 사실을 발견했습니다. 그래서 그는 "나의 믿음 없는 것을 도와주소서"라고 합니다.

예수님은 우리에게 어떤 요구를 하고 계십니까? "하실 수 있거든"이 아니라 믿음으로 나와서 요구하라는 것입니다. 그런데 믿음으로 나와서 "믿습니다"라고 했지만 이내 "내 믿음이 없습니다" 하니까 예수님이 "믿음 없는 것은 내가 도와주겠다. 네가 믿음으로 요구해야만 그 문제를 해결해 줄 수 있기 때문이다"라고 하십니다. 예수님이 우리에게 요구하시는 것은 믿음입니다.

"하실 수 있거든"이 아닙니다. 하나님은 믿는 자에게는 능치 못함이 없다는 믿음을 마지막 순간까지 요구하십니다. 이 믿음을 여리고 성에서도 요구하셨습니다. 여섯 바퀴 돌 때까지 무너지지 않았던 여리고 성이 일곱 바퀴째 돌 때 무너졌습니다. 나아만 장군이 요단 강에 여섯 번 들어갔을 때는 병이 낫지 않았습니다. 그러나 일곱 번 들어갔을 때에는 병이 나았습니다. 엘리야가 무릎 꿇고 일곱 번까지 기도할 때 하나님은 마지막 순간에 구름을 보내셔서 비를 뿌려 주셨습니다. 하나님이 우리에게 요구하시는 것은 믿음입니다. 상황이 아닙니다. 중요한 것은 불가능한지, 가능한지가 아닙니다. 어려운지, 쉬운지가 중요하지 않습니다. 중요한 것은 믿음입니다. 하나님이 하실 수 있다고 믿느냐는 것입니다. 예수님이 이 문제에 대해서 응답하실 것이라고 믿느냐는 것입니다. 이것이 믿어진다면 그대로 응답될 것입니다. 빌립보서 4장 13절에 "내게 능력 주시는 자 안에서 내가 모든 것을 할 수 있느니라"고 했습니다.

우리의 기도 가운데 하나님이 아주 곤란해 하시는 기도가 있습니다. "하나님이 다 알아서 해 주세요"라는 기도입니다. 이것은 순종도 위탁도 아닌, 믿음을 위장한 게으름일 수 있습니다. 책임 회피일 수 있기 때문입니다. 자기의 믿음 없는 것에 대한 회피일 수도 있습니다. 예를 들어 어떤 사람에게 얼마나 주면 되겠느냐고 물으면 "알아서 주십시오"라고 말할 때처럼 어려운 것은 없습니다. 이런 사람일수록 적게 주면 불평이 많습니다. 자기 마음에는 이미 계산이 다 되어 있습니다. 이는 사람을 불편하게 하는 처사입니다. 하나님에게 나아갈 때는 믿음으로 나아가야 합니다. 정확하게 나아가야 합니다. 은혜는 바로 믿음과 만나는 선이기 때문입니다. 하나님의 은혜는 악인과 선인 모두에게 비를 주시는 것입니다. 이것은 일반 은혜입니다. 그러나 믿음으로 나아오는 자에게는 하나님이 큰 은혜를 베풀어 주십니다.

병을 꾸짖으시다

베드로의 장모의 열병을 고쳐 주신 사건에서 세 번째로 생각할 것은 누가복음에 있는 기록입니다. 마태복음에는 예수님이 손을 펴서 고쳐 주셨다고 되어 있지만, 누가복음에는 예수님이 가까이 서서 열병을 꾸짖으시자 병이 나았다고 기록되어 있습니다.

예수님이 병을 고쳐 주실 때 어떤 때는 그냥 능력으로 고쳐 주셨고, 어떤 때는 꾸짖으셨습니다. 왜 꾸짖으십니까? 꾸짖는 것은 인격에 대한 행위입니다. 베드로의 장모의 병을 꾸짖으셨다는 것은, 병 자체에 문제가 있는 것이 아니라 병을 통해 시험하는 사탄의 세력이 있음을 보고 꾸짖으신 것입니다.

이와 비슷한 예로 예수님이 바다를 꾸짖으신 적이 있습니다. 바다가 무슨 죄가 있습니까? 바다를 꾸짖어 어쩌자는 것입니까? 그러나 예수님이 꾸짖으신 이유는 그 바다에 풍랑이 일게 함으로써 제자들을 위기에 빠뜨렸던 사탄의 세력을 보셨기 때문입니다.

병에는 두 가지가 있습니다. 병균에 의해서 질병으로 나타나는 것이 있습니다. 또 사탄이 역사하여 괴롭힐 때가 있습니다. 이 때는 약을 아무리 써도 낫지 않습니다. 사탄을 꾸짖어야 합니다. 예수 이름으로 묶어서 추방해야 합니다. 예수님이 베드로의 장모의 열병을 꾸짖으신 것은 그 뒤에 귀신의 역사가 있었기 때문입니다. 귀신에 억압된 것은 꾸짖고 예수의 이름으로 쫓아내야 합니다. 왜냐하면 사탄은 지금도 여러 가지 방법으로 우리를 괴롭히고 있기 때문입니다. 질병을 통해서, 사업 실패를 통해서, 어떤 사람은 인간 관계를 통해서 마귀의 공격을 받을 수 있기 때문입니다. 이럴 때는 회개하고 주 앞에 나와서 무릎 꿇고 기도하고, 하나님으로부터 죄 사함을 받아야 합니다. 그러나 단순한 질병은 약을 먹고 고칠 수 있습니다.

사탄은 지금도 택한 자라 할지라도 집어삼키려 하고, 밀을 까불듯이 우리를 까불어서 시험에 들게 합니다. 사탄은 대적해야 합니다. 절대로 타협해서는 안 됩니다. 마귀는 공격해야 합니다. 쫓아내야 합니다.

우리는 두 가지 태도를 경계해야 합니다. 모든 것을 사탄의 역사로만 해석해서 인간의 죄와 실수까지 합리화하려는 태도입니다. 별것을 다 귀신 들렸다고 하는 것은 잘못입니다. 그것은 인간의 책임을 회피하는 태도입니다. 동시에 사탄의 존재를 근본적으로 부정하는 것도 잘못된 태도입니다. 성경에서 귀신 들린 자들이 예수님에게 고침을 받은 기록을 볼 수 있기 때문입니다.

이 두 가지 관계를 우리는 잘 이해해야 합니다. 예수님은 열병을 꾸짖으신 다음 베드로의 장모의 손을 붙잡아 일으키셨습니다. 열병이 떠난 것입니다. 사탄의 세력이 떠난 것을 의미합니다. 주님은 치료자십니다. 주님은 기적을 베푸는 분이십니다. 이천 년 전에만 그렇게 하신 것이 아니라 지금도 그렇게 하고 계십니다. 앞으로도 그렇게 하실 것입니다.

우리가 분명히 믿어야 할 사실은 사도행전적 사건이 오늘 이 시대에도 일어날 수 있습니다. 성령으로 변화되었던 많은 사람처럼 오늘 우리도 변화될 수 있다는 사실을 믿어야 합니다. 왜냐하면 예수님은 어제나 오늘이나 영원토록 동일한 분이시기 때문입니다. 과거에는 했지만 지금은 할 수 없다는 것은 불신앙입니다. 지금도 예수님은 성경에 기록된 그대로 다 하고 계십니다. 믿는 자들은 이것을 체험할 것입니다. 믿음의 눈으로 보면 오늘도 기적은 새롭게 일어납니다.

삶이 곧 기적

네 번째로, 본문에서 생각할 것은 베드로의 장모의 태도입니다. 15절에 "그의 손을 만지시니 열병이 떠나가고 여인이 일어나서 예수께 수종 들더라"고 했습니다. 이 얼마나 아름다운 광경입니까?

연령으로 보면 베드로의 장모는 최소한 50세에서 60세 사이일 것으로 짐작됩니다. 고열로 온몸이 불덩어리가 되어 아무것도 할 수 없었던 여인이 병 고침을 받고 즉시 일어나 예수님을 섬기게 된 사실은, 죄와 사탄에 사로잡혀 아무것도 할 수 없었던 한 탕자가 하나님의 집에 와서 새사람으로 봉사하는 모습과 꼭 같습니다.

예수님의 발 밑에서 수종 들던 베드로의 장모의 모습을 생각해 보았습니다. 옷은 흐트러지고 고열로 고생해서 창백한 얼굴은 땀으로 얼룩졌을 것이며 머리는 다 풀어졌을 것입니다. 그러나 그 여자는 표현할 수 없는 기쁨과 감격으로 눈물을 흘렸을 것이고, 그 마음은 감사로 가득 찼을 것입니다. 예수님을 섬기는 그 여인의 입술에서는 "주여, 감사합니다. 주여, 감사합니다"라는 말이 쉴 새 없이 터져 나왔을 것입니다. 우리에게 이 말이 있습니까? "주여, 감사합니다" 하는 기쁨과 감격과 벅찬 눈물이 있습니까?

베드로의 장모에게는 이것이 있었습니다. 이것이 바로 그리스도인의 모습입니다. 이것이 없다면 우리는 불쌍한 자입니다. 우리는 매일 매 순간마다 주님의 사랑과 기적을 보면서 감사해야 합니다. 꼭 앉은뱅이가 일어나고 맹인이 눈을 떠야만 기적이 아닙니다. 우리는 매 순간마다 우리에게 일어나는 사건 속에서 기적을 발견할 수 있습니다. 죽은 자가 살아나는 기적이 아니라 해도 좋습니다. 집이 한 채였다가 두 채가 되는 것이 아니라도 좋습니다. 병이 안 나아도 좋습니다. 예수님이 내 마음속에 들어오신 것이 기적입니다. 내 생각이 이렇게 바뀐 것도 기적일 수 있습니다. 내가 이 교회, 이 자리에 와서 앉아 있는 것도 기적일 수 있습니다. 베드로의 장모는 바로 이 기적을 경험한 것입니다.

예수님은 우리에게 기적을 경험하게 해 주십니다. 우리 형편에 맞는 기적을 순간순간 베풀어 주십니다. 노동자에게는 노동자의 기적이 있고, 학자에게는 학자의 기적이 있고, 직업인에게는 그 나름대로의 기적이 있을 것입니다. 병든 자에게는 일어나는 기적이 있을 것입니다.

우리의 연약함을 담당하시는 예수님

마태는 예수님이 나병 환자와 백부장의 하인과 베드로의 장모를 고쳐 주신 사건을 기록하면서 이것을 구약의 사건과 연관시켰습니다.

> 저물매 사람들이 귀신 들린 자를 많이 데리고 예수께 오거늘 예수께서 말씀으로 귀신들을 쫓아 내시고 병든 자들을 다 고치시니 이는 선지자 이사야를 통하여 하신 말씀에 우리의 연약한 것을 친히 담당하시고 병을 짊어지셨도다 함을 이루려 하심이더라(마 8:16-17).

마태는 이 세 가지 사건을 보면서 "구약의 이사야서에 기록된 하나님의 말씀이 바로 이 메시아, 우리의 병을 짊어지신 예수 그리스도를 통해서 나타났다"고 구약의 말씀으로 해석했습니다. 마태가 해석한 것에 따르면 예수님에게는 두 가지 모습이 있었습니다. 바로 구약의 이사야가 본 모습입니다. 그리고 하나님이 친히 보여 주신 모습입니다.

첫째, 우리의 연약함을 친히 담당하시는 예수님입니다. 17절에 "우리의 연약한 것을 친히 담당하시고 병을 짊어지셨도다"라고 했습니다. 이사야 53장 4절에는 "그는 실로 우리의 질고를 지고 우리의 슬픔을 당하였거늘"이라고 기록되어 있습니다. 예수님은 우리의 연약함을 담당해 주십니다. 대개 강하게 보이는 사람일수록 약한 사람입니다. 인간은 누구를 막론하고 다 약한 존재입니다. 외로운 존재입니다. 지식이 많거나 돈이 많거나 환경이 부유하다고 강한 것이 아닙니다. 저녁에 아무도 없는 빈방에 홀로 앉아서 자신을 생각해 보십시오. 얼마나 약하고, 외롭고, 무상한 인간입니까? 그것이 인간입니다. 사람은 외롭고 약한 것이 싫어서 주위에 바벨탑을 쌓는 것입니다. 불안하기 때문에 사람을 끌어모읍니다. 그러나 그 불안과 연약함은 막을 길이 없습니다.

예수님은 우리의 연약함을 담당하셨습니다. 예수님을 모시고 있으면 무섭지 않습니다. 외롭지 않습니다. 주변에 사람이 한 명도 없다고 해도 예수님만 있으면 우리는 웃을 수 있습니다. 감사할 수 있습니다. 왜냐하면 예수님이 우리의 연약함을 담당하셨기 때문입니다.

우리의 병을 짊어지신 예수님

둘째, 예수님은 우리의 병을 짊어지신 분입니다. 그가 채찍에 맞으심으로 우리는 나음을 입었습니다. 예수님에게는 불가능이 없습니다. 보혈의 능력에는 제한이 없습니다. 그는 실로 우리의 질고를 지셨고 우리의 병을 짊어지셨습니다. 얼마나 감사한 예수님이신지 모릅니다. 예수님은 단순히 영혼만 구원하신 분이 아니라 우리의 병을 고쳐 주신 분입니다. 교회에는 병 고치는 기적이 계속 일어나야 합니다. 그래야 성경적입니다. 귀신 나가는 사람도 있어야 성경적입니다.

16절에 "저물매 사람들이 귀신 들린 자를 많이 데리고 예수께 오거늘 예수께서 말씀으로 귀신들을 쫓아내시고"라고 했습니다. 귀신 들린 자란 어떤 자입니까? 귀신이 붙잡은 자입니다. 귀신이 그 사람의 영혼을 붙잡고, 육체를 붙잡고 있는 상태를 가리켜 귀신 들렸다고 합니다. 성경에 보면 귀신 들린 자의 예가 많이 나옵니다. 바로 사실이라는 뜻입니다.

아무리 힘센 사람이라도 밧줄로 묶으면 꼼짝을 못합니다. 죄지은 사람은 수갑을 찹니다. 두 손이 아무리 힘이 있고 능력이 있고 재주가 있다고 할지라도 묶어 놓으면 꼼짝을 못 합니다. 더구나 뒤로 묶으면 더 꼼짝을 못 합니다. 귀신이 우리를 이렇게 묶어 놓은 것입니다.

힘이 있어도 힘을 못 씁니다. 선행을 하고 싶어도 할 수가 없습니다. 음란과 더러운 생각으로 가득 차게 됩니다. 내가 하고 싶은 일을 하지 못하게 됩니다. 죄수의 몸같이 살게 되는 것이 귀신에게 억압된 상태입니다. 그 사람이 두 발로 아무리 시내를 활보하고 다녀도 그 영혼은 묶여 있는 것입니다. 자기 생각대로 되지를 않습니다. 술집으로, 못된 곳으로 끌려갑니다. 거기 가서는 안 된다고 생각하면서도 자꾸 끌려가는 것입니다. 그가 귀신에게 묶여 있기 때문입니다. 자기 의지대로 못 합니다. 술을 끊을 수 없습니다. 나쁜 습관이 끊어지지 않습니다.

예수님 당시에도 이렇게 억압된 사람들이 많았습니다. 나쁜 습관에 억압된 것보다 더 무서운 것은 사상으로 억압된 것입니다. 잘못된 철학이나 사상, 잘못된 이데올로기에 묶인 사람은 참 불쌍한 사람입니다. 평생 그 사상의 노예가 되어서 하나님을 발견하지 못하고 끌려다니다가 인생을 비참하게 마칩니다. 이것이 억압된 사람입니다. 귀신에 억압된 사람은 하나님의 생각대로 살지 못하고 악한 힘에 의해 살게 됩니다.

말씀으로 치료하시는 예수님

귀신에게 억압된 사람의 징후는 인격의 파괴입니다. 분노하고, 미워하고, 입을 열면 독을 뿜어냅니다. 그 사람이 입을 열면 모든 사람이 다 죽습니다. 그 사람의 비판 앞에 설 사람이 없습니다. 자신은 매일 악몽에 시달립니다. 매번 후회하는 삶을 삽니다. 우울증에 빠지기 쉽고, 절망감 속에 살면서 다른 사람을 죽이거나 자신을 죽이거나 둘 중의 하나를 택하려는 상태로 변해 갑니다. 이것이 바로 억압된 사람입니다.

귀신에 억압된 사람은 두 부류가 있습니다. 겉으로 표현하는 사람이 있고 표현하지 않는 사람이 있습니다. 겉으로 나타나는 사람들은 소리를 지르고, 자기 몸을 상하게 하고, 다른 사람을 괴롭히며, 파괴적이고 부정적입니다. 성경에 보면 그들은 쇠사슬을 끊을 정도로 초인적인 힘이 있습니다. 그러나 교양 있게, 점잖게, 눈에 안 보이게 억압된 사람도 있습니다. 이런 사람들은 하나님에게 반항하고 인간 중심적입니다.

귀신 들린 자들이 예수님에게 많이 왔습니다. 그들이 어떻게 치료를 받았습니까? 16절에 "예수께서 말씀으로 귀신들을 쫓아내시고 병든 자들을 다 고치시니"라고 했습니다. 말씀으로 귀신을 쫓으셨습니다.

우리나라에는 '한풀이'라는 말이 있습니다. 이 한풀이라는 말은 귀신에 대한 용어입니다. 우리 예수 믿는 사람들은 그런 말을 함부로 써서는 안 됩니다. 용서와 사랑입니다. 절대로 한풀이를 해서는 안 됩니다. 화해와 화목입니다. 이것이 예수님이 십자가에서 이루신 업적입니다. 예수님은 귀신을 말씀으로 쫓아내셨습니다. 이 시대를 바로잡을 수 있는 것은 말씀뿐입니다. 교회는 세상적인 방법으로 세상을 대해서는 안 됩니다. 나를 죽이려는 사람에게 사랑으로 대해야 합니다. 기독교는 어떤 이유든지 집단적인 행동을 해서는 안 됩니다. 집단적 행동보다는 기도의 능력을 믿어야 합니다.

성경은 예수님이 귀신을 쫓아 주신 것과 병든 자를 고쳐 주신 것을 구분하고 있습니다. 귀신을 쫓을 것은 쫓고 병을 고칠 것은 고쳐 주셨습니다. 예수님은 실로 우리의 병을 고치는 분이십니다. 우리의 사회와 가정을 고치는 분이십니다. 말씀으로 새롭게 하시는 분입니다. 오늘 예수님 안에서 우리 모두가 이런 치료를 받기 바랍니다.

4

머리 둘 곳이 없어도
그 길을 가라

마태복음 8:18-22

마태복음 8장 18절에서 예수님의 독특한 면 한 가지를 발견하게
됩니다.

"예수께서 무리가 자기를 에워싸는 것을 보시고 건너편으로 가
기를 명하시니라."

계속해서 예수님을 찾아오는 귀신 들린 자들과 병든 자들, 많은
구경꾼을 상상해 보십시오. 아마 그들은 구름 떼처럼 몰려왔을 것
입니다. 그들에게는 체면이 없었을 것입니다. 아마 예수님은 몹시
지치고 피곤하셨을 것입니다. 그래서 예수님은 자신을 에워싼 수
많은 군중 속에서 병을 고치시다가 제자들에게 바다 건너편으로
가자고 말씀하신 것입니다. 예수님은 분명히 모든 병자와 귀신 들
린 자를 고쳐 주신 능력 있는 분이요, 하나님의 아들입니다. 그러
나 동시에 예수님은 인간이셨습니다.

예수님의 인간적인 면

여기서 한 가지 사실을 배우게 됩니다. 예수님은 하나님의 아들이
십니다. 그리고 그분은 하나님이십니다. 또한 동정녀 마리아를 통
해 우리와 똑같은 인간으로 오셨습니다. 그렇기 때문에 인간의 한

계와 인간의 조건을 가지고 계시는 분입니다. 본문에서 예수님도 때로는 피곤하셨고 쉬셔야 했던 분임을 알게 됩니다.

어떤 자는 이렇게 항변합니다. 예수님이 하나님의 아들이고 모든 질병을 고치셨던 분이라면 그분 자신은 쉴 필요가 없지 않겠느냐, 그분은 피곤해서는 안 되지 않느냐고 말입니다. 예수님을 초인간적인 어떤 존재로 생각하는 것입니다. 그러나 예수님은 그런 분이 아니십니다. 예수님도 배고프고 목마를 수 있는 분이십니다. 피곤하실 수 있고, 고통을 느끼실 수 있는 분입니다. 그래서 예수님은 십자가에 달리셔서 "내가 목마르다"고 말씀하셨습니다.

예수님은 우리처럼 십자가를 그렇게 달게 지려고 하시지 않았습니다. 십자가를 피하고 싶어 하는 인간적인 면이 있었던 예수님이십니다. 예수님은 참하나님이시지만 참인간이셨습니다. 이 점을 히브리서 4장 15절에서는 "우리에게 있는 대제사장은 우리의 연약함을 동정하지 못하실 이가 아니요 모든 일에 우리와 똑같이 시험을 받으신 이로되 죄는 없으시니라"고 했습니다. 이 말씀은 과연 어떤 의미가 있습니까? 많은 사람이 몰려와 예수님을 에워쌌을 때 피곤하여 건너편으로 가자고 말씀하셨던 그 예수님은 우리와 아주 깊은 상관이 있습니다.

인간의 조건이 있으셨고 우리와 똑같은 성정을 가지고 계신 분이기 때문에 예수님은 우리를 이해하십니다. 예수님은 우리와 같이 시험을 받으신 분입니다. 그래서 우리의 형편과 처지를 너무나 잘 아시고, 우리의 실수와 연약함을 너무나 잘 아십니다. 이것은 굉장히 중요한 사실입니다. 만약 예수님이 하나님이시기만 하다면 그분은 피곤도 모르시고, 인간의 어려운 시험에도 들지 않아서 우리의 입장을 이해하지 못하실 것입니다. 예수님은 하나님이셨지만 인간이셨습니다. 그분은 우리의 모든 것을 아십니다. 우리의 심정을 다 아십니다. 인간의 조건과 한계를 아십니다. 그래서 우리는 예수님 앞에 나아갈 수 있습니다. 그분 앞에 우리는 안식할 수 있으며, 그분 앞에 우리의 모든 사정을 고백할 수 있습니다.

그러면 예수님은 우리와 꼭 같은 분이신가? 그렇지 않습니다. 히브리서 4장 15절에 보면 "모든 일에 우리와 똑같이 시험을 받으신 이로되 죄는 없으시니라"고 기록하고 있습니다. 예수님과 우리의 차이점은 그분은 죄가 없으시다는 것입니다. 한 번도 죄를 짓지 않으셨다는 것이 우리와는 다른 예수님만의 독특한 인성입니다.

우리는 인간의 조건과 제약이 있습니다. 그런데 우리의 문제는 그 조건과 제약이 죄와 연결되어 있다는 것입니다. 이것은 성령 충만한 그리스도인의 경우에도 마찬가지입니다. 아무리 성자와 같은 그리스도인이라 할지라도 배고프면 밥을 먹어야 합니다. 때리면 아픕니다. 옷을 벗으면 춥습니다. 그리고 성적인 유혹도 받습니다. 아무리 성자라도 다 이런 유혹을 받습니다. 좋은 것을 갖고 싶어 하고 칭찬하면 좋아하는 것이 인간입니다. 누구든 예외가 없습니다. 얼마나 기술적으로 숨기느냐 못 숨기느냐의 차이일 뿐 인간의 본질은 똑같습니다.

아주 역겹고 꼴 보기 싫은 그리스도인이 있습니다. 그 사람은 성령 받았다고 이러한 인간의 모든 조건을 다 넘어선 것처럼 초연한 척하고 위장하는 사람입니다. 겉으로는 아무 문제가 없는 것처럼 다닙니다. 그러면서도 그 안에는 깊은 갈등과 고민이 있는 위선자입니다. 아무리 성령을 받고 아무리 변했다고 해도 인간은 역시 인간이라는 사실을 이해해야 합니다.

그러면 진정으로 성령 받은 그리스도인의 모습은 무엇일까요? 인간의 이런 조건과 한계, 즉 인간의 연약함과 질병과 절망 앞에서 예수님처럼 죄를 짓지 않고 원망하지 않는 것이 진정한 그리스도인의 모습입니다.

그리스도인은 배가 고프면 도둑질하는 대신 일어나서 일을 하고 일할 형편이 되지 못할 때는 기도합니다. 그리스도인은 화가 난다고 해서 아무 데나 화풀이하지 않습니다. 물론 모욕을 당하고 오해를 받고 사람에게 고통을 겪으면 누구든지 복수하고 싶은 마음을 가지게 됩니다. 그러나 그리스도인은 참고 기다립니다.

그리스도인은 시험은 받지만 결코 시험에 빠지지는 않습니다. 예수 믿는다고 시험이 없는 것이 아닙니다. 예수 믿는다고 마귀가 도망가는 것이 아닙니다. 우리 모두는 시험에 들 수 있고, 성적 유혹에 빠질 수 있습니다. 그러나 시험을 받지만 시험에 빠지지 않는 것이 그리스도인의 특징입니다. 우리도 죽을병에 걸릴 수 있습니다. 예수 믿는 사람이라고 암에 안 걸리라는 법은 없습니다. 그러나 죽을 때 수긍하며 원망하지 않고 죽음을 받아들이는 것입니다. 원하는 일이 다 되는 것도 아닙니다. 안 될 때도 있습니다. 그러나 그때도 감사하는 것입니다. 이것이 세상 사람과 그리스도인의 차이입니다.

예수님에게 인간적인 모습이 있으셨다는 사실을 이해해야 합니다. '신앙'은 극히 영적이면서도 인간적입니다. 그러나 그 인간적인 것은 사탄의 유혹으로 인한 죄와는 다릅니다.

제자의 자격

두 번째로, 이 본문에서 발견하는 사실은 제자의 자격에 관한 것입니다. 우리는 예수님의 제자를 열두 명이라고 기억합니다. 그러나 성경에 보면 많은 사람이 예수님에게 찾아와서 진리를 논했고, 영생에 관한 얘기를 나누었습니다. 그리고 그들은 예수님의 제자가 되기를 원했습니다. 그 가운데 한 사람이 니고데모입니다. 그러나 그는 제자가 되지는 못했습니다.

본문에서는 두 종류의 사람이 예수님의 제자가 되기를 원했습니다. 왜 그들은 예수님의 제자가 되려고 했을까요? 분명히 예수님의 말씀이 좋았기 때문입니다. 우리가 교회에 온 이유는 교회가 좋아서입니다. 싫으면 올 리가 없습니다. 말씀도 좋고 분위기도 좋고, 예수 믿는 것이 좋아서 온 것입니다.

아마 사람들은 예수님의 설교를 듣고 충격을 받고 감동했을 것입니다. 뿐만 아니라 병 고치는 것을 보니까 신나고 신기합니다. 귀신이 벌벌 떨며 쫓겨나갑니다. 점점 더 예수님이 좋습니다. 너무너무 매력적입니다. 그분만 좇으면 무엇이든지 다 될 것 같습니다. 그분은 보리떡 다섯 개와 물고기 두 마리로 오천 명을 먹이는 기적을 베푸십니다. 참 좋은 분이시기에 많은 사람이 예수님의 제자가 되려고 생각했을 것입니다.

오늘도 많은 사람이 교회에 옵니다. 교회에서 설교를 듣고 성경 공부를 하고 기도하다가 예수님의 제자가 되기를 서원합니다. 어떤 사람은 선교사로, 목사로, 어떤 사람은 평생 동안 평신도 사역자로 주님을 섬기겠다고 자원합니다. 그러나 문제는 헌신하는 것이 그렇게 간단하지 않다는 사실입니다. 대부분의 사람이 이 서기관처럼 자기 자신에게 도취되어 있습니다. 스스로 주님을 따르는 제자가 될 수 있다고 확신합니다. 그래서 결심한 것입니다. 이것은 착각입니다. 이 서기관의 문제는 자기가 헌신하면 다 되는 줄 알고 있습니다.

신학교에 들어가서 처음 들은 설교가 지금도 기억납니다. 요점은 "하나님은 부르시지도 않았는데 부름을 받았다고 생각하고 여기에 온 사람은 없습니까?" 하는 것이었습니다. 하나님이 부르시지도 않았는데 자기가 좋아서 목사가 되고자, 선교사가 되고자 하는 것이 아닌가 하는 질문입니다. 부름을 받지 않고 목사가 된 사람은 자기도 괴롭고 교인도 괴롭습니다. 제자가 되는 것은 그렇게 쉬운 일이 아닙니다. 아무나 되는 것이 아닙니다. 자격이 있어야 합니다.

희생이 따르는 제자의 길

예수님은 두 종류의 사람을 통해서 그리스도의 참된 제자의 모습을 보여 주고 계십니다. 19절에서 한 서기관의 입장을 분석해 보면 이 고백은 겉으로는 아주 훌륭해 보입니다. 그러나 문제가 있는 고백입니다.

"한 서기관이 나아와 예수께 아뢰되 선생님이여 어디로 가시든지 저는 따르리이다."

이 사람의 문제는 예수님의 의도와 뜻보다는 자기의 결심과 헌신이 더 중요하다는 데 있습니다. 예수님의 뜻은 여쭙지도 않고 결단을 내린 것입니다. 예수님의 의견은 중요하지도 않습니다. 중요한 것은 자기 생각입니다.

그 당시 서기관이란 교육을 많이 받은 직업이었습니다. 종교적으로는 존경을 받는 상류 계급에 속한 사람입니다. 율법을 가르치는 사람입니다. 그래서 이 사람은 자기의 헌신은 당연히 받아들여져야 한다고 확신하고 있었습니다. 나 정도의 위치라면 나의 헌신은 당연히 받아들여져야 한다고 생각한 것입니다. 이것이 바로 영적인 교만입니다. 이 서기관은 예수님의 뒤를 따른다는 것이 무엇인지를 정확히 이해하지 못하고 있었습니다. 예수님을 따르는 데는 치러야 할 대가가 있다는 것을 모르고 있었습니다.

오늘날 교회와 그리스도인들이 예수를 믿고 제자가 된다는 것을 너무나 낭만적으로 생각하고, 자기중심적으로 생각하고, 나 정도의 위치에 있는 사람이면 내 말은 받아들여져야 한다고 생각하는 경우가 있습니다. 그래서 헌신자는 많으나 막상 보낼 사람이 없고, 제자 되기를 원하는 사람은 많으나 제자의 삶을 살기를 원하는 사람은 적습니다. 이러한 질문 앞에서 예수님은 다음과 같이 대답하셨습니다.

> 예수께서 이르시되 여우도 굴이 있고 공중의 새도 거처가 있으되 인자는 머리 둘 곳이 없다 하시더라(마 8:20).

얼핏 들으면 서기관의 질문과는 상관이 없는 것 같습니다. 예수님은 참 지혜로우십니다. 예수님의 제자가 되겠다는 사람을 거절하시지 않습니다. 자격이 없다고 말씀하시지 않고 오히려 자격을 제시하십니다. 20절의 말씀은 "산에 사는 여우도 자기 굴이 있고, 넓은 창공을 나는 새도 저녁이 되면 깃들일 장소가 있다. 그러나 네가 따르고자 하는 나는 머리 둘 곳 하나 없는 사람이다. 그래도 네가 나를 따르겠느냐?" 하는 뜻입니다.

오늘날 교회는 헌신하겠다고 하면 누구든지 쉽게 환영합니다. 그러나 예수님은 함부로 사람을 받지 않으셨습니다. 왜 오늘날 교회에 문제가 있고, 왜 교회가 타락했습니까? 거절과 선택을 하지 않았기 때문입니다. 아무나 다 받아들였기 때문입니다. 헌신하겠다고, 봉사하겠다고 해서 다 받아들이면 안 됩니다. 교회는 거절할 수 있어야 하고, 선택할 수 있어야 합니다. 함부로 사람들을 받아들였을 때 더 큰 위기를 맞이합니다.

하나님이 사람의 목소리가 없어서 찬양 못 받으시는 것이 아닙니다. 하나님은 우주의 대합창을 받으시는 분입니다. 왜 우리의 찬양을 받으시려고 합니까? 목소리 때문이 아닙니다. 마음입니다. 교회에 사람이 없어서 하나님이 사람을 구걸하시는 게 아닙니다. 돌멩이를 들어 아브라함의 자손을 만드실 수 있는 분이 하나님입니다. 내가 교회에 와 준다고 하는 것은 착각입니다. 누구를 위해 교회에 오는 것도, 누구를 위해서 헌금하는 것도, 누구를 위해서 예수를 믿어 주는 것도 아닙니다. 나를 위해서입니다. 그래서 태도가 중요합니다. 마음의 자세가 중요합니다.

예수님은 여우도 굴이 있고 공중을 나는 새도 깃들일 곳이 있지만 나는 머리 둘 곳 하나 없다고 말씀하셨습니다. 예수님은 집이 없었습니다. 설교가 끝나면 제자들은 집으로 돌아가지만 예수님은 산으로 가셨습니다. 하늘을 지붕 삼고 산을 거처로 삼으셨습니다. 이분이 예수 그리스도십니다. "인자는 머리 둘 곳이 없다"라는 말씀은 예수님 따라다녀 봤자 돈 한 푼 안 생기고, 좋은 직장 하나 알선해 주지 못하니 별 볼 일 없다는 뜻입니다.

사람에게 제일 중요한 것은 안전의 문제입니다. 많은 사람이 안전 때문에 그토록 난리를 치는 것입니다. 집이 있어야 하고, 월급이 넉넉해야 하고, 세상에 도둑이 없어야 하고, 국방이 튼튼해야 한다는 것은 모두 자기의 안전에 관한 문제입니다. 사람은 안전을 위협받으면 초조해지고, 쫓기고, 외로워집니다. 그러니까 자기 안전을 최대로 지켜 줄 수 있는 돈을 어떤 방법으로든지 모으는 것입니다. 또한 돈이 없으면 명예를 모읍니다. 그리고 사람을 많이 알아 두려고 합니다. 어떻게 해서든 이 세상에서 안전하게 살아가려는 것이 인간의 기본적인 마음입니다.

그래서 예수님이 안전의 문제에 대해서 말씀하신 것입니다. 그런 의미에서 참된 제자란 세상의 안전과 평안과 세상의 행복을 추구하는 사람들이 아닙니다. 자기희생이 있어야 하고 자기 부인이 있어야 하는 것, 이것이 제자의 길입니다.

믿음에 조건을 달지 마라

또 두 번째 종류의 사람을 보게 됩니다.

제자 중에 또 한 사람이 이르되 주여 내가 먼저 가서 내 아버지를 장
사하게 허락하옵소서(마 8:21).

제자가 되기 위해서는 서기관같이 자기의 결심이 중요하지 않습
니다만 동시에 어떤 조건을 내미는 것도 중요하지 않습니다. "하나
님, 이렇게 해 주시면 나는 이렇게 하겠습니다" 하는 것은 믿음이
아닙니다. 하나님 앞에서 조건을 내밀어서는 안 됩니다. 신앙이란
이렇게 하든지 저렇게 하든지 내가 주님을 따르는 것입니다. 그러
나 주님을 따르다 보면 어려운 일을 많이 겪습니다.

필리핀에서 젊은 선교사 부인이 강도에게 죽임을 당했습니다.
"내가 하나님을 위해서 가족을 데리고 선교지에 갔는데 하나님, 이
러실 수가 있습니까?" 그러나 그러실 수 있습니다. 파푸아 뉴기니
의 어떤 선교사는 성경을 그 부족의 말로 다 번역했습니다. 그러나
그 성경을 하나님 앞에 봉헌하는 예배 시간에 정작 그 선교사는 오
지 못했습니다. 예배당에 오다가 게릴라들의 손에 죽고 말았습니다.

잘되는 것만이 믿음이 아닙니다. 그렇다면 예수님이 십자가에
못 박혀 죽으신 것은 가장 저주받은 일이 아니겠습니까? 오래 사
는 것만이 최고가 아닙니다. 예수님은 서른세 살밖에 못 사셨습니
다. 잘되면 따르겠다는 것은 믿음이 아닙니다.

내 아버지를 장사하게 허락해 달라는 것은 무슨 뜻입니까? 내
아버지가 돌아가셨기 때문에 장례식을 하게 해 달라는 뜻이 아닙

니다. 이 부분을 잘못 해석하면 아버지가 돌아가셨는데 장례식에도 갈 필요가 없다고 해석할 수 있습니다. 그것은 잘못된 것입니다. 장례식에 가야 합니다.

이 말의 뜻은, 중동 문화권에 의하면 "유산을 받을 때까지 기다리겠다"는 것입니다. 아버지가 죽으면 자식에게 유산을 줍니다. 그런데 아버지가 지금 살아 있습니다. 예수님을 따라가고 싶은데 아버지가 언제 죽을지 모릅니다. 그래서 아버지가 죽을 때까지 기다렸다가 유산을 받은 후에 주님을 따르겠다는 뜻입니다. 이에 대하여 예수님은 이렇게 말씀하십니다.

죽은 자들이 그들의 죽은 자들을 장사하게 하고 너는 나를 따르라 (마 8:22).

이 말은 세상 사람으로 하여금 세상 물건을 가지게 하라는 격언입니다. 유산 때문에 신경 쓰지 마십시오. 그것은 우리 것이 아닙니다. 부모 돈 받아서 잘될 것이 없습니다. 다 자기 스스로 이루어야 합니다. 아버지의 유산을 받으려고 아버지가 죽을 때까지 기다렸다가 그 후에 주님을 따르는 것은 너무 늦습니다. 진정한 유산은 '신앙의 유산'뿐입니다. 돈을 남겨 주고 사업을 물려주고 무슨 명예를 나누어 주는 것이 유산이 아닙니다. 그것은 다 없어지고 맙니다. 돈은 있다가도 없고 없다가도 있습니다. 진정으로 우리를 보장해 주는 것은 신앙뿐입니다.

세상 사람처럼 정욕과 이기심과 탐욕으로 생기는 논쟁과 싸움에 말려들어서는 안 됩니다. 유산을 포기하고 나서 나중에 후회하는 사람도 있습니다. 후회하지 마십시오. 하나님이 주신 것만이 영원합니다. 우리는 영원한 가치를 위해서 투쟁할 줄 알아야 합니다. 유산을 포기하고 어려움을 겪을 때 후회하지 마십시오. 고난을 이기십시오. 그래야만 승리합니다.

세상 때문에 영혼을 놓쳐서는 안 됩니다. 자기 자신을 바라보느라고 예수님을 잊어 버려서도 안 됩니다. 뒤의 것은 버리고 푯대를 향하여 좇아가야 합니다. 그것이 우리의 인생입니다. 오직 그리스도인이 가야 할 길은 "나를 따르라"는 말씀뿐입니다.

"나를 따르라"는 주님의 부르심

주님이 부르신 사람은 따라야 합니다. 도망갈 수가 없습니다. 하나님의 일을 할 사람은 하나님의 일을 해야 합니다. 우리 모두에게 하나님이 부르시는 음성은 "나를 따르라"입니다. 우리가 어느 직업에 있든지, 어느 위치에 있든지 그 직업과 위치를 통해서 하나님에게 영광을 돌리라는 뜻입니다. 나 자신을 위해서 살지 말라는 뜻입니다.

예수님은 베드로와 마태에게 나를 따르라고 말씀하셨습니다.

예수님은 오늘 우리에게 나를 따르라고 말씀하십니다. 세상 따라가지 마라, 너 자신을 추구하지 마라, 그리고 나를 따르라는 것입니다. 그 길이 가장 안전한 길입니다. 그 길이 영원한 길이요 가장 가치 있는 길입니다.

주님을 따르려고 할 때 어떻게 해야 합니까? 누가복음 9장 23절에서 "나를 따라오려거든 자기를 부인하고 날마다 제 십자가를 지고 나를 따를 것이니라"고 했습니다. 내가 주님을 따르겠다는 것이 중요한 것이 아닙니다. 주님이 인정하셔야 합니다. 교회에서 내가 하겠다고 덤비는 것이 중요하지 않고 주님이 하라시는 대로 순종하는 것이 중요합니다. 내가 보기에 아무리 좋아 보여도 주님이 원하시지 않는 것은 하지 말아야 합니다.

내 생각대로 하면 교회가 굉장히 발전할 것 같아도 주님이 거절하십니다. 중요한 것은 주님이 하라고 하신 대로 순종하는 일입니다. 또 주님을 따르려고 할 때 제일 중요한 것은 자신을 부인하는 것입니다. 자신을 부인하지 않고 주님을 따른다는 것은 거짓말입니다. 자기를 부인하는 것은 자기가 하고 싶은 것을 하지 않는다는 뜻입니다. 이것 하라고 하면 이것 하고, 저것 하라고 하면 저것 하는 것입니다. 이것이 제자의 길입니다.

제자가 되려면 꼭 자기 십자가를 져야 합니다. 각자에게 주시는 하나님의 십자가가 있습니다. 그것을 팽개쳐 놓고 주님의 일을 하는 것이 아니라 그것을 쥐고 합니다. 문제를 갖고 주의 일을 하는 것입니다. 그것은 평생 자기가 져야 하는 십자가입니다. 부모의 문제든, 자녀의 문제든 끼고 살아가는 것입니다. 그러면서 주님의 일을 하는 것입니다. 이것이 우리의 전체적인 삶입니다.

> 주여 내가 주를 따르겠나이다마는 나로 먼저 내 가족을 작별하게 허락하소서 예수께서 이르시되 손에 쟁기를 잡고 뒤를 돌아보는 자는 하나님의 나라에 합당하지 아니하니라(눅 9:61-62).

이 사람은 결심은 했는데 여러 가지 사소한 일로 행동을 못 하고 있습니다. 하나님의 일은 하나님과 먼저 의논해야 합니다. 그리고 나중에 사람과 의논합니다. 핑계를 대서도 안 됩니다. 주님을 따라가야 합니다. 참된 제자는 좋은 것만 보고 부러워서 따라가는 사람이 아닙니다. 자기의 헌신과 열정 때문에 따라가는 사람이 아닙니다.

주님을 따르려고 합니까? 오직 하나님의 부르심에 합당한 목적 때문에 따라간다고 고백해야 합니다. 영원한 하나님의 나라를 위해서입니다. 주님을 따르려고 할 때 우리의 생각과 뜻을 전개해서는 안 됩니다. 우리가 해야 할 유일한 일은 하나님이 시키시는 일에 순종하는 것뿐입니다. 주님을 따르려고 할 때 세상의 안전이나 물질을 포기해야 합니다. 무엇보다도 자기 자신을 부인해야 합니다.

o

5

거친 바다도 잔잔케 하는 분이
함께하신다

마태복음 8:23-27

o

예수님의 참된 제자가 되기 위해서는 자기와의 무서운 싸움과 투쟁이 있어야 합니다. 예수님에게 수만 명이 따라다녔지만 결국 남은 사람은 열두 제자뿐이었습니다. 하나님 나라는 숫자에 있지 않습니다. 많은 사람, 큰 것에 있는 것이 아니라 몇 사람에게 있습니다. 23절에 "배에 오르시매 제자들이 따랐더니"라고 되어 있습니다. 이때는 아직까지 제자 그룹이 완전히 형성되어 있지 않을 때입니다. 많은 사람이 예수님을 좇았습니다. 그러나 마지막까지 예수님을 따라간 사람은 몇 명 되지 않습니다.

예수님을 따른 사람들

예수님을 따른 사람들은 다음과 같이 분류해 볼 수 있습니다. 첫째, 겉만 보고 왔다 갔다 한 사람입니다. 이런 사람을 가리켜 요한복음 6장 66절에 "그때부터 그의 제자 중에서 많은 사람이 떠나가고 다시 그와 함께 다니지 아니하더라"고 했습니다. 그들은 예수님을 따르려고 했습니다. 겉으로 보니까 멋이 있습니다. 기적을 베풉니다. 예수님 앞에서 귀신들이 거품을 물고 떠납니다. 병자들이 일순간에 낫습니다. 그리고 오천 명을 한꺼번에 먹이십니다. 이 분만 오시면 경제, 정치, 사회 문제가 해결되겠다는 생각 때문에 예수님을 정치적 메시아로 생각한 사람들이 많았습니다.

그러나 예수님은 전혀 다른 말씀을 하십니다. 내 살을 먹고 내 피를 마시지 아니하면 영생이 없다고 말씀하십니다. 주님 말씀이 너무나 기이하여 알 수가 없습니다. 그래서 한 사람씩 한 사람씩 떠나고 맙니다. 그러니까 겉만 보고 왔다가 떠나는 사람입니다. 예수님 앞에 왔지만 막상 예수님을 따르려고 하자 자기 안의 갈등으로 포기해 버리고 마는 부류의 사람들입니다.

둘째, 예수님이 하나님의 아들이요, 초자연적인 기적을 베푸는 사람이라고 믿으면서도 따르지 못하는 사람입니다. 예를 들면 니고데모 같은 사람입니다. 요한복음 3장 2절에서 니고데모는 "랍비여 우리가 당신은 하나님께로부터 오신 선생인 줄 아나이다 하나님이 함께하시지 아니하시면 당신이 행하시는 이 표적을 아무도 할 수 없음이니이다"라고 했습니다.

첫째 부류는, 기적이 좋고 예수님이 행하시는 것이 좋아서 진리에 대한 이해 없이 덮어놓고 따르는 사람들입니다.

둘째 부류는, 그래도 예수님이 하나님의 아들이요, 인간으로서는 할 수 없는 초자연적인 일을 하시는 분이라는 것을 머리로는 믿고 있는 사람들이었습니다. 그러나 그들도 결국 예수님을 떠나고 맙니다. 거듭남도, 천국도, 영생도 소유하지 못합니다.

셋째 부류는, 겉으로는 예수 믿는 표를 내지 않습니다. 제자라고 말하지 않습니다. 그러나 속으로는 예수님을 깊이 사랑하고 예수님을 위해서 일하고 싶었던 사람입니다. 아마 이런 사람은 사회적으로 자기의 신분이 노출되는 것을 꺼렸을지도 모릅니다. 그런 사람이 바로 아리마대 요셉입니다. 요셉은 예수님이 처형당하신 후 시신을 처리하려고 할 때 나타났습니다.

> 저물었을 때에 아리마대의 부자 요셉이라 하는 사람이 왔으니 그도 예수의 제자라 빌라도에게 가서 예수의 시체를 달라 하니 이에 빌라도가 내주라 명령하거늘 요셉이 시체를 가져다가 깨끗한 세마포로 싸서 바위 속에 판 자기 새 무덤에 넣어 두고 큰 돌을 굴려 무덤 문에 놓고 가니(마 27:57-60).

예수님이 십자가에 못 박혀 돌아가시고 장사 된 그 무덤은 아리마대 요셉의 무덤입니다. 그 무덤은 자기가 죽으면 묻히려고 사 놓은 새 무덤이었을 것입니다. 이런 것을 보면 아리마대 요셉은 예수님을 무척 사랑하고 존경하고, 예수님을 위해서 자신의 무덤을 내줄 정도로 마음속으로는 주님을 따랐던 사람이 분명합니다. 그러나 겉으로는 예수 믿는 모습을 전혀 드러내지 않고 숨어 있던 부류의 사람이었습니다.

넷째 부류는, 공식적으로 끝까지 주님을 따랐던 열두 제자와 같이 예수님과 함께 먹고 자고 고생하고 오해받았던 제자입니다. 그런데 열두 제자 가운데 한 사람이 가룟 유다였습니다. 그는 자기 스승을 십자가에 처형하도록 한 사람이었습니다. 예수님의 열두 제자는 완전한 사람은 아니었습니다.

제자가 되는 길은 처음부터 완전해서 된 것이 아닙니다. 많은 실수를 거듭하면서 끝까지 주님을 따라가는 것입니다. 예수님의 제자들을 보면 십자가 처형 때 도망갔고, 예수님이 돌아가신 후에는 옛 직업으로 돌아갈 수밖에 없던 그런 인간적인 사람들이었습니다. 그러나 감사한 것은 결국에는 순교하면서까지 끝까지 주님을 위해 살았다는 것입니다.

신약에 나오는 이 네 부류의 제자 가운데 과연 우리는 어느 부류일까요? 2년 후에 우리는 어떻게 될까요? 5년 후에 우리는 어떤 모습일까요? 잘 믿다가 타락한 사람들을 우리는 너무나 많이 보았습니다. 직분까지 맡았다가 세상으로 돌아간 사람들을 너무나 많이 보았습니다. 교회에 실망하고, 목사에게 실망하고, 제도에 실망하여 상처 받고 다시는 예수 안 믿겠다며 세상으로 돌아간 사람들이 얼마나 많습니까?

따라오기는 잘 왔습니다. 오늘 교회에 잘 왔습니다. 그러나 이 발걸음이 죽을 때까지 가느냐가 중요합니다. 그 과정에는 수많은 시험이 있을 것입니다. 실망도 클 것입니다. 손해도 있을 것입니다. 고난과 박해도 있을 것입니다. "그럼에도 불구하고 끝까지 주님을 따라갈 수 있겠느냐?" 이것이 오늘 제자들의 모습에서 발견하는 질문입니다.

겁에 질린 제자들

예수님과 제자들은 배를 탔습니다. 제자들은 아직 믿음이 성숙하거나 예수님을 완전히 따르는 상태가 아니었습니다. 이들은 아직도 단순한 믿음의 단계에 있었습니다.

갈릴리 바다는 배를 타고 건너가면 약 30분 정도 걸리는 큰 호수입니다. 이런 곳에서 고기를 잡을 때는 20여 명이 탈 수 있는 작은 배로 고기를 잡습니다. 예수님이 타신 배는 이런 소형 고기잡이배였을 것입니다. 그런데 문제가 생겼습니다.

> 바다에 큰 놀이 일어나 배가 물결에 덮이게 되었으되 예수께서는 주무시는지라(마 8:24).

예고 없이 태풍이 몰아쳤습니다. 심한 바람이 불거나 태풍이 올 경우에는 보통 그 징조가 먼저 나타납니다. 날이 어둡거나 먹구름이 낀다거나 처음부터 바람이 분다거나 하여 경고하는 것입니다.

그러나 여기서는 아무 징조가 없었습니다. 그런데 태풍이 몰아치는 것보다 더 큰 문제가 있습니다. 24절에 보면 "예수께서는 주무시는지라"고 되어 있습니다. 예수님이 주무셨다는 표현에서 우리는 두 가지를 생각하게 됩니다.

첫째, 예수님이 배에 오르시자마자 갑자기 주무시지는 않았을 것입니다. 아마 바다도 보시고 물결도 보시고 제자들과 이야기도 하시다가 시간이 꽤 지나고 나서 주무셨을 것입니다. 그러므로 이 배는 분명히 바다 한가운데에 있었을 것입니다. 위험에 처했을 때 뭍에서 사람들이 와서 도와줄 그런 형편이 아니었습니다.

둘째, 예수님이 몹시 피곤하셨다는 것을 느낄 수 있습니다. 그 얼마나 좋은 환경입니까? 먼 길도 아니고 주위 구경하기가 얼마나 좋았겠습니까? 그러나 경치를 구경하기에 앞서 예수님은 아주 피곤하셨다는 사실입니다. 그렇게 폭풍이 치는데도 깨시지 않은 것을 보면 정말 깊은 잠을 주무신 것이 분명합니다. 곤히 잠드신 예수님, 성난 파도, 겁에 질린 제자들, 이것이 오늘 본문에 나타난 상황입니다.

인생에 불어닥치는 폭풍

이러한 상황은 오늘 우리가 살고 있는 현실입니다. 우리가 열심히 예수를 믿습니다. 그런데 갑자기 내 인생에 무서운 폭풍이 휘몰아쳐 옵니다. 하나님에게 매달립니다. 그러나 아무 응답이 없습니다. 꼭 하나님이 주무시는 것만 같습니다.

어떤 사람은 예수 믿기 전에는 자살 직전까지 갔는데 예수 그리스도를 영접하고 나서는 마음의 평안을 얻고 사업도 잘되고 모든 게 잘되었다고 간증합니다. 그러나 반대로 예수님을 믿지 않고 있을 때는 별문제 없이 돈도 잘 벌고, 나쁜 짓을 해도 벌도 받지 않았는데 무슨 일이 생겨서 예수 믿고 나서 잘해 보려니까 사업도 잘되지 않고 일이 꼬이고 어려워졌다는 사람도 있습니다.

이런 두 가지 사건은 항상 일어날 수 있습니다. 우리는 예수 믿으면 만사가 다 잘된다고 생각해 왔습니다. 그런데 예수 믿는다고 병이 낫습니까? 예수 믿으면 만사형통입니까? 아닙니다. 예수 믿어도 안 될 때가 있습니다. 오히려 안 될 때가 더 많습니다. 이런 경우가 성경 여러 곳에 나타나 있는데, 특별히 시편에 많이 나와 있습니다.

여호와여 어찌하여 멀리 서시며 어찌하여 환난 때에 숨으시나이까 (시 10:1).

우리가 종일 주를 위하여 죽임을 당하게 되며 도살할 양같이 여김을 받았나이다 주여 깨소서 어찌하여 주무시나이까 일어나시고 우리를 영원히 버리지 마소서 어찌하여 주의 얼굴을 가리시고 우리의 고난과 압제를 잊으시나이까 우리 영혼은 진토 속에 파묻히고 우리 몸은 땅에 붙었나이다 일어나 우리를 도우소서 주의 인자하심으로 말미암아 우리를 구원하소서(시 44:22-26).

이것이 시편 기자의 피맺힌 외침입니다. 우리의 신앙은 예수 믿고 만사가 잘되었다는 정도의 신앙에서 한 걸음 올라가야 합니다. 예수 믿으면 복을 받습니다. 그러나 고난도 있습니다. 고난이 있고 난 뒤에 진정한 축복이 옵니다. 그 전에 오는 축복은 다 가짜 축복입니다. 그것은 단순한 축복이요, 세상에서 얼마든지 얻을 수 있는 축복입니다.

욥처럼 진정으로 연단받은 후에 받는 축복이 진짜 축복입니다. 욥은 많은 복을 받았습니다. 재산이 있었습니다. 자녀가 있었습니다. 그런 그에게 고난의 바람이 불었습니다. 그러나 욥이 그 큰 고난을 견딘 후에 하나님이 다시 자녀를 주시고 더 많은 재산과 축복을 주셨습니다. 그것이 진정한 축복이라고 욥기 42장에 기록되어 있습니다.

인생에는 언제나 폭풍이 불게 되어 있습니다. 그 폭풍을 어떻게 견디느냐가 중요합니다. 폭풍을 만나지 않는 것이 중요한 게 아닙니다. 폭풍을 어떻게 이해하고 받아들이며, 그것을 통해서 내가 어떻게 승리하느냐가 중요합니다.

본문에 보면 제자들이 갑자기 폭풍을 만났습니다. 그래서 그들은 곤히 주무시는 예수님을 깨우기로 결정했습니다. 25절에 보면 "그 제자들이 나아와 깨우며 이르되 주여 구원하소서 우리가 죽겠나이다"라고 했습니다. 아마 이렇게 하기까지 제자들은 여러 번 생각했을 것입니다. 폭풍을 견뎌 보려고 애를 썼을 것입니다. 또 그들은 주님을 깨우면서 이런 의심을 했을지도 모릅니다. 예수님이 정말 하나님의 아들이요, 능력이 많으신 분이라면 왜 예수님이 계시는데 이런 폭풍이 있을까 하는 의심입니다.

또 한 가지 의심은, 예수님은 왜 하필 폭풍이 일 때 주무시는가 하는 것입니다. 결정적인 순간에 예수님이 주무시고 계십니다. 기도해도 응답이 없어 완전히 포기해야 할 지경에 이르렀을 그때가 하나님이 응답하시는 때입니다. 하나님은 우리가 절망하기를 기다리고 계십니다. 내가 무너지기를, 내 방법이 깨어지기를 기다리고 계십니다. 그때까지 하나님은 나타나지 않으십니다. 그러나 내가 포기하고 돌아서려고 할 때 하나님은 역사하시고 응답하십니다.

믿음 없는 제자들을 꾸짖으시다

"주여 구원하소서 우리가 죽겠나이다"라는 이 절박한 외침 앞에 예수님은 깨어나셨습니다. 깨어나셔서 두 가지로 응답하십니다.

> 예수께서 이르시되 어찌하여 무서워하느냐 믿음이 작은 자들아 하시고 곧 일어나사 바람과 바다를 꾸짖으시니 아주 잔잔하게 되거늘 (마 8:26).

예수님의 첫 번째 반응을 생각해 보겠습니다. 예수님은 폭풍을 전혀 두려워하지 않으십니다. 환경에 대해서 전혀 문제 삼지 않으십니다. 우리가 죽게 되었다는 것은 환경의 문제입니다. 그러나 예수님은 환경의 문제는 전혀 개의치 않으십니다. 그리고 어찌하여 두려워하느냐고 하십니다.

우리가 먼저 인정해야 할 것은 주님이 같이 계셔도 폭풍이 올 수 있다는 사실입니다. 폭풍이 올 때 주님이 주무시는 것처럼 느껴질 때도 있습니다. 그럼에도 불구하고 두려워하지 않고 예수님을 신뢰하는 것이 믿음입니다. 믿음이 없기 때문에 "어찌하여 무서워하느냐 믿음이 작은 자들아"라고 꾸짖으신 것입니다.

우리가 이 세상을 살아가는 동안 크고 작은 일들을 만납니다. 좋은 일도 만나고 나쁜 일도 만납니다. 신앙은 꼭 좋은 일만 만나는 것이 아닙니다. 나사로는 죽었다가 다시 살아났습니다. 그런 그는 다시 죽었습니다. 잠깐 시간만 연장한 것뿐입니다. 영원히 사는 것이 아닙니다. 영원히 사는 것은 주님 안에 있을 때입니다. 예수 믿고 꼭 잘되는 것만이 아닙니다. 안 될 때도 있습니다. 태양이 뜰 때도 있지만 비가 내리고 눈이 오고 폭풍이 칠 때도 있다는 사실을 우리는 기억해야 합니다.

우리는 큰일을 만날 때 두려워합니다. 믿음이 없으면 환경이 두려워지고, 믿음이 없으면 사람이 무서워집니다. 어느 날 갑자기 사람들이 무서워집니다. 사람들의 오해와 비판의 소리가 두려워집니다. 떼를 지어 와서 야단치면 두려워집니다. 믿음이 없기 때문입니다. 믿음이 없기 때문에 환경이 두려운 것입니다. 만일 우리가 어떤 이유든지 초조하고 쫓기고 불안하다면 그것은 믿음이 없다는 증거로 받아들여도 좋습니다. 두려움이 생기면 아무 일도 못 합니다. 그런데 두려움에서 벗어나면 모든 일이 쉬워집니다.

제자들은 폭풍이 두려웠습니다. 바닷물이 배 안에 들어왔기 때문입니다. 바닷물이 들어오지 않았다면 걱정하지 않았을 것입니다. 바닷물이 배 안에 들어온 것이 왜 두렵습니까? 그것은 죽음을 의미하기 때문입니다. 환경은 좋아질 수도 있고 나빠질 수도 있습니다. 환경에 따라 움직이는 사람은 믿음의 사람이 아닙니다. 잘되었을 때도 교만하지 않고 어려울 때라도 낙망하지 않는 사람, 꾸준히 주님을 신뢰하는 마음을 가진 사람, 두려움이 없는 사람, 하늘의 평화가 마음속에 있는 사람, 그 사람이 믿음의 사람입니다.

예수님이 바다를 꾸짖기 전에 믿음 없는 제자들을 먼저 꾸짖으셨다는 사실을 기억해야 합니다. 예수님의 관심은 바다가 아닙니다. 제자들의 '믿음 없음'입니다. 세상을 보는 눈이 없고 믿음에 대한 확신이 없는 것, 이것이 문제입니다. 지금 우리나라의 모든 문제보다도 예수님이 더 관심을 가지시는 것은 오늘 이 자리에서 예배드리는 우리의 믿음입니다. 우리의 믿음이 분명히 서면 세상은 문제가 아닙니다.

나의 때와 하나님의 때는 다릅니다. 예수님이 주무시고 계시다는 것은 하나님의 때가 있다는 것을 의미합니다. 신앙은 본문에서 믿음이 없다는 것은 예수님의 능력을 신뢰하지 못하는 것을 의미합니다. 네가 왜 나를 신뢰하지 못하느냐는 뜻입니다. 내가 잠자는 것처럼 느낄지라도, 즉 "너희가 원하는 때에 응답이 없을지라도" 왜 나를 신뢰하지 않는가 하는 것입니다.

나의 때와 하나님의 때는 다릅니다. 예수님이 주무시고 계시다는 것은 하나님의 때가 있다는 것을 의미합니다. 신앙은 나의 때에 움직이는 것이 아닙니다. 하나님의 때에 하나님의 방법으로 움직이십니다. 내가 원하는 방법으로 유토피아가 오지 않습니다. 사람들이 원하는 이데올로기를 따른다고 해도 유토피아는 오지 않습니다. 하나님이 원하시는 방법으로 옵니다. 하나님의 사람에 의해서, 믿음에 의해서, 하나님의 때에 하나님의 방법으로 역사는 이루어집니다.

바다와 폭풍을 꾸짖으시다

예수님은 두 번째로 바다와 폭풍을 꾸짖으십니다. 바다와 폭풍을 꾸짖어서 실제적인 문제를 해결해 주십니다. 문제는 반드시 해결됩니다. 폭풍도 지나갑니다. 파도도 지나갑니다. 고난은 꼭 옵니다. 그러나 영원하지 않습니다. 위기는 꼭 옵니다. 그러나 영원하지 않습니다.

현재 받는 고통은 장차 올 영광과 족히 비교할 수가 없습니다.

주님은 반드시 해결해 주십니다. 폭풍을 꾸짖어 주십니다. 분노하는 바다를 잠재워 주십니다. 주님은 궁극적으로 우리에게 승리를 주실 것입니다. 이것이 주님이 하시는 일입니다. 본문에는 예수님이 주무셨다고 했는데 시편 121편 4절에 보면 "이스라엘을 지키시는 이는 졸지도 아니하시고 주무시지도 아니하시리로다"라고 했습니다. 그러므로 주무시는 것처럼 느껴진다고 할지라도 그분은 주무시지 않는 것을 우리는 믿어야 합니다. 응답이 없는 것 같아도 때가 다를 뿐이고 방법이 다를 뿐입니다.

예수님은 우리의 믿음 없음을 꾸짖으시지만 우리의 현실의 문제를 직접 해결하기도 하십니다. 무서운 바람과 먹구름, 큰 파도가 예수님이 바다를 꾸짖는 순간 잠잠해지고 조용해졌습니다. 이해되지 않습니다. 따뜻한 봄 앞에 언제 추운 겨울이 있었는지 이해되지 않습니다. 마찬가지로 하나님의 축복 앞에서는 언제 그런 고난이 있었느냐는 듯이 고난은 순식간에 지나가 버립니다. 그 무섭던 파도가 잔잔해졌습니다.

> 그 사람들이 놀랍게 여겨 이르되 이이가 어떠한 사람이기에 바람과
> 바다도 순종하는가 하더라(마 8:27).

주님은 이런 평안을 우리에게 주십니다. 폭풍은 있습니다. 폭풍이 오지 않기를 기대하지 마십시오. 원수가 사라지기를 기대하지

마십시오. 고난이 없어지기를 기대하지 마십시오. 역경은 끊임없이 우리에게 덤벼들 것입니다. 그러나 주님과 함께 있다는 믿음이 있으면 주님은 이런 모든 역경과 고난과 죽음과 절망을 뒤엎고 우리에게 궁극적인 승리를 안겨 주십니다. 이것이 진정한 평화입니다. 이런 고난을 겪은 사람만이 하늘의 평화를 노래할 자격이 있습니다. 이때 사람은 겸손해지기 시작합니다.

그물이 찢어지도록 고기를 잡은 베드로가 "주여 나를 떠나소서 나는 죄인이로소이다"라고 했습니다. 반항하던 사도 바울 앞에 하나님이 빛을 비추셨을 때 그는 그대로 무릎을 꿇고 말았습니다. 눈이 멀었을 때 그는 겸손해질 수밖에 없었습니다. 욥은 하나님의 기적을 다시 체험하고 나서 "내가 주께 대하여 귀로 듣기만 하였사오나 이제는 눈으로 주를 뵈옵나이다 그러므로 내가 스스로 거두어들이고 티끌과 재 가운데에서 회개하나이다"(욥 42:5-6)라고 했습니다.

그렇습니다. 진정으로 기적을 만난 사람은 겸손해집니다. 주님은 바다를 잠재웠습니다. 우리의 고난도, 우리의 절망도, 우리의 불안도 주님은 잠재워 주실 것입니다. 이분이 예수 그리스도십니다.

6

악한 영도
하나님의 아들을 알아본다

마태복음 8:28-34

예수님이 바람과 바다를 꾸짖어 잠잠하게 하셨을 때 함께 있던 사람들은 굉장한 충격을 받았습니다. 병 고치는 능력뿐만 아니라 자연까지도 순종하게 하시는 예수님의 능력을 봤기 때문입니다. 성경에 나타난 예수님을 정직한 눈으로 보면 예수님은 보통 사람이 아닙니다. 예수님은 하나님이 아니고서는 도저히 할 수 없는 말과 생각과 행동을 하셨습니다. 그래서 니고데모가 "랍비여, 당신이 하나님으로부터 오신 분이 아니면 이런 일이 있을 수 없습니다"라고 고백했던 것입니다.

오늘 본문은 한 걸음 더 나아가 초자연적인 세계, 영적인 세계에서도 주님이 왕이심을 보여 줍니다. 더러운 귀신을 쫓아내는 사건을 통해서 나타납니다.

하나님으로부터 오는 능력

그러면 도대체 예수님이 가지고 계신 능력이란 무엇일까요? 나병, 중풍, 열병이 말씀하시는 순간에 치료됩니다. 그처럼 무섭던 폭풍과 배를 뒤엎을 것 같은 풍랑이 예수님의 말씀 한마디로 순식간에 잠잠해졌습니다. 그러나 예수님의 얼굴을 보면 능력을 행할 것 같지가 않습니다. 너무 조용하시고, 너무 침착하시고 순하십니다. 정말 예수님은 사나운 곳이 하나도 없는 분이십니다. 그 눈, 그 목소리, 그 말이 어떤 장군이나 영웅 같지 않습니다. 그런 예수님이 조용한 가운데서 엄청난 능력을 행하셨습니다.

예수님이 행하신 능력은 세 가지 관점에서 볼 수 있습니다. 첫째는 예수님의 능력은 사람의 정신력이나 최면술이나 마술이 아닙니다. 또 예수님의 능력은 고도의 훈련을 통해서 나타나는 참선이나 기나 인간의 정신력을 이용한 힘이 아닙니다. 괴력이 아니라는 사실입니다.

그러면 예수님이 가지신 능력은 어떤 것입니까? 하나님으로부터 오는 능력입니다. 즉, 성령의 능력입니다. 시편 62편 11절에 "하나님이 한두 번 하신 말씀을 내가 들었나니 권능은 하나님께 속하였다 하셨도다"라고 했습니다. 진정한 능력, 진정한 권력과 힘은 하나님에게 속한 것입니다.

예수님 당시에는 강력한 로마 정부가 있었습니다. 그때는 로마의 숨결이 닿지 않는 곳이 하나도 없었습니다. 당시에 로마의 통치를 벗어날 힘이 어디 있었겠습니까? 또 그 당시에는 종교적인 힘이 이스라엘을 지배하고 있었습니다. 바리새인과 서기관들로 지칭되는 그런 종교적인 힘이었습니다. 그러나 예수님의 능력은 이런 능력이 아닙니다. 로마의 권력도, 이스라엘의 종교도 아니었습니다. 이 능력은 오순절 다락방에 모인 제자들에게 임한 불의 혀같이 갈라지는 그런 능력입니다. 예수님의 능력은 하나님에게 속한 능력이요, 하나님으로부터 온 능력입니다.

　그리스도인은 세상의 힘이나 돈의 힘이나 정치, 군사, 권력의 힘이나 과학과 자연의 힘이나 지식의 힘을 의지하는 사람이 아닙니다. 하늘의 능력, 하나님 나라의 능력에 의지합니다. 예수님의 능력은 하나님 나라와 연관되어 있습니다. 세상에는 국력이 있습니다. 이 국력은 군사력·경제력·정치력·문화에 의해서 평가됩니다. 나라마다 힘이 있습니다. 힘이 없으면 나라가 아닙니다. 나라는 힘에 의해서 존재합니다. 그래서 많은 사람이 권력에 대한 의지를 인간 본능의 의지라고 보는 것입니다. 하나님 나라에도 능력이 있습니다. 예수님이 가지고 계신 능력은 국력에 의한 것도 아니고, 정부가 준 능력이나 투표로 생긴 능력도 아닙니다. 바로 하나님 나라의 원리에 기초한 능력입니다.

　내가 진실로 너희에게 이르노니 여기 서 있는 사람 중에는 죽기 전에 하나님의 나라가 권능으로 임하는 것을 볼 자들도 있느니라(막 9:1).

　하나님 나라는 능력으로 임합니다. 하늘의 그 엄청난 영적인 힘으로 오는 것입니다. 이것은 어두움을 물리치는 빛의 힘 같은 것입니다. 진리의 힘입니다. 영원한 힘, 엄청난 힘, 그것이 하나님 나라의 지배 원리입니다. 예수님이 가지고 계신 그 능력은 바로 하나님 나라의 힘입니다. 이와 비슷한 말씀이 마태복음 12장 28절에도 나옵니다.

"그러나 내가 하나님의 성령을 힘입어 귀신을 쫓아내는 것이면 하나님의 나라가 이미 너희에게 임하였느니라."

"하나님의 성령을 힘입어"라는 말은 권능을 뜻합니다. 성령이 너희에게 임하면 권능을 받는다고 했습니다. 이것이 권능입니다. 이것이 예수 믿는 사람의 권능이요, 하늘의 권능입니다. 이 능력은 세상의 법이나 정치, 군사가 주는 힘과는 전혀 다릅니다. 예수님은 이 능력이 있으십니다.

"너희들이 하나님의 나라가 임할 때에 그 능력을 볼 것이다."

이것은 바로 하나님 나라의 주인인 예수 그리스도가 이 세상에 오셔서 하나님 나라의 능력을 보여 주신다는 것입니다. 예수님이 병자를 고치시고, 바다를 잠잠하게 하시고, 귀신을 쫓아내신 그 능력은 영광과 결부되어 있는 능력입니다.

> 내가 주의 권능과 영광을 보기 위하여 이와 같이 성소에서 주를 바라보았나이다(시 63:2).

주일이면 우리는 주님의 전에 모여 예배를 드립니다. 무엇 때문입니까? 설교를 듣기 위해서입니까? 아닙니다. 설교가 아닙니다. 말씀을 통해서 주님의 능력과 영광을 보러 온 것입니다. 오늘 우리는 하나님의 엄청난 권능을 느껴야 합니다. 우리는 우주를 만드시고, 인간을 만드시고, 역사를 통치하시는 하나님의 엄청난 힘을 영적으로 느껴야 합니다. 이것을 느끼지 못하는 사람은 참된 예배자가 아닙니다.

영광의 능력

셋째로, 하나님의 권능에는 영광이 있습니다. 우리가 과연 하나님의 영광을 상상할 수 있습니까? 그 영광을 볼 수 있습니까? 태양에는 빛이 있습니다. 우리는 눈이 부셔서 그 빛을 볼 수 없습니다. 그 빛이 엄청나게 강하기 때문입니다. 우리는 하나님을 직접 볼 수 없습니다. 영광의 빛이 너무나 강하기 때문에 아무도 직시할 수 없습니다. 그래서 예수님을 우리에게 보내 주셨습니다. 이 힘의 절정에는 하나님의 영광의 능력이 가득합니다.

이것이 예수님이 가지셨던 힘입니다. 예수님이 제자들에게 주기도문을 가르쳐주셨는데 제일 마지막 부분이 "나라와 권세와 영광이 아버지께 영원히 있사옵나이다"입니다. 여기에 세 가지가 나타납니다. 하나님의 나라, 하나님의 권세, 하나님의 영광, 이 세 가지는 모두 연결되어 있습니다. 예수님의 능력은 하나님에게 속한 능력입니다. 하나님으로부터 나오는 능력이요, 하나님 나라의 능력이요, 영광의 능력입니다.

사탄은 영적 실체다

오늘 본문에서 귀신을 쫓으시는 예수님의 능력과 역사를 보게 됩니다. 28절에 "또 예수께서 건너편 가다라 지방에 가시매 귀신 들린 자 둘이 무덤 사이에서 나와 예수를 만나니 그들은 몹시 사나워 아무도 그 길로 지나갈 수 없을 지경이더라"고 했습니다.

여기서 먼저 생각해야 할 주제가 있습니다. 바로 귀신 들린 자입니다. 도대체 '귀신 들린 자'란 말이 무슨 뜻입니까? 정신과에서도 신앙이 없는 의사는 귀신 들린 것을 정확하게 규명하기 어려워합니다. 귀신 들린 자라는 개념이 우리에게 잘 전달되지 않는 이유는 '귀신 들렸다'는 것이 우리의 이성과 상식과 경험의 세계가 아니기 때문입니다. 이것은 초자연적인 세계에 속한 일이요, 영적인 문제입니다. 그래서 이성의 눈으로는 깨달을 수 없습니다. 믿음의 눈으로만 알 수 있습니다. 영적인 분별력이 있어야만 이 문제를 이해할 수 있습니다.

이것은 또 죄와 사탄의 문제에도 똑같이 적용됩니다. 교회에 나온 분에게 "당신은 죄인입니다"라고 하면 펄쩍 뜁니다. 내가 무슨 죄를 지었느냐, 양심껏 살았다, 나는 남에게 해롭게 한 적이 없다고 주장할지 모릅니다. 그러나 성경은 모두 죄인이라고 합니다. 왜 이런 시각 차이가 생깁니까? 한쪽은 자연적인 입장에서 본 것이고, 다른 한쪽은 영적인 시각에서 본 것이기 때문입니다. 성경에서 말하는 죄는 국법이나 자연법으로 말하는 죄가 아닙니다. 이 죄는 영적인 것입니다.

어떤 사람은 인간은 팔십 평생 살다가 죽으면 끝이라고 말합니다. 그 사람은 영을 이해하지 못한 사람입니다. 영원한 세계를 이해하지 못한 사람입니다. "귀신 들렸다"는 것은 정신병이 아니라, 악한 영이 나의 인격 속에 들어와 나를 지배하고 있는 병입니다. 이것이 정신병적 현상으로 나타날 뿐입니다. 악한 영이 내게 들어오면 내 정신과 육체를 지배하게 됩니다.

어떤 사람은 하나님을 믿되 귀신이나 사탄의 존재는 부인하려고 합니다. 그러나 꼭 알아야 할 사실은 하나님도 계시지만 귀신도 역사한다는 사실입니다. 사탄 마귀는 실제적인 영향력을 행사하는 영적 실체입니다. 관념이 아닙니다. 막연한 개념이 아닙니다. 사탄은 자기의 정체를 숨기고 있기 때문에 영적 분별력이 없는 사람이나 교만한 사람, 믿음이 없는 사람에게는 잘 보이지 않습니다.

사탄의 속성

사탄은 어떤 속성이 있습니까? 그들 제일의 전략은 자기를 숨기는 것입니다. 그리고 영향력을 행사하는 것입니다. 사탄과 아주 비슷한 직업이 하나 있습니다. 스파이입니다. 그는 숨어서 영향력을 행사합니다. 절대로 자기를 노출하지 않습니다. 스파이는 노출되면 그 순간 죽습니다. 그래서 숨어서 공격합니다.

그러면 사탄은 어디서 생겼습니까? 성경에 보면 원래 사탄 또는 마귀는 천사였습니다. 그러나 교만과 불순종으로 말미암아 하나님에게 대항했습니다. 그래서 하나님에게 심판을 받게 되었고, 버림을 받게 되었습니다. 사탄은 완전히 심판받은 것이 아니라 지금도 심판을 받고 있습니다. 예수님이 다시 오실 때 비로소 역사는 완전한 심판을 이루게 됩니다. 사탄은 지금 심판을 받고 있는 것입니다. 그러므로 인류 역사란 사탄의 심판 과정인 동시에 하나님 백성의 구원 과정입니다.

사탄이 결정적으로 패배한 날이 있습니다. 바로 예수님이 십자가에 달려 돌아가신 날입니다. 마귀의 무기는 사망입니다. 마귀는 사망 권세를 가지고 예수님을 죽였습니다. 그러나 하나님이 3일 만에 다시 부활시키셨습니다. 이것이 바로 사탄의 결정적 패배입니다. 그러나 그것으로 끝난 것이 아닙니다. 끝나는 날은 예수님이 다시 오시는 날입니다. 그래서 마귀는 패배했지만 제한적으로 활동하는 것입니다.

오늘 본문에 의하면 귀신 들린 자가 예수님 앞에 그대로 무릎을 꿇고 귀신이 쫓겨 나가는 것을 봅니다. 마귀는 절대로 예수님에게 대항하지 못합니다. 그래서 마귀가 완전한 심판을 받기까지 그가 대항할 수 있는 유일한 방법을 만들었는데, 그것은 하나님의 형상으로 지음 받은 인간을 공격하는 것입니다. 인간 속에 들어가서 인간으로 하여금 하나님을 반역하게 만드는 것입니다. 그래서 많은 사람이 사탄에 억눌리고, 귀신에 억눌리는 것입니다.

예수님 당시에는 귀신 들린 자가 많았습니다. 오늘 우리 시대에도 귀신 들린 자가 많습니다. 귀신 들린 자가 많은 것은 교회의 책임입니다. 교회가 영적인 능력을 발휘하지 못할 때 사회는 귀신 들린 사회, 사탄이 지배하는 사회로 변하고 맙니다. 사탄은 제한적으로 활동합니다. 그러나 하나님은 누구든지 예수를 믿는 자에게는 하나님의 자녀가 되는 권세를 주셨습니다. 하나님의 아들들은 귀신을 멸하려고 나타난 것입니다.

지금도 사탄으로부터 제한적인 공격을 받고 있지만 예수 그리스도를 의지하고 믿음으로 나아가는 자에게는 사탄이 울며 떠나게 되어 있습니다. 그러나 이 믿음이 없거나 이러한 영적인 사실을 인정하지 않는 사람들은 귀신에 억압되기 쉽습니다. 귀신이 그 인격을 사로잡게 되고 자기 인격이 없어집니다. 주님이 오실 때 사탄은 완전한 심판을 받게 됩니다.

귀신 들린 자들의 모습

그러면 귀신 들린 자들은 어떤 모습을 하고 있는지 28절에서 보겠습니다.

"또 예수께서 건너편 가다라 지방에 가시매 귀신 들린 자 둘이 무덤 사이에서 나와 예수를 만나니 그들은 몹시 사나워 아무도 그 길로 지나갈 수 없을 지경이더라."

첫째, 귀신 들린 자들의 거처는 무덤입니다. 이 기사는 마가복음 5장과 누가복음 8장에 똑같이 기록되어 있는데, 거기서는 무덤이 그들의 거처라고 했습니다. 무덤은 무엇을 의미합니까? 죽은 자가 갇혀 있는 곳이 무덤입니다. 귀신 들린 자들은 언제나 죽음을 생각합니다. 사망과 심판을 생각하는 사람들입니다. 그래서 귀신 들린 자들의 구호는 "죽여라, 때려라, 부셔라" 등입니다. 이들은 귀신의 영향 안에 들어 있는 사람들입니다. 이 사람들은 다른 사람들을 죽이든지 자신을 죽이든지 합니다. 귀신 들린 자들은 남을 미워하고 죽이고 파괴하든지, 이것이 안 되면 매일 자살을 꿈꾸든지 합니다. 극단적이고 부정적이고 절망적입니다. 이것이 귀신의 영향권 안에 들어 있는 사람의 첫 번째 모습입니다. 무덤이 그들의 현주소입니다.

둘째, "그들은 몹시 사나워"라고 했습니다. 귀신은 사납습니다. 성격이 아주 거칠고 태도가 무례합니다. 마가복음과 누가복음에서는 귀신 들린 자의 모습을 더 자세히 설명하고 있습니다.

그 사람은 무덤 사이에 거처하는데 이제는 아무도 그를 쇠사슬로도 맬 수 없게 되었으니 이는 여러 번 고랑과 쇠사슬에 매였어도 쇠사슬을 끊고 고랑을 깨뜨렸음이러라 그리하여 아무도 그를 제어할 힘이 없는지라 밤낮 무덤 사이에서나 산에서나 늘 소리 지르며 돌로 자기의 몸을 해치고 있었더라(막 5:3-5).

예수께서 육지에 내리시매 그 도시 사람으로서 귀신 들린 자 하나
가 예수를 만나니 그 사람은 오래 옷을 입지 아니하며 집에 거하지
도 아니하고 무덤 사이에 거하는 자라(눅 8:27).

이 세 복음서를 종합해 보면 귀신 들린 자의 모습이 여덟 가지로
정리됩니다.

첫째로, 성격이 아주 거칠고 사납습니다. 둘째로, 그를 제어할
수가 없습니다. 통제가 불가능합니다. 셋째로, 쇠사슬과 고리를 끊
을 만한 어떤 힘이 있습니다. 실제로 귀신 들린 사람은 장정 서
너 명이 붙들어도 그 힘을 감당하지 못합니다. 넷째로, 어디서나
늘 소리 지르고 돌아다닙니다. 무덤에서나 산에서나 소리를 지르
고 돌아다닙니다. 다섯째로, 무덤 사이를 방황하고 배회합니다. 여
섯째로, 돌로 제 몸을 상하게 합니다. 분신자살을 시도합니다. 자
기 몸을 찢고 다치게 합니다. 일곱째로, 이들은 옷을 입지 않습니
다. 혹은 더러운 옷을 입고 다닙니다. 여덟째로, 집에 거하지 않습
니다. 성경에 나오는 귀신 들린 사람은 본래 이런 사람이 아니었습
니다. 누가복음 8장 35절에 이 사람에 대한 얘기가 나오는데, 예수
님이 귀신을 쫓아내신 후 "귀신 나간 사람이 옷을 입고 정신이 온
전하여 예수의 발치에 앉아 있는 것을 보고 두려워하거늘"이라고

했습니다. 이 사람은 원래 난폭한 사람이 아니었습니다. 그런데 더러운 병에, 더러운 사상에, 더러운 귀신에게 인격을 빼앗기고 보니 이렇게 변해 버린 것입니다.

예수 이름으로 대적하라

귀신 들린 자들이 제일 싫어하는 이가 예수 그리스도입니다. 29절 말씀을 보겠습니다.

"이에 그들이 소리 질러 이르되 하나님의 아들이여 우리가 당신과 무슨 상관이 있나이까 때가 이르기 전에 우리를 괴롭게 하려고 여기 오셨나이까."

이렇게 외친 것을 보면 분명히 귀신 들린 자들은 예수님을 싫어했습니다. 그 이유는 예수님이 귀신을 쫓아내는 장본인이기 때문입니다. 그래서 귀신 들린 자들은 교회에 오면 가슴부터 두근거립니다. 설교를 들으면 기가 질립니다. 떠날 준비를 합니다. 귀신 들린 자들은 예수님을 무서워합니다. 보혈을 무서워합니다. 내 안에서 이런 악한 영이 떠나면 참으로 성격이 변합니다. 그렇기 때문에 그리스도인은 성격이 변할 수 있다고 믿는 것입니다. 악한 사탄의 영향권에서 벗어나 제정신이 들면 조용해집니다. 그리고 눈물을 흘리며 예수님의 발 앞에 엎드려 발을 닦을 것입니다. 희생하고 봉사합니다. 자기를 죽이는 것입니다. 거듭나는 것입니다. 예수 그리스도가 귀신을 추방하고 파멸시키는 분이심을 우리는 믿습니다.

만약 예수님이 영적인 능력을 행하시는 분임을 믿는다면 우리는 귀신의 영향권에서 벗어나야 합니다. 일찍 귀가하고, 단정하게 옷을 입으십시오. 집안을 항상 단정하게 정돈해야 합니다. 귀신은 더럽습니다. 그러기에 우리는 항상 깨끗해야 합니다. 소리 지르지 마십시오. 방탕해서도 안 됩니다. 귀신의 영향력이 곳곳에서 우리를 지배하고 있습니다. 이 사회가 향락 사회가 되어 가고 있습니다. 귀신 사회입니다. 귀신의 영향권에서 벗어나야 합니다. 또 일찍 자고 일찍 일어나야 합니다. 귀신 문화는 밤늦게까지 자지 않습니다. 일찍 자고 일찍 일어나는 사회가 되어야 합니다.

귀신을 두려워하지 마십시오. 아무리 악한 귀신도 예수님 앞에서는 울며 통곡하며 나갑니다. 그러므로 담대히 예수 이름으로 대적해야 합니다. 내 몸에서 귀신의 영향력을 다 제거해야 합니다. 하나님의 영광이 우리의 몸에 가득 차기를 바랍니다.

7

어둠의 세력은
무리지어 다닌다

마태복음 8:28-34

지난 시간에 우리는 귀신 들린 두 사람이 예수님을 만난 사건을 보았습니다. 귀신 들린 자는 귀신에게 억압된 사람, 귀신에게 인격을 빼앗긴 사람을 말합니다. 귀신에게 인격을 빼앗겨 버리고 나면 자기의 의지나 성품이 없어지며 그 안에서 깊은 혼돈이 일어나게 됩니다. 우리는 이 사탄 또는 귀신이 어떻게 역사하는지 성경적으로 이해할 필요가 있습니다.

> 하늘에 전쟁이 있으니 미가엘과 그의 사자들이 용과 더불어 싸울새 용과 그의 사자들도 싸우나 이기지 못하여 다시 하늘에서 그들이 있을 곳을 얻지 못한지라(계 12:7-8).

하늘에서 전쟁이 일어났습니다. 하나님을 반역한 천사들이 미가엘 천사와 싸우고 패배했습니다. 그래서 하늘에 있지 못하고 땅으로 내려왔다고 했습니다. 요한계시록 12장 9절에는 "큰 용이 내쫓기니 옛 뱀 곧 마귀라고도 하고 사탄이라고도 하며 온 천하를 꾀는 자라"고 기록되어 있습니다.

마귀와 사탄은 같은 말입니다. 사탄은 히브리어입니다. 마귀는 헬라적인 용어입니다. 옛 뱀 또는 용이라고도 합니다. 이 마귀는 유혹하는 자요 사람을 꾀는 자입니다. "큰 용이 내쫓기니 그의 사자들도 그와 함께 내쫓기니라"고 했습니다. 이 사탄 또는 마귀는 그의 수종을 드는 영이 있습니다. 사자들이 있습니다. 바로 오늘 분문에서 보는 귀신입니다.

> 내가 또 들으니 하늘에 큰 음성이 있어 이르되 이제 우리 하나님의 구원과 능력과 나라와 또 그의 그리스도의 권세가 나타났으니 우리 형제들을 참소하던 자 곧 우리 하나님 앞에서 밤낮 참소하던 자가 쫓겨났고 또 우리 형제들이 어린 양의 피와 자기들이 증언하는 말씀으로써 그를 이겼으니 그들은 죽기까지 자기들의 생명을 아끼지 아니하였도다 그러므로 하늘과 그 가운데에 거하는 자들은 즐거워하라 그러나 땅과 바다는 화 있을진저 이는 마귀가 자기의 때가 얼마 남지 않은 줄을 알므로 크게 분 내어 너희에게 내려갔음이라(계 12:10-12).

마귀는 심판을 받고 있는데 그 심판의 절정이 갈보리 언덕의 십자가에서 이루어졌습니다. 하나님은 예수 그리스도를 부활시킴으로 사탄을 패배시키십니다. 이것을 결정적 패배라고 합니다. 그러나 완전한 패배는 주님이 다시 오시는 날, 심판이 있는 그 때에 있게 됩니다. 그동안 사탄은 제한적으로 활동합니다. 제한적으로 활동할 때, 사탄은 하늘에서 쫓겨나 하나님과 직접 대결하지 못하므로 사람을 이용합니다. 불신자들, 하나님을 적당히 믿는 사람들, 죄가 가득한 사람들 속에 들어가서 미움과 분노를 일으키고 반신앙적, 반교회적으로 성경에 대항합니다. 그리고 이런 세상 무리를 만들어서 하나님에게 대항하게 합니다.

성경에 보면 귀신은 사람의 제도, 사람의 이데올로기, 사람의 방법을 무서워하지 않는 것이 특징입니다. 귀신은 똑똑하고 얼굴이 잘생겼다고 해서 떠나가지 않습니다. 귀신은 돈 많은 사람, 권력 있는 사람, 세상적으로 완벽한 육체를 가진 사람을 무서워하지 않습니다. 귀신은 인간의 족보를 무서워하지 않습니다. 반대로 사람들이 귀신을 무서워합니다. 사탄의 능력을 인정하는 사람이거나 아니거나 사람들이 잠재의식으로 두려워하고 불안해합니다.

그래서 사람들이 종교를 만드는 것입니다. 하지만 참신앙, 참하나님은 인간이 만드는 것이 아닙니다. 하나님이 우리를 만드신 것이지 인간이 하나님을 만든 것이 아닙니다. 인간이 만든 종교는 다 가짜입니다. 그것은 종교가 아닙니다. 만약 우리가 하나님을 안다면 우리가 하나님일 것입니다. 우리는 하나님을 모를 수밖에 없습니다. 하나님이 우리에게 자기 자신을 보여 주시고 계시하신 만큼만 우리가 아는 것입니다.

그들은 우리의 믿음을 알아본다

성경에 보면 귀신이 제일 무서워하는 존재가 있으니, 예수 그리스도입니다. 귀신은 예수님을 보기만 하면 질색을 하고 경악을 금치 못합니다. 귀신들은 예수님 이름만 들어도 벌벌 떱니다. 이것이 바로 예수 그리스도의 능력입니다. 마치 빛 앞의 어두움과 같습니다. 큰 돌들이 있는데 그 돌을 들추면 그 속에 많은 지렁이가 있습니다. 이 지렁이는 음침한 곳이나 돌 밑, 습기가 있는 곳에서 삽니다. 돌을 들어냄으로 햇빛에 노출시키면 지렁이들은 기겁하고 필사적으로 도망갑니다. 귀신의 모습도 꼭 이러합니다.

왜 귀신들이 예수님을 보면 경악할까요? 요한복음 1장 4-5절에 "그 안에 생명이 있었으니 이 생명은 사람들의 빛이라 빛이 어둠에 비치되 어둠이 깨닫지 못하더라"고 했습니다. 바로 이 생명 때문입니다. 참생명이신 예수 그리스도를 영접하고, 거듭남을 체험한 사람들은 예수님의 생명이 그 안에 있습니다. 예수님의 생명 안에 빛이 있습니다. 귀신들이 놀라는 것은 그 빛이 비추이기 때문입니다. 그 빛이 어두움을 몰아내기 때문입니다.

귀신이 두려워하는 존재가 또 하나 있습니다. 바로 생명이신 예수 그리스도를 믿는 사람입니다. 경건한 그리스도인 앞에서 귀신은 벌벌 떱니다. 그래서 그 사람이 참다운 그리스도인이냐 아니냐는 귀신이 떠느냐 안 떠느냐로 알 수 있습니다. 교회 오래 다녔느냐 안 다녔느냐로는 모릅니다.

더러운 귀신은 기도하는 사람을 무서워합니다. 더러운 귀신은 경건하게 사는 그리스도인을 두려워합니다. 그러나 귀신들이 조롱하는 사람이 있습니다. 위선적인 그리스도인입니다. 믿음이 없는 형식적인 그리스도인입니다. 교회만 왔다 갔다 하는 사람들은 귀신의 밥입니다. 벌 떼처럼 그에게 달려들어 괴롭히는 것입니다.

이런 예가 사도행전 19장 13-15절에 기록되어 있습니다. 사도 바울이 전도하는 장면입니다. 기적이 많이 일어났습니다. 앉은뱅이가 일어나고 병이 낫고 귀신들이 떠납니다. 이것을 보고 마술을 하던 유대인이 시험적으로 귀신을 쫓습니다. 귀신들에게 바울이 예수 이름으로 나가라고 명합니다. 그러니까 귀신들이 내가 예수도 알고 바울도 알지만 너는 누구냐고 반응합니다. 그리고 달려들어 옷을 벗깁니다. 성경은 이 마술하던 자가 옷이 벗겨진 채 도망했다고 기록하고 있습니다. 사람들은 거짓말할 수 있습니다. 그러나 영물들은 알아봅니다. 우리가 진정 믿음이 있는지 없는지 귀신들이 알아봅니다.

그리스도인 가운데 두 종류가 있습니다. 귀신에게 조롱당하는 위선적이고 형식적인 그리스도인이 있고, 귀신을 꾸짖고 귀신 들린 자에게서 귀신을 내쫓는 능력 있는 그리스도인이 있습니다.

그들도 예수님을 인정한다

귀신 들린 사람이 예수님을 만났습니다. 어떤 일이 일어났는지 살펴보면 29절에 "이에 그들이 소리 질러 이르되 하나님의 아들이여 우리가 당신과 무슨 상관이 있나이까 때가 이르기 전에 우리를 괴롭게 하려고 여기 오셨나이까"라고 했습니다. 똑같은 내용이 마가복음 5장 6-7절에 좀 더 자세하게 설명되어 있습니다.

"그가 멀리서 예수를 보고 달려와 절하며 큰 소리로 부르짖어 이르되 지극히 높으신 하나님의 아들 예수여 나와 당신이 무슨 상관이 있나이까 원하건대 하나님 앞에 맹세하고 나를 괴롭히지 마옵소서."

누가복음에도 비슷하게 기록되어 있습니다. 귀신들이 예수를 보고 소리 지른 것입니다. 여기서 발견하는 귀한 진리가 있는데 첫째, 누구보다도 귀신들이 예수님을 정확하게 알아보았다는 사실입니다. 그 당시 많은 사람은 예수를 알아보지 못했습니다. 왜 그분이 세상에 오셨는지를 몰랐습니다.

그런데 영물이나 귀신들은 예수님을 알아보았습니다. 귀신이 예수님을 보고 "지극히 높으신 하나님의 아들 예수여"라고 말합니다. 이때는 예수님이 베드로에게 신앙 고백을 가르치시기 전이었습니다. 그런데 귀신들이 예수님을 알아본 것입니다.

네가 하나님은 한 분이신 줄을 믿느냐 잘하는도다 귀신들도 믿고 떠느니라(약 2:19).

둘째, 귀신들은 예수님이 세상에 왜 오셨는지를 정확하게 알고 있었습니다. 귀신들은 "하나님의 아들이여 우리가 당신과 무슨 상관이 있나이까 때가 이르기 전에 우리를 괴롭게 하려고 여기 오셨나이까"(마 8:29)라고 했습니다. 이 말은 예수님이 귀신을 멸하고 사탄을 완전히 패배시키기 위해서 세상에 오셨다는 뜻입니다. 첫째 아담이 실패한 것을 둘째 아담인 예수 그리스도가 하셨습니다. 예수님은 사탄을 패배시키셨습니다. 죽음을 정복하셨습니다. 이것을 위하여 예수님이 세상에 오셨습니다.

하나님의 아들이 나타나신 것은 마귀의 일을 멸하려 하심이라(요일 3:8).

우리는 예수님이 오신 목적을 정확하게 이해해야 합니다. 예수님은 죄인을 구원하러 오셨습니다. 예수님은 잃어버린 자를 찾아 구원하러 오셨습니다. 예수님은 섬기러 오셨습니다. 예수님은 우리에게 풍성한 삶을 주기 위해 오셨습니다. 이것이 인간과의 관계라는 측면에서 볼 때 예수님이 오신 목적입니다.

그러나 또 하나 알아야 할 사실은 예수님이 오신 본질적인 의미는 사탄을 멸하기 위해서입니다. 사탄은 이것을 알고 있습니다. 그래서 사탄은 예수님이 세상에 오시지 못하도록 수단과 방법을 가리지 않고 막았습니다. 사탄은 예수님이 태어날 장소까지 막았습니다. 그러나 하나님은 예수님을 마구간에서 태어나게 하셨습니다.

사탄은 자신이 직접 나타나서 예수님을 유혹하기도 했고 제자를 통해서도 유혹했습니다. 마지막에는 예수님을 십자가에 못 박아 죽이면서까지 예수님이 이 세상에서 사역하시지 못하도록 막았던 것입니다. 그러나 예수님은 한 번도 분노하거나 화를 내신 일 없이 십자가에 달림으로써 하나님의 의를 이루셨습니다. 귀신들은 이 사실을 알고 있었습니다.

귀신들도 예수님이 하나님의 아들이심을 인정했습니다. 여러분은 예수님이 하나님의 아들이심을 믿습니까? 귀신들도 예수님이 이 세상에 오신 목적을 정확하게 이해하고 있습니다. 예수님이 우리의 구원자심을 믿습니까? 이것을 부인하지 않아야 합니다. 예수님은 도덕가가 아닙니다. 예수님은 선행을 하는 사람이 아닙니다. 그분은 하나님의 아들이십니다.

또 하나 예수님이 세상에 오신 것은 사탄을 멸하기 위해서입니다.

예수 이름으로 귀신을 몰아내라

그러면 예수님이 어떻게 귀신을 내쫓으셨는지, 귀신들이 어떻게 떠났는지 좀 더 살펴보겠습니다. 첫 번째로, 예수님의 존재 자체가 귀신들의 추방을 의미합니다. 마치 칠흑 같은 밤에 갑자기 불이 비치는 것과 같습니다. 예수님의 존재 그 자체가 빛이요 귀신의 추방을 의미합니다.

빌립보서 2장 10절에 보면 "하늘에 있는 자들과 땅에 있는 자들과 땅 아래에 있는 자들로 모든 무릎을 예수의 이름에 꿇게 하시고"라고 되어 있습니다. 우리는 예수님을 믿을 뿐 아니라 예수님의 능력도 믿어야 합니다. 귀신을 두려워하지 마십시오. 사탄을 두려워하지 마십시오. 사탄의 존재를 분명히 성경적으로 인정하십시오. 그러나 사탄의 능력은 부인해야 합니다. 예수님 안에 있으면 사탄은 우리를 공격할 수 없습니다. 그러므로 우리가 해야 할 일은 예수님의 이름을 높이 부르는 것입니다. 예수님의 이름을 찬양하고 예수님의 구원과 능력을 믿을 때, 예수님의 이름으로 나아갈 때 귀신들은 울며 통곡하며 떠날 수밖에 없습니다.

두 번째로, 마가복음과 누가복음에 보면 귀신이 떠나는 이유를 한 가지 더 발견하게 됩니다. 귀신들이 예수님 앞에 나와서 절을 하고 소리를 지르고 하소연을 하면서 벌벌 떱니다. 그런데 왜 그런 일이 있었느냐 하면 마가복음 5장 8절에 "예수께서 이미 그에게 이르시기를 더러운 귀신아 그 사람에게서 나오라"고 하셨기 때문입니다. 예수님은 귀신 들린 자를 볼 때 말씀하지 않았지만 이미 속에서 명령하셨습니다. 그 말씀 앞에 귀신은 거역할 수가 없었습니다. 그래서 그의 정체가 드러났던 것입니다. 여기서 발견하는 사실은 귀신에게 "나가 주었으면 좋겠다"고 하면 안 된다는 것입니다.

귀신은 꾸짖고 명령해야 합니다. 사정해서는 안 됩니다. 귀신은 없는 것처럼 우리 안에 숨어 있습니다. 귀신 들린 자는 언제나 "나는 귀신 들리지 않았다"고 말합니다. 그러나 그는 이미 귀신 들려 있습니다. 하나님의 말씀이 그 사람의 영혼에 부딪힐 때 귀신은 떠나게 됩니다. 설교 들을 때 말씀이 강하게 부딪히면 귀신들이 떨기 시작합니다. 말씀이 들어오면 귀신은 떠납니다. 성령이 임하면 귀신은 떠납니다. 복음이 부딪히면 귀신은 떠나고 맙니다.

야고보서 4장 7절에 "마귀를 대적하라 그리하면 너희를 피하리라"고 했습니다. 마귀는 대적해야 합니다. 그러면 마귀는 물러가게 됩니다. 마귀를 두려워하면 마귀가 우리를 점령하게 될 것입니다. 예수 이름으로 귀신을 꾸짖고, 예수 이름으로 귀신에게 명령해야 합니다. 귀신에게 떠나라고 말해야 합니다.

화가 절제되지 않는 것은 무엇인가 문제가 있는 것입니다. 내 감정이 조절되지 않는 것은 무엇인가 잘못된 것입니다. 그것은 우리가 악한 영향력을 받고 있다는 증거입니다. 순간적으로 인간은 음란한 생각이 들 수 있습니다. 그러나 그것에서 벗어나지 못한다면 문제가 있는 것입니다. 계속해서 그 생각의 노예가 되었다는 것은 이미 어떤 악한 영이 우리를 지배하고 있다는 것을 의미합니다. 욕심이 끊임없이 계속되는 것은 문제가 있는 것입니다. 순간적으로 사람은 좋은 것을 보고 좋다고 생각하고 말할 수 있습니다. 좋은 것은 가지고 싶습니다. 그러나 그런 마음이 계속해서 우리를 떠나지 않고 있다면 문제가 됩니다. 담배를 끊을 수 없다는 것은 문제입니다. 술을 끊을 수 없다는 것도 문제입니다. 어떤 악한 영이 습관을 통해 우리를 붙잡고 있는 것을 의미하기 때문입니다.

모든 어두운 세력이 나를 사로잡고 있을 때 우리는 명령을 내려야 합니다. "더러운 귀신아! 더러운 악한 영아! 내 몸에서 떠나라. 나쁜 습관에 얽매이게 하는 더러운 영들아, 내게서 떠나라!" 이렇게 믿음으로 말해야 합니다. 예수님이 더러운 귀신에게 명령을 내리셨을 때 귀신은 떠났습니다.

집단 행동을 조심하라

여기서 우리가 또 하나 배워야 할 것이 있는데, 마태복음 본문에는 없지만 마가복음과 누가복음에는 나오는 기록입니다. 귀신이 떠나게 되었을 때 예수님이 귀신 들린 자에게 "네 이름이 무엇이냐?"고 물으셨습니다.

이 사람이 대답할 때, 귀신이 그 사람 안에 들어가서 그를 억압했기 때문에 귀신이 이 사람의 입을 이용하여 말하는 것입니다. 그 사람의 인격이 아닙니다. 그 사람의 원래 인격은 완전히 없어져 버렸습니다.

진정한 인간화란 정치·경제·사회적인 자유를 의미하는 것이 아니라 사탄으로부터의 자유입니다. 진정한 인권 운동이란 이 악령으로부터 해방되는 것입니다. 어떤 제도나 돈이나 방법으로 인간이 해방되는 것이 아닙니다. 인간은 아무리 애써 보아도 죽습니다. 죽어도 살 수 있는 영원한 진리가 중요합니다.

예수가 네가 누구냐고 물으셨을 때 귀신 들린 자는 "내 이름은 군대입니다"라고 대답했습니다. 누가복음에는 좀 더 구체적으로 설명되어 있는데, "예수께서 네 이름이 무엇이냐 물으신즉 이르되 군대라 하니 이는 많은 귀신이 들렸음이라"고 했습니다. 군대란 라틴어로 '레기온'(Legion)인데, 이는 약 육천 명의 로마 군단을 의미합니다. 이것은 귀신들이 집단적으로 움직인다는 것을 의미합니다. 하나님에게 대항했던 루시퍼는 단수지만 그가 부리는 모든 영은 집단입니다.

그리스도인은 집단적 행동을 조심해야 합니다. 성경의 창세기부터 요한계시록까지 하나님의 사람이 집단적으로 행동한 예는 한 번도 없습니다. 바벨탑은 인간이 집단적으로 하나님에게 대항한 역사입니다. 그리스도인은 절대로 사람 수를 가지고 싸워서는 안 됩니다. 집단적으로 행동하는 것은 비성경적입니다.

성경에서 해방의 교과서라는 출애굽기를 보십시오. 모세는 남자만 60만 명인 자기 백성이 애굽에서 정치적으로, 경제적으로, 사회적으로 말할 수 없는 어려움을 겪고 있을 때 해방시키고자 했습니다. 그러나 그것은 모세 자신의 해방 의식에서 나온 것이 아니라 하나님의 명령이었습니다. 그는 이스라엘 백성을 해방시키기 위해서 바로를 만났습니다. 그러나 모세는 60만 명의 민중을 이용하지 않았습니다. 홀로 하나님과 함께 바로와 대결했습니다. 이것이 기독교입니다. 예레미야, 이사야, 사무엘 등 모든 하나님의 사람들도 다 마찬가지였습니다.

왜 사람들이 집단의 수를 이용합니까? 자신이 없기 때문입니다. 확신이 없기 때문입니다. 그래서 사람을 이용해서 일하는 것입니다. 마귀는 집단적으로 나타납니다. 특별히 그리스도인은 집단적인 행동에 대해서 생각을 많이 해야 합니다. 성경은 한 번도 집단적인 행동에 대해 말한 적이 없기 때문입니다. 귀신은 우리는 군대라고 말했습니다. 그래서 예수님은 귀신들에게 추방 명령을 내리셨습니다.

참된 인간의 가치

귀신들은 이제 떼를 지어 나와야만 했습니다. 그들은 어디로 가야 합니까?

마침 멀리서 많은 돼지 떼가 먹고 있는지라 귀신들이 예수께 간구하여 이르되 만일 우리를 쫓아내시려면 돼지 떼에 들여보내 주소서 하니 그들에게 가라 하시니 귀신들이 나와서 돼지에게로 들어가는

지라 온 떼가 비탈로 내리달아 바다에 들어가서 물에서 몰사하거늘
(마 8:30-32).

여기서 이천 마리의 돼지 떼에게 귀신이 들어가 돼지 떼가 몰살 당하는 장면은 귀신이 어떻게 예수님의 능력 앞에서 무참히 패배 하는가를 잘 보여줍니다. 또 한 가지는 예수님이 개인의 재산을 침 해하셨다는 사실입니다. 이천 마리의 돼지 떼를 손해 보게 하신 것 입니다. 또 어떤 사람들은 돼지고기를 먹지 말아야 할 이유가 돼지 고기 속에 귀신이 있기 때문이라는데 이것은 말씀의 핵심에서 벗 어난 얘기입니다.

그러면 이 사건의 주제는 무엇입니까? 두 사람이 이천 마리의 돼지 떼보다 귀하다는 진리입니다. 현대인의 가장 치명적인 약점, 특별히 자본주의의 약점은 물질주의에 있습니다. 물질의 희생을 치르면서도 참된 인간의 가치를 발견해야 하는 것이 진리입니다. 그런데 현대의 많은 제도와 사람들은 인간을 희생시켜서 물질을 추구합니다. 여기에 문제가 있습니다.

혹시 부도가 나고 재산을 잃어버린 일이 있습니까? 그 과정에서 사람을 찾았다면 기뻐하십시오. 혹시 병이 들었습니까? 그래도 그 병을 통해서 예수님을 발견했다면 감사하십시오. 재산 잃고, 건강 잃고, 지위 잃고, 모든 것 다 잃어버렸다고 할지라도 만약 내가 나 의 인격을 다시 찾았고, 내가 하나님의 아들 됨을 알았다면 그것이

더 귀한 것입니다. 그것과 바꿀 만한 세상의 가치는 없습니다. 돈은 없다가도 생깁니다. 내가 사람됨을 다시 발견하는 것처럼 중요한 것은 없습니다. 두 명의 귀신 들린 사람이 이천 마리의 돼지 떼보다 더 귀하다는 사실을 기억하십시오.

이제 마지막으로 이러한 예수님의 능력에 대한 사람들의 반응을 보겠습니다. 33-34절에 "치던 자들이 달아나 시내에 들어가 이 모든 일과 귀신 들린 자의 일을 고하니 온 시내가 예수를 만나려고 나가서 보고 그 지방에서 떠나시기를 간구하더라"고 했습니다. 돼지 치던 사람이 얼마나 놀랐겠습니까? 동네로 뛰어갔습니다. 사람들을 만나 사실을 이야기했습니다. 그 소리를 듣고 사람들이 정말인가 하고 예수님에게 온 것입니다.

그들은 두 가지 사실을 목격했습니다. 그렇게 미친놈처럼 쇠고랑을 끊고 발광하고 소리 지르며 통제할 수 없었던 그 더러운 인간이 예수님 앞에 옷을 바로 입고 무릎을 꿇고 선량한 어린양처럼 감격의 눈물을 흘리는 것을 본 것입니다. 또 하나는 돼지 떼 이천 마리가 몰살당한 현장을 본 것입니다. 사람들이 이 사실을 보고 "예수님, 떠나 주세요"라고 결론을 내린 것입니다.

> 사람들이 그 이루어진 일을 보러 나와서 예수께 이르러 귀신 나간 사람이 옷을 입고 정신이 온전하여 예수의 발치에 앉아 있는 것을 보고 두려워 하거늘(눅 8:35).

우리는 돼지 떼 이천 마리가 몰사한 것뿐 아니라, 귀신 들린 두 사람이 정신이 온전해져서 옷을 입고 예수님 발 앞에 조용히 앉아서 감격의 눈물을 흘린 것을 볼 수 있어야 합니다.

또 마가복음에 보면 이 귀신 들린 두 사람이 귀신이 떠난 후 어떻게 되었는지를 기록하고 있습니다.

> 그가 가서 예수께서 자기에게 어떻게 큰 일 행하셨는지를 데가볼리에 전파하니 모든 사람이 놀랍게 여기더라(막 5:20).

이들은 전도자로 나섰습니다. 하나님이 나에게, 예수님이 나에게 하신 일들을 전하고 다녔습니다. 마귀의 종노릇 하지 마십시오. 더러운 귀신이 우리 안에 살지 않게 해야 합니다. 하나님을 위해 영광스러운 삶을 살아야 합니다.

2부

그리스도의 부르심

마태복음 9:1-38

하나님의 일을 하는 사람에게 가장 중요한 시작은 주님의 부르심, '소명'입니다.

소명은 내가 하고 싶어서 하는 것이 아닙니다.

단지, 하나님의 뜻에 순종하느냐에 의미를 두는 것입니다.

인간의 공로로 선택되는 것이 아니라,

하나님의 은혜와 긍휼로 인해 결정됩니다.

그리고 지금도 우리를 사용하시려고 부르고 계십니다.

뽕나무 위에 오르는 심정으로 주님 앞에 나와야 합니다.

그때 우리의 인생은 완전히 변화될 것입니다.

8

믿음은
불가능을 가능케 한다

마태복음 9:1-2

마태복음 9장에는 귀신 쫓는 것보다 더 큰 능력, 즉 죄를 사하시는 예수님의 권능이 기록되어 있습니다. 오늘 본문은 너무나 중요하므로 두 장에 걸쳐 공부하겠습니다.

집회에서 생긴 이변

1절에 "예수께서 배에 오르사 건너가 본 동네에 이르시니"라고 기록되어 있습니다. 다시 말하면 귀신을 쫓아내시고 다시 배를 타고 본 고장인 가버나움으로 돌아오시는 길입니다. 마태복음 9장 1-2절에는 "예수께서 배에 오르사 건너가 본 동네에 이르시니 침상에 누운 중풍 병자를 사람들이 데리고 오거늘"이라고 압축하여 기록하고 있으나 마가복음 2장이나 누가복음 5장에 보면 그 사이에 빠진 내용이 있습니다.

> 수 일 후에 예수께서 다시 가버나움에 들어가시니 집에 계시다는 소문이 들린지라 많은 사람이 모여서 문 앞까지도 들어설 자리가 없게 되었는데 예수께서 그들에게 도를 말씀하시더니 사람들이 한 중풍 병자를 네 사람에게 메워 가지고 예수께로 올새 무리들 때문

에 예수께 데려갈 수 없으므로 그 계신 곳의 지붕을 뜯어 구멍을 내고 중풍 병자가 누운 상을 달아 내리니 예수께서 그들의 믿음을 보시고 중풍병자에게 이르시되 작은 자야 네 죄 사함을 받았느니라 하시니(막 2:1-5).

하루는 가르치실 때에 갈릴리의 각 마을과 유대와 예루살렘에서 온 바리새인과 율법 교사들이 앉았는데 병을 고치는 주의 능력이 예수와 함께하더라 한 중풍 병자를 사람들이 침상에 메고 와서 예수 앞에 들여놓고자 하였으나 무리 때문에 메고 들어갈 길을 얻지 못한지라 지붕에 올라가 기와를 벗기고 병자를 침상째 무리 가운데로 예수 앞에 달아 내리니 예수께서 그들의 믿음을 보시고 이르시되 이 사람아 네 죄 사함을 받았느니라 하시니(눅 5:17-20).

사람들은 예수님에 대한 소문을 듣고 또다시 구름 떼처럼 모였습니다. 여기에 모인 숫자가 얼마나 되는지 모르지만 그 집에 들어갈 수 없을 만큼 사람들이 가득 찼다고 했습니다. 예수님의 말씀 앞에 사람들은 또다시 신선한 충격을 느끼기 시작했을 것입니다. 그들은 말씀 앞에 숨을 죽이며 귀 기울였고, 온전히 성령의 기름 부음으로 하나님과 진정 하나가 되는 경험을 했을 것입니다. 놀라운 은혜의 집회였을 것입니다.

그런데 이 집회에 이변이 생겼습니다. 갑자기 천장에서 이상한 소리가 나더니 천장에 구멍이 뚫리고, 그곳을 통하여 줄에 매단 침상 하나가 예수님 앞으로 내려오는 것이었습니다. 상상해 보십시오. 이 얼마나 괴이한 일입니까? 무례하다면 무례하고 염치없다면 염치없는 일이 지금 벌어지고 있는 것입니다.

보통 이스라엘의 집은 이층집인데, 이스라엘 사람들은 옥상을 항상 중요하게 사용합니다. 그래서 집에는 옥상으로 올라가는 계단 문이 있게 마련입니다. 중풍 병자의 친구들은 비상수단으로 옥상에 올라가서 지붕을 뜯은 뒤 서까래를 들어내고 천장을 뚫었습니다. 그리고 중풍 병자의 침상을 예수님 앞에 달아 내린 것입니다.

천장을 뚫을 정도의 믿음

이 사건에서 먼저 중풍 병자와 네 사람의 친구에 대해서 생각해 보고, 다음으로 이 해괴한 사건을 보신 예수님의 반응을 생각해 보겠습니다.

첫째, 중풍 병자와 네 사람의 친구들은 예수님에 대한 믿음과 확신이 있었습니다. 중풍 병자는 몸이 불편한 사람이기 때문에 예수님 앞에 가서 말씀을 듣거나 만난 적이 없습니다. 물론 예수님의 천국 복음을 그가 간접적으로 들었을지도 모릅니다. 그리고 귀신을 쫓아내고 병을 고치고 맹인을 눈뜨게 하고, 특별히 자신과 꼭 같은 중풍 병자를 고치셨다는 예수님의 소문을 들었을지도 모릅니다. 그래서 그 사람의 마음속에는 예수님 앞에 가기만 하면 문제가 해결될 수 있을 것이라는 강렬한 확신이 있었습니다. 실로 천장을 뚫을 정도의 믿음이면 적당히 확신한 것이 아닙니다.

요즘 치사해서 예수 안 믿는다는 사람이 많습니다. 예수는 참 좋은데 자기가 교회 가는 것이 자존심이 상하는 것입니다. 누가 믿으니까 나도 믿는다는 것이 싫은 것입니다. 또 좋은 시기에 예수 믿어야지 매 맞고 믿는 것이 자존심이 상합니다. 예수 믿는 것이 그렇게 쉽지 않습니다. 그러나 신앙은 이런 자존심 문제가 아닙니다. 자존심 앞에 믿음이 꺾일 정도면 그것은 믿음이 아닙니다. 자존심을 뛰어넘는 것이 믿음의 세계입니다.

이 중풍 병자와 네 명의 친구들에게는 천장에 올라가서 구멍을 뚫을 수밖에 없는 그런 갈급한 심령이 있었습니다. 이 갈급한 심령 때문에 예수님을 만나게 되었고 이 갈급한 심령 때문에 병을 고치게 된 것입니다. 믿음은 바로 이런 것입니다. 예수님에 대한 기대감입니다. 예수님은 모든 문제의 해결자십니다. 정치의 해결도, 경제의 해결도 예수님에게 있습니다. 자녀 교육의 해결도 예수님에게 있습니다.

불가능을 가능하게 하는 믿음

둘째로, 이 다섯 사람에게서 발견하는 것은 불가능을 극복했다는 사실입니다. 믿음은 좌절이나 불가능을 극복합니다. 이들이 예수님이 계시는 집에 도착해 보니 도대체 들어갈 길이 없었습니다. 아주 심각한 고민에 빠지게 된 것입니다. 우리가 신앙생활을 할 때도 여러 가지 불가능에 많이 부딪힙니다. 앞뒤가 막힙니다. 해야 하느냐 포기해야 하느냐, 이런 심각한 상황에 부딪히게 됩니다.

모세를 보십시오. 모세는 하나님의 음성을 듣고 바로와 대결하여 이스라엘 백성 250만을 이끌고 탈출했습니다. 그런데 하나님의 명령대로 순종했음에도 진퇴양난에 빠졌습니다. 자기 마음대로 간 것이 아닙니다. 하나님의 불기둥과 구름기둥이 인도하는 대로 가 보았더니 홍해 앞이었습니다. 그때 하나님의 성령이 또 바로의 마음을 강퍅하게 하여 바로가 군대를 동원하여 이스라엘 백성을 공격하기 시작했습니다. 그 일을 하신 분도 하나님입니다. 이스라엘 백성은 사면초가였습니다. 신앙은 만사형통도 되지만 사면초가가 되기도 합니다. 내가 믿음을 가지고 무엇인가 해 보려고 했는데 순조롭지 않습니다. 이스라엘 백성은 소리를 지르기 시작합니다. "장례지가 없어서 우리를 여기까지 데리고 왔느냐? 우리를 선동하여 죽이려고 하였느냐?" 이렇게 온 이스라엘 백성은 들고 일어나서 모세를 공격했습니다.

어떻게 해야 합니까? 모세는 하늘을 쳐다볼 수밖에 없었습니다. 그것이 믿음입니다. 절망에서 그는 하나님을 바라봤습니다. 그때 하나님이 제3의 길을 주셨습니다. 홍해 바다를 육지같이 갈라지게 해 주셨습니다.

믿음은 기적을 보게 합니다. 믿음이 없었다면 중풍 병자의 친구들은 적극적인 행동을 하지 않았을 것입니다. 믿음이 있었기에 그들은 이런 절망 앞에서 포기하지 않고 문제를 해결하려고 했던 것입니다. 방법이 없었습니다. 그래서 그들은 제3의 방법을 선택했습니다. 천장으로 올라가기로 결정한 것입니다.

중풍 병자를 끌고 천장으로 올라가는 이들의 심정을 이해할 수 있겠습니까? 천장을 뚫으면 말씀하고 계시는 예수님에게 방해되고 거기 모인 군중에게도 실례가 됩니다. 그러나 이들에게는 그런 것이 문제가 아니었습니다. 올라가서 기와를 뜯고 서까래를 긁고 구멍을 내어서 병자를 예수님 앞에 달아 내리기로 결정한 것입니다.

신앙은 적극적인 생각을 하게 합니다. 믿음 있는 사람은 절대 포기하지 않습니다. 그러나 믿음이 없는 사람은 항상 상식으로 돌아갑니다. 이성으로, 경험으로 돌아갑니다. 합리적으로 생각합니다. 합리적으로 생각하면 믿을 것이 하나도 없습니다. 부활을 어떻게 믿겠습니까? 천지 창조를 어떻게 믿겠습니까? 이성과 합리와 상식과 경험으로는 이해되지 않습니다. 믿음의 세계는 이것을 뛰어넘는 것입니다. 뛰어넘지 않고서는 결단할 수가 없습니다.

그러므로 예수 그리스도를 진정으로 믿는 사람은 모든 불가능을 가능하게 하는 힘을 가진 것입니다. 참믿음을 가지면 포기하지 않습니다. 정말 하나님이 주신 것이라면 절대 포기할 수 없습니다.

안 되는 것 같으나 되고, 없는 것 같으나 있는 것이 믿음입니다. 죽는 것 같으나 살고 포기하고 싶어도 포기가 안 됩니다. 믿음의 일인데 포기하려고 한다면, 포기하지 마십시오. 그것은 믿음이 아닙니다. 믿음은 제3의 길을 하나님이 보여 주시는 것입니다. 믿음은 제3의 길을 가게 하는 것입니다.

또 한 가지 이들에게서 발견하는 것은 그들의 믿음이 불가능을 가능하게 한 믿음일 뿐만 아니라 행동하는 믿음이었다는 것입니다. 어떤 사람들은 대개 믿음을 가지고 시작했는데 알면서도 행동하지 않는 경우가 참 많습니다. 그러나 이들은 자기들이 믿고 확신하는 바대로 실제 몸으로 행동했습니다.

믿음의 친구들

마지막으로 이들을 통해서 배우는 또 한 가지는 믿음은 좋은 친구를 만나게 한다는 것입니다. 믿음이 있다면서 친구가 없는 것은 문제가 있습니다. 참믿음을 가진 사람들은 믿음의 친구를 갖게 됩니다. 나쁜 친구를 멀리하게 되고 좋은 친구를 갖게 됩니다. 이 중풍병자의 친구들은 친구의 병을 고쳐 주기 위해서 자기 일처럼 뛰어들었습니다.

9장 2절에 보면 "그들의 믿음을 보시고"라고 되어 있습니다. 예수님이 병을 고쳐 주실 때 중풍 병자의 믿음만 보신 것이 아니라 그들의 믿음도 보셨다고 했습니다. 그래서 공동체의 믿음이 중요합니다. 교회에서도 한 교인의 믿음도 중요하지만 교회 공동체 전체의 믿음 또한 중요합니다. 공동체가 같이 어떻게 생각하고, 어떻게 고백하고, 어떻게 주님 앞에 나아가느냐가 중요합니다. 오순절에 성령이 다락방에 임했을 때, 개인에게 임하지 않고 공동체에 임했다는 사실을 기억해야 합니다. 성령이 개인에게 먼저 임했다고 하더라도 그것은 공동체와 관계 있습니다.

그러나 우리 한국 교인들의 신앙은 너무나 개인주의적이고 이기주의적입니다. 공동체적인 생각이 결여되어 있습니다. 예수님은 공동체를 좋아하십니다. 여기서도 한 병자와 네 사람의 친구 관계를 볼 수 있습니다. 그들은 결사적으로 예수님 앞에 나아와서 믿음의 모험을 한 것입니다.

중요한 건, 순수한 마음의 동기

다음으로 예수님의 반응을 보겠습니다. 9장 2절에 "침상에 누운 중풍 병자를 사람들이 데리고 오거늘 예수께서 그들의 믿음을 보시고 중풍 병자에게 이르시되 작은 자야 안심하라 네 죄 사함을 받았느니라"고 했습니다.

첫째로, 예수님은 지금 일어나고 있는 이 사건을 순식간에 은혜로운 사건으로 바꾸어 버리셨습니다. 군중은 이 사건을 보고 화가 나고 오해도 했을 것입니다. 예수님도 마음이 상하셨을지 모릅니다. 그러나 예수님은 "그들의 믿음을 보시고" 문제 삼지 않으셨습니다. 무슨 일이 생기면 문제를 만들지 말아야 합니다. 문제가 커지지 않게 해야 합니다. 누가 문제를 야기했는지 따지기 시작하면 더 큰 문제가 생깁니다. 분명히 문제 삼을 만한 사건이지만 예수님은 문제 삼지 않으셨습니다. 그렇다고 적당히 넘어갔느냐 하면 그렇지도 않습니다. 오히려 이 사건을 승화시키셨습니다.

그렇습니다. 우리는 오늘 부딪혀 오는 고난의 문제, 갈등의 문제를 승화시켜야 합니다. 더 높은 차원으로 만들어야 합니다. 땅의 문제는 하늘의 뜻으로 풀어야 합니다. 세상의 문제는 영적으로 풀어야 합니다. 그래서 은혜롭게 바꾸어야 합니다.

예수님은 어떻게 바꾸셨습니까? 예수님은 그들의 믿음을 보셨습니다. 무례한 행동, 해괴한 행동을 보신 것이 아닙니다. 그들의 행동은 무례하고 해괴했습니다. 그러나 예수님이 보신 것은 그들 마음의 중심이었습니다. 예수님은 그들의 중심이 순수한 것을 아셨습니다. 행동은 엉망이었지만 그 중심의 동기가 순수한 것을 아셨습니다.

마음이 진짜 순수하고 진실한 사람은 행동이 지금 나쁘더라도 곧 고쳐집니다. 중심이 살아 있기 때문입니다. 지금 이 중풍 병자와 친구들은 예수님의 설교가 못마땅해서 방해하러 들어온 것이 아닙니다. 나보다 먼저 들어와 있는 사람들의 우선권을 무시한 것도 아닙니다. 이들에게는 "예수님을 만나야겠다. 이 길 외에는 길이 없다"는 것이 절대 명제였습니다. 그래서 이들은 제3의 방법을 선택했습니다. 방법은 무례했습니다. 그러나 예수님은 마음의 중심을 보시고 그들을 축복해 주셨습니다. 결과적으로 그 병자는 나았습니다. 그래서 설교 듣는 것보다 더 놀라운 은혜를 그들이 받았습니다. 모든 문제를 이렇게 귀하게 영적으로 승화시켜 보니 본인도 복 받고 보는 사람도 은혜 받고, 예수님도 기분이 좋으셨습니다. 이것이 복음입니다.

정반대의 사람들이 있습니다. 그 사람들은 바리새인들과 서기관들입니다. 이들은 종교적으로는 완벽한 행위를 하는 사람들입니다. 율법이 시키는 일을 하나도 어긴 일이 없는 사람들입니다. 그것을 확대 해석하여 일주일에 두 번 금식하고 하루에 세 번씩 하나님에게 경배 기도를 하며 완벽한 신앙생활을 해 온 사람들입니다. 그런데 예수님은 도리어 "화 있을진저 외식하는 서기관들과 바리새인들이여"라고 하시며 그들을 칭찬하지 않으셨습니다. 그들은 예의 바르고 종교적이고 신앙적이고 아주 기가 막힌 말을 하는 사람들이었습니다. 그러나 예수님은 이들을 축복하지 않고 "화 있을진저"라고 저주하신 것입니다.

마태복음 23장 25절에 "잔과 대접의 겉은 깨끗이 하되 그 안에는 탐욕과 방탕으로 가득하게 하는도다"라고 했습니다. '너희는 겉으로는 간음하지 않았지만 마음 속에는 음란이 가득하다, 너희가 겉으로는 도둑질하지 않았지만 욕심이 많다'고 예수님이 하나하나 지적하신 것입니다.

이 중풍 병자와 다섯 명의 친구들은 무례한 일을 했고, 예수님의 설교를 방해하는 입장이었지만, 예수님은 그들의 믿음을 보시고 축복하셨습니다. 중요한 것은 우리 마음속에 무엇이 있느냐입니다.

축복의 말씀

둘째로, 예수님의 반응은 9장 2절에 "중풍 병자에게 이르시되 작은 자야 안심하라 네 죄 사함을 받았느니라"고 하신 데서 나타납니다. 예수님이 세 마디 축복의 말씀을 하셨습니다. 병 고치는 것보다 더 큰 축복은 죄의 용서입니다. 그래서 "네 병이 나았느니라"고 하신 것이 아니라 "네 죄 사함을 받았느니라"고 축복하셨습니다.

세 가지 축복을 하나하나 생각해 보면 첫째, "작은 자야"라고 하신 말씀입니다. 영어로는 son, 아들이라는 뜻입니다. 이는 남자나 여자를 다 포함하여 어린아이를 가리킬 때, 자식을 가리킬 때 쓰는 말입니다. 하나님이 나를 아들이라고 불러 주셨다면 모든 것은 끝났습니다.

하나님이 우리를 아들로 불러 주셨습니다. 영접하는 자 곧 그 이름을 믿는 자들에게는 하나님의 자녀가 되는 특권을 주셨습니다.

내가 노력해서 죄 사함을 받는 것이 아닙니다. 하나님이 나에게 아들이라는 특권을 주시니 받는 것입니다. 아들이라고 말할 때 이것은 모든 이해관계를 초월한 조건 없는 사랑의 관계를 의미하는 것입니다. 중풍 병자의 믿음을 보시고 아버지의 모든 것을 누릴 수 있는 아들의 특권을 예수님이 주신 것입니다.

둘째, "안심하라"는 너무나 감격스러운 말씀을 하셨습니다. 우리는 겉은 멀쩡한 것 같아도 속으로는 기막힌 심정으로 살고 있습니다. 속에서는 울고 있습니다. 속으로는 돈의 문제, 부부 관계의 문제, 자녀의 문제, 세상 여러 가지의 문제로 인해 어찌할 수 없는 마음을 가지고 살고 있습니다. 이런 우리에게 예수님이 하시는 말씀은 "안심하라"입니다. 이 움직일 수 없는 중풍 병자에게 예수님이 하시는 말씀이 "안심하라"입니다.

사실 그렇습니다. 중풍 병자의 문제는 자신의 병을 자신이 못 고친다는 것입니다. 인생의 문제는 자기가 해결하지 못합니다. 예수님이 해결하십니다. 내가 해결하려고 하면 더 깊은 늪에 빠집니다. 예수님은 "안심하라"고 말씀하셨습니다. 이는 병자에게 필요한 말이요, 곧 부도가 날 사람에게 필요한 말이요, 인생의 벼랑에서 참으로 자살을 택할 수밖에 없는 사람에게 필요한 말입니다. 사도 바울이 전도 여행 중 광풍으로 죽게 되었을 때도 혼자 웃고 있었는데, 이유는 어젯밤 꿈에 하나님이 안심하라고 하신 데 있었습니다.

우리는 하나님이 어떻게 우리의 문제를 해결해 주실지 모릅니다. 그러나 분명한 것은 "안심하라"는 말씀입니다. 이러한 하나님의 음성을 들을 수 있어야 합니다. 안심하는 마음이 곧 믿음입니다. 믿음은 불가능을 가능하게도 하지만 안심하는 마음을 줍니다.

셋째로, "네 죄 사함을 받았느니라"고 하셨습니다. 그 당시에는 나병이나 중풍, 맹인 된 것 등을 죄의 결과라고 생각했습니다. 요한복음 9장 1-3절에 "날 때부터 맹인 된 사람을 보신지라 제자들이 물어 이르되 랍비여 이 사람이 맹인으로 난 것이 누구의 죄로 인함이니이까 자기니이까 그의 부모니이까 예수께서 대답하시되 이 사람이나 그 부모의 죄로 인한 것이 아니라 그에게서 하나님이 하시는 일을 나타내고자 하심이라"고 했습니다.

병보다 더 무서운 것은 죄의식입니다. 제일 무서운 것은 암이 아니라 죄입니다. 그리스도인을 괴롭히는 것은 죄의식입니다. 그래서 다윗은 시편 32편 1절에서 "허물의 사함을 받고 자신의 죄가 가려진 자는 복이 있도다"라고 했습니다. 지금 사람들의 문제는 돈의 문제가 아닙니다. 직업의 문제도 노사 문제도 아닙니다. 제일 중요한 문제는 죄의 문제입니다. 그런데 사람들은 이 죄를 감추고 있습니다. 죄의 삯은 사망입니다. 죄의식은 죽음의 의식입니다. 죄 문제를 해결하지 않은 사람은 죽음의 그림자가 끊임없이 그의 영혼을 좀먹고 있는 것입니다.

죄의식에서 건지시다

죄의식의 문제가 너무나 심각하기 때문에 사람들은 이 문제를 잘 내놓지 않습니다. 죄는 죄의식을 갖게 합니다. 죄처럼 사람을 괴롭히는 것도 없습니다. 내 양심이 끊임없이 나를 고발하는 것입니다.

감옥에 있는 것이 지옥이 아니라 죄의식에 사로잡혀 있는 것이 지옥입니다. 죄의식은 사람의 영혼을 녹입니다. 사도 바울은 로마서 7장 23절에서 "내 지체 속에 있는 죄의 법으로 나를 사로잡는 것을 보는도다"라고 했습니다. 어떻게 설명할 길이 없습니다. 어떤 영향력이, 어떤 그림자가, 어떤 안개 같은 것이 내 영혼을 감싸고 있는 것입니다. 어둡고 무섭고 침침하고 고통스럽고 불편하고 죽음을 생각하게 하는 어떤 세력이 내 영혼을 잡고 있는 것입니다. 헤어날 수가 없습니다.

술을 먹어도 안 되고, 도박을 해도 안 되고, 마약에 취해도 안 됩니다. 왜 많은 사람이 술, 도박, 마약에 취하는 줄 아십니까? 그것은 단순히 인간의 본능이 아닙니다. 보다 더 깊은 의미가 있습니다. 향락 산업이 번창하는 것은 그 사회가 죄가 많다는 것을 의미합니다. 죄의식에서 도피하려는 것입니다. 여자에게 도피하고, 술에 도피하고, 돈에 도피하고, 일로 도피하는 것입니다. 심각한 죄의 문제를 다른 것으로 전부 가리는 것입니다. 죄의식이 많은 사람은 아주 사납고 공격적이고 열등감이 많고 거칩니다. 이런 성격은 모두가 죄의식에서 탈출하려는 시도입니다.

예수님이 중풍 병자를 보셨을 때 이 사람의 문제는 중풍이 아니라 죄의식이었습니다. 깊은 죄책감이 있었던 것입니다. "나 때문에 그런 것이다. 내가 죄를 지어서 이런 병에 걸린 것이다." 이런 죄책감에 사로잡혀서 이 사람은 어쩔 줄을 몰랐습니다.

이것이 문제입니다. 예수님은 우리를 죄에서부터 건져 주기 위해서 오셨습니다. 병 고치러 오신 것이 예수님의 목적이 아닙니다. 예수님이 오신 목적은 우리의 죄를 씻어 주시려는 것입니다. 죄 씻음 받은 경험이 있으면 죄책감에서 해방됩니다. 죄책감에서 해방되면 마음의 평화가 오고 기쁨이 옵니다. 죄책감이 있는 동안에는 절대로 평안이 없습니다. 자유가 없습니다. 시간이 지나면 지날수록 죄의 상처는 깊어집니다. 기억은 더 또렷해집니다.

그러므로 죄는 보혈로 씻어야만 합니다. 죄는 예수님이 피를 흘리심으로 덮어 주셨습니다. 그리스도인의 가장 큰 축복은 중풍이 낫는 것이 아니라 죄책감에서 해방되는 것입니다. 그리스도인의 참된 축복은 무엇을 얻는 데 있는 것이 아니라 마음의 진정한 자유와 기쁨과 평안을 누리는 데 있습니다. 예수님은 우리가 죄책감에서 벗어나도록 죄를 정복하셨고, 사탄을 꺾어 주셨습니다. 가장 큰 불행은 이 기쁜 소식에도 불구하고 아직도 죄의 노예가 되어 죄책감 앞에서 자기 양심의 고통을 느끼는 사람들이 있다는 것입니다.

"네 죄 사함을 받았느니라." 이 말은 하나님만 하실 수 있는 말씀입니다. 그런데 이 말씀을 예수님이 하셨습니다. 몸의 질병을 고치는 것보다, 귀신을 쫓는 것보다 더 중요한 것은 인간의 죄 문제를 해결하는 것입니다. 예수님 앞에 나오십시오. 그리고 죄를 고백하십시오. 예수님은 지금 이렇게 선언하십니다. "네 죄 사함을 받았느니라." 이 말씀을 믿어야 합니다. 예수님은 우리 죄를 짊어지셨습니다. 사해 주셨습니다. 오늘 예수님이 하신 말씀, "작은 자야, 안심하라. 네 죄 사함을 받았느니라"를 기억해야 합니다.

9

신성을 뛰어 넘는
영성을 가지라

마태복음 9:3-8

예수님은 사람을 보는 분명한 기준이 있으셨습니다. 그것은 사람의 겉모양을 보시지 않고 속마음, 즉 생각을 살펴보시는 것입니다. 우리는 사람의 겉모양을 볼 수밖에 없습니다. 그 사람이 하는 말과 표정으로 추측하는 것 외에는 그 사람을 알 길이 없습니다. 그러나 예수님이 보시는 시각은 우리와 전혀 다릅니다. 사람의 겉모양을 중요하게 생각하시지 않습니다. 동기가 무엇인가, 속 중심이 어떤 것인가를 깊이 생각하십니다.

예수님이 가장 싫어하시는 사람이 있습니다. 겉 다르고 속 다른 사람입니다. 이런 사람을 가리켜 이중인격자라고 합니다. 말과 생각이 다르고, 앞에서 하는 말과 뒤에서 하는 말이 다른 것, 예수님은 이런 것을 아주 싫어하십니다. 바리새인과 서기관들을 대하는 예수님의 태도를 보면 알 수 있습니다. 그들은 종교적으로는 흠잡을 데 없는 사람들입니다. 율법적으로는 완벽한 사람들입니다. 할 것과 안 할 것을 분명하게 가려서 하는 사람들입니다. 그러나 예수님은 그들에 대해서 아주 비판적이셨습니다. 왜냐하면 그들의 마음속에는 탐욕과 부정과 음란과 오만과 불신앙이 있었던 것을 예수님이 보셨기 때문입니다. 우리는 볼 수 없습니다. 그러나 예수님은 보셨습니다.

반면에 무례하고 염치없게 행동했던 중풍 병자와 네 사람의 친구에 대해서는 예수님이 굉장히 호의적이셨습니다. 그들의 믿음을 칭찬해 주셨을 뿐 아니라 오히려 그들이 감당할 수 없는 놀라운 축복의 말씀까지 해 주신 것입니다. "작은 자야, 안심하라. 네 죄 사함을 받았느니라." 이것처럼 엄청난 축복은 없습니다.

축복을 축복으로 받지 못하는 사람들

그런데 이런 축복의 상황 속에서, 축복을 축복으로 받지 못하는 사람들을 발견하게 됩니다. 3-4절에 "어떤 서기관들이 속으로 이르되 이 사람이 신성을 모독하도다 예수께서 그 생각을 아시고 이르시되 너희가 어찌하여 마음에 악한 생각을 하느냐"라고 했습니다.

이처럼 놀라운 축복의 자리에 그 축복을 감사하고 그 축복을 나누지 못하는 사람이 있습니다. 진리라고 다 환영받고 빛이라고 다 영광을 받는 것은 아닌 듯합니다. 예수님이 하신 일도 부정적으로 보는 사람이 있습니다. 비판하고 거부하는 사람이 있습니다. 아무리 좋은 것이라도 걸고넘어지는 사람은 항상 걸고넘어집니다. 부정적인 사람은 항상 부정적인 것을 보게 됩니다. 하나님이 없다고 외친 사람이 있습니다. 하나님이 죽었다고 외친 사람이 있습니다. 그러나 그 사람이 외쳤다고 해서 하나님이 죽지 않습니다. 그 사람만 불행해질 뿐입니다.

본문에서 세 가지를 상고해 보겠습니다. 먼저 이 축복의 시간에 축복을 받지 못하고 거부한 서기관의 불행을 생각해 보겠습니다. 다음으로 서기관의 마음의 태도에 대한 예수님의 반응을 살펴보고, 마지막으로 이 사실을 보는 많은 무리의 모습을 생각해 보겠습니다.

순종을 막는 자존심
먼저 서기관의 문제입니다.

> 어떤 서기관들이 속으로 이르되 이 사람이 신성을 모독하도다 (마 9:3).

마가복음 2장 6-7절에는 이 부분이 좀 더 자세히 설명되고 있습니다.

"어떤 서기관들이 거기 앉아서 마음에 생각하기를 이 사람이 어찌 이렇게 말하는가 신성 모독이로다 오직 하나님 한 분 외에는 누가 능히 죄를 사하겠느냐."

이 서기관은 예수님을 거부했습니다. 예수님의 말씀을 기쁨과 감사와 감격으로 받지 못했습니다. 그 축복을 축복으로 인정하지 않았습니다. 그런데 이러한 마음을 겉으로 표현하지 못하고 속으로 생각했다고 성경에 기록하고 있습니다. 왜 이 사람이 겉으로 표현하지 못하고 속으로 부정적인 생각을 하게 되었을까요? 예수님의 영적 권위 때문입니다. 구약 율법의 전문가인 자신조차 한 번도 들어 보지 못한 놀라운 메시지, 자기들은 보지 못한 새로운 시각에서 신선한 충격을 주는 예수님의 말씀을 듣고 그 영적 권위 앞에서 겉으로 반항하지 못한 것입니다.

분명히 그는 기적을 목격했습니다. 예수님의 말씀을 듣고 있었습니다. 그럼에도 불구하고 이런 부정적인 성격과 태도에서 벗어나지 못한 이유는 무엇일까요? 첫째는 예수님을 동의하지 않는 그의 교만과 아집 때문입니다. 그는 예수님에 대하여 "신성 모독이로다. 오직 하나님 한 분 외에는 누가 능히 죄를 사하겠느냐"라고 했습니다. 신학적으로는 옳은 말입니다.

성경적으로도 옳은 말입니다. 이런 태도의 그리스도인들이 있습니다. 거역할 수 없는 성령의 역사와 영적 권위 앞에서 압도당하면서도 자존심과 교만 때문에 반대합니다. 예수를 부인할 수는 없지만 어딘가 못마땅합니다. 그는 하나님이 살아 계신 것을 압니다. 예수님이 하나님의 아들이라는 것도 압니다. 그런데도 예수를 믿지 않습니다. 자기가 예수 믿는다고 말을 못 하는 것입니다. 영적인 위압감을 느끼면서도 고백을 못 합니다.

교회에 나오면서도 세례를 받지 않습니다. 등록도 하지 않습니다. 이는 자존심과 교만 때문입니다. 바로 이 서기관같이 예수님이 하시는 일에 따라 다니기는 하지만 속으로는 거부하고 있습니다. 불행한 사람입니다. 신앙이란 하나님 앞에 순종하는 것입니다. 마음에서부터 항복하는 것입니다. 하나님과는 아예 싸울 생각도 하지 마십시오. 하나님에게 대항해서 이긴 사람은 아무도 없습니다. 하나님에게 순종하는 것뿐입니다. 순종할 때도 빨리 하는 것이 낫습니다. 늦게 하면 매 맞고 상처 받고 항복하게 됩니다.

마음속에 하나님을 느낀다면, 마음속에 진실로 예수 그리스도가 하나님의 아들이라고 느낀다면 그분에게 나오십시오. 그리고 입을 열어 내가 하나님을 믿겠다고 말하십시오. 방황하지 마십시오. 이 서기관은 예수님의 기적을 보고, 예수님의 말씀을 듣고도 마음속으로는 "신성 모독이로다" 하는 교만과 아집이 있었습니다.

신앙적인 편견에서 벗어나라

서기관이 축복을 목격하면서도 자신의 부정적인 성격과 태도에서 벗어나지 못한 두 번째 이유는, 신앙적인 편견과 고정 관념 때문입니다. 분명히 서기관이라는 직업 자체로 보면 그는 유대 율법에 아주 정통한 사람이요 율법을 가르치는 사람입니다. 그는 히브리 사상과 유대주의를 이론뿐만 아니라 몸으로 이해하던 사람일 것입니다. 이러한 그의 고정 관념과 선입관이 예수님에 대해 비판의 태도를 갖게 했습니다.

죄의 용서란 하나님만이 하실 수 있기 때문에 중풍 병자의 병을 고쳐 주신 것은 괜찮지만, 중풍 병자의 죄를 용서해 주시는 일에 대해서는 그의 신앙으로 동의할 수 없었습니다. 분명히 그러한 전통적인 유대주의 시각에서 이 서기관은 예수님을 한 부분에서는 인정하지만 다른 부분에서는 인정할 수 없는 갈등을 느꼈을 것입니다.

오늘날의 그리스도인 가운데서도 교리적이고 교파적이고 정통적인 사고의 틀에서 헤어나지 못하는 사람들을 많이 봅니다. 두 종류의 사람이 있습니다. 성경적인 교인이 있고, 교파적인 교인이 있습니다. 교파나 교리나 헌법은 중요합니다. 다 성경에 나왔습니다. 그러나 문제는 성경에서 나온 교파나 교리나 헌법을 나중에는 성경보다 더 중요하게 생각한다는 것입니다. 각 시대마다 성경은 언제나 그 시대를 새롭게 조명해 줍니다. 18세기에는 18세기의 문화가 있습니다. 19세기에는 19세기의 문화가 있습니다. 오직 성경만이 변하지 않습니다.

일제 강점기 때 예수 믿는 사람들에게는 그 시대의 잘 믿는 기준이 있었습니다. 그러나 그것은 성경이 아닙니다. 오늘 우리 시대에는 성경의 바른 뜻이 다시 새롭게 해석되고 있습니다. 서기관이 자기의 선입견으로 예수님을 볼 때 이해할 수 없고 오해할 수밖에 없었던 것을 보게 됩니다. 예수님보다 하나님을 더 잘 보여 주실 분이 어디 있겠습니까? 그런데도 이 서기관은 예수님을 비판하고 예수님의 생각을 거부했습니다.

우리의 기준은 예수 그리스도입니다. 우리의 기준은 성경입니다. 교파도 교리도 어떤 세상적인 것도 아닙니다. 언제나 우리는 성경으로 돌아가야 합니다. 성경에서 다시 출발해야 합니다. 성경은 그 시대를 날마다 개혁했습니다. 우리는 예수님에게로 다시 돌아가야 합니다.

사람의 생각을 다 아시는 분

이런 서기관의 태도에 대해서 예수님은 어떻게 반응하셨습니까?

> 예수께서 그 생각을 아시고 이르시되 너희가 어찌하여 마음에 악한 생각을 하느냐(마 9:4).

두 가지 반응이 있습니다. 첫 번째는, 예수님이 그 사람의 생각을 아셨다는 사실입니다. 우리는 타인을 잘 모릅니다. 우리가 남을 이해하는 것은 얼굴 표정, 옷차림, 이야기하는 태도, 그런 정도밖에는 모릅니다. 우리는 남의 속을 꿰뚫어 볼 수 있는 능력이 없습니다. 그러나 하나님은 우리의 속을 보고 계십니다. 예수님은 우리의 태도나 모양이 어떤지, 우리가 어떤 옷을 입었는지가 아니라 우리가 하나님 앞에서 어떤 생각을 하느냐에 관심이 있으십니다.

시편 139편 1-4절에는 다윗의 놀라운 고백이 있습니다.

"여호와여 주께서 나를 살펴보셨으므로 나를 아시나이다 주께서 내가 앉고 일어섬을 아시고 멀리서도 나의 생각을 밝히 아시오며 나의 모든 길과 내가 눕는 것을 살펴보셨으므로 나의 모든 행위를 익히 아시오니 여호와여 내 혀의 말을 알지 못하시는 것이 하나도 없으시니이다."

이 말씀은 하나님이 나의 심장 깊은 곳까지, 숨은 생각까지 완벽하게 보고 계신다는 뜻입니다. 참으로 무서운 말입니다. 지금 우리 눈에는 하나님이 보이지 않는 것 같습니다. 그러나 하나님은 언제 어디서나 우리를 지켜 보고 계신다는 사실입니다.

속지 않으시는 하나님

서기관에 대한 예수님의 두 번째 반응은 "그 생각을 아시고 이르시되 너희가 어찌하여 마음에 악한 생각을 하느냐"라고 하신 것입니다. 이 서기관의 마음속에 품은 생각이 예수님에 의해서 악하다고 판단되었습니다. 예수님은 산상설교에서도 마음속으로 음란한 생각을 하는 자들은 이미 간음한 것이라고 하셨습니다. 형제를 미워한다면 그것은 살인이라고 하셨습니다. "나는 살인하지 않았다"고 말할지라도 마음 속에 형제에 대한 분노와 미움과 경멸의 태도가 있으면 살인한 것과 똑같다고 하셨습니다. "나는 간음한 일이 없다"고 하여도 마음 속에 정욕과 음란이 불타고 있으면 이는 이미 간음한 것이라고 하셨습니다.

오늘 우리는 예배드리려고 여기에 모였습니다. 우리는 다른 사람이 무슨 생각을 하는지 모릅니다. 그러나 하나님은 우리가 무슨 생각을 하는지 다 아십니다. 그분 앞에서는 벌거벗은 것처럼 숨길 수가 없습니다. 이것이 오늘 우리가 들어야 할 메시지입니다. 무엇을 생각하고 있습니까? '무엇을 생각하느냐'가 바로 나입니다. 24시간이 나에게 주어졌는데 어떤 이유든지(사람이 죽었거나 사업이 어렵거나 누가 날 배신했거나) 어떤 생각이 나를 제일 많이 지배하고 있는가 하는 것입니다. 나를 제일 많이 지배하고 있는 생각, 그것이 바로 나입니다.

돈을 많이 묵상하는 사람은 얼굴이 돈처럼 변해 갑니다. 음란한 생각으로 여자를 많이 묵상하는 사람은 그 사람의 눈이 이상해집니다. 그러나 하나님을 묵상하면 경건해집니다. 하나님을 많이 묵상할수록 우리의 얼굴은 하나님처럼 변하게 됩니다.

우리를 제일 괴롭히는 것이 갈등입니다. 이럴 수도 없고 저럴 수도 없습니다. 버릴 수도 없고 취할 수도 없습니다. 이런 갈등이 나의 생각을 붙잡고 있습니다. 예수님은 서기관의 머릿속을 붙잡고 있는 이 생각을 보셨고 그것을 악한 것이라고 말씀하셨습니다.

솔직히 인간이 얼마나 더럽습니까? 얼마나 치사합니까? 우리가 거룩해 보이고 고상해 보이고 지성적인 것 같아도 아귀다툼과 시기와 질투가 얼마나 많습니까? 부모 관계, 시부모, 시동생, 동서 등 많은 관계에서 얼마나 많은 지옥을 경험하고 있습니까? 다 안 그런 척하고 살아서 그렇지 이것이 인간입니다. 돈에 관심이 없는 것 같으면서도 관심이 많고, 성공에 관심이 없는 것 같으면서도 관심이 많은 것, 이것이 인간입니다. 이것을 예수님이 다 보고 계십니다.

우리가 하나님 앞에 예배드릴 때 하나님은 속지 않으십니다. 그것을 예수님이 정확하게 짚어내신 것입니다. 이 말씀을 묵상하면 두렵고 무섭습니다. 하나님 앞에서는 숨길 수가 없다는 사실을 깨닫게 됩니다.

영적인 축복이 더 크다

예수님이 서기관에게 하신 세 번째 반응을 보겠습니다.

> 네 죄 사함을 받았느니라 하는 말과 일어나 걸어가라 하는 말 중에 어느 것이 쉽겠느냐(마 9:5).

예수님이 악한 생각을 하고 있는 이 사람을 정확하게 아셨습니다. 보통 사람이면 비판이나 정죄를 하거나 혼을 냈을 것입니다. 그러나 예수님은 악한 생각을 하는 사람에게 물리적인 힘을 가하지 않으셨습니다. 직접적으로 욕을 하지도 않으셨습니다. 스스로 자기 죄를 깨닫도록 유도해 주셨습니다.

이것이 예수님의 방법입니다. 죄 사함을 받았다는 말과 일어나 걸어라는 말 중에서 어떤 것이 더 쉽겠느냐고 물으시면서 스스로 죄를 깨닫도록 유도해 주셨습니다.

어떤 것이 쉽겠습니까? 이것은 어떤 시각에서 보느냐에 따라서 대답이 달라집니다. 인간적인 입장에서 보면, 즉 사기꾼의 입장에서 보면 "네 죄 사함을 받았느니라"고 하는 것이 쉽습니다. 왜냐하면 죄는 당장 드러나는 것이 아니므로 거짓말을 할 수 있기 때문입니다. 하지만 중풍 병자를 향해 "일어나 걸어가라"고 하는 것은 능력이 없으면 못 하는 일입니다. 그러나 하나님의 입장에서 보면, 영적인 입장에서 보면 무엇이 더 위대합니까? "네 죄 사함을 받았다"는 것이 훨씬 위대합니다. 육신이 일어나는 정도와는 비교가 되지 않습니다. 그래서 예수님은 이 두 가지 질문을 하신 것입니다.

구약의 엘리사나 신약의 사도 바울이나 베드로는 기적을 베푼 사람들입니다. 특히 요한과 베드로는 사도행전 3장에 보면 나면서부터 앉은뱅이 된 사람을 걷게 했습니다. 죽은 자도 살렸습니다. 그런데 죄 사함을 선언하지는 않았습니다. 예수님을 따랐던 사람들은 기적을 일으킬 수는 있었으나 죄 사함은 선언할 수 없었습니다. 죄 사함은 하나님만이 하시는 것이기 때문입니다.

예수님은 서기관의 입장에서 이 질문을 던지셨습니다. "보아라.

네가 앉은뱅이를 일으킬 수는 없지 않느냐?" 그러고 나서 예수님은 "그러나 인자가 세상에서 죄를 사하는 권능이 있는 줄을 너희로 알게 하려 하노라"고 하시고 중풍 병자에게 "일어나 네 침상을 가지고 집으로 가라"고 하셨습니다. 사람들이 불가능하다고 생각하는 것을 예수님이 말씀으로 행하심으로 말미암아 참된 기적이요 축복인 죄 사함의 권세에 대한 증거가 나타난 것입니다.

일어나 침상을 가지고 가라고 하셨을 때 이 중풍 병자는 벌떡 일어나 침상을 들고 친구들과 함께 할렐루야를 부르면서 나갔을 것입니다. 이때 사람들이 받은 충격이 어땠겠습니까? 여기서 우리는 병이 나았다는 것도 중요하지만, 이것을 통해서 살아 계신 하나님을 만나게 되었고 그분이 내 죄를 용서해 주셔서 내가 하나님의 자녀가 되었다는 영적인 축복이 더 큰 것임을 발견해야 합니다.

우리는 세상적으로 이런 일도 당하고 저런 일도 당할 수 있습니다. 그러나 그 결과로 우리가 예수 그리스도를 알게 되었다면 어떤 희생도 희생이 아니며 어떤 대가도 대가가 아닙니다. 내 영혼의 구원과 비교할 수 있는 것은 세상에 아무것도 없습니다. 내 죄 사함의 진리, 죄 사함에 대한 특권을 상대할 만한 세상의 대가는 아무것도 없습니다.

죄 사함의 권세가 있으신 분

6절에 "그러나 인자가 세상에서 죄를 사하는 권능이 있는 줄을 너희로 알게 하려 하노라"고 했습니다. 예수님에게는 죄 사함의 권세가 있습니다. 죄 사함은 하나님만 하십니다. 그렇다면 이것은 예수님이 바로 하나님이시요 동시에 하나님의 아들이심을 뜻합니다. 예수님이 하나님의 아들이시기 때문에 하나님만이 하실 수 있는 "죄를 용서해 주겠다"고 말씀하셨습니다.

로마서 6장 10절에 "그가 죽으심은 죄에 대하여 단번에 죽으심이요 그가 살아 계심은 하나님께 대하여 살아 계심이니"라고 했습니다. 예수님이 세상에 오신 것은 사탄의 세력을 멸하고 죄의 권세를 깨뜨리며 우리의 모든 죄를 씻어 주시기 위해서입니다. 예수님은 우리의 죄를 용서해 주셨습니다. 예수님은 우리의 죄를 용서할 권세가 있으십니다. 오늘 이 시간에 예수 그리스도를 영접하고 그 앞에 어린아이처럼 나온 사람에게 예수님은 질병을 고쳐 주기보다는 먼저 그의 영혼을 고쳐 주실 것입니다.

죄라고 할 때 우리는 두 가지를 생각합니다. 첫째는 사탄이요, 둘째는 사망입니다. 죄를 지배하는 원리와 근본은 바로 사탄입니다. 또 죄의 결과와 삯은 죽음입니다. 그러므로 죄의 문제를 해결하지 않고서는 사탄의 문제와 죽음의 문제를 해결할 수 없습니다. 죄의 문제를 해결했다는 말은 모든 사탄의 세력에서부터 자유해졌다는 말이요, 죽음과 사망의 음침한 그림자에서 우리가 해방되었다는 의미입니다.

성경의 가장 중요한 주제는 바로 죄를 멸하는 것입니다. 인간에게서 죄의 문제를 해결할 수 있다면 인간은 어느 곳에 있든지 천국을 만듭니다. 어떤 제도를 갖다 주어도 천국을 만듭니다. 제일 중요한 핵심은 죄입니다. 그래서 이 죄 문제를 해결해야 합니다. 이 문제를 교회가 선포해야 합니다.

상대적 가치를 절대화할 때 위기가 옵니다. 하나님의 영원한 진리를 양보해서는 안 됩니다. 성경을 양보해서는 안 됩니다. 예수 그리스도를, 하나님의 나라를 양보해서는 안 됩니다. 하나님의 나라가 없는 통일은 지옥입니다. 세계 선교가 없는 민족, 하나님이 없는 민중, 그것은 다 상대적인 가치에서 인간이 역사의 주체가 되어 버리고 만 것입니다. 하나님이 중요합니다. 성경이 중요합니다. 하나님의 나라가 중요합니다. 바로 여기에 있을 때만 인간은 자유합니다. 여기에 있을 때만 죄의 문제는 해결될 수 있고 독선과 교만과 탐욕에서부터 인간은 자유할 수가 있습니다.

우리가 아직 죄인 되었을 때에 그리스도께서 우리를 위하여 죽으심으로 하나님께서 우리에 대한 자기의 사랑을 확증하셨느니라(롬 5:8).

우리가 알거니와 우리의 옛 사람이 예수와 함께 십자가에 못 박힌 것은 죄의 몸이 죽어 다시는 우리가 죄에게 종 노릇하지 아니하려

함이니(롬 6:6).

예수님은 십자가에서 죄 값을 지불하셨습니다. 그래서 우리의 죄는 용서를 받게 된 것이고 여기에서부터 우리의 삶이 시작합니다. 죄 사함을 받은 데서부터 통일, 민족, 사회 참여 등 모든 것이 의미가 있게 됩니다.

인자가 세상에서 죄를 사하는 권세가 있다는 예수님의 말씀을 듣고 사람들은 놀랐습니다. 그래서 예수님은 죄 사함의 권세가 실제로 예수님에게 있다는 것을 보여 주시기 위하여 중풍병자에게 침상을 들고 일어나 걸으라 하셨고, 그 병자는 걷게 되었습니다.

여기서 우리는 그리스도인의 참된 축복 두 가지를 볼 수 있습니다. 즉 육적인 구원과 영적인 구원입니다. 이 두 가지를 다 가질 수 있으면 좋겠지만 둘 다 가지지 못할 경우에는 몸은 죽어도 죄 사함의 축복은 받아야 합니다. 병이 낫지 않는 수도 있습니다. 모든 상황이 바뀌지 않을 수도 있습니다. 그러나 우리가 예수 믿었다는 사실 하나만으로도 감사하고 감격해야 합니다. 용서받고 하나님의 자녀가 되었다는 사실 앞에서 우리는 더 이상 요구할 것이 없습니다.

하나님에게 영광 돌리는 사람들

마지막으로 이러한 사실을 목격한 사람들의 반응을 보겠습니다.

무리가 보고 두려워하며 이런 권능을 사람에게 주신 하나님께 영광을 돌리니라(마 9:8).

이 사건을 목격하고 두 가지 반응이 일어났습니다. 첫 번째는, 사람들이 두려워 했다는 것입니다. 이것이 신앙인의 참된 모습입니다. 신앙을 체험한 사람은 하나님에 대해서 두려워하는 마음이 있습니다. 이것은 공포나 겁먹는 것과는 다릅니다. 하나님에게 공포감을 느끼는 것이 아니라 하나님에 대한 경외감입니다. 경건한 두려움입니다.

특별히 기도할 때, 방언할 때, 환상을 볼 때, 어떤 기적이 일어나는 것을 목격할 때 두려움이 생기고 떨립니다. 이것은 공포감이 아닙니다. 하나님이 하시는 것에 대한 경외감입니다. 신앙에는 경외감이 있어야 합니다. 경외가 없는 사람은 건방지고, 방자합니다. 교만합니다. 말을 함부로 합니다. 신앙을 가지고 장난합니다. 이것은 신앙의 바른 태도가 아닙니다. 진짜 신앙을 가진 사람들은 말을 함부로 하지 못합니다. 경외감과 두려움과 떨림이 있습니다.

일부 지식인이나 학자 사이에서 하나님에 대해 너무나 방자하고 교만하고 경솔한 태도를 취하는 것을 볼 수 있습니다. 하나님은 학문의 대상이 아닙니다. 신앙의 대상이요, 예배의 대상이십니다. 그런데도 하나님을 연구하고 하나님을 학문의 대상으로 생각하고 하나님을 마음대로 취급합니다. 이렇게도 굴리고 저렇게도 굴리고 이렇게도 생각하고 저렇게도 생각합니다. 그러다 보면 인간이 하나님보다 더 위에 올라가 있습니다. 인간이 어찌 하나님을 다 알 수가 있겠습니까? 우리는 하나님을 모릅니다. 알 수도 없습니다. 계시된 성경에 기록된 그분에 관한 내용을 믿고 고백하고 경배하는 것뿐입니다. 그 이상의 태도는 인간이 가질 수 없습니다.

두 번째는, 이 사건을 목격한 사람들이 하나님에게 영광을 돌렸다는 사실입니다. 세상의 학문을 하듯이 신학을 하면 안 됩니다. 학문을 하듯이 하나님을 연구 대상으로 삼으면 인간은 교만해집니다. 하나님에 대해 생각하는 사람은 무릎을 꿇고, 두 손을 들고, 눈물을 흘리며 감격하면서 하나님을 생각해야 합니다. 참된 그리스도인은 언제나 하나님에게 영광을 돌리는 사람입니다. 무슨 일을 하든지, 어떤 일을 만나든지 그는 하나님에게 영광을 돌립니다. 이것이 그리스도인의 삶의 모습입니다.

로마서 14장 8절에 "우리가 살아도 주를 위하여 살고 죽어도 주를 위하여 죽나니"라고 했습니다. 이것이 신앙인입니다. 무슨 일을 만나든지 어떤 일을 당하든지 하나님에게 감사하며 영광을 돌리는 것입니다. 참성도는 하나님의 영광을 볼 줄 아는 사람입니다.

우리는 중풍 병자와 네 사람의 친구에 대한 말씀을 들었습니다. 그들은 무례하게 행동했습니다. 그런데 놀랍게도 하나님의 축복을 받았습니다. 지금까지 무례하고 염치없이 살아온 사람이 있습니까? 주님은 우리의 과거의 모습을 보지 않고 현재를 보십니다.

그리고 우리에게 "작은 자야, 안심하라. 네 죄 사함을 받았느니라. 네 침상을 가지고 집으로 가라"고 말씀하십니다. 주님은 우리를 축복하기를 원하십니다. 하나님을 인정하십시오. 하나님은 우리의 마음을 다 알고 계십니다.

10

주님의 부르심에
즉각 답하라

마태복음 9:9-13

예수님이 많은 이적과 기사를 베풀면서 천국 복음을 전파하실 때 많은 무리가 충격을 받고 열광적으로 예수님을 좇았습니다. 그 가운데 어떤 사람들은 예수님의 제자가 되기를 소원하여 예수님에게 청하기도 했습니다. 그런데 예수님은 예상 밖으로 그들의 헌신을 쉽게 받아 주시지 않았습니다. 예수님은 까다롭게 하셨습니다. 예수님을 따르는 제자가 된다는 것은 따르고 싶다고 해서 되는 것이 아닙니다. 그 길은 그렇게 간단하지 않습니다. 예수님의 제자가 되려면 많은 대가를 치러야만 한다는 것을 예수님은 가르쳐 주셨습니다.

그런데 오늘 본문에는 전혀 다른 경우가 나타나는 것을 보게 됩니다. 예수님의 제자 되는 길이 아주 간단하고 쉬운 경우를 보게 됩니다.

> 예수께서 그곳을 떠나 지나가시다가 마태라 하는 사람이 세관에 앉아 있는 것을 보시고 이르시되 나를 따르라 하시니 일어나 따르니라(마 9:9).

예수님을 스스로 따르겠다는 사람의 헌신은 여러 가지 조건을 붙여서 거절하신 예수님이, 제자가 되겠다고 요청하지도 않은 세리에게 나를 따르라고 하셨습니다.

제자의 출발점, 소명

이 두 가지는 반대의 경우이며 서로 모순되는 것처럼 보입니다. 그러나 이 말씀 속에서 우리는 진정한 '소명', 즉 '부르심'의 성경적 의미와 본질을 발견하게 됩니다. 특별히 하나님의 일을 하려는 사람에게 가장 중요한 출발은 소명, 즉 부르심입니다.

구약에 보면 하나님이 인류를 구원하시기 위해 갈대아 우르에 살고 있던 아브라함을 부르십니다. 아브라함을 직접 불러서 "갈대아 우르를 떠나 내가 지시하는 땅으로 가라"고 명령하십니다. 그리하여 하나님은 아브라함을 믿음의 조상으로 만드십니다.

이스라엘 백성이 애굽에서 종살이를 하고 있을 때 하나님이 떨기나무 불꽃 속에서 모세를 부르십니다. "네가 선 곳은 거룩한 땅이니 네 발에서 신을 벗으라"고 하시면서 모세에게 "가서 너희 백성을 해방시키라"고 말씀하십니다.

다윗은 어떻습니까? 그가 왕이 되려고 한 적은 한 번도 없었습니다. 그는 목동이었습니다. 그런데 하나님이 그를 부르셔서 왕으로 삼아 주셨습니다.

우리는 이사야를 잘 압니다. 웃시야 왕이 죽던 때에 이사야의 정치적 배경이 모두 단절되고 정치 변혁이 일어나는 상황 속에서 이사야는 성전에서 기도하고 있다가 하나님의 모습을 봅니다. 자기가 죄인임을 깨닫게 됩니다. "누가 나를 위하여, 우리를 위하여 갈꼬?" 할 때 이사야가 "나를 보내소서"라고 응답합니다.

신약을 보면 예수님의 열두 제자 중 스스로 제자가 되겠다고 원해서 된 사람은 한 사람도 없습니다. 다 주님이 불러 주셨습니다. 사도 바울은 예수 믿는 사람에게 분노를 느끼던 사람입니다. 예수 믿는 사람을 체포하러 다메섹으로 가던 중 그는 빛을 보게 되었고, 무릎을 꿇게 되었습니다. 그는 하나님의 음성을 듣고 주의 종이 됩니다.

성경을 보면 부르심을 받지 않고 하나님의 일을 한 사람은 하나도 없습니다. 그러므로 이 '부르심'이라고 하는 것, '소명'이라고 하는 것은 하나님의 일을 하는 사람에게는 가장 중요한 시작입니다.

하나님이 불러 주시지 않았다면 어떻게 우리가 교회에 왔겠습니까? 자기 발로 온 것 같고, 친구에게 끌려서 온 것 같지만 그렇지 않습니다. 하나님이 불러 주셨기 때문에 우리가 여기에 온 것입니다. 누가 하나님을 믿을 수 있겠습니까? 내가 믿겠다고 해서 하나님이 믿어지는 것입니까? 아닙니다. 하나님이 우리를 부르시기 때문에 우리가 하나님을 믿게 된 것입니다. 누가 예수를 믿을 수 있습니까? 우리가 잘나고 똑똑해서 믿는 것입니까? 아닙니다. 예수님이 우리를 초청하셨기 때문에 믿게 된 것입니다. 모든 신앙 생활의 출발은 부르심에서 시작합니다. 하나님의 부르심을 깨닫고 이해하는 데서부터 시작합니다.

오늘날 교회와 그리스도인의 많은 문제점 가운데 하나는 부르심을 확인하지 않은 채, 혹은 확인하지 못한 채 주님의 일에 뛰어드는 것입니다.

"우리 집은 삼대째 그리스도인 집안이다. 나는 모태 신앙이고, 어려서부터 교회에서 자랐으며 의식하지 않은 사이에 성경을 읽고 설교를 들었고 찬송가를 배웠다. 회장, 부회장도 해 보았고, 전도도 열심히 하고 새벽 기도, 철야 기도도 열심히 다녔다. 그리고 주님의 일을 하겠다고 헌신도 했다." 이렇게 10년, 20년 믿다가 30년쯤 지나면 회의에 빠집니다. "나는 무엇이냐"는 것입니다. 이렇게 믿는 것이 과연 무엇이냐는 깊은 회의에 빠지게 되는 것입니다.

만약 하나님이 우리를 부르시지 않았다면 우리는 주님의 일을 해서는 안 됩니다. 그러나 만약 주님이 우리를 부르셨다면 어떤 악조건과 어려움 속에서도, 생명을 바쳐서라도 주님의 일을 수행해야 합니다. 그것이 소명입니다. 소명이 분명한 사람은 결과가 나쁘다고 해서 절망하지 않습니다. 그 소명을 분명히 이해하고 순종한 것에 의미를 둡니다.

소명에 대한 예수님의 가르침을 오늘 배우고자 합니다. 먼저 예수님의 부르심은 어떤 것인가 하는 것과 그 부르심의 내용은 무엇인가 하는 문제입니다.

부르심과 자기 결단의 차이

먼저 예수님의 부르심이 어떤 것인가를 생각해 보겠습니다. 오늘 말씀을 보면 부르심, 소명이란 내가 하고 싶어서 하는 것이 아닙니다. 부르심이란 내가 자청해서 가는 것이 아닙니다. 거기에는 부르는 사람의 부름이 있습니다.

베드로의 경우를 예로 들어 보면, 베드로는 소명을 깨닫기 전에 예수님에게 "내가 죽기까지 당신을 따르겠습니다"라고 고백합니다. 그러고 나서 예수님을 세 번씩이나 부인합니다. 이것이 인간적인 결심입니다. 굉장히 멋진 헌신을 했습니다. 그러나 열매가 없습니다. 끝까지 가지 못하는 것입니다. 이것은 소명이 아니라 자기 감정입니다.

한 서기관이 예수님에게 나아와서 "주여, 어디로 가시든지 나는 주님을 따르겠습니다"라고 고백했지만 결국은 실패하고 말았습니다. 인간적인 자기 결심, 자기 결단, 자기 정열은 실패하게 되어 있습니다. 하나님이 지시한 것과 내가 그렇게 했으면 좋겠다는 희망 사항은 전혀 별개입니다.

요즘 많은 사람이 교회는 내 발로 내가 나왔다고, 내가 예수를 스스로 믿었다고 생각하고, 헌신과 봉사도 자기의 시간과 돈과 재능을 가지고 한다고 생각하는데, 이런 사람들은 반드시 실패하고 좌절감을 느끼게 될 것입니다. 왜냐하면 신앙은 나의 일을 하는 것이 아니라 하나님의 일을 하는 것이기 때문입니다.

요한복음 15장 16절에 "너희가 나를 택한 것이 아니요 내가 너희를 택하여 세웠나니"라고 했습니다. 우리는 모두 부름 받은 죄인입니다. 내가 무엇을 할 수 있는 것이 아닙니다. 사람이 계획을 세우나 이루시는 이는 하나님이십니다. 우리가 할 수 있는 것은 하나님의 뜻에 순종하느냐 안 하느냐, 그것뿐입니다.

부름을 받았기 때문에 우리에게는 순종이 있어야 하고, 내가 하는 것이 아니기 때문에 거기에는 겸손과 온유가 있어야 합니다. 바로 이것이 예수님의 모습이었습니다. 그래서 예수 믿는 사람은 무슨 일을 하든지 화를 내면 안 됩니다. 화를 내고 신경질을 내고 싸우면 선을 이루지 못합니다. 인간이 하는 일이 아닌데 인간이 하려고 할 때 문제가 생기기 때문입니다.

소명은 마음의 상태로 결정된다

소명이란 무엇입니까? 예수님에 의하면 소명은 외적인 자격에 따라 결정되는 것이 아니라, 내적인 마음의 상태에 따라 결정됩니다. 서기관과 세리 마태의 경우를 비교해 보면, 자격으로 따진다면 정규 교육을 받은 율법의 전문가인 서기관이 더 유능하게 일할 수 있을 것입니다.

기업에서 직원을 뽑을 때 직장 일을 유능하게 감당할 수 있는 조건을 가진 사람을 뽑게 마련입니다. 이것이 세상의 기준입니다. 이런 기준에서 볼 때 서기관이 뽑혀서 예수님의 제자가 되어야 마땅합니다. 그런데 놀랍게도 서기관은 거절당하고 사람들이 전혀 기대하지 않았던 사람, 사람들이 도외시해 버린 세리 마태에게 예수님이 찾아가셨습니다. 그에게 가서서 본인이 원하지도 않는데 나의 제자가 되라고 하셨습니다.

여기서 우리는 예수님이 사람을 취할 때 결코 외모를 보시지 않는다는 것을 발견하게 됩니다. 예수님은 중심을 중요하게 생각하십니다. 예수님은 사람의 학벌, 지식, 경험, 사회적인 지위, 재산 등을 전혀 고려하시지 않습니다. 열두 제자를 보십시오. 학문적으로 대단한 사람이 별로 없습니다. 갈릴리 시골 출신의 사람입니다. 예루살렘 사람은 별로 없습니다. 누군가 말했듯이 가장 지성인은 가룟 유다였습니다. 예수님이 사람을 선택하시는 방법은 이렇게 우리와는 달랐습니다.

그러면 예수님이 우리의 기대나 생각과는 달리 직접 찾아가서 제자를 삼으신 세리 마태는 도대체 어떤 사람입니까? 지금은 물론 그렇지 않습니다만, 세리라는 직업은 그 당시에는 아주 멸시받고 미움 받던 직업이었습니다. 그 이유는 백성에게 합리적으로 돈을 착취해 갔기 때문이고 신앙과 민족을 배신한 매국노였기 때문입니다.

그 당시 세금 제도는 로마 정부가 세금을 거두어들이는 대행자를 정하면 그 사람이 세금을 거두어서 일정액은 로마 정부에 내고 나머지는 자기가 착복하도록 되어 있었습니다. 예컨대 기본세는 착복할 수 없지만 수입품과 수출품에 관한 세는 2.5-15%까지 세금을 거둬들일 수 있는 재량권이 세리에게 있었습니다. 뿐만 아니라 이들은 항만세, 도로세, 우마차 세금 등을 마음대로 조정할 수 있었습니다. 이렇게 해서 세리들은 세금을 합법적으로 착취했습니다.

그래서 유대 전통법에 의하면 세리들은 회당에 들어오지 못하게 했습니다. 세리는 증인으로 서지도 못했습니다. 그리고 도둑이나 강도, 살인자와 같이 취급했습니다. 11절에 보면 세리를 죄인과 동일시하는 말이 나옵니다.

"바리새인들이 보고 그의 제자들에게 이르되 어찌하여 너희 선생은 세리와 죄인들과 함께 잡수시느냐."

이런 정도로 무시와 모멸을 당하는 직업을 가진 마태를 예수님이 부르셨다는 것은 놀라운 일입니다. 이해할 수 없는 일입니다. 외적인 자격으로 보면 불가능한 일입니다. 그런데 이 마태의 심령은 예수님이 보시기에 사람들이 판단하는 것과 전혀 달랐습니다. 오늘 본문에는 그 기록이 없지만, 사람을 선택하시는 예수님의 기준이나 앞뒤 문맥을 깊이 연구해 보면 다음과 같은 사실을 추측할 수 있습니다. 마태는 세상적으로 죄인 취급을 당하고 푸대접을 받는 직종의 사람이었지만 그의 심령은 예수님 보시기에 깨끗하고 순수하고 가난했다는 것입니다.

그 예를 예수님의 비유에서 찾아볼 수 있습니다. 바리새인들의 기도와 죄인의 기도입니다. 바리새인들은 기도할 때 하루에 세 번씩 정장을 하고 예루살렘에 가서 기도하는데 예루살렘까지 갈 시간이 없어서 길모퉁이에서 무릎을 꿇고 "오, 하나님!" 하면서 여러 사람이 다 보도록 기도했습니다. "나는 일주일에 두 번씩 금식을 했고, 율법을 지켰으므로 나는 저 죄인들과 같지 않습니다"라고 기도했습니다.

그런데 그 옆의 한 죄인은 예루살렘 근처에도 가지 못합니다. 멀리 서서 하늘을 우러러보지도 못하고 고개를 숙인 채 "하나님, 나는 죄인입니다. 나를 긍휼히 여겨 주시옵소서"라고 기도하는 것입니다. 이 두 사람을 두고 예수님은 세리가 바리새인보다 의롭다 함을 받았다고 하셨습니다.

하나님의 기준

예수님이 말씀하시는 부르심이란 인간의 공로로 선택되는 것이 아니라, 하나님의 은혜와 긍휼로 인해 전적으로 결정됩니다. 누구는 부르고 누구는 부르지 않는 그런 무작정의 기준이 아니라, 초월적인 사랑과 긍휼과 은혜라는 예수님의 기준이 있었던 것입니다.

우리는 마태에 대해서 이렇게 추측해 볼 수 있습니다. 마태는 자신의 직업이 떳떳하지 못하다는 것을 누구보다도 잘 알고 있었습니다. 이렇게 떳떳하지 못한 직업, 사회적으로 매도당하는 직업을 가지고 있을 때 그 사람은 굉장히 고독하고 외롭습니다.

삭개오를 생각해 보십시오. 삭개오는 예수님을 보려고 뽕나무에 올라갔습니다. 그 사람의 심정을 이해할 수 있겠습니까? 오죽했으면 올라갔을까요. 이것은 삭개오의 고독이 그만큼 깊었다는 뜻입니다. 그래서 체면이 문제가 되지 않았습니다. 그는 숨어서 몰래 예수님의 말씀을 듣고 예수님을 사모하다가 나중에는 더 이상 견딜 수가 없어서 누가 보거나 말거나 뽕나무 위에 올라갔습니다. 거기서라도 예수님을 한번 보고 싶었던 그 마음, 그것이 가난한 마음입니다. 그것이 갈망하는 마음, 예수님을 사랑하는 마음입니다. 그만큼 삭개오는 고독하고 외로웠습니다. 현대인은 고독하고 외로우면 자살합니다. 돈 많은 사람이 외롭습니다. 자식이 많은 사람일수록 고독합니다. 삭개오가 바로 그런 사람입니다.

세리 마태에게서도 그런 것을 느낄 수 있습니다. 마태는 로마의 대리인으로서 자기 민족의 세금을 받아들이는 사람이지만 자신도 늘 그 직업 때문에 괴로워하고 고민했습니다. 외로움이 깊었습니다. 그는 인생이 무엇인가를 생각하게 되었습니다. 아마 분명히 마태는 예수님에 대한 소문을 들었을 것입니다. 그는 멀리서 예수님의 설교를 들었을 것입니다. 사람들 틈바구니에서 기적을 베푸시는 것을 목격했을 것입니다.

그는 '나는 안 돼. 감히 나 같은 사람이 어떻게 예수님에게 갈 수 있을까?' 하고 생각하고 있었습니다. 속으로는 간절히 주님을 찾고 인생의 새로운 전환점을 맞고 싶지만, 직업이라는 사회 규범의 노예가 되어서 '나 같은 사람이 어떻게 예수님을 초청할 수 있고, 감히 어떻게 예수님을 만날 수 있겠는가? 절대 불가능하다'고 생각했습니다. 그래서 그는 다시 세관에 앉아서 통행세를 계산하고 있었습니다.

예수님은 세관 앞을 통과하시다가 거기에 앉아 있는 마태를 보셨습니다. 마태를 보시자마자 "너는 나를 따르라"고 한마디 하셨습니다. 예수님이 이렇게 단도직입적으로 말씀하실 때는 분명히 마태의 심령을 꿰뚫어 보신 것입니다.

마태의 심령이 순수하고 가난했다는 또 한 가지 근거는 예수님이 "나를 따르라"고 하실 때, 마태가 주저하지 않고 즉시 따른 것입니다. 우리가 어떤 모임에 초청을 받아도 시간 따지고, 돈 따지고, 가느냐 마느냐 갈등하느라 좋은 줄 알면서도 실제로 행동하기가 얼마나 어렵습니까? 더구나 자기 자식이 신학교에 간다고 하면 부모들이 "할렐루야" 하지를 못 하고 몇 날을 두고 고민합니다. 그런데 자기 직업 버리고, 생계를 버리고, 예수님을 따르라고 하셨다고 즉각 따르는 것은 무엇을 의미합니까? 그가 평소에 예수님을 얼마나 사모했는지를 보여 줍니다. 나는 자격이 없어서 갈 수가 없는 사람인데 불러만 주신다면 내가 모든 것을 다 버리고 당장 가겠다는 마음이 있었다는 것입니다. 그래서 예수님은 그를 부르셨습니다.

우리 가운데 혹시 세리 마태와 같은 사람은 없습니까? 지난 과거 때문에, 허물 때문에 예수님에게 가까이 오지도 못하고 스스로 엉거주춤한 채 가슴앓이하는 사람은 없습니까? 주님은 그런 사람을 찾고 계십니다. 자격이 갖추어졌고 멀쩡한 사람을 찾으시는 것이 아닙니다. 능력 있고 모든 것이 다 잘되어 있는 사람을 찾으시는 것이 아닙니다. 이렇게 갈망하는 사람, 이렇게 심령이 가난해진 사람을 제자로 삼기 원하십니다.

부르심의 내용

예수님은 어떤 목적을 위해서 우리를 부르셨는데, 그 부르심의 내용은 무엇입니까? 9절에 "예수께서 그곳을 떠나 지나가시다가 마태라 하는 사람이 세관에 앉아 있는 것을 보시고 이르시되 나를 따르라 하시니 일어나 따르니라"고 했습니다. 이것이 부르심의 내용입니다. "나를 따르라"는 말씀의 뜻을 몇 가지 생각해 보겠습니다.

하나님의 일에는 크게 두 가지가 있습니다. 하나는 선하고 좋은 일을 하는 것입니다. 교육 사업, 의료 사업, 사회 사업, 구제 봉사 등 일반적인 선행을 하는 것입니다. 그것은 예수 믿는 사람도 할 수 있고 안 믿는 사람도 할 수 있습니다. 특별히 예수 믿는 사람들은 선한 일에 부르심을 받은 것입니다.

그것 말고 또 하나 주님의 일이 있습니다. 그것은 직접 주님을 전하고 주님을 위해 사는 일입니다. 선한 일이 아닙니다. 예수님이 "나를 따르라"고 하셨을 때 선한 일을 하라, 착하게 살라, 죄짓지 말고 살라는 뜻이 아닙니다. 나를 위해 살아라, 나의 증인이 되어라, 전도자가 되어라, 내 이름을 선포하라, 나를 위해서 생명을 바쳐라, 나를 위해서 순교하라는 뜻입니다. 그래서 예수님의 열두 제자 가운데 가룟 유다 한 사람은 제 길로 갔고 사도 요한은 자연사했지만, 나머지 사람들은 순교했던 것입니다.

이런 의미에서 우리 모두는 선교사입니다. 보내는 선교사든지 가는 선교사든지 둘 중 하나입니다. 현지에 나가 있는 사람은 간 선교사요, 우리는 보낸 선교사입니다.

집에서 어머니가 밥만 해 준다면 가정부지만, 자녀를 모세처럼 키우겠다는 사명감을 가지고 밥을 지을 때 그 어머니는 선교사가 됩니다. 우리는 가정부가 되어서는 안 됩니다. 선교사가 되어야 합니다. 빨래는 왜 합니까? 세탁소에 맡기거나 다른 사람에게 맡겨도 됩니다. 결혼 생활도 사명입니다. 직장 생활이 돈 벌기 위해 하는 것입니까? 하나님의 영광을 위해서 하는 것입니다. 우리 사회를 우리가 아름답게 꾸며 가는 것도 사명입니다. 전도하는 것은 선택의 문제가 아닙니다. 때를 얻든지 못 얻든지 말씀을 전하라고 하셨습니다.

"나를 따르라"고 하시는 것은 무슨 뜻입니까? 다른 것은 약화시켜라, 다른 것은 포기하라는 뜻입니다. 예수님은 하나님과 재물을 겸하여 섬길 수 없다고 하셨습니다. 두 주인을 섬길 수 없습니다. 결혼해서 한 여자를 택한 것은 인류의 반이 넘는 다른 여자를 포기한다는 것입니다. 내 아내보다 더 똑똑하고 더 예쁘고 더 잘난 사람도 있을 것입니다. 그러나 내가 한 여자를 택한다는 것은 다른 모든 여자를 포기한다는 뜻입니다. 한 남자를 택한다는 것은 다른 모든 남자를 포기한다는 의미입니다. 그런데 어떤 사람은 이 남자도 좋고 저 남자도 좋고, 이 여자도 좋고 저 여자도 좋다고 합니다. 그것은 사랑이 아닙니다.

선택은 거절을 의미합니다. 포기를 의미합니다. 포기하지 않고 선택은 이루어지지 않습니다. 우리가 하나님을 택했다면 다른 것은 여지없이 포기해야만 합니다. 포기가 안 되기 때문에 갈등이 오는 것입니다.

마태복음 10장 37절에 "아버지나 어머니를 나보다 더 사랑하는 자는 내게 합당하지 아니하고 아들이나 딸을 나보다 더 사랑하는 자도 내게 합당하지 아니하며"라고 했습니다. 이 말을 오해하면 안 됩니다. 이 말은 부모님을 무시하라는 뜻이 아닙니다. 자식을 버리라는 뜻도 아닙니다. 아버지나 어머니가 덜 귀하다는 뜻도 아니요 자식이 덜 귀하다는 뜻도 아니요, 하나님이 더 귀하다는 뜻입니다. 내 아이를 포기할 만큼 하나님이 귀한 것입니다. 내 부모를 버릴 만큼 하나님이 귀한 것입니다. 부모를 버리라는 뜻이 아니라 그보다 더 귀하다는 뜻입니다. 이것이 제자도입니다. 이것이 신앙입니다.

우리는 너무나 신앙을 약화시켰습니다. 평가 절하했습니다. 모든 사람이 다 쉽게 믿을 수 있는 평범한 것으로 만들어 버리고 말았습니다. 그래서 세상이나 교회나 다 똑같아졌습니다. 교회의 독특성이 없습니다. 신앙의 독특성이 없어져 버렸습니다. 신앙은 모험이요, 결단이요, 헌신이요, 순교입니다. 하나님은 내 부모보다 더 귀한 분이십니다. 하나님은 내가 낳은 자식보다 더 귀한 분이십니다. 내가 내 자식을 잃어도 하나님의 영광을 막을 길이 없습니다. 그렇다고 자식을 버리라는 뜻이 아닙니다. 우리가 자식을 그토록 사랑한다면 하나님은 더 사랑해야 한다는 것입니다. 부모를 그렇게 잘 모신다면, 특히 죽은 부모의 제사를 그렇게 잘 드린다면 하나님을 위한 제사는 더욱더 잘 모셔야 한다는 뜻입니다.

다음으로 "나를 따르라"는 것은 결과에 대한 확실한 보장이 있다는 뜻입니다. 예수님이 따르라고 하셨는데 결과를 책임지지 않으신다면 어떻게 되겠습니까? 만일 결과를 책임질 수도, 안 질 수도 있다고 하면 예수님은 거짓말쟁이가 됩니다. 인간이 어찌 "나를 따르라"고 말할 수 있겠습니까? 그분이 하나님의 아들이요, 하나님이기 때문에 이런 말씀을 하실 수 있었던 것입니다. 예수님이 "나를 따르라"고 말씀하셨을 때는 그 결과를 책임지겠다는 뜻입니다. 보장해 주시겠다는 것입니다.

그러나 주님을 따르는 일은 당장은 고통스럽고 외로운 일입니다. 사람들은 고통 때문에 주님을 따르는 것을 포기하고 주저하고 연기합니다. 그러나 예수님은 나를 따르라고 말씀하셨습니다. 예수님은 하나님의 뜻에 따라 십자가에서 못 박혀 죽으셨기 때문에 부활의 첫 열매가 되셨습니다.

"나를 따르라"는 말에는 또 한 가지 의미가 있습니다. 모든 문제의 해답이 나에게 있다는 뜻입니다. 그렇기 때문에 나를 따르라는 것입니다. "부모를 버려도 좋고, 처자를 버려도 좋고, 사업을 버려도 좋다. 그것을 보상할 만한 축복을 내가 너에게 주겠다"는 뜻이 이 말 속에 있습니다. 예수님은 "나는 길이요 진리요 생명"이라고 말씀하셨습니다.

우리를 부르시는 주님

10절에 "예수께서 마태의 집에서 앉아 음식을 잡수실 때에 많은 세리와 죄인들이 와서 예수와 그의 제자들과 함께 앉았더니"라고 했습니다. 예수님은 해변에 말씀을 전하러 가는 도중에 세관에 들렀다가 마태를 보고 부르셨습니다. 그리고 계획을 좀 바꾸어서 마태의 집으로 가서 음식을 드셨습니다. 얼마나 아름답습니까? 얼마나 인간적입니까? 우리는 이런 예수님을 좋아할 수밖에 없습니다.

예수님의 권위를 따진다면, 그분은 하늘과 땅의 권세를 가지신 분입니다. 그러나 죄인과 똑같이 그 집에 가셔서 있는 그대로 식사를 같이 나누면서 격려하고 위로하고 용기를 주고 어루만지며 천국의 교제를 하셨습니다. 곳곳에서 세리와 죄인들이 모여서 잔치를 한 것입니다. 이것이 천국입니다. 이것이 기독교입니다. 얼마나 놀랍습니까?

예수님은 지금도 우리를 부르고 계십니다. 우리의 중심을 보기 원하십니다. 그런데 정말 예수님을 사랑하고 주님 뜻대로 살고 싶은데 내가 지은 죄가 너무 많아서, 내 과거가 너무 부끄러워서 예수님 앞에 가지 못하고 멀리 서서 안타까워하는 사람을 오늘 예수님이 만나기를 원하십니다. 혹시 우리가 그런 사람이 아닙니까? 오늘 예수님을 만나지 않겠습니까?

볼지어다 내가 문 밖에 서서 두드리노니 누구든지 내 음성을 듣고 문을 열면 내가 그에게로 들어가 그와 더불어 먹고 그는 나와 더불어 먹으리라(계 3:20).

주님은 우리 안에 들어오셔서 음식을 잡수시기 원합니다. 교제하기를 원하십니다. 우리의 상처를 영원히 어루만져 주기를 원하십니다. "다른 사람은 필요 없다. 나는 너를 필요로 한다. 나를 따라오지 않겠느냐? 나와 함께 영원한 천국을 위해서 일하는 종이 되지 않겠느냐?"고 주님이 물으십니다. 이것이 부르심입니다.

주님을 위해서 평생 일하고 싶지 않습니까? 일의 내용은 상관없습니다. 주님은 우리를 부르고 계십니다. 우리의 마음속에 오기를 원하고 계십니다. 오늘 주님을 영접하십시오. 주님이 우리를 찾고 계십니다. "나를 따르라"고 하십니다. 주저하지 말고 "아멘" 하고 따르십시오. "아멘, 주여. 저도 주님을 사랑합니다." 뽕나무 위에 오르는 심정으로 주님 앞에 나와야 합니다. 그때 우리의 인생은 완전히 변화될 것입니다.

11

명의는
한눈에 병자를 알아본다

마태복음 9:9-13

예수님은 세상에서 의인 취급을 받는 서기관이 예수님의 제자가 되겠다는 것을 거절하시고, 반대로 죄인 취급 받는 세리를 친히 제자로 부르셨습니다. 이러한 사실에 대해서 바리새인들은 놀라움을 감추지 못했습니다. 충격을 받았습니다. 곧 그들은 예수님을 비판하기 시작했습니다.

> 예수께서 마태의 집에서 앉아 음식을 잡수실 때에 많은 세리와 죄인들이 와서 예수와 그의 제자들과 함께 앉았더니 바리새인들이 보고 그의 제자들에게 이르되 어찌하여 너희 선생은 세리와 죄인들과 함께 잡수시느냐(마 9:10-11).

여기서 우리는 예수님의 모습과 바리새인들의 모습을 보게 됩니다. 먼저 예수님의 모습을 생각해 보겠습니다.

마음의 중심을 보시는 예수님

이 사건에서 우리는 예수님은 사람을 외모로 취하지 않으신다는 사실을 발견하게 됩니다. 예수님은 세상에서 멸시와 천대를 받았던 세리 마태에게 유난히 관심을 가지시고, 그가 제자가 되겠다고 요청하지도 않았는데 그를 부르셨습니다. 그리고 친히 집까지 심방해 주시고 함께 음식을 잡수셨습니다. 마태의 친구들까지도 식탁에 초대하셨습니다. 이렇게 행동하신 분이 예수 그리스도십니다. 예수님은 오늘도 중심이 겸손하고 진실하고 영적으로 가난한 사람을 찾으십니다.

"주님, 나는 아무것도 아닙니다. 나는 고개를 들어 기도할 만한 자격도 없는 사람입니다. 나는 헌금을 낼 자격도 없습니다. 이 작은 헌금을 어떻게 내겠습니까? 나는 예루살렘 성전 근방에 갈 수도 없는 죄인입니다. 죄인 가운데 괴수입니다." 이렇게 고백하는 사람이 마태입니다. 세리입니다. 사람들의 멸시와 천대를 받는, 직업적으로 존경받지 못하는 그런 사람입니다. "내가 어떻게 감히 예수님을 따르겠습니까?" 하면서 조용히 말도 못 하고 벙어리처럼 있는 사람, 그 사람의 중심을 보시고 예수님은 나를 따라오라고 말씀하신 것입니다.

가장 쉽게 만날 수 있는 분

이 본문에서 우리는 예수님이 형식적이기보다는 실제적이시며, 공식적이기보다는 개인적이시라는 사실을 발견하게 됩니다. 예수님은 중풍 병자를 고쳐 주시고, 말씀을 전하려고 해변으로 가셨습니다. 그리고 세관 앞을 지나다가 세리 마태를 부르신 것입니다. 그런데 예수님이 사람을 부르실 때는 아주 개인적이고 실제적입니다. 그 집에 가서 음식을 잡수셨습니다. 예수님은 결코 마태를 부를 때 엄숙하게 예복을 입고 예식을 갖추어 선언문을 낭독하지 않으셨습니다. 예수님은 사람을 의식하지 않고 행동하셨습니다.

어떤 철학자는 "타인의 시선은 지옥이다"라고 했습니다. 세상에서 제일 무서운 것은 다른 사람의 눈입니다. 사람들은 다 타인의 눈에 의해서 자기의 행동 규범을 결정합니다. 그러나 예수님은 옳다고 느끼면 그대로 행동하셨습니다. 예수님은 하늘과 땅의 권세를 가지고 계십니다. 그는 영적 권위가 있으신 분입니다. 그래서 예수님에게는 세상의 권위가 필요하지 않습니다. 전문가의 자격증이 필요하지 않습니다. 예수님 자체가 권위십니다. 그래서 예수님은 권위주의적이지 않으십니다. 예수님에게 위선적인 모습을 전혀 발견할 수가 없습니다.

성경을 보십시오. 예수님이 과장법을 쓰신 일이 있습니까? 과장하지 않습니다. 위선적이지 않습니다. 권위로 자신을 가식하지 않습니다. 있는 그대로를 노출하십니다. 가장 위대한 분은 가장 쉽게 만날 수 있는 사람입니다. 이렇게 쉽게 만날 수 있는 분을 우리가 어렵게 만나지 않기를 바랍니다. 우리가 원하기만 하면 예수님은 쉽게 만나 주십니다. 지위가 없는 사람도 만나 주시고, 돈이 없는 사람도 만나 주시고, 오늘 죽을병에 걸린 사람도 만나 주십니다.

가장 쉽게 만날 수 있는 분, 그리고 개인적으로 깊이 만날 수 있는 분이 예수 그리스도십니다.

예수님 중심의 공동체

예수님이 식사하실 때 한 식탁에 둘러 앉은 사람들이 여러 명 있었습니다. 이 모습 속에서 예수님의 또 하나의 새로운 모습을 발견하게 됩니다. 거기에는 마태와 같은 세리들이 따라왔을 것입니다. 그리고 죄인들도 있었습니다. 그 당시 유대인들은 반율법적이거나 비도덕적인 사람들을 가리켜 죄인이라고 불렀습니다. 예컨대 죄인이란 세리와 창기들이라고 표현했던 것입니다. 여하튼 죄인이라고 불리던 경건하지 않은 사람들이 그곳에 모였습니다. 그리고 그곳에 예수님이 계셨고 예수님의 제자들도 있었습니다. 물론 오늘 이 식사의 주인공인 마태와 그의 아내도 그 자리에 있었으리라고 생각합니다.

　이것이 교회입니다. 이것이 바로 예수님을 중심으로 모인 공동체입니다. 예수님은 사람을 선택해서 초청하지 않으십니다. 만날 수 없는 부류의 사람들이 지금 한 식탁에서 만나 식사하는 것입니다. 교회는 만날 수 없는 사람들이 서로 만날 수 있는 곳입니다. 교회 안에는 많은 사람이 있습니다. 교회란 하나님의 부르심을 입은 사람들의 공동체입니다. 무식한 사람, 가난한 사람, 부한 사람, 과

거가 복잡한 사람, 과거가 깨끗한 사람, 남녀노소가 모인 곳이 교
회입니다.

세상에서 가장 천대받았던 사람들이 세상에서 가장 위대한 하
나님의 아들과 격식 없이 대화하며 자유롭게 식사하고 있습니다.
얼마나 좋습니까? 얼마나 아름답습니까? 교회는 이런 곳이 되어
야 합니다. 그런 까닭에 교회는 예수님만 바라보아야 합니다. 모
든 교회가 예수님을 바라보고 있으면 모든 것이 협력하여 유익을
이루며 아름다운 천국을 만들게 될 것입니다. 예수님을 바라보십
시오.

감격을 잃어버린 사람

본문에서 바리새인들의 모습을 보게 됩니다. 10-11절을 다시 보
겠습니다.

"예수께서 마태의 집에서 앉아 음식을 잡수실 때에 많은 세리와
죄인들이 와서 예수와 그의 제자들과 함께 앉았더니 바리새인들
이 보고 그의 제자들에게 이르되 어찌하여 너희 선생은 세리와 죄
인들과 함께 잡수시느냐."

이렇게 좋은 천국 자리에 같이 있으면서도 심기가 불편하고 비
판과 불평으로 가득 찬 사람들이 여기 있습니다. 바리새인들은 첫
째, 근본적으로 마음속에 감사가 없고 불평과 비판만 하는 사람들

이었습니다. 물론 그들도 예수님의 기적을 보고, 말씀을 듣고, 예수님에 대한 놀라운 감동을 가지고 예수님을 따라다녔던 것이 분명합니다. 그런데 이 사람들은 예수님을 경배하고 찬양하기 위해서라기보다는 시기하고 질투하기 위해서 따라다녔는지도 모릅니다.

요즘 우리 사회의 문제는 불평과 불만을 갖는 세력이 감사하고 감격하는 세력보다 많다는 것입니다. 특별히 비판하지 않으면 지성인의 대열에 끼어들지 못한다는 착각과 열등의식 때문에 무엇이든지 반대하고 비판하며, 감사하는 것에 자존심 상하는 사람들이 많습니다. 병든 사람들입니다. 감사할 줄 알아야 합니다. 우리는 감격할 줄 알아야 합니다.

자아에 도취된 사람

둘째, 이 바리새인들은 죄인이 구원받는 것에는 관심이 없고 자기가 죄인 취급 받는 것에만 관심이 있던 사람들입니다. 바리새인들이 싫어했던 것은 자신이 세리와 죄인과 동일시되는 것이었습니다. 그것이 불쾌했던 것입니다. 그들의 입장은 예수님은 좋으나 예수님이 세리와 죄인과 함께 식사하는 것은 좋지 않다는 것이었습니다. 왜냐하면 내가 곧 죄인과 세리 취급을 받기 때문입니다. 문제는 병적인 자아도취입니다.

타인이 나를 어떻게 대하느냐에 따라서 자기의 가치가 결정된다고 생각하는 사람이 있습니다. 그래서 자기는 항상 존경받아야 합니다. 그리고 자기는 항상 높은 위치에 있어야 합니다. 완전히 자아에 도취되어 있는 사람입니다. 사람들이 자기를 어떻게 대접하느냐를 아주 중요하게 생각합니다. 자기에게 인사를 얼마나 정중하게 하느냐에 따라 자기의 인생이 결정되는 사람입니다. 불행한 사람입니다.

이 사람은 자기가 중요합니다. 교회는 별로 중요하지 않습니다. 내가 교회 안에서 존경받고 인정받으면 그만입니다. 그러나 내가 인정받지 못하면 다 안 되는 것입니다. 하나님은 중요하지 않습니다. 예수님도 중요하지 않습니다. 자기가 중요한 사람입니다. 이 사람이 바리새인입니다. 그 사람과 얘기하면 언제나 초점은 자기 자신입니다. 자기 자랑, 자기 과시, 그리고 결론은 언제나 자기가 내려야 합니다. 이러 사람일수록 자기가 죄인 취급받는 것을 견딜 수 없어 합니다.

왜 바리새인들이 그렇게 비판했습니까? 죄인이 예수님으로 말미암아 구원받는 데 대해서는 전혀 감동도 감격도 없습니다. 단지 자기가 죄인 취급받는 것이 불쾌했을 뿐입니다.

정죄하고 비판하는 사람

셋째, 바리새인들은 용서와 긍휼보다 정죄와 비판이 신앙의 본질이라고 생각했던 사람들입니다. 용서, 사랑, 긍휼, 이런 것들은 감상적이고 아무 쓸데 없는 것이라고 생각합니다. 그들은 오로지 율법이라는 자를 가지고 사람들을 정죄하고 비판하고 사람들을 무시하는 데 평생을 보낸 사람들이었습니다. 참 불행한 사람들입니다.

아마 그런 사람은 자기 아내도 비판하지 않을까 생각합니다. 그런 사람은 자기 남편도 비판할 것입니다. 그 사람 앞에 설 수 있는 사람은 아무도 없을 것입니다. 비판하는 사람과 어떻게 살 수 있습니까? 이해하고 사랑하고 용서해 주어야 살 수 있습니다. 부부가 별난 사람입니까? 다 덮어 주고 이해해 주고 잘 보아 주는 것이 부부입니다. 따져 봐서 어떻게 하겠다는 것입니까? 이혼밖에 더 하겠습니까? 사람을 용서해야 합니다. 감싸 주어야 합니다. 어루만져 주어야 합니다. 허물을 감싸 주어야 합니다. 장점을 살려 주어야 합니다.

예수님이 우리의 단점을 보시기 시작했다면 살아 있을 사람은 아무도 없습니다. 그것이 예수님의 긍휼입니다. 예수님은 우리의 좋은 점만 보십니다. "마음에는 원이로되 육신이 약하도다"라는 말이 있습니다. 우리가 기도하지 못할 때도 예수님은 그렇게 이해해 주십니다. 이것이 우리를 향한 예수님의 태도입니다.

어떤 사람은 매사를 긍정적으로 해석해 주는 사람이 있습니다. 분명히 내가 잘못했는데도 좋게 해석해 줍니다. 그러면 나중에는 머리를 숙이게 됩니다. 이것이 진리입니다. 신앙이란 긍휼이요 용서입니다. 비판과 정죄는 사람을 죽이는 데까지 가야 끝이 납니다. 사랑 없는 정의는 칼과 같습니다. 긍휼 없는 비판이란 살인과 같습니다. 오직 분노와 미움이 있을 뿐입니다. 미움은 사랑을 낳을 수 없습니다. 사랑이 사랑을 낳습니다. 이것이 바로 성경의 원리입니다.

죄인을 부르시는 분

마지막으로, 바리새인들의 태도에 대해서 예수님이 어떻게 반응하셨는가를 보겠습니다. 12-13절에 "예수께서 들으시고 이르시되 건강한 자에게는 의사가 쓸 데 없고 병든 자에게라야 쓸 데 있느니라 너희는 가서 내가 긍휼을 원하고 제사를 원하지 아니하노라 하신 뜻이 무엇인지 배우라 나는 의인을 부르러 온 것이 아니요 죄인을 부르러 왔노라 하시니라"고 했습니다.

바리새인들의 태도에 대해 예수님은 또 세 가지로 말씀하셨습니다. 첫 번째는 일반 논리의 입장에서 이들의 태도를 반박하셨습니다. 12절에서 "예수께서 들으시고 이르시되 건강한 자에게는 의사가 쓸 데 없고 병든 자에게라야 쓸 데 있느니라"고 했습니다. 이 말씀은 상징적인 말씀입니다. 누구든지 알 수 있는 상식적인 논리에서 이해할 수 있는 말입니다.

의사란 환자에게나 절대적인 존재이지, 건강한 사람에게는 절대적인 존재가 아닙니다. 마찬가지로 예수님은 스스로 의인이라고 생각하는 사람에게는 별로 의미가 없는 분이십니다. 그러나 자기가 죽을 죄인이라고 심각하게 느끼는 사람에게 예수님은 절대적인 존재입니다. 우리가 왜 예수님에 대해서 심각하게 느끼지 않는 줄 아십니까? 어떤 사람은 울고 싶어도 울어지지 않고 심각해지고 싶어도 심각해지지 않는다고 합니다. 다른 사람이 울고 감격하는 것을 이해하지 못합니다. 예수님이 심각하게 느껴지지 않는 이유는 우리가 죄인이라고 심각하게 느끼지 않기 때문입니다. 자기의 죄 문제에 대해서 한 번도 심각하게 생각해 본 일이없기 때문에 예수님이 절대적인 존재로 느껴지지 않는 것입니다.

로마서 3장 23절에 "모든 사람이 죄를 범하였으매 하나님의 영광에 이르지 못하더니"라고 했습니다. 깊은 병이 몸에서 자라는 것을 모르고 술 먹고 방탕하게 사는 사람이 있듯이, 죽음이 코앞에 있는데도 죄인인 줄 모르고 교만하고 방자하며 경거망동하게 살아가는 사람이 있습니다.

성경은 이 지구상에 의인은 한 사람도 없다고 말했습니다. 우리는 자신이 심각한 죄인임을 알아야 합니다. 나 자신을 심각하게 생각할 때 예수님이 보이기 시작할 것입니다. 그래서 예수님은 "나는 의인을 부르러 온 것이 아니다"라고 하셨습니다.

긍휼을 원하시는 하나님

두 번째로, 예수님은 바리새인들에 대해서 성경적인 근거로 논박하셨습니다. 13절에 "너희는 가서 내가 긍휼을 원하고 제사를 원하지 아니하노라 하신 뜻이 무엇인지 배우라"고 했습니다. 호세아 6장 6절에는 "나는 인애를 원하고 제사를 원하지 아니하며 번제보다 하나님을 아는 것을 원하노라"고 했습니다. 하나님은 제사나 번제를 원하시는 것이 아닙니다. 하나님이 원하시는 것은 긍휼입니다.

또 예수님은 하나님에게 제물을 드리려고 할 때 형제와 싸운 일이 생각나거든 제물을 놔두고 가서 형제와 화해하고 난 후에 와서 제물을 드리라고 말씀하셨습니다. 예수님이 원하시는 것은 제도나 방법이 아니고 긍휼입니다.

신앙이란 무엇입니까? 한마디로 죄인에게 긍휼을 베풀 줄 아는 것입니다. 우리가 교회에 와서 아무리 위대한 행동을 해도 우리 집에 찾아온 거지를 박대한다면 하나님이 좋아하지 않으십니다. 우리가 긍휼을 베풀어야 할 사람, 끼니를 굶는 병든 영혼을 하찮게 취급해 버렸다면 우리가 아무리 신앙적으로 위대한 행동을 했을지라도 하나님은 별로 달갑게 생각하시지 않는다는 것입니다.

하나님이 기뻐하시는 것은 가난하고 병들고 소외된 계층을 인격적으로 대해 주고, 긍휼과 사랑으로 대해 주는 마음입니다. 그 마음속에 예배가 있습니다. 요란한 조직과 제도와 형식 속에 하나님이 계신 것이 아닙니다. 하나님은 긍휼을 원하십니다. 제사를 원하지 않으십니다.

내가 죄인이라고 느낄 때

세 번째로, 예수님은 자신의 권위에 의한 논증을 하십니다. 13절에 "나는 의인을 부르러 온 것이 아니요 죄인을 부르러 왔노라"고 했습니다. 로마서 3장 10절에는 "의인은 없나니 하나도 없으며"라고 했습니다.

모든 사람이 죄인입니다. 이 세상에서 가장 큰 죄인은, 자신은 죄가 없다고 하는 사람입니다. 스스로 의인이라고 자처하는 사람이 가장 큰 죄인입니다. 우리는 모두 심각한 죄인입니다. 우리는 죄와 허물로 죽었던 죄인입니다. 그래서 우리에게는 예수님이 필요합니다. 이 지구상에 예수님이 필요하지 않은 사람은 한 사람도 없습니다. 예수님은 죄인을 불러 구원하기 위하여 세상에 오셨고, 우리의 죄 때문에 십자가를 지셨고, 우리의 죄 때문에 부활하셨습니다. 이런 까닭에 오늘 예수님은 우리를 부르십니다. 우리가 죄인이라고 느끼는 순간에 예수님은 바로 우리 옆에 계십니다.

그러나 우리가 죄인이라고 느끼지 않는 순간에 예수님은 아무리 찾아봐도 우리 주위에 안 계실 것입니다. "주님, 나는 죄인입니다. 나를 떠나시옵소서. 나는 죄인의 괴수입니다"라는 마음으로 예배드릴 때 예수님은 피 묻은 손으로 우리의 손을 잡아 주실 것입니다. 그러나 나는 십일조도 했고, 봉사도 했고, 누구보다도 착한 일을 많이 했고, 전도도 많이 한 사람이라고 말하는 사람에게서는 예수님을 찾을 수가 없을 것입니다.

우리는 누구입니까? 죄인입니다. "주여, 나는 한 것이 아무것도 없습니다. 나는 주님 앞에 내놓을 것이 아무것도 없습니다. 나는 세상에서 천대받고 멸시받고 조롱받는 자입니다. 나는 죽을 수밖에 없는 죄인입니다. 나는 고개를 들 수조차 없습니다." 이렇게 고백할 때, 예수님은 우리를 부르시고 의의 길로 인도해 주실 것입니다.

12

새 포도주는
새 부대에 담아라

마태복음 9:14-17

예수님은 사람의 겉모습을 보지 않고 중심을 보십니다. 그렇기 때문에 스스로 예수님을 따르고자 했던 서기관의 요청은 거절하신 반면 죄인 취급을 받았던 세리 마태는 놀랍게도 제자로 불러 주셨습니다. 이러한 예수님의 태도에 대해 바리새인들이 비판하자 주님은 병든 자에게 의사가 필요하다는 것과 주님은 긍휼을 원하시며 죄인을 부르러 오셨다는 진리를 말씀해 주셨습니다. 이 말씀을 마치자 또 한 무리가 예수님을 찾아왔습니다.

세례 요한과 그의 제자들

> 그때에 요한의 제자들이 예수께 나아와 이르되 우리와 바리새인들은 금식하는데 어찌하여 당신의 제자들은 금식하지 아니하나이까 (마 9:14).

마태의 집에서는 예수님과 죄인들, 세리들, 바리새인들과 여러 사람이 모여 얘기하며 식사를 나누고 있었습니다. 맛있게 먹고 있는데 세례 요한의 제자들이 와서 질문했습니다. "왜 당신의 제자들은 먹기만 좋아하느냐? 왜 우리처럼 경건하게 금식하지 않느냐?" 금식하는 날 금식도 하지 않고 예수님부터 잡수시기 시작하니까 요한의 제자들이 심기가 불편했던 것입니다.

여기에 나타난 세례 요한의 제자들을 알기 위해서는 먼저 요한을 알아야 합니다. 세례 요한은 예수 그리스도의 선구자였습니다. 예수님의 길을 예비하기 위해서 온 사람이었습니다. 그는 "광야에서 외치는 자의 소리"라고 불렸고 입을 열어 불을 토하듯이 "회개하라. 천국이 가까이 왔느니라"고 외쳤습니다.

세례 요한은 광야에서 메뚜기와 석청을 먹으면서 보통 사람과는 달리 독특하게 살았습니다. 낙타 털옷을 입고 지냈고 그 시대의 풍조를 따르지 않았습니다. 그는 헤롯 왕을 비판할 정도로 정의감이 강했고 불의와 타협하지 않았습니다. 결국 그는 헤롯 왕의 미움을 받아 감옥에 들어가고 사형을 당하게 되었습니다.

세례 요한을 따르는 사람들이 많았는데 그들을 가리켜 세례 요한의 제자들이라고 합니다. 세례 요한과 제자들이 예수님을 만났을 때 요한이 말하기를, "보라. 세상 죄를 지고 가는 하나님의 어린 양이로다"라고 했습니다. 그리고 그의 제자들에게 자기를 따를 것이 아니라 예수님을 따라야 할 것이라며 제자들을 다 예수님에게 양도했습니다.

사람에게 보이려고 하지 마라

요한의 제자들이 예수님에게 왔습니다. 와서 보니 예수님이 하시는 모습이 무엇인가 못마땅했습니다. "예수님, 당신의 제자들은 왜 금식할 때 금식을 하지 않습니까?" 이 말에 대해서 예수님은 세 가지 대답을 해 주십니다. 즉 신앙의 본질을 표현해 주는 세 가지 행위인 기도와 구제와 금식에 관한 말씀을 하신 것입니다.

기도는 하나님에게 드리는 것입니다. 기도는 하나님과 나의 관계입니다. 구제는 이웃에게 하는 것입니다. 구제는 이웃과 나의 신앙적 관계입니다. 금식은 나 자신에 관한 문제입니다. 나와 나의 태도에 관한 문제입니다. 신앙이란 하나님에 대해서 어떤 태도를 취하느냐, 이웃에 대해서 어떤 태도를 취하느냐, 나 자신에 대해서 어떤 태도를 취하느냐로 결정됩니다.

먼저, 하나님과 나의 관계는 내가 어떤 기도를 드리느냐로 결정됩니다. 여기서 예수님은 사람에게 보이려 기도하지 말라고 하셨습니다. 중언부언하지 말라고 하셨습니다. 골방에 들어가서 은밀히 보시는 하나님에게 기도하는 것이 참된 기도라고 말씀하셨습니다.

구제에 대해서 예수님은 오른손이 구제하는 것을 왼손이 모르게 하라고 하셨습니다. 구제할 때 나팔 불지 말고 은밀하게 하라고 하신 것입니다. 이것은 이웃을 향한 신앙적인 태도라고 말씀하셨습니다.

금식에 대해서도 말씀하셨습니다. "금식할 때 외식하는 자와 같이 슬픈 기색을 하거나 얼굴을 흉하게 하지 마라. 오히려 금식할 때는 머리에 기름을 더 바르고 얼굴을 깨끗이 씻어라. 몸을 단정하게 하여 사람들이 금식을 하는지 안 하는지 모르게 하라." 예수님은 결국 금식은 나 자신의 문제라고 말씀하셨습니다.

이 세 가지 경우를 종합해 주는 말씀이 마태복음 6장 1절에 있습니다.

"사람에게 보이려고 그들 앞에서 너희 의를 행하지 않도록 주의하라 그리하지 아니하면 하늘에 계신 너희 아버지께 상을 받지 못하느니라."

이것이 신앙의 요점입니다. 그러나 우리는 인간입니다. 그러기에 노출되고 보일 수밖에 없습니다. 교회의 핵심도 여기에 있습니다. 많은 사람이 교회에 와서 예배드리지만 우리에게는 사람이 보이지 않고 예수님이 보여야 합니다. 기도하든지, 구제하든지, 금식하든지 예수님만 보고 하라는 뜻입니다.

성경에 보면 예수님은 금식을 부인하지 않으셨다는 것을 알 수 있습니다. 금식은 신앙생활에서 아주 중요합니다. 인간이 제일 통제하기 어려운 것이 자기 자신입니다. 자기 자신을 통제하는 방법이 금식입니다. 식사를 안 함으로써 육체적 고통을 주는 것입니다. 그러나 예수님은 잘못된 금식에 대해서는 경고하셨습니다. 그것은 형식의 문제가 아니라 내용의 문제입니다. 모든 신앙의 문제가 다 그렇습니다. 형식을 어떻게 취하느냐보다 더 중요한 것은 동기며 내용입니다. 아무리 아름답고 완벽한 신앙생활의 모습이 있다 할지라도 동기가 더럽거나 순수하지 않거나 이기적일 때 주님은 그러한 기도나 구제나 금식을 받지 않으십니다.

형식보다 마음이 중요하다

요한의 제자들이 와서 "예수님, 당신의 제자들은 왜 금식할 때 금식하지 않습니까?"라고 질문했는데, 이것은 본질에 관한 질문이 아니라 형식에 관한 질문이었습니다. 사실 예수님은 형식을 자꾸 파괴하십니다. 왜냐하면 형식은 전통을 만들기 때문입니다. 예수님에게 세례 요한의 제자들이 와서 공격하는 것은 금식 방법의 문제입니다.

자기와 같이 생각하지 않고, 자기와 같은 방법을 택하지 않으면 틀렸다는 사람들이 가끔 있습니다. 그러나 형식의 문제를 가지고 사람을 구분하거나 비판해서는 안 됩니다. 중요한 것은 중심입니다. 여기 이 사람들은 자기들과 같은 방식으로 하지 않는다고, 즉 금식을 하지 않는다고 비판한 것입니다. 그것이 문제입니다. 내가 금식을 하니까 당신도 금식해야 한다고 생각하고, 내가 철야 기도를 하니까 당신도 철야 기도를 해야 한다고 생각하고, 그렇지 않으면 믿음이 없다고 단정합니다. 그렇지 않습니다. 이 사람은 나름대로 믿음이 있습니다. 단지 그런 방법을 쓰지 않을 뿐입니다. 십일조 내는 일, 기도원 가는 일, 봉사하는 문제도 다 마찬가지입니다.

하나님은 우리의 체질을 아시기 때문에 각자의 체질에 따라서 믿게 하십니다. 획일적인 방법으로 우리를 강요하지 않으십니다. 교회의 특징은 이런 다양성 속에 일치를 이루는 것입니다. 서로가 다릅니다. 가난한 사람, 부유한 사람, 지위가 높은 사람, 지위가 낮은 사람, 세상에서 멸시받는 사람, 세상에서 존경받는 사람, 이 모두가 다 예수 그리스도 안에서 한 식탁에 둘러앉은 사람들입니다. 이것이 교회입니다.

세례 요한의 제자들의 오만과 편견이 바로 여기에 있었습니다. 우리처럼 믿지 않습니다. 형식적인 제도나 전통이 갖는 오류입니다. 편견 중에서 가장 무서운 편견은 신앙적인 편견입니다. 예수님은 이러한 신앙적인 편견이나 전통이나 형식이 아니라 그 사람의 마음 속 깊은 곳에 무엇이 있는가에 관심이 있으십니다.

믿음의 눈으로 시간을 보라

세례 요한의 제자들의 질문에 대해서 예수님은 세 가지로 답변하셨습니다. 예수님의 첫 번째 대답을 보겠습니다.

예수께서 그들에게 이르시되 혼인집 손님들이 신랑과 함께 있을 동안에 슬퍼할 수 있느냐 그러나 신랑을 빼앗길 날이 이르리니 그 때에는 금식할 것이니라(마 9:15).

금식을 왜 안 하느냐는 질문에 대해서 예수님은 금식 자체를 부인하신 것이 아니라 금식을 할 때가 있고 안 할 때가 있다고, 즉 때의 문제라고 말씀하신 것입니다. 믿음이 있으면 시간이 이해됩니다. 믿음이 없으면 시간을 이해하지 못합니다. 믿음이 없으면 죽을 때를 모릅니다. 그런데 믿음 있는 사람은 자기가 죽을 때를 압니다. 믿음이 없는 사람은 예수님이 오실 때를 모릅니다. 그저 쾌락을 누리고 방탕하게 삽니다. 구원받을 때를 모릅니다.

이는 심판의 때를 모르기 때문입니다. 그런데 믿음을 가지면 때가 이해됩니다. 신앙을 가진 사람은 시간 관리를 잘합니다. 예수님은 믿음이 있으면 금식할 때와 금식하지 않을 때를 안다고 말씀하셨습니다. 지금은 금식할 때가 아니라는 것입니다.

15절 말씀에서 예수님은 자신을 신랑으로 비유하십니다. 신앙이란 신랑과 신부의 관계입니다. 우리의 영적인 신랑은 예수 그리스도십니다.

그 당시에는 결혼식을 일주일간 했습니다. 이 결혼 기간에는 금식의 날이 와도 금식을 하지 않았습니다. 축하하기 위해서입니다. 아주 열정적으로 축하했습니다. 요한복음 2장에서 우리는 가나의 혼인 잔치를 볼 수 있습니다. 얼마나 술을 많이 먹는지 술통이 다

바닥날 때까지 먹었다고 했습니다. 그때는 금식하지 않습니다. 그러나 축제가 끝나고 이제 신랑을 신부에게 데려다 준 후에는 그 규례대로 금식하는 것입니다. 예수님은 이런 일상적인 경험을 그대로 적용해서 세례 요한의 제자들에게 대답해 주셨습니다. 내가 영적인 신랑인데 나와 함께 대축제를 베풀고 있는 이 때에 금식할 필요가 있겠느냐는 것입니다. 그러나 신랑을 빼앗길 때가 옵니다. 예수 그리스도가 십자가에 못 박혀 죽으실 때가 옵니다. 그때가 바로 너희가 금식할 때라고 하셨습니다.

여기서 우리는 오늘의 기쁨과 내일의 슬픔을 보게 됩니다. 그리스도인의 삶이란 기쁨과 슬픔의 연속입니다. 슬픔만 있는 것도 아니고 기쁨만 있는 것도 아닙니다. 슬픔과 기쁨이 교차합니다. 그러나 때가 있습니다.

예수님의 요점은 이러합니다. "나와 함께 있을 때는 금식할 필요가 없다. 기뻐하고 즐거워하고, 감격하고, 음식을 먹고, 축제를 즐기는 것이다. 나와 함께 있을 때 슬픈 기색을 하지 마라." 실제로 나병이 낫고, 귀신이 나갔습니다. 앉은뱅이가 일어났고, 중풍 병자가 침상을 들고 걸어갑니다. 이것이 그리스도인의 삶입니다. 그리스도인의 삶이란 너무 기뻐서 흥분하고 감사하고 기뻐하고, 발과 발목에 힘을 얻고 뛰며 걷고 노래하는 것입니다.

그때는 엄숙하게 금식할 필요가 없습니다. 예수님에게 병 고침 받은 사람들의 입장을 생각해 보십시오. 앉은뱅이가 일어나고 중풍 병자가 일어났습니다. 그때 그 사람이 셋방살이를 했는지 아파트에 살았는지, 옷을 잘 입었는지 못 입었는지는 중요하지 않습니다. 버스를 타거나 지하철을 타거나 자가용을 타거나 중요하지 않습니다. 그들은 하나님의 놀라운 기적에 지금 완전히 감격해 있습니다.

세상살이에 많이 신경 쓰는 것은 예수님에 대한 마음이 약해서 그렇습니다. 하나님이 가까워지면 세상 일에 대해서 자유합니다. 그러나 하나님이 나와 멀면 세상 일이 중요해집니다. 그중에 돈이 제일 중요해집니다.

그 대표적인 사람 중의 하나가 롯입니다. 롯과 아브라함의 목자들 사이에 싸움이 벌어졌을 때 아브라함이 롯에게 "우리는 한 친족이라 나나 너나 내 목자나 네 목자나 서로 다투게 하지 말자 네가 좌하면 나는 우하고 네가 우하면 나는 좌하리라"고 했습니다. 사람은 명분은 쉽게 양보하지만 실리는 양보 못 하는 법입니다. 그러나 아브라함은 실리를 양보하고 있습니다. 재산을 포기하고 있습니다. 아브라함이 이렇게 할 수 있었던 이유는 그가 실패하고 난 뒤 하나님과 밀접한 관계를 가졌기 때문입니다. 하나님이 그의 마음속에 살아 움직이고 계셨기 때문입니다.

하나님이 내 마음 깊은 곳에 계시면 세상 일이 그렇게 중요하게 느껴지지 않습니다. 그러나 신앙이 약해지면 세상의 많은 사건이 우리를 괴롭히게 될 것입니다. 절망감에 빠지고 말 것입니다. 그러나 내 마음 깊은 곳에 주님이 계시면 그렇지 않습니다.

신랑이 있는 동안에는 먹고 마시고 축제하라고 하셨습니다. 신앙이란 억지로 슬픈 기색을 보이고 경건한 척하는 것이 아닙니다. 어린아이처럼 기뻐하고 감격하는 것입니다. 하나님의 창조의 신비, 구원의 비밀, 무한한 사랑과 긍휼, 이것을 생각하면서 감격하는 것입니다. 그러나 신랑 되신 예수를 빼앗길 때는 금식해야 합니다.

예수를 잘 믿다가 죄의 구덩이에 빠져서 헤어나지 못할 때 우리는 회개하고 금식해야 합니다. 사탄에 억압되었는데 기도로 이기지 못할 때, 금식하면서 사탄과 대적해야 합니다. 이 두 가지를 우리는 잘 이해해야만 합니다.

성품이 변해야 한다

예수님은 이제 두 번째 해답을 주십니다.

생베 조각을 낡은 옷에 붙이는 자가 없나니 이는 기운 것이 그 옷을 당기어 해어짐이 더하게 됨이요(마 9:16).

지금 예수님은 쉬운 방법으로 가장 위대한 진리를 설명하고 계십니다.

해어진 헌 옷이 있습니다. 이때 생베 조각을 베어서 그것을 메우면 안 된다는 것입니다. 생베 조각을 베어서 메우면 비가 오지 않을 때는 괜찮으나 비가 오면 수축 현상이 일어나서 옷을 다 버리게 된다는 것입니다. "너희가 이런 경험을 잘 알고 있지 않느냐?" 헌 옷에다 새 옷감을 붙이면 헌 옷도 버리고 새 옷감도 다 버리게 됩니다.

여기서 헌 옷이란 낡은 유대 종교를 의미합니다. 새 옷감, 생베라는 것은 예수 그리스도의 새 생명을 의미합니다. 이제 금식에서 한 걸음 더 나아가서 예수님이 참신앙의 문제를 말씀하십니다. 다시 말하면, 참신앙이란 타협이 아닙니다. 우리는 예수님이 요구하신 신앙을 소화하기 어려울 때 옛 사람의 모습과 예수님의 의견을 적당하게 섞어서 해결하려고 합니다. 새 옷감으로 헌 옷을 기우면 맞지 않는 것처럼, 새 종교의 옷은 옛 종교의 옷과 맞지 않습니다. 오늘 예수님이 우리에게 주시는 말씀은 옛 형식을 벗어 버리고 믿음의 새 옷을 입어야 합니다. 기워 입지 말아야 합니다. 바꿔야 합니다.

예수 믿는 것은 선한 일을 하는 것이 아닙니다. 성품이 새롭게 변화되는 것입니다. 본질이 변화되는 것입니다. 발전하는 것이 아닙니다. 물이 변하여 포도주가 되는 것입니다. 이것이 예수님의 두 번째 해답이었습니다.

거듭난 사람

세 번째 해답입니다.

> 새 포도주를 낡은 가죽 부대에 넣지 아니하나니 그렇게 하면 부대
> 가 터져 포도주도 쏟아지고 부대도 버리게 됨이라 새 포도주는 새
> 부대에 넣어야 둘이 다 보전되느니라(마 9:17).

예수님의 말씀 가운데 이 부분은 아주 혁명적인 말씀입니다. 새 술은 새 부대에 넣어야 합니다. 발효 작용이 아직 끝나지 않은 새 술을 헌 부대에 넣게 되면 이 술이 발효함에 따라 그 술 부대는 터지게 됩니다. 새 술은 탄력성이 강한 새 부대에 넣어야 오래 보전할 수 있습니다.

새 부대란 거듭나서 새로 태어난 우리 자신을 의미합니다. 새 술은 무엇입니까? 고린도전서 11장 25절에 "식후에 또한 그와 같이 잔을 가지시고 이르시되 이 잔은 내 피로 세운 새 언약이니 이것을 행하여 마실 때마다 나를 기념하라"고 했습니다. 여기서 보면 새 술은 예수님의 피로 세운 새 언약이라고도 할 수 있습니다.

요한복음 6장 53-55절에는 "내가 진실로 진실로 너희에게 이르노니 인자의 살을 먹지 아니하고 인자의 피를 마시지 아니하면 너희 속에 생명이 없느니라 내 살을 먹고 내 피를 마시는 자는 영생을 가졌고 마지막 날에 내가 그를 다시 살리리니 내 살은 참된 양

식이요 내 피는 참된 음료로다"라고 했습니다. 사도행전 2장 13절에는 성령 충만한 제자들을 가리켜 사람들이 "또 어떤 이들은 조롱하여 이르되 그들이 새 술에 취하였다 하더라"고 했습니다.

그렇습니다. 여기서 새 술이란 영원한 생명을 주신 예수 그리스도를 의미합니다. 영원히 목마르지 않는, 영생하도록 솟아나는 생명입니다. 피로 세운 구속의 약속입니다. 이러한 새 언약은 새 부대에 넣어야 한다는 것입니다. 새 부대는 바로 변화된 우리입니다.

변화되지 않은 사람에게 그리스도는 의미가 없습니다. 변화되어야 합니다. 고린도후서 5장 17절에 "그런즉 누구든지 그리스도 안에 있으면 새로운 피조물이라 이전 것은 지나갔으니 보라 새것이 되었도다"라고 했습니다. 예수님은 생명이십니다. 생명을 죽음으로 만들 수 없습니다. 우리는 빛입니다.

빛이 있는 곳에 생명이 있습니다. 새 술은 새 부대에 넣어야 합니다. 거듭난 사람이어야 합니다. 이것이 오늘 예수님이 우리에게 요구하시는 것입니다. "세례 요한의 제자들, 당신들은 거듭났는가? 당신들은 새로워졌는가?" 예수님이 이렇게 질문하고 계시는 것입니다. 주님은 우리에게 거듭난 심령, 변화된 심령, 구원받은 심령, 성령 충만함을 원하십니다. 옛 사람을 벗어 버리고 새사람으로 옷 입어야 합니다. 예수님의 생명을 담기에 부족함이 없는 그런 새 부대가 되어야 합니다. 자신이 먼저 변해야 합니다. 이는 끊임없는 자기 변화입니다.

교회도 새롭게 변해야 합니다. 교회가 옛날 전통 그대로 가지고 있으면 죽습니다. 시대에 따라 형식을 바꾸지 않으면 내용이 죽습니다. 우리는 내용을 살리기 위해서 날로 부대가 새로워져야 합니다. 나는 변해야 합니다. 나의 옛 성품은 부단히 깨어져야 합니다. 그래야만 주님이 내 안에서 역사하십니다.

13

죽음도
순종케 하는 능력을 보라

마태복음 9:18-26

마태는 예수님의 기적의 절정을 보여 줍니다. 그것은 바로 죽음을 정복하신 예수님의 능력입니다.

> 예수께서 이 말씀을 하실 때에 한 관리가 와서 절하며 이르되 내 딸이 방금 죽었사오나 오셔서 그 몸에 손을 얹어 주소서 그러면 살아나겠나이다(마 9:18).

여기서 "예수께서 이 말씀을 하실 때"란 예수님이 세례 요한의 제자들과 함께 토론하고 계셨을 때입니다. 그때 엉뚱한 사람이 예수님 앞에 나타났습니다. 이 사람은 지체가 높은 유대인의 고급 관리였습니다.

죽음 앞에 서야 하는 인간

우리는 먼저 이 사람이 누군가를 살펴볼 필요가 있습니다. 18절에 "한 관리가 와서"라고 했습니다. '한 관리'라고 하면 어떤 하급 관리처럼 느껴지나 이 말은 '통치자, 지배자'라는 뜻이 있는 말로 유대의 고급 관리를 지칭합니다. 마가복음 5장 22절 이하에 이 사람에 대해서 좀 더 자세히 기록하고 있습니다. 그는 회당장 중 한 명인 야이로였습니다.

회당장이란 유대인 중에서도 특별히 뽑힌 사람입니다. 지금의 교회나 성전에 해당하는 당시 유대 회당의 모든 실무를 맡은 책임자요 종교 지도자입니다. 대개 이 회당장이나 바리새인들은 예수님에 대해서 비판적인 시각이 있었습니다. 왜냐하면 자기들의 전통적인 종교를 무시하고 혼란스럽게 했다고 생각했기 때문입니다. 그러나 공개적으로 예수님을 비판할 수가 없었습니다. 예수님에게는 실제적인 기적과 능력이 있었고, 범할 수 없는 고매한 인격이 있었기 때문입니다. 그래서 속으로는 싫어하면서도 겉으로는 어떻게 할 수 없는 이런 불편한 관계가 바리새인들과 예수님과의 관계였고, 회당장과 예수님과의 관계였습니다.

그런데 유대의 고급 관리요, 종교 지도자이며 예수님과 불편한 관계였던 회당장이 오늘 느닷없이 예수님 앞에 나아와 무릎을 꿇고 자기의 사랑하는 어린 딸이 죽어 가는 것을 하소연했습니다. 이 어린 딸은 누가복음 8장 42절에 보면 열두 살 먹은 외동딸이라고 기록되어 있습니다. 그런데 이 딸이 지금 알 수 없는 병으로 죽어 가고 있는 것입니다.

사람은 누구든지 죽음 앞에서 숙연해지고 진실해집니다. 죽음을 거부할 수 있는 사람은 아무도 없습니다. 어떤 지식도, 어떤 건강도, 어떤 세상의 명예나 지위도 죽음 앞에서는 무력합니다. 유대의 고급 관리요 종교 지도자인 회당장 야이로도 열두 살 된 사랑하는 외동딸의 죽음 앞에서는 절망을 느낄 수밖에 없었던 것입니다. 그의 지위로 보나, 여건으로 보나 그가 찾아갈 만한 곳은 다 찾아가 보았을 것입니다. 쓸 약은 다 썼을 것입니다. 그러나 길이 없었습니다. 지금 숨이 넘어가고 있는 것입니다.

18절에 보면 앞뒤 설명 없이 한 관리가 예수님이 말씀하고 계신 도중에 끼어들어 와서 무릎을 꿇고 절하면서 소리를 질렀다고 했습니다. 그는 자기 딸이 "방금 죽었다"고 했는데 이는 죽었다는 뜻이 아니라 마가복음, 누가복음의 기록을 종합해 보면 숨이 막 끊어지려는 상태입니다. 차라리 죽었으면 포기합니다. 그러나 숨이 끊어지려고 할 때는 부모의 마음이 제일 아픕니다. 이 아이를 살릴 수만 있다면 무슨 짓이라도 하고 싶은 심정입니다. 무슨 대가라도 치를 것입니다.

우리의 간절한 심정을 원하신다

19절에 보면 예수님은 이에 대해서 이렇다 저렇다 말씀하지 않으시고 그대로 일어나서 따라가셨습니다. 사실 우리가 주님 앞에 나올 때 무엇을 알아서 나오는 경우는 거의 없습니다. 믿음이 있어서 오게 되었습니까? 교회 오기 전에 성경책 다 읽고, 예수님은 하나님의 아들이시고 나의 구세주시고 내가 믿음으로 하나님의 자녀가 되었다는 것을 다 깨닫고 교회에 오는 사람이 있습니까? 없습니다.

교회에 오게 되는 동기를 보면 사업의 실패, 결혼의 실패, 감당할 수 없는 질병 등 원하지 않은 일이 생겨서, 계획했던 모든 일이 좌절되고 세상에 버림을 받고 이제 갈 곳이 없어서 옵니다. 그러나 겉으로는 그렇게 말할 수가 없기 때문에 점잖게 넥타이 매고 멋지게 차려입고 오지만 속에는 다 야이로 같은 심정을 가지고 있는 것입니다.

그러나 여기서 우리가 발견하는 놀라운 메시지가 있습니다. 어떤 동기로 왔든지 예수님은 그를 영접하셨다는 사실입니다. 절박한 상황 속에서 지금 예수님을 의지하고 그 능력을 믿으면서 찾아온 이 사람을 예수님은 받아 주셨습니다. 그렇습니다. 주님은 우리의 과거를 묻지 않으십니다. 우리의 지위도 묻지 않으십니다. 우리가 어쩌면 교회를 이용하여 돈 벌러 왔다고 해도 주님은 눈감아 주십니다. 우리는 창녀인지도 모릅니다. 잔인한 살인자인지도 모릅니다. 우리는 세상에서 버림 받은 사람인지도 모릅니다. 그러나 주님은 그것을 보시지 않습니다. 주님은 우리의 마음, 중심을 보십니다.

회당장 야이로의 동기는 아이 때문이었습니다. 예수님 때문이 아니었습니다. 그러나 그가 예수님에게 와서 무릎 꿇고 절하는 순간 회개했습니다. "만약 당신이 오셔서 우리 아이 몸에 안수해 주신다면 낫겠습니다"라는 믿음이 생긴 것입니다. 예수님은 그 믿음을 보고 일어나셔서 그를 따라가셨습니다.

　이분이 예수 그리스도십니다. 예수님은 우리의 간절한 심정을 원하십니다. "주여, 나를 받아 주시옵소서. 나를 인도해 주시옵소서. 나는 이렇게 실패했습니다. 내가 이렇게 절망 속에 있습니다. 내 힘으로는 되는 것이 없습니다. 모든 것이 내 힘으로 되는 것 같았지만 내 힘으로 되지 않았습니다. 그래서 주님 앞에 나옵니다." 이때 주님은 우리에게 왜 왔느냐고 묻지 않으십니다. 과거에 왜 그렇게 했느냐고 묻지 않으십니다. 그냥 받아 주십니다. "내 아들아! 내 딸아!" 그리고 조용히 일어나셔서 그 집으로 가시는 분이 예수 그리스도십니다.

마음의 중심을 보신다

예수님이 회당장의 집으로 따라가시는 바로 그때 사건이 또 하나 일어났습니다. 한 여자가 나타난 것입니다. 이 여자에 대해서 살펴보겠습니다.

> 열두 해 동안이나 혈루증으로 앓는 여자가 예수의 뒤로 와서 그 겉옷 가를 만지니 이는 제 마음에 그 겉옷만 만져도 구원을 받겠다 함이라(마 9:20-21).

십여 년 동안 저주스러운 혈루병에 걸려서 고통당하는 한 여자가 여기 있습니다. 마가복음 5장 25절 이하에는 이 여자에 대해 조금 더 자세히 설명하고 있습니다.

"열두 해를 혈루증으로 앓아 온 한 여자가 있어 많은 의사에게 많은 괴로움을 받았고 가진 것도 다 허비하였으되 아무 효험이 없고 도리어 더 중하여졌던 차에."

12년 동안 이 여자가 찾아다니지 않은 의사가 없었다는 것입니다. 많은 의사에게 많은 괴로움을 받았고 그로 인해 모든 재산도 이 병 때문에 다 허비해 버렸습니다. 그리고 아무 효험 없이 병만 더 악화됐습니다.

우리는 이 불쌍한 여자의 심정을 이해할 수 있습니다. 우리 주위에 이런 사람들이 많기 때문입니다. 10년, 20년 병치레에 재산이 다 없어집니다. 부모님이나 가족 중에 누가 불치병에 걸려 있다면 집안에 웃을 날이 없습니다. 자녀에게 결함이 있다고 생각해 보십시오. 그 부모는 너무나 마음이 무거울 것입니다. 병 하나 고치는 데 전념하다가 가산을 탕진하는 것은 보통 있는 일입니다. 이 여자의 경우도 예외가 아니었습니다.

우리는 혈루병에 대해서 성경적으로 좀 더 이해해야겠습니다. 혈루병은 그 당시에 나병처럼 저주받았던 불결한 병이었습니다. 피가 계속 흐르는 병입니다. 피가 흐르는 병 자체보다 더 고통스러운 것은 율법에 기록된 한 사건 때문입니다. "만일 여인의 피의 유출이 그의 불결기가 아닌데도 여러 날이 간다든지 그 유출이 그의 불결기를 지나도 계속되면 그 부정을 유출하는 모든 날 동안은 그 불결한 때와 같이 부정한즉 그의 유출이 있는 모든 날 동안에 그가 눕는 침상은 그에게 불결한 때의 침상과 같고 그가 앉는 모든 자리도 부정함이 불결한 때의 부정과 같으니 그것들을 만지는 자는 다 부정한즉 그의 옷을 빨고 물로 몸을 씻을 것이며 저녁까지 부정할 것이요"(레 15:25-27)라고 하였습니다.

그런데 이 여자는 10년 동안 하혈합니다. 이 여자가 피를 계속 흘리면 불결하기 때문에 제사를 못 드립니다. 또 피가 멈출 때까지 누구든지 만나기가 힘듭니다. 그가 만나는 사람은 다 부정한 사람이 되고 그가 만지는 물건마다 다 부정해지기 때문입니다. 그는 하나님에게 예배드릴 수도 없습니다. 사람과 교제할 수도 없습니다. 하나님에게 버림 받고 사람에게 버림 받는 병을 앓고 있는 것입니다. 이 얼마나 비참하고 저주스러운 삶이겠습니까?

그 당시 혈루증을 고치는 데 11가지 이상의 미신이 있었다는 것만 봐도 이 병이 얼마나 지독한지 알 수 있습니다. 바클레이라는 사람이 소개한 미신 가운데는 흰 암나귀 똥 속에서 보리 낟알 하나를 발견해서 몸에 지니고 다니면 이 혈루병이 없어진다는 말도 있습니다. 우리나라에도 이런 미신이 많습니다. 이렇게까지 해서라도 병을 고치고 싶었던 그 병자의 심정을, 가족의 심정을 우리는 이해해야 합니다.

사람에게 저주받고, 하나님에게도 저주받았다고 생각하는 한 여자가 예수님과 함께 회당장 야이로의 집으로 가는 무리 속에 숨어들어와 조용히 예수님의 옷깃을 만진 것입니다. 이 여자의 심정은 얼마나 두려웠겠습니까? 얼마나 초조했겠습니까? 그는 예수님에게 "주여, 나를 불쌍히 여기소서"라고 말할 수 있는 처지도 못 됩니다. 아무에게도 자신을 노출할 수가 없습니다. "주님, 나를 불쌍히 여기소서"라고 말할 수 있는 사람은 행복한 사람입니다. 교회까지 나올 수 없는 사람이 있습니다. 마태가 누구입니까? 예수님을 따를 수 없다고 생각하며 살던 사람이 아니었습니까?

이 세상에는 예수님 앞에 떳떳하게 나올 사람도 있지만 감히 얼굴을 들고 나올 수 없는 사람도 너무나 많습니다. 나의 직업, 나의 과거, 나의 삶이 떳떳하지 못한 것입니다. 그러나 예수님은 우리의 지위를 보지 않으십니다. 우리의 과거도 보지 않으십니다. 우리의 중심을 보십니다.

옷깃만 만져도 나으리라는 믿음

마태복음 9장 21절을 보면 이 여자가 예수님의 겉옷을 잠깐 만지는 심정이 기록되어 있습니다.

"이는 제 마음에 그 겉옷만 만져도 구원을 받겠다 함이라."

이 여자는 이런 심정으로 만진 것입니다. "주님, 내 병을 고쳐 주십시오"라고 나병 환자처럼 나서지도 못했습니다. 그저 도둑처럼 몰래 가서 옷깃을 살짝 만지는 그런 처지입니다. 그러나 우리 주님은 그 여자의 중심을 보셨습니다. 이 여자의 마음속에는 '내가 예수님의 옷깃을 만지기만 해도 병이 나을 것 같다. 구원받을 것 같다'고 하는 순수하고 간절한 심정이 있었습니다.

오늘 예수님이 요구하시는 믿음이 여기에 있습니다. 예수님은 우리의 교회 경력을 묻지 않으십니다. 몇 년 믿었는지, 몇 대째 기독교 집안에서 태어났는지, 우리가 어떤 박사 학위를 가지고 있는지 묻지 않으십니다. 예수님이 요구하시는 것은 12년 동안 혈루증을 앓은 이 여인처럼 우리의 마음속에 주님의 옷자락만 만져도 내 병이 나을 것 같은 그런 순수함이, 그런 절박함이, 그런 진실함이 있느냐는 것입니다.

만약 우리에게 그 마음이 있다면 기적이 일어날 것입니다. 똑같은 기적이 우리에게 일어날 것입니다. "주여, 나는 입을 열어 말할 만한 처지의 여자도 못 됩니다. 나는 떳떳하게 교회를 나갈 수도 없고, 예수 믿는다고 말할 수도 없습니다. 그런데 나는 주님을 사랑합니다. 주님, 나를 구원해 주십시오. 주님, 나를 불쌍히 여겨 주십시오." 이렇게 말하는 여자의 심정을 예수님은 너무나 섬세하게 헤아리고 계셨습니다.

마가복음과 누가복음에 보면, 길을 가시던 예수님이 자기 몸에서 능력이 나간 것을 아시고는 사람들에게 "누가 나를 만졌느냐"

고 물으셨습니다. 그러나 아무도 만진 사람은 없었습니다. 아마 주위 사람들은 스쳤다고만 생각했을 것입니다. 이 때 두려워하면서 이 불쌍한 여자가 예수님에게 나아와 "주여, 내가 만졌나이다"라고 말했습니다. 이때 예수님은 그 여자에게 다음과 같이 대답해 주십니다.

> 딸아 안심하라 네 믿음이 너를 구원하였다 하시니 여자가 그 즉시
> 구원을 받으니라(마 9:22).

이 여자는 겁에 질렸습니다. 자기의 신분, 자기의 처지로 보아서 야단맞을 것이 분명했기 때문입니다. 그런데 예수님은 "딸아"라고 하셨습니다. 아마 예수님 얼굴에는 미소가 가득 찼을 것입니다. "딸아, 안심하라. 너는 구원받았다"고 하신 것입니다.

예수님은 생명이시다

뜻하지 않은 사건으로 예수님이 가시는 행차가 늦어졌습니다. 가서 보니까 아이가 죽어 있었습니다. 23절에 "예수께서 그 관리의 집에 가사 피리 부는 자들과 떠드는 무리를 보시고"라고 했습니다. 회당장이 예수님에게 찾아올 때는 어린 딸이 죽어 가고 있었습니다. 그런데 의외의 사건이 벌어져서 어린 소녀는 죽고 말았습니

다. 당시 유대의 전통에 따르면 사람이 죽었을 때 세 가지 의식을 합니다. 첫째는 슬픔을 표시하기 위하여 옷을 찢습니다. 둘째는 통곡을 합니다. 그 당시에는 대신 울어 주는 사람을 돈을 주고 샀다고 합니다. 그리고 마지막으로는 피리를 불면서 애도합니다.

23절에 피리 부는 자들과 떠드는 무리가 있었다는 것을 보면 이미 이 어린아이는 죽은 것이 분명했습니다. 이때 예수님이 나타나셨습니다. 예수님은 죽음을 인정하시지 않았습니다. 24절에 "물러가라 이 소녀가 죽은 것이 아니라 잔다"고 하셨습니다. 예수님은 사람의 죽음을 죽음으로 보지 않으셨습니다. 죽은 것이 아니라 잔다고 하셨습니다. 예수님에게는 죽음이 없습니다. 예수님은 생명이시기 때문입니다. 예수님은 죽어도 삽니다. "무릇 살아서 나를 믿는 자는 영원히 죽지 아니하리니"(요 11:26)라고 말씀하셨습니다. 이분이 예수 그리스도십니다. "너희는 마음에 근심하지 말라 하나님을 믿으니 또 나를 믿으라"(요 14:1)고 하신 이유는 예수님에게는 죽음이 없기 때문입니다.

마귀가 예수님을 죽인다 해도 예수님은 다시 사십니다. 그분은 생명이시기 때문입니다. 예수님 안에는 죽음이 없습니다. 죽음에 대한 불안과 두려움이 없습니다. 예수님은 생명이십니다. 사망 권세를 깨뜨리고 부활하신 생명이십니다. 그래서 예수님은 죽은 나사로를 살리셨고, 죽은 야이로의 딸을 살리셨습니다.

우리는 어제 저녁에 잠을 잤고, 아침에 깼습니다. 오늘 저녁에도 잠을 잘 것이고 또 아침이 오면 깰 것입니다. 죽음은 오늘 저녁에 잠깐 자는 것과 같습니다. 그러므로 그리스도인에게는 죽음에 대한 두려움이 없어야 합니다. 죽음에 대한 불안이 있어서는 안 됩니다. 우리가 진정으로 예수를 믿는 사람이요, 하나님을 믿는 사람이라면 죽음에 대한 불안이나 두려움은 없어야 합니다.

그런데 죽은 것이 아니라 잔다고 하신 말씀을 사람들이 이해할 수 있겠습니까? 이해하지 못합니다. 예수님을 비웃을 수밖에 없습니다. 24절에 "잔다 하시니 그들이 비웃더라"고 했습니다. 혹시 지금도 비웃는 사람이 있을지 모릅니다. "죽은 아이를 왜 잔다고 말하느냐. 이것은 종교적인 기만이다. 이것은 종교가 주는 아편이다. 현실의 고통을 회피하게 만드는 것이다." 예수님은 그들이 비웃는 태도에 상관하지 아니하시고 이 어린 소녀를 살려 내십니다.

죽음을 정복하신 분

25절에 "무리를 내보낸 후에 예수께서 들어가사 소녀의 손을 잡으시매 일어나는지라"고 했습니다. 마가복음과 누가복음에 의하면 예수님이 죽음을 정복하신다는 사실을 믿지 않고 비웃는 사람들을 다 내보내십니다. 그리고 어린 소녀에게 가서 그의 손을 붙잡고 "달리다굼, 소녀야, 일어나라" 하며 잡아 일으키시니 이 어린아이가 일어나서 걸었습니다.

우리는 어느 날 주님 나라에서 이렇게 부활할 것을 믿습니다. 우리가 죽으면 땅에 묻혀서 흙이 되는 것이 아닙니다. 다시 삽니다. 영생합니다. 어떤 사람은 천국이 있다고 하면 비웃을지 모릅니다. 지옥이 있다고 하면 비웃을지 모릅니다. 그러나 천국도 있고 지옥도 있습니다. 부활도 있습니다. 우리는 다시 살 것입니다. 이것을 예수님이 상징적으로 보여 주신 것입니다.

예수님은 친히 십자가에 못 박혀 죽으시고 부활하셨습니다. 몸으로 보여 주셔서 부활의 첫 열매가 되셨습니다. 그 후로는 예수 그리스도를 믿고 죽은 자마다 다 이처럼 영생의 부활로 살아날 것을 가르쳐주십니다. "달리다굼, 소녀야 일어나라." 예수님은 인간의 육체의 질병을 고치시고 자연을 정복하시며 초자연의 세계를 정복하셨을 뿐 아니라 죽음까지도 정복하셨습니다. 이것이 기독교입니다. 이것이 우리가 믿는 신앙입니다.

> 죄의 삯은 사망이요 하나님의 은사는 그리스도 예수 우리 주 안에
> 있는 영생이니라(롬 6:23).

> 우리가 예수께서 죽으셨다가 다시 살아나심을 믿을진대 이와 같
> 이 예수 안에서 자는 자들도 하나님이 그와 함께 데리고 오시리라
> (살전 4:14).

우리는 다 공중으로 들림을 받게 될 것입니다. 예수님은 죽은 자를 살리셨습니다. 그래서 사도 바울은 고린도전서 15장 55절에서 "사망아 너의 승리가 어디 있느냐 사망아 네가 쏘는 것이 어디 있느냐"고 담대하게 외칠 수 있었습니다. 인류 역사상 죽음을 야단칠 수 있는 사람은 누구입니까? 죽음을 정복할 수 있는 사람은 누구입니까? 오직 예수 그리스도 한 분뿐이십니다. 그분을 믿는 우리는 죽어도 삽니다. 그리스도인은 더 이상 죽음에 대한 불안과 두려움이 없습니다. 죽음에 대한 갈등도 없습니다. 우리는 초연하게 죽음을 현실로 받아들여야 합니다. 죽음은 끝이 아니라 천국을 여는 문이기 때문입니다. 예수님은 죽음을 정복하셨습니다.

14

믿음으로
못 고칠 병이 없다

마태복음 9:27-34

누가복음 7장 20절에 보면, 세례 요한은 자기 제자들을 예수님에게 보내서 "당신이 바로 오실 그 메시아입니까?"라고 질문하게 합니다. 세례 요한은 여자가 낳은 사람 가운데 가장 위대한 사람입니다. 그는 스스로 말하기를 "나는 광야의 외치는 소리"라고 했고, "예수님의 신발 끈을 풀기도 감당할 수 없는 사람"이라고 했습니다. 예수님은 흥하여야 하겠고 자신은 쇠하여야 하겠다고 말했습니다. 그리고 자기 제자들과 함께 예수님을 만났을 때 "보라. 세상 죄를 지고 가는 하나님의 어린양이로다"라고 했으며, 자기 제자들에게 "너희는 이제 나를 따르지 말고 그분을 따르라"고 했습니다.

완전한 회복

그런 세례 요한도 예수님에 대해서 의심이 있었던 것 같습니다. 그래서 제자들을 보내서 "당신이 오실 그 메시아입니까?"라고 묻게 했던 것입니다. 예수님은 이런 질문을 받으시고 누가복음 7장 22절에 "너희가 가서 보고 들은 것을 요한에게 알리되 맹인이 보며 못 걷는 사람이 걸으며 나병 환자가 깨끗함을 받으며 귀먹은 사람이 들으며 죽은 자가 살아나며 가난한 자에게 복음이 전파된다

하라"고 대답하셨습니다. 그냥 그 말만 전하라고 하셨습니다. 이 모든 일이 그가 참메시아임을 증명하기 때문입니다. 하나님의 나라는 말에 있지 않고 능력에 있습니다. 구약에서도 이런 현상이 있을 것이라고 했습니다.

> 그때에 맹인의 눈이 밝을 것이며 못 듣는 사람의 귀가 열릴 것이며 그때에 저는 자는 사슴같이 뛸 것이며 말 못하는 자의 혀는 노래하리니 이는 광야에서 물이 솟겠고 사막에서 시내가 흐를 것임이라(사 35:5-6).

그런데 이러한 일들이 실제로 지금 일어나고 있습니다. 그래서 예수님은 세례 요한의 제자들에게 가서 이런 일들이 일어난다고 말하라고 하셨습니다. 예수님은 하나님의 아들이십니다. 그분은 하나님이십니다. 하나님이 인간이 되신 분입니다. 그래서 그가 가는 곳마다 인간의 모든 죄와 죽음과 저주와 절망은 구원과 생명과 축복과 소망으로 변화되었습니다.

예수님은 인간의 모든 구원의 전부십니다. 맹인이 눈을 뜨고, 귀가 열리고, 입이 터지고, 앉은뱅이가 일어나고, 손이 펴지는 것을 전부 연결하여 보면 한 인간의 인격적인 완전한 회복입니다. 이것은 단순한 기적이 아닙니다. 병을 고쳤다는 것만이 아닙니다. 전인적인 구원, 완전한 구원이 이루어지는 것입니다. 육체적인 구원뿐만 아니라 영적인 구원이 이루어지는 것입니다. 순간의 구원뿐만 아니라 영원의 구원이 이루어지고 있는 것입니다. 이것이 바로 예수 그리스도가 지금까지 행하신 모습입니다.

지금까지 정말 볼 것을 보지 못하고 살아왔던 내가 눈을 떠서 영원을 보게 되었습니다. 듣지 못하고 세상의 잡소리만 듣고 살아왔던 내가 이제 신령한 음성을 듣게 된 것입니다. 과거에는 두려워서 전도도 못 했습니다. 그러나 전도하기 시작합니다. 찬양도 못 했습니다. 그러나 찬양하기 시작합니다. 새로운 언어가 터지기 시작한 것입니다. 눈을 뜨고 말하기 시작한 것입니다. 바로 이것이 구원의 상징적인 사건입니다.

두 맹인의 절실한 외침

구원의 상징적인 사건 두 가지를 생각해 보겠습니다. 먼저 맹인이 눈뜬 사건입니다.

예수님 당시 지중해 지방에는 특유의 기후와 햇빛, 그리고 석회성 먼지 때문에 맹인이 많았습니다. 이 맹인들은 혼자 다닐 수 없었기에 짝을 지어 다녔습니다. 그들은 생계유지 수단이 없었기 때문에 구걸했습니다.

그가 나면서 맹인이 되었든, 살아가는 도중에 맹인이 되었든지 간에 그는 참으로 비참한 생을 살아가야 했습니다. 두 눈을 똑바로 뜨고 빛을 보며 살아도 문제가 이렇게 많은데 두 눈을 감고 사니 얼마나 괴롭겠습니까? 고통스러울 것입니다. 볼 수 없다는 것은 무시당할 수밖에 없는 위치요 천한 위치였습니다. 이 사람이 지금 예수님에게 찾아왔습니다.

> 예수께서 거기에서 떠나가실새 두 맹인이 따라오며 소리 질러 이르되 다윗의 자손이여 우리를 불쌍히 여기소서 하더니(마 9:27).

우리는 두 맹인이 어떻게 예수님에게 왔는지는 잘 모릅니다. 그러나 이들은 분명히 예수님에 대한 소문을 들었으리라고 생각됩니다. 어떤 이상한 청년 한 사람이 왔는데 그가 가는 곳마다 맹인이 눈을 뜨고, 귀머거리가 듣고, 벙어리가 말하고, 앉은뱅이가 일어나고, 귀신이 떠나간다는 소문이었을 것입니다.

그러나 이들은 '나처럼 천하고 저주받은 사람이 과연 예수를 만날 수 있을까?' 하고 미리 겁먹기도 했을 것입니다. 그러나 어린아이 같은 마음으로 '나도 한번 그분을 만나 볼 수 없을까? 그분이 누군지도 모르고 볼 수도 없지만 그분을 혹시 만나 볼 수 없을까? 과연 그분은 어떤 분일까?' 하며 큰 호기심과 기대를 가지기도 했을 것입니다. 그러던 차에 예수가 지나간다는 소문을 듣고 그들은 염치 불구하고 뛰어들어서 예수님을 붙잡은 것입니다. 그것이 바로 이 사건입니다.

"다윗의 자손이여! 우리를 불쌍히 여기소서!" 여리고 성의 두 맹인은 목이 터져라 소리질렀습니다. 이들은 혼신의 힘을 다해서 예수님에게 소리 질렀을 것입니다. 왜냐하면 일생일대의 기회이기 때문입니다. 다시 그런 기회가 오리라는 보장이 없습니다. 이들에게 체면이나 자존심은 중요하지 않았습니다. 예수님이 어떻게 생각하실까는 중요하지 않았습니다. 자기 인생에서 마지막 기회일지도 몰랐기 때문입니다. 우리는 이렇게 예수님을 만나야 합니다. '오늘 못 만나면 다음 주에 만나지' 하는 마음으로 예수님을 만나기는 어렵습니다. 내일은 우리에게 약속된 날이 아닙니다.

오늘만이 우리의 날입니다. 이들에게는 적어도 그런 태도가 있었습니다. 그들은 주님이 누구인지 모릅니다. "다윗의 자손"이라는 말을 쓴 사실을 보면 주님에 대한 지식이 없다는 것을 알 수 있습니다. 그 말은 당시 백성이 기다리던 메시아에 대한 통속적인 개념을 나타내는 말입니다. 모든 외부적인 압제와 고통에서 해방시켜 줄 정치적 메시아가 다윗의 자손이었습니다. 이 맹인은 예수가 누구인지 모르기 때문에, 어떤 분인지 모르기 때문에 그냥 그렇게 이름을 붙인 것입니다. 그런데 놀라운 일은 이렇게 초라하고 보잘것없고 냄새나고 지저분한 사람, 그리고 신앙 고백마저 전혀 다른, 불완전한 지식이 있는 그들을 예수님이 받아 주셨다는 것입니다.

진실한 마음과 믿음

> 예수께서 집에 들어가시매 맹인들이 그에게 나아오거늘 예수께서
> 이르시되 내가 능히 이 일 할 줄을 믿느냐 대답하되 주여 그러하오
> 이다(마 9:28).

예수님은 뒤에서 좇아오는 그들을 보고 집으로 들어가셨습니다. 그런데 예수님은 집으로 들어가셔서 그렇게 간절하게 애원하는 그들에게 "내가 능히 이 일 할 줄을 믿느냐"라고 반문하셨습니다.

여기에서 우리는 예수님의 두 가지 태도를 발견하게 됩니다. 첫째, 예수님은 사람의 겉모습을 보시지 않고 중심을 보시는 분입니다. 신분상 천하고 보잘것없는 맹인의 겉모습을 보았다면 거절하셨을지도 모르겠습니다. 그 사람의 얼굴이나 직업, 옷차림, 그 사람의 과거를 보았다면 거절하셨을지도 모릅니다. 그러나 예수님은 간절한 기대와 소망을 가지고 찾아온 그 사람 속에 있는 순수한 중심을 보셨습니다.

둘째, 예수님은 아무것도 요구하지 않으셨습니다. 우리가 하나님을 믿는 것은 은혜요 공짜입니다. 예수님은 우리에게 조건을 걸지 않으십니다. 요구하시지 않습니다. 그런데 한 가지 조건을 거십니다. 그것은 믿음입니다. 믿음은 하나님에게 나아가는 유일한 길이기 때문입니다.

예수님이 우리에게 요구하시는 것이 바로 이것입니다. "과연 내가 너의 눈을 고칠 수 있을 것으로 믿느냐?"라고 물으셨습니다. 그 사람에게 믿음을 요구하십니다. 병을 고쳐 주시는 그 능력은 믿음을 통해서 옵니다. 이것은 믿음의 본질입니다. 믿음이 구원은 아닙니다. 그러나 믿음이 구원을 가능하게 합니다.

예수님이 우리에게 지금 요구하시는 것은 순수하고 진실한 마음이요, 어린아이같이 신뢰하는 믿음입니다. 예수님이 병을 고쳐 주시거나 기적을 베푸실 때마다 언제나 이 두 가지 만족이 있었습니다. 순수하고 진실한 마음, 그리고 믿음입니다.

믿음대로 되리라

이러한 예수님의 질문이 떨어지자마자 맹인들은 "그러하오이다"라고 대답했습니다. 이때 예수님이 다음과 같이 말씀하셨습니다.

> 이에 예수께서 그들의 눈을 만지시며 이르시되 너희 믿음대로 되라 하시니(마 9:29).

하나님이 인색해서 안 들어주시는 것이 아닙니다. 바람에 밀려도 요동하지 않는 믿음이 우리에게 없기 때문에 기적이 일어나지 않는 것입니다. 하나님은 절대로 인색하신 분이 아닙니다. 병 고쳐 주는 것을 아까워하시는 분이 아닙니다. 하나님은 우리의 여러 가지 고민과 갈등 해결을 아까워하시는 분이 아닙니다.

문제는 내가 병든 것 때문입니다. 내 마음이 교만하고, 내 마음이 하나님을 신뢰하지 못하고 변덕을 부리고, 내 마음이 순수하지 않고, 내 마음이 의심으로 가득 차 있기 때문에 하나님이 역사하실 기회가 없는 것입니다.

믿음은 기적을 일으킵니다. 믿음은 하나님 앞에서 사람이 갖는 태도입니다. 능력은 인간의 믿음에서 나오는 것이 아니라 하나님에게서 나옵니다. 그러나 그 능력은 나의 믿음이라는 통로를 통해서 옵니다. 하나님이 우리에게 오실 수 있도록 순수한 마음을 가져야 합니다. 간절한 마음을 가져야 합니다. 어린아이와 같은 마음을 가지십시오. 하나님이 나에게 오시기에 부족함이 없도록 통로를 예비해 두십시오. 그것이 믿음입니다.

29-30절에 "이에 예수께서 그들의 눈을 만지시며 이르시되 너희 믿음대로 되라 하시니 그 눈들이 밝아진지라"고 했습니다. 능력과 기적의 크기란 믿음의 크기입니다. 하나님은 인색해서 안 주시는 분이 아닙니다. 내가 받지 못해서 없는 것입니다.

루이 에블리의 《사람에게 비는 하느님》(가톨릭출판사 역간)이라는 기도에 관한 책이 있습니다. 기도는 인간이 하나님에게 드리는 것인데, 그 책의 제목은 사람에게 비는 하나님입니다. 그 내용을 보면 하나님이 인간에게 사정합니다. "나는 이렇게 축복을 준비했다. 십자가도 준비했다. 구원도 준비했다. 너희는 내 자식이다. 나는 너희에게 축복 주기를 원하고 있다. 그런데 왜 너희는 받지 않느냐? 제발 빈다. 문을 열어라. 나에게 기도하라. 나를 신뢰하라. 나를 의지하라. 내가 너희에게 주고 싶은 이 모든 축복을 가져가라." 하나님이 더 안타까워하신다는 내용입니다.

성령 충만함을 받는 것은 나보다도 하나님이 더 원하십니다. 내가 예수 잘 믿는 사람이 되길 하나님이 더 원하십니다. 인간은 별로 원하지 않습니다. 입으로는 원하나 실제로는 하나님이 더 원하십니다. 인간은 마음은 있으나 실제가 없습니다. 정말 실제가 있었다면 이렇게 살지 않을 것입니다.

솔직히 인간은 예수 잘 믿을 마음이 없습니다. 믿음 갖기를 원하지 않습니다. 머릿속에만 있지 실제로는 원하지 않는 것입니다. 그래서 예수님의 마음이 안타까운 것입니다. "내가 정말 이 일 할 줄을 믿느냐? 네가 그 사실을 믿느냐?"라고 물으신 것입니다.

맹인은 눈이 밝아졌습니다. 제2의 탄생입니다. 새로운 삶이 왔습니다. 우리는 그동안 영적으로 맹인 같은 삶을 살아왔습니다. 세상적인 것은 잘 보고 살아왔으나 영적인 것은 볼 수 없었고, 죄는 열심히 보았으나 거룩함은 보지 못했고, 사람들은 많이 만났으나 예수님은 보지 못한 맹인이었습니다. 그러나 이제 우리는 이 맹인처럼 눈을 뜨게 되었습니다. 예수님을 보게 되었고, 나 같은 사람의 입에서 찬송가도 흘러나오게 되었고, 이제는 하나님의 음성을 듣게 되었고, 내 영혼이 주님을 사모하게 되었습니다.

이것이 기적입니다. 우리 안에 기적이 일어난 것입니다. 일 년 전과 지금을 비교해 보십시오. 우리 안에 기적이 있습니다. 이 기적을 감사해야 합니다.

벙어리 된 자의 마음

두 번째, 귀신 들려 벙어리 된 사람이 말하게 된 기적을 보겠습니다.

> 그들이 나갈 때에 귀신 들려 말 못하는 사람을 예수께 데려오니
> (마 9:32).

이 사람은 말도 못 하고 듣지도 못합니다. 병리적으로 귀나 혀에 이상이 있어서 그런 것이 아니라 귀신에 억압되었기 때문입니다. 전혀 들을 수도 없고 말할 수도 없는 사람, 이유가 어찌됐든 간에 맹인처럼 인생의 반을 잃고 사는 사람입니다.

그런데 벙어리는 맹인과 다른 점이 있습니다. 맹인은 스스로 예수님을 찾아왔습니다. 그러나 이 벙어리는 다른 사람에게 끌려왔습니다. 예수님은 스스로 찾아온 사람이나 다른 사람에게 끌려온 사람이나 다 환영하십니다. 만약 스스로 온 사람만 구원받는다면 우리가 어떻게 구원받겠습니까? 맹인은 예수님에 대한 소문도 못

들었을지 모릅니다. 그러니까 하는 수 없이 끌려왔는지도 모릅니다. 그러나 주님은 우리의 마음을 아십니다. 맹인의 마음을 아신 주님은 또 벙어리 된 자의 심정을 누구보다도 잘 아십니다.

억울함을 당한 사람일수록 예수님이 그 심정을 더 잘 이해하십니다. 슬픔과 고통이 많은 사람일수록 하나님이 가까이에 계시다는 사실을 알아야 합니다. 그래서 하나님은 고아와 과부에 대한 관심이 많으십니다. 성경은 억울하고, 고통을 겪고, 마음이 슬픈 사람에게 하나님이 가까이 계신다고 했습니다. 그런데도 보지 못하는 이유는 자기 슬픔이 너무 커서입니다. 하나님은 아주 가까이 와 계십니다.

베드로가 밤이 늦도록 고기를 잡고 있었습니다. 예수님이 거기에 가셔서 고기를 많이 잡았느냐고 물으셨습니다. 베드로는 부활하신 예수님인 줄 모르고 아무것도 못 잡았다고 대답했습니다. 예수님이 "그물을 오른쪽으로 던져 보아라"고 말씀하셨을 때 베드로는 "깊은 데 가서 그물을 던져라"고 하시던 주님의 음성을 기억하게 되었습니다. "아! 이분이 예수님이시구나." 베드로는 그때 느꼈습니다. 그러나 예수님은 이미 오래전에 거기에 와 계셨습니다. 깨닫기를 지금 깨달은 것입니다.

내가 지금 하나님을 발견한 것이 아니라, 하나님은 이미 이천 년 전부터 우리에게 관심을 가지고 계셨습니다. 그런데 우리가 오늘에서야 발견한 것입니다. 내가 주님을 사랑하기 훨씬 이전에 그분이 나를 사랑하셨고, 내가 주님을 택하기 전에 그분이 나를 이미 택하셨습니다. 내가 그분을 찾기 전에 그분은 이미 나에게 와 계셨습니다. 그래서 예수님은 누구보다도 이 벙어리 된 자의 마음을 잘 아십니다. 우리는 우리 자신을 잘 모를지라도 예수님은 우리를 너무나 잘 아십니다. 우리가 요구하는 것과 예수님이 요구하시는 것에 차이가 있을 뿐입니다. 예수님은 믿음을 요구하시고 우리는 다른 것을 요구합니다. 그래서 맞지 않을 뿐입니다.

벙어리 된 사람이 예수님에게 왔을 때 예수님은 아무 말씀도 하시지 않고 그 사람에게서 귀신을 쫓아내 주셨습니다. 귀신이 떠났습니다. 그 입과 귀를 막고 있던 귀신이 떠나는 순간에 입이 트이고 귀가 열린 것입니다. 33절에 "귀신이 쫓겨나고 말 못하는 사람이 말하거늘 무리가 놀랍게 여겨 이르되 이스라엘 가운데서 이런 일을 본 적이 없다"고 했습니다.

귀신이 떠나면 귀신이 억압하던 육체의 모든 질병이 치료되는 것을 봅니다. 벙어리는 말을 하게 되고 귀머거리는 듣게 되고 앉은뱅이는 일어나게 됩니다. 귀신들이 인간의 육체를 억압하고 있을 때 우리는 담대하게 예수님처럼 귀신을 꾸짖고 내쫓아야 합니다. 우리의 육체와 영혼에서 귀신을 추방해야 합니다.

예수님의 능력에 대한 사람들의 반응

성경을 읽으면서 또 한 가지 상상해 보는 것은, 이러한 예수님의 능력 앞에서 사람들이 어떤 반응을 보였을까입니다. 입을 열고 말한 첫 마디가 무엇이었을까요? 어떤 표정을 하고 있었을까요? 어떤 행동을 했을까요?

먼저 눈을 뜬 맹인의 반응이 30-31절에 있습니다. 눈을 뜨는 순간의 그의 모습을 상상해 보십시오. 그 모습이 바로 우리의 모습입니다. 예수님이 그가 눈을 뜨고 너무 좋아하고 감격하는 것을 보시고 "엄히 경고하시되 삼가 아무에게도 알리지 말라"고 하셨으나 그들이 나가서 예수의 소문을 그 온 땅에 전파했습니다.

예수님은 두 가지 이유에서 사람들에게 말하지 말라고 하셨을 것입니다. 첫째, 아직 때가 이르지 않았기 때문에 너무 서둘러서 말하는 것을 금하셨습니다. 둘째, 복음의 말씀이 생략된 채 기적만 전달되는 것을 원하지 않으셨기 때문입니다. 잘못하면 예수 믿는다는 것을 병 고치는 것으로 오해할 수 있기 때문입니다. 병 고치는 것은 말씀을 위한 기초 작업이지 그것이 목적은 아니기 때문입니다. 그러므로 함부로 간증하지 말라고 말씀하신 것입니다.

그러나 눈을 뜬 사람은 입을 다물 수 없었습니다. 그는 가는 곳마다 외치기 시작했습니다. 기적을 체험한 사람들의 입장에서는 말하지 않으면 견딜 수가 없습니다. 왜 전도하지 않습니까? 전도할 말이 없기 때문입니다. 할 말이 있는 사람은 입을 다물 수가 없습니다. 성령이 내 안에서 움직이는 사람은 입을 다물 수가 없습니다. 전도하지 않으면 견딜 수가 없습니다. 억지로 전도하는 것이 아닙니다. 우리에게는 이런 체험적인 신앙이 있어야 합니다.

벙어리의 경우를 보겠습니다. 무리가 벙어리의 사건을 보고 "놀랍게 여겼다"고 했습니다. 복음의 능력은 날마다 우리를 놀라게 합니다. 복음의 능력은 우리로 하여금 입을 열게 합니다. 시시한 소리, 남을 욕하는 소리, 남을 죽이는 소리를 하는 것이 아니라 찬송과 기도와 간증을 하는 것입니다. 그리고 예수 믿는 사람은 매일매일 새로운 삶을 살아갑니다. 아침에 눈을 뜨면 기적입니다. "오! 하나님, 어찌하여 나에게 태양을 다시 주십니까? 오! 하나님, 내가 숨 쉬며 살고 있습니다. 주여, 오늘 내가 또 하루를 살았습니다." 이런 감격이 있어야 합니다. 예수를 진정으로 믿으면 그렇게 됩니다. 맹인이 눈뜨는 것도 기적이지만 내가 보고 있는 것도 기적입니다. 죽은 자가 살아나는 것도 기적이지만 내가 살고 있는 것도 기적입니다. 살아 있음을 매일 느끼며 살아야 합니다.

예수를 처음 영접하면 모든 자연이 아름답게 보입니다. 이것이 그리스도인의 삶입니다. 앉은뱅이가 일어나는 기적보다 내가 걷는 것이 더 기적 아닙니까? 그런데 우리는 다 때가 묻었습니다. 날갯죽지 처진 새처럼 눈만 멀뚱멀뚱한 채 살고 있습니다. 찬송을 불러도 재미가 없고, 신나지 않습니다. 그저 무미건조합니다. 그러나 맹인이 눈을 뜨고, 벙어리가 말하는 것이 예수 믿는 삶입니다. 그것이 한순간이 아니라 내 생애에 영원히 계속됩니다. 매일매일, 순간순간 이 모험적이고 감격스러운 삶이 계속됩니다.

기적을 인정하지 않은 바리새인들

그런데 이렇게 놀라는 사람도 있고 말하지 않으면 견딜 수 없는 사람도 있지만, 꼭 그런 것만은 아닌 것 같습니다.

> 바리새인들은 이르되 그가 귀신의 왕을 의지하여 귀신을 쫓아낸다 하더라(마 9:34).

기적을 실제로 목격하면서도 인정하지 않으려는 사람이 있었는데 그들은 바리새인들이었습니다. 기적이 분명히 일어났습니다. 그런데 기적을 좋아하면서도 싫어합니다. 믿지 않으려는 태도가 있는 사람에게는 어떤 기적도 의미가 없고 또 일어나지도 않습니다. 바리새인들은 그것은 귀신의 힘으로 귀신을 쫓는 것이라고 했습니다. 하나님이 하셨다고 인정하고 싶지 않은 것입니다. 근본적인 불신앙과 교만과 시기심 때문에 마음이 꼬인 것입니다.

마음이 꼬인 사람은 어떤 은혜도 은혜가 되지 않습니다. 좋은 말이 다 거슬립니다. 기적이 거슬립니다. 선행도 거슬립니다. 다른 사람들이 "할렐루야" 부르면 그저 냉소적입니다. 자기 마음이 불편하기 때문입니다. 바리새인들의 태도가 바로 이러했습니다. 기적을 보고도 믿지 않으려고 합니다. 하나님이 하신 것을 귀신이 했다고 합니다. 예수님이 기적을 일으키시는 것이 화가 납니다. 그러면서도 인정하지 않을 수 없습니다. 이것이 바리새인들의 마음입니다.

똑같은 사건을 보고 왜 이런 반응을 보입니까? 축복이란 마음의 태도에 있습니다. 축복은 받을 수도 있고 받지 않을 수도 있습니다. 불행하기로 결정한 사람들이 있습니다. 이들은 아무리 행복한 사건을 가져다주어도 불행으로 만들어 버립니다. 천국을 가져다주면 지옥으로 만들어 버립니다. 한 번도 감사하고 기뻐하고 좋게 생각하지 않습니다. 언제나 깎아내립니다. 비판해야 지성인이라고 착각하기 때문입니다.

그래서 겸손이 중요합니다. 하나님이 우리를 높이실 것입니다. 겸손하십시오. 교만하면 하나님이 우리를 꺾어 버리실 것입니다. 교만한 사람에게는 축복이 축복으로 다가오지 않습니다. 왜냐하면 그 축복도 자기가 잘나서 받았다고 생각하기 때문입니다. 그래서 감사가 없습니다. 자기는 당연히 그렇게 대접을 받아야 하고, 자기는 당연히 그렇게 되어야 한다고 생각하기 때문입니다. 그것이 불행입니다.

또한 우리는 예수님이 맹인의 눈을 뜨게 하시고 귀신 들려 벙어리 된 자를 말하게 하신 사건을 영적으로 해석할 수 있어야 합니다. 이 사건을 우리가 영적으로 눈을 뜨고 영적으로 말하게 되는 사건으로 바라보십시오. 육신의 문제보다 더 중요한 것은 영적인 문제입니다. 비록 육신으로 보지 못한다고 할지라도 영안을 뜰 수는 있습니다. 우리가 육신으로는 말을 못 한다고 해도 신령한 언어를 말할 수는 있습니다. 진정 불쌍한 사람은 영적인 맹인이요 영적인 벙어리입니다.

예수 그리스도를 믿고 눈을 떠서 새 하늘과 새 땅을 볼 때, 들을 귀가 열려 하늘의 음성을 듣고 입을 열어 복음과 사랑을 선포하고 그 입에서 찬양이 나올 때, 이것이 바로 기적입니다.

15

마지막 때
추수할 일꾼이 돼라

마태복음 9:35-38

마태복음 4장 23절에서 예수님의 사역의 성격을 세 가지로 정리해 주었습니다.

"예수께서 온 갈릴리에 두루 다니사 그들의 회당에서 가르치시며 천국 복음을 전파하시며 백성 중의 모든 병과 모든 약한 것을 고치시니."

첫째 말씀을 가르치시는 사역, 둘째 천국 복음을 전파하시는 사역, 셋째 모든 병과 약한 것을 고치시는 사역입니다. 마태는 그 다음에 예수님의 산상설교를 소개합니다. 그리고 산에서 내려오셔서 나병과 중풍을 고치시고, 베드로의 장모의 열병을 고치시고, 바다와 파도를 잠잠하게 하시고, 귀신을 쫓아내시고, 중풍 병자의 죄를 용서해 주시고, 어린 소녀를 죽음에서 구원해 주시는 사건을 소개합니다. 그러고 나서 맹인이 눈을 뜨고, 귀머거리의 귀가 열리고, 벙어리가 말하는 엄청난 구원의 그림을 그려 줍니다. 그리고 마태복음 9장에서 다시 예수님의 사역을 정리합니다.

예수께서 모든 도시와 마을에 두루 다니사 그들의 회당에서 가르치시며 천국 복음을 전파하시며 모든 병과 모든 약한 것을 고치시니라(마 9:35).

예수님의 삶의 목표와 방향은 어떤 것이었습니까? 세 가지였습니다. 가르치시고, 천국 복음을 전파하시고, 치유하시는 것이었습니다.

천국 진리를 가르치시다

이 세 가지 사역을 성경 중심으로 깊이 생각해 보겠습니다.

첫째, 가르치는 사역입니다. 예수님의 가르치시는 사역을 대표적으로 보여 주는 것이 바로 산상설교입니다. 그 가르침의 내용은 하나님과 천국에 관한 것입니다. 예수님은 특별히 3년 동안 집중적으로 사역하셨는데, 가장 중요한 사역은 기적이나 능력이 아니라 가르치는 사역이었습니다.

기적은 무엇입니까? 능력은 무엇입니까? 천국 진리를 가르치기 위해서 있습니다. 인간의 가르침이 아니라 하늘의 가르침을 기적을 통해 증명하는 것입니다. 기적 자체가 목적이 아닙니다. 가르침이 목적입니다.

그러나 많은 사람은 기적이 목적인 줄 잘못 생각합니다. 그 당시 많은 사람이 예수님을 따랐습니다. 그러나 사람들이 구름처럼 몰려온 이유는 앉은뱅이가 일어나고, 맹인이 눈을 뜨고, 귀머거리의 귀가 열리고, 죽은 자가 다시 살아나는 엄청난 기적 때문이었습니다. 예수님은 그것을 원하지 않으셨습니다. 그래서 산으로 올라가셨습니다. 예수님의 목적은 기적을 보여 주는 데 있는 것이 아니라 우리를 구원하는 데 있습니다. 말씀을 전하고 가르치는 데 목적이 있는 것입니다. 예수님은 땅의 진리를 말씀하신 것이 아니라 하늘의 진리를 말씀하셨습니다.

예수님의 가르침의 절정이라는 산상설교의 요점은 무엇입니까? 그리스도인은 무엇을 믿는 사람이며, 그리스도인은 어떻게 살아야 하는가, 이 두 가지를 요약해서 보여 주신 말씀입니다. 예수님에게 가르치는 사역보다 더 중요한 것은 없었습니다. 그런데 이 가르침에는 몇 가지 중요한 특징이 있었습니다. 먼저, 예수님의 가르침에는 권세가 있었다는 사실입니다. 권위입니다. 바리새인과 서기관과는 다른 권세가 예수님에게 있었습니다. 천국의 진리, 영원한 진리를 가르치실 때 땅으로부터 받은 권위가 아니라 하늘로부터 오는 권위가 있었습니다. 말에는 권위가 있어야 합니다. 권위가 없으면 말은 의미가 없습니다. 예수님의 말씀 속에는 상상할 수 없는 영적인 권위가 있었던 것입니다.

또 한가지 특징을 보겠습니다. 35절을 보면 "예수께서 모든 도시와 마을에 두루 다니사"라고 했습니다. 마태복음 4장에는 갈릴리 온 곳을 다니셨다고 기록되어 있습니다. 대개 권위 있는 사람은 가서 가르치지 않고 와서 배우라고 합니다. 그러나 예수님에게는 장소와 때가 없었습니다. 진정한 권위가 있으신 분이기 때문에 그렇게 할 수 있습니다. 권위가 없는 사람은 자기 권위를 요구합니다. 그러나 권위 있는 사람은 자기 권위를 포기합니다. 예수님은 도시와 마을에 두루 다니면서 말씀을 전하셨습니다.

봉사란 내가 원하는 대로 하는 것이 아닙니다. 상대방이 원하는 대로 하는 것이 봉사입니다. 사랑이란 내가 하고 싶은 대로 하는 것이 아니라 상대방이 원하는 대로 해 주는 것입니다. 내 방법대로 하는 것이 사랑이 아닙니다. 그 사람 방법대로 해 주는 것이 사랑입니다. 그러나 사람은 자기 방법대로 하기를 원합니다. 많은 사람은 상대방이 자기에게 오기를 원합니다.

그러나 예수님은 찾아가 주셨습니다. 성이나 도시나 마을이나 예수님은 찾아가서 가르치셨습니다. 예수님은 여행을 좋아하셨습니다. 예수님처럼 여행을 좋아하신 분도 없는 것 같습니다. 예수님은 천국 복음을 가르치기 위해 다니셨던 것입니다.

말씀을 배우고 가르치지 못하는 신앙은 병든 신앙입니다. 신앙의 실상을 파악하지 못하고 자기 나름대로 형성된 신앙의 고정 관념의 틀에서 벗어나지 못할 때, 자기도 피해를 보고 남에게도 피해를 주게 됩니다. 우리는 언제나 성경에 의해서 자신이 깨져야 합니다. 성경에 의해서 날마다 우리 자신을 개혁해야 합니다. 성경은 우리를 변화시킵니다. 내가 성경을 비판해서는 안 됩니다. 성경이 나를 비판하게 만들어야 합니다. 성경이 나의 삶을 바꾸도록 해야 합니다. 천국 진리를 배워야 합니다. 그리고 가르쳐야 합니다. 교회는 천국 말씀을 먼저 배우는 곳입니다. 그리고 가르치고 선포해야 하는 곳입니다.

천국 복음을 선포하시다

둘째, 예수님이 하신 사역은 천국 복음을 선포하신 것입니다. 이것
은 가르치는 사역과 개념이 조금 다릅니다. 어떤 의미에서는 비슷
하지만 전혀 다른 부분이 있습니다. 복음 선포란 쉽게 말해 전도라
할 수 있습니다. 예수님이 세례 요한에게 세례를 받으시고 성령이
비둘기처럼 임했을 때, 입을 열어 "회개하라. 천국이 가까이 왔느
니라"고 처음 말씀하셨습니다. 복음이란 회개하고 예수 믿는 것입
니다. 복음이란 천국이 가까이 왔기 때문에 회개하고 복음을 믿고,
예수 그리스도를 믿으라는 말입니다.

그런데 "회개하고 예수 믿으면 좋겠다"가 아니라 "회개하라"입
니다. "복음을 믿어라"는 것입니다. 이것은 선포입니다. 복음 선포
에는 이런 의미에서 타협이 없습니다. 일방적인 선포입니다. "당
신은 죄인입니다. 예수를 믿으시오. 회개하시오." 이렇게 직설적
으로 나가는 것입니다. 이것은 가르치는 사역과는 다른 의미가 있
습니다.

예를 들면, 태양이 존재한다는 사실은 이론이 따로 없습니다. 타
협할 필요가 없는 사실입니다. 태양이 존재한다는 사실을 믿든지
안 믿든지 그건 그 사람의 자유입니다. 그 사람이 태양을 안 믿는

다고 해서 태양이 없어지지 않습니다. 이것이 선포입니다.

하나님은 계십니다. 믿든지 안 믿든지 계십니다. 하나님은 천지를 창조하셨습니다. 이것은 선포입니다. 우리는 선포할 수 있어야 합니다. 예수님은 복음을 선포하셨습니다. 우리가 하나님을 안 믿는다고 해서 하나님이 없어지지 않습니다. 우리가 하나님을 믿는다고 해서 하나님이 더 위대해지시는 것도 아닙니다. 하나님은 하나님이십니다. 복음이란 그런 것입니다.

디모데후서 4장 1-2절에서 "하나님 앞과 살아 있는 자와 죽은 자를 심판하실 그리스도 예수 앞에서 그가 나타나실 것과 그의 나라를 두고 엄히 명하노니 너는 말씀을 전파하라 때를 얻든지 못 얻든지 항상 힘쓰라 범사에 오래 참음과 가르침으로 경책하며 경계하며 권하라"고 했습니다. 또 디모데후서 3장 14절에 "너는 배우고 확신한 일에 거하라"고 했습니다. 예수님은 복음을 선포하러 세상에 오신 것입니다. 여기에는 타협이 없습니다.

모든 병과 약한 것을 고치시다

셋째, 예수님은 모든 병과 약한 것을 고치는 사역을 하셨습니다. 예수님은 위대한 치료자십니다. 복음이란 궁극적으로 치유입니다. 죄로 병든 육신과 영혼을 치유하는 것, 죽음과 절망에서 건져내는 일입니다. 치유 없는 기독교는 없습니다.

예수님은 스스로 "나는 부활이요 생명이니"라고 말씀하셨습니다. 생명이란 죽음의 반대입니다. 예수님에게는 죽음이 없습니다. 예수님이 가는 곳에는 생명이 있습니다. 생명이 있는 곳에는 번식과 성장이 있습니다. 죽음이란 존재하지 않습니다. 생명이 있는 곳에 부활이 있습니다. 복음이 있는 곳에는 이런 치유의 역사가 있습니다.

예수님은 죽은 자도 살려 내십니다. 없는 것도 있게 하십니다. 안 되는 것도 되게 하십니다. 복음은 치유며 생명이기 때문입니다. 예수님은 바로 이 치유를 하셨습니다. 죽은 자가 살아나고 병든 자가 치유되고 절망 속에 갇혀 있던 자가 풀려나는 것입니다. 예수님은 치유하러 오셨습니다. 어디서부터 치유하셨습니까? 인간의 육체부터 시작하여 죄의 문제와 죽음의 문제를 치유하셨고, 마침내 인간 영혼의 문제를 다루신 것입니다.

마태는 예수님에 대해서 '의사'라는 인상적인 말을 했습니다. 그렇습니다. 예수님은 위대한 치료자셨습니다. 그는 모든 병과 약한 것을 고쳐 주셨습니다. 우리는 한계가 있는, 죽을 수밖에 없는 존재라는 것을 알아야 합니다.

세상에서 제일 불쌍한 사람은 스스로 강자요, 힘이 있다고 착각하는 사람입니다. 사실 이런 사람에게는 예수님이 필요 없을지 모릅니다. 건강한 사람에게는 의사가 필요 없다는 말과 같습니다. 그러나 인간의 한계를 깨달은 사람은 예수님의 손길을 필요로 합니다. 예수님의 치료를 필요로 합니다. 우리는 다 치료받아야 할 사람들입니다. 우리의 육신은 치료받아야 합니다. 마찬가지로 우리의 영혼도 치료받아야 합니다. 죄로부터, 죽음으로부터 치료받아야 합니다. 예수님은 위대한 치료자셨습니다.

에베소서 2장 1절에 "그는 허물과 죄로 죽었던 너희를 살리셨도다"라고 했습니다. 우리는 과거에 세상 풍속을 좇고, 공중의 권세 잡은 자를 따라다녔고, 육체의 욕심을 따라 살았던 본질상 진노의 자식들입니다. 우리는 죽을 뻔한 죄인이 아니라 죽었던 죄인입니다. 죽어 마땅한 죄인이 아니라 이미 죽었던 죄인입니다. 본질상 우리는 진노의 자식이었습니다. 그러나 긍휼이 풍성하신 하나님이 우리를 사랑하셔서 그 큰 사랑으로 인하여 허물과 죄로 죽은 우리를 그리스도와 함께 살리셨고, 또 함께 일으키셔서 그리스도 예수 안에서 함께 하늘에 앉게 해 주신 것입니다. 이것이 구원입니다.

예수님의 3대 사역, 즉 말씀을 가르치시고, 천국 복음을 전파하시고, 모든 약한 것을 고치고 치료하시는 것이 바로 예수님의 삶의 목표였고 삶의 방향이었습니다. 오늘 우리 그리스도인들은 어떻게 살아야 합니까? 우리가 예수님처럼 살아야 한다는 것은 이 세 가지 사역이 우리 삶의 방향과 목표가 되어야 한다는 것을 의미합니다.

우리를 긍휼히 여기시는 예수님

다음으로 예수님이 이 세상을 대하시는 태도에 대해서 살펴보겠습니다.

> 무리를 보시고 불쌍히 여기시니 이는 그들이 목자 없는 양과 같이 고생하며 기진함이라(마 9:36).

그 당시 이스라엘 정치는 로마에 예속되어서 사회적으로는 계층 간의 갈등이 극심하고 극단적인 행동주의가 판을 치는 시대였습니다. 정치가 부재하던 때였습니다. 속국이었기 때문에 자립이 불가능했습니다. 종교적으로는 경직된 전통 유대 종교와 많은 이단 사상과 신비주의 종교가 많았습니다. 한마디로 혼돈과 방황의 때였습니다. 이러한 세상을 예수님이 어떤 눈으로 보셨느냐는 것입니다.

예수님은 무리를 보시고 민망히 여기셨습니다. 이것이 바로 예수님이 세상을 보시는 태도입니다. 예수님은 사람들을 보시고 불쌍히 여기셨습니다.

요즘 텔레비전이나 신문을 보면 기분 좋을 때가 한 번도 없습니다. 얼마나 세상이 요란한지 모르겠습니다. 문제가 많고 갈등이 많습니다. 모든 것이 극단으로 가고 있습니다. 그런데 문제는 이천 년 전에도 있었고 지금도 있습니다. 죄가 있는 곳에는 항상 문제가 있습니다. 문제 없는 곳이 한 곳 있습니다. 무덤입니다. 죽으면 문제 없습니다. 살아 있다는 그 자체가 언제나 문제 속에 사는 것입니다. 수많은 문제가 파도처럼 밀려오는 것입니다. 예수 믿는 사람은 문제가 없어지는 것이 아니라 문제와 싸워 이길 힘을 얻는 것입니다. 정직하게 살려고 하기 때문에 더 큰 문제가 옵니다. 그 문제와 싸워 이길 수 있는 힘을 얻는 것이 그리스도인입니다.

문제 그 자체가 중요한 것이 아닙니다. 문제를 보는 눈이 중요합니다. 아무리 어려운 문제라도 사랑과 긍휼의 눈으로 보면 쉽게 해결하고 축복을 받습니다. 그러나 아무리 쉬운 문제라도 시기와 미움과 비판의 눈으로 보면 문제는 복잡해지고 나중에는 파멸과 저주를 받게 됩니다.

우리가 구원받게 된 동기가 무엇입니까? 하나님의 긍휼 때문에 무조건적으로 구원받은 것입니다. 에베소서 2장 4-5절에 "긍휼이 풍성하신 하나님이 우리를 사랑하신 그 큰 사랑을 인하여 허물로 죽은 우리를 그리스도와 함께 살리셨고"라고 했습니다. 예수님은 사람들을 보고 불쌍히 여기셨습니다. 눈물을 흘리셨습니다. 예수님은 예루살렘을 보고 "예루살렘아, 예루살렘아"하고 우셨습니다. 예수님은 영적인 것을 보신 것입니다. 그들의 가련한 것과 비참한 것과 벌거벗은 것을 보신 것입니다. 돌 하나 남지 않고 파괴된 것을 보신 것입니다. "나를 위해 울지 말고 너희를 위해 울라"고 예수님은 말씀하셨습니다.

예수님은 왜 사람들을 불쌍하게 보셨을까요? 36절에 "이는 그들이 목자 없는 양과 같이 고생하며 기진함이라"고 했습니다. 목자 없는 양이란 지도자 없는 백성을 뜻합니다. 좋은 지도자를 만나지 못한 백성은 고생하고 유리하며 방황합니다.

　　오늘 우리 시대의 빈곤은 돈의 빈곤이 아닙니다. 지도력의 빈곤입니다. 지도자가 없는 것입니다. 폭력을 쓰는 지도자, 지배하는 지도자, 힘을 가진 지도자가 아니라 섬기는 지도자가 없는 것입니다. 지도자가 없는 백성은 흔들리고 방황하고 고생합니다.

　　그 당시 바리새인도 있고, 서기관들도 있고, 종교 지도자들도 있고 정치 지도자들도 많았습니다. 그러나 예수님의 눈에는 그 많은 백성의 모습이 목자 없는 양들이 방황하며 제대로 얻어먹지 못하고, 거지같이 다니는 모습으로 보인 것입니다.

　　기도 중에 위대한 기도는 "하나님이여, 나를 불쌍히 여겨 주시옵소서"입니다. "주여, 당신이 나를 박대하면 내가 어디로 가겠습니까? 주여, 나를 불쌍히 여겨 주시옵소서. 내 허물을 용서해 주시고, 내 죄를 감싸 주시고, 나를 받아 주시옵소서"라는 기도입니다. 하나님이 우리를 긍휼히 여기신 것처럼 우리도 이웃을 긍휼히 여겨야 합니다. 이것이 예수님이 세상을 보시는 눈입니다.

진실한 한 사람을 찾으시는 하나님

> 이에 제자들에게 이르시되 추수할 것은 많되 일꾼이 적으니 그러
> 므로 추수하는 주인에게 청하여 추수할 일꾼들을 보내 주소서 하라
> 하시니라(마 9:37-38).

예수님이 세상을 보시는 눈은 불쌍히 여기는 마음이었습니다. 어떤 아이가 싸우는데 "어느 집 아이인지 참 안됐다"라고 하면 그것은 불쌍히 여기는 것이 아닙니다. 그 문제에 개입해서 해결할 수 있어야 합니다. 그래서 예수님은 "추수할 일꾼을 보내어 주소서. 오늘 이 시대에 이 시대의 문제를 해결할 수 있는 사람, 지도력의 공백 시대를 해결할 수 있는 영적인 사람을 보내 주소서"라고 하시는 것입니다.

"누가 우리를 위하여 갈꼬?" 하시는 하나님의 음성이 들렸을 때 이사야는 "주여, 내가 여기 있나이다. 나를 보내소서"라고 했습니다. 마틴 루터는 법정에서 "내가 여기 서 있습니다"라고 말했습니다. 그 엄청난 로마 교황청의 권세 앞에서 그는 담대히 대결했습니다. 우리 시대에 이런 사람이 필요합니다.

우리 그리스도인들은 대한민국 모든 현장에 다 들어가야 합니다. 직장에서 썩은 부분을 깨끗하게 만들어야 합니다. 어두운 부분을 밝게 만들어야 합니다. 주님은 우리에게 일꾼이 될 것을 요구하

고 계십니다.

예수님이 하신 말씀 중에 기억할 것이 하나 있는데 추수할 것은 많으나 일꾼이 적다는 말씀입니다. 이 진리는 예수님 당시나 지금이나 마찬가지입니다. 일은 많습니다. 그런데 사람은 없습니다. 하나님 나라에서 가장 중요한 것은 일이 아니라 사람입니다. 사람은 방법과 제도를 찾고 하나님은 사람을 찾으십니다. 하나님은 한 사람을 찾으십니다.

소돔과 고모라의 모든 죄악의 무게는 의인 열 명의 무게와 같다고 했습니다. 예레미야서에서는 예루살렘의 모든 성의 무게가 의인 한 사람의 무게와 같다고 했습니다. 한 사람이 없습니다. 교회가 많은 것이 중요한 것이 아니라 하나님을 경외하며 두려워하는 진정한 교회가 필요합니다. 숫자상 많은 그리스도인이 중요한 것이 아니라 한 사람의 진정한 그리스도인이 중요합니다.

재미있는 것은 예수님이 세계를 복음화하기 위해 열두 사람만 택하셨다는 사실입니다. 예수님은 평생 열두 사람과 씨름하셨고 그 가운데 한 사람은 실패했습니다. 그러고 나서 세상을 떠나셨습니다. 예수님은 그들에게 세상을 맡기고 승천하셨습니다. 열두 명이면 유럽을 변화시킵니다. 존 웨슬리는 "하나님, 마귀의 권세를 흔들 수 있는 300명의 기도의 용사를 나에게 주십시오. 나는 세계를 당신 앞에 드리겠습니다"라고 기도했습니다.

교회에 교인의 숫자가 많아도 모두 다 일하는 것은 아닙니다. 능력 있는 하나님의 사람 몇 사람이 교회를 움직입니다. 그 사람이 사회를 움직입니다. 그 사람이 세계를 움직입니다.

"추수할 것은 많으나 일꾼은 적으니라." 오늘 주님은 우리를 부르고 계십니다. 추수란 일찍 해도 안 되고 늦게 해도 안 됩니다. 정확한 때에 해야 합니다. 지금이 바로 그때입니다. 주님이 우리를 부르십니다. 꼭 목사가 돼라, 선교사가 돼라는 것이 아닙니다. 우리가 서 있는 이 자리에서 그리스도의 증인이 되기를 원하십니다. 직장을 통해서, 우리의 삶을 통해서, 가정을 통해서 주님은 추수하기를 원하십니다.

3부
───

그리스도의 가르침

마태복음 10:1-42

예수님은 열두 제자를 택하여 훈련시키셨습니다.
그들과 함께 먹고, 자고, 생활하셨습니다. 실제 삶을 가르치셨습니다.
예수님은 제자들과의 관계 속에서
제자 삼는 사역의 중요성을 말하고 계십니다.
제자란 예수님에게 선택되고 부르심 받은 사람입니다.
제자란 기도의 열매입니다.
제자란 태어나는 것이 아니라 만들어지는 것입니다.
제자란 보내심을 받기 위해 선택된 사람입니다.
그리스도의 명령을 받고 제자 된 우리가
세상을 향하여 적극적으로 떠나야 합니다.

16

보내시기 위해
부르신다

마태복음 10:1

지금까지 예수님은 혼자 일하셨습니다. 그러나 10장부터는 상황이 전혀 달라집니다. 지금까지가 기초 작업이었다면 이제부터 본격적인 사역으로 전환하십니다. 그 본격적인 사역이란 동역자를 구하는 사역, 곧 제자를 삼는 사역입니다. 예수님은 이제 떠날 준비를 하시고 계십니다.

1절에 "예수께서 그의 열두 제자를 부르사"라고 했습니다. 제자를 선택한다는 것은 떠날 준비를 하는 것입니다. 떠날 준비가 없는 사람은 제자를 키우지 않습니다. 자기 혼자 독점하려는 사람은 제자를 키우지 않습니다. 그러나 제자를 키운다는 것은 자신은 그 일을 마치고 떠난다는 것을 의미합니다.

예수님의 사역 중 가장 중요한 사역은 무엇입니까? 물론 십자가를 지는 사역입니다. 예수님은 십자가를 지기 위해서 세상에 오셨습니다. 그러나 십자가를 지는 구원 사역을 빼놓고 가장 중요한 게 있다면 그것은 제자 삼는 사역입니다. 이보다 더 중요한 사역은 없습니다.

3년 동안 예수님은 열두 사람을 택하여 훈련시키셨습니다. 그들과 함께 드시고, 그들과 함께 주무셨습니다. 그들과 함께 고생하셨고, 그들과 함께 전도하셨습니다. 이론을 가르치신 것이 아닙니다.

예수님은 자기의 삶을 전부 다 드러내셨습니다. 실제 삶을 가르치셨습니다. 어떤 의미에서는 소수의 제자 양육을 위해 그의 전 생애를 쏟으신 것입니다. 물론 예수님은 수천 명에게 설교하셨습니다. 뿐만 아니라 개인적으로 여러 계층의 사람을 일대일로 만나 구원과 기적을 베풀어 주셨습니다. 그러나 예수님은 대중과 개인에게 머물지 않으셨습니다. 예수님이 항상 마음을 주셨던 대상은 열두 제자였습니다. 그중에 특별히 세 사람에게 어떤 의미에서 보면 일종의 편애를 하신 것 같습니다.

예수님은 생애 전체를 제자들에게 다 쏟으셨습니다. 십자가에서 돌아가시고 부활하신 이후에도, 제자들은 예수님을 떠났지만 예수님은 그들을 잊지 않으셨습니다. 아무리 봐도 별로 대단하지 않은 그 제자들에게 예수님은 위로와 용기를 주시고 의심하는 자를 어루만져 주셨습니다. 그리고 "너희는 가서 모든 민족을 제자로 삼아 아버지와 아들과 성령의 이름으로 세례를 베풀고 내가 너희에게 분부한 모든 것을 가르쳐 지키게 하라 볼지어다 내가 세상 끝 날까지 너희와 항상 함께 있으리라"(마 28:19-20)는 약속도 해 주셨습니다.

예수님은 승천하시기 전에 그처럼 사랑하던 제자들에게 말씀하셨습니다.

너희는 몇 날이 못 되어 성령으로 세례를 받으리라(행 1:5).

오직 성령이 너희에게 임하시면 너희가 권능을 받고 예루살렘과 온 유대와 사마리아와 땅끝까지 이르러 내 증인이 되리라(행 1:8).

그리고는 그들 앞에서 구름을 타고 승천하셨습니다. 이 엄청난 복음을 3년 동안 정성 들여 키운 소수의 몇 사람에게 위탁하시고 예수님은 떠나신 것입니다.

나누는 삶

참제자의 삶이란 삶을 나누어 주는 것입니다. 그런데 목사의 고민이 여기에 있습니다. 목사와 성도와의 관계가 설교의 관계 외에는 별로 없습니다. 개인적으로 만나기가 그리 쉽지 않습니다. 이것은 제자 훈련이 아닙니다. 목사는 성도의 삶에 들어가야 합니다. 성도는 목사의 삶 속으로 들어가야 합니다. 이것이 제자 훈련입니다.

그러나 실은 목사와 성도는 서로 금을 긋고 삽니다. 이 이상은 접근 금지입니다. 더 이상 들어오면 서로 괴롭기 때문입니다. 그래서 서로 삶의 깊은 곳에 들어가지 못하는 것입니다. 적당한 거리와 적당한 관계를 유지하며 살고 있는 것입니다. 이것은 제자 훈련이 아닙니다. 교회에 수많은 교인이 모인다고 해도 아무 능력이 없습니다. 제자 훈련이 안 되어 있어서입니다. 예수님이 하셨던 목회가 아니기 때문입니다. 여기에 우리의 고민이 있습니다.

그래도 우리는 끊임없이 기도원을 짓고 교육관을 만들고 사람이 많이 모일 수 있는 것을 자꾸 만듭니다. 그렇게 하면 사람들이 많이 모여서 헌금도 많아지고 교회가 커질지도 모릅니다. 영향력도 강해질 수 있을 것입니다. 그러나 "예수님이 원하시는 제자 훈련이 되고 있는가?"라는 질문 앞에 긍정적으로 대답하기는 어렵습니다. 예수님도 전 생애에 걸쳐서 열두 명 이상을 못 키우셨습니다. 예수님이 제자 삼으시는 과정을 보면서 제 스스로에게 이렇게 반문하게 됩니다. "과연 목사인 내 마음속에 남아서 사도 바울이 그의 편지에 이름을 썼듯이 그 이름을 쓸 수 있는 제자, 뼈 중의 뼈요 살 중의 살이라고 말할 수 있는 영적 제자는 과연 몇 명이나 될까? 과연 그런 관계가 되어 있는가? 장로들과는 과연 그런 관계인가?"

그렇습니다. 오늘 우리는 이 숙제를 풀어야 합니다. 이것을 풀어야만 예수 믿는 의미가 있습니다. 그렇지 않다면 10년, 20년 동안 교회에 왔다 갔다 하면서 우리는 서로 스쳐 지나가고 말 것입니다. 적당한 선에서 자신을 포기하지 않은 채 살 것입니다. 그것은 제자 훈련이 아닙니다. 오늘날 교회에는 사람도 있고, 제도도 있고, 헌법도 있고, 지식도 있습니다. 그러나 중요한 것이 빠져 있습니다. 바로 제자 삼는 운동입니다. 제자 양육의 원리와 중요성을 교회는 놓치고 있습니다. 교회에는 설교도 있고, 가르침도 있고, 전도도 있고, 봉사도 있고, 헌신도 있고, 희생도 있습니다. 그러나 제자 양육이 보이지 않습니다. 일대일의 관계가 없습니다.

그리스도의 공동체는 지식을 나눌 뿐만 아니라 삶의 부분까지도 깊이 나눌 수 있어야 합니다. 이런 관계가 형성되어야만 죄와 싸워서 이길 수 있습니다. 이 세상의 엄청난 물질문명과 싸워서 이길 수 있습니다. 그렇지 않다면 교회가 아무리 크고 사람이 많아도 우리는 세상을 이길 수 없습니다. 이것이 예수님의 원리이기 때문입니다.

교회에 사람이 오는 것 자체가 중요한 것이 아닙니다. 물론 사람이 많으면 좋겠지만 그러나 중요한 것은, 제자 삼는 양육이 되어 있느냐입니다. 내가 과연 누구에게서 양육을 받았느냐는 것입니다. 내 생애에 이렇게 사랑을 받아 본 일이 없다고 할 만큼 사랑을 받아 본 경험이 필요합니다. 예수님이 제자를 사랑하셨던 것 같은 사랑을 받아 본 경험이 우리 모두에게 필요합니다. 그리고 내 생애에 이처럼 사랑을 쏟는 경험을 해야 합니다. 한 사람이라도 좋습니다. 그 경험이 있을 때 우리는 진정한 그리스도의 공동체 속에 존재하는 사람들이 됩니다. 그렇게 될 때 교회는 초대 교회처럼 엄청난 능력을 갖기 시작할 것입니다. 기적을 보기 시작할 것입니다. 역사가 일어나기 시작할 것입니다.

그렇습니다. 진정한 그리스도인이 5%만 있다면 세계는 뒤집어질 것입니다. 그러나 우리에게 그 5%가 없습니다. 자기의 삶을 완전히 그리스도에게 헌신한 사람이 5%, 아니 1%만 있어도 교회는 뒤집어질 것이며 세상은 충격을 받을 것입니다. 우리 모두가 적당히 살고 있는 것이 문제입니다. 우리 모두가 금을 그어 놓고 사는 데 문제가 있습니다. 자신을 포기하고 뛰어들지 못하는 데 우리의 고민이 있습니다. 성경은 우리에게 그렇게 말하고 있지 않습니다. 예수님과 제자의 관계에서 이것을 배우게 됩니다.

선택받은 제자의 삶

이처럼 중요한 제자 양육, 제자 삼는 사역이 어떤 것인지를 예수님과 제자들과의 관계 속에서 찾아보겠습니다.

> 예수께서 그의 열두 제자를 부르사 더러운 귀신을 쫓아내며 모든 병과 모든 약한 것을 고치는 권능을 주시니라(마 10:1).

제자란 첫 번째로, 예수님에게 선택되고 부르심 받은 사람입니다. 교회에 왔다 갔다 하는 사람은 다 '교인'이 될 수 있습니다. 교인보다 더 중요한 성경적인 말은 '성도'입니다. 성도라는 말보다 더 중요한 말은 '제자'입니다. 제자란 지성인이나 영웅처럼 똑똑하고 지도력 있는 사람이 아닙니다. 예수님의 제자란 군대의 지원병처럼 자기가 원해서 되는 것이 아닙니다. 한 서기관이 "주여, 당신이 어디로 가든지 나는 당신을 따르겠나이다"라고 했을 때 예수님은 거절하셨습니다. 거절이 있어야 선택이 있습니다.

예수를 믿는 것에는 조건이 없습니다. 예수님은 아무나 제자로 받아 주시지 않았습니다. 제자는 예수님이 택하십니다. 요한복음 15장 16절에 "너희가 나를 택한 것이 아니요 내가 너희를 택하여 세웠나니"라고 했습니다. 하나님이 우리를 불러 주시지 않았다면 하나님을 믿을 사람이 아무도 없습니다. 열두 제자를 보십시오. 스스로 온 것이 아닙니다. 예수님이 택하고 부르셨습니다.

우리는 지금 이 시간에 목사, 장로, 권사, 집사라는 직분을 다 내려놓고 "나는 과연 하나님으로부터 부르심을 받았나?"라는 질문을 자신에게 던져 보아야 합니다. 왜냐하면 '제자'는 바로 여기에서부터 출발하기 때문입니다.

첫째, 예수 믿고 하나님의 자녀가 된 것이 나 스스로 한 것이 아니라 하나님의 선택이요 뜻이라는 것을 믿습니까?

둘째, 교회는 그리스도의 몸입니다. 교회라는 형태를 통해 우리는 그리스도의 몸된 지체가 되었습니다. 내가 교회에 와서 그리스도의 몸의 지체가 된 것이 하나님의 뜻이요 부르심 때문이라는 것을 믿습니까?

셋째, 우리에게는 물질과 시간과 재능을 바쳐 하나님을 위해 일하고 싶은 마음이 있습니다. 이것이 누구의 부탁 때문입니까? 체면 때문에 하려는 것입니까? 습관적으로 하는 것입니까? 아니면 성령의 인도하심을 받았기 때문입니까? 이 질문에 대답해야 합니다. 우리가 교회에서 일하는 것이 하나님의 부르심이라고 믿습니까? 그렇다면 우리는 예수님의 제자가 된 것입니다.

우리가 하나님의 일을 할 때 사람의 부름을 받고 하는 것이 아닙니다. 사람을 위해서 하는 것이 아닙니다. 그래서 부르심과 선택을 받은 사람에게는 원망과 불평이 없습니다. 사람들이 이해하든지 못하든지, 알아주든지 알아주지 않든지 상관이 없습니다. 내가 하나님으로부터 선택받고 부름 받은 사람이기 때문입니다. 누구에게 대가를 바라고 봉사하는 것이 아닙니다. 하나님이 내게 주신 사명이기 때문에 일하는 것입니다. 화가 나면 견디면서 일합니다. 못하게 해도 계속하는 것입니다. 바로 사명이기 때문입니다. 이때 우리는 시험에 들지 않게 됩니다.

이처럼 제자가 되는 여건 중에 가장 중요한 것은 선택과 부르심입니다. 누구에 의해서 교회에 온 것이 아니라 하나님이 이곳에 나를 보내 주셨다고 믿을 때 진정한 봉사가 이루어집니다. 하나님에게 영광 돌리는 삶이 여기서부터 시작됩니다.

제자란 기도의 열매다

두 번째로, 제자란 어떤 사람입니까? 예수님 말씀에 의하면 제자란 기도의 열매입니다. 누가복음 6장 12-13절에 "이 때에 예수께서 기도하시러 산으로 가사 밤이 새도록 하나님께 기도하시고 밝으매 그 제자들을 부르사 그 중에서 열둘을 택하여 사도라 칭하셨으니"라고 했습니다.

마태복음에는 바로 제자를 선택하는 것으로 나옵니다만 누가복음에는 한 가지 사건이 더 있습니다. 그것은 예수님이 제자를 부르시기 전날 밤 산에서 철야 기도를 하신 일입니다. 철야 기도를 하시고, 다음 날 내려오셔서 제자들을 선택하셨습니다. 제자란 기도의 열매입니다. 예수님은 제자를 삼으실 때 그냥 생각과 경험으로 결정하시지 않았습니다. 산에 올라가서 밤이 맞도록 하나님 앞에 간절히 기도하셨습니다.

삶에서 무엇이 제일 큰 고민입니까? 인간 관계입니다. 일은 어렵지 않습니다. 인간 관계가 불편하면 그게 그렇게 고통스럽습니다. 직장에서 제일 중요한 것은 사람입니다. 마찬가지로 하나님 나라에서 제일 중요한 것이 사람입니다. 하나님이 쓰시는 사람, 하나님이 원하시는 사람을 택하는 것이 제자 사역에서 사활이 걸린 문제입니다. 무슨 일이든지 기도하고 하면 결과가 비록 잘못되었다 하더라도 후회가 없습니다. 그러나 기도하지 않고 한 일은 아무리 사람 보기에 결과가 좋다 할지라도 결국은 후회하는 법입니다.

제자는 기도의 열매입니다. 예수님은 우리를 그냥 택하시지 않습니다.

제자란, 만들어지는 것이다

세 번째로, 예수님이 택하신 제자란 어떤 사람들입니까? 제자는 태어나는 것이 아니라 만들어집니다. 제자는 완전한 사람이 아닙니다. 하나님이 불완전한 사람을 쓰시기에 합당한 사람으로 만드시는 것입니다.

예수님이 택하신 열두 명을 아무리 조사해 보아도 별 볼일 없는 사람들이 대부분입니다. 부자가 별로 없습니다. 학력이 높은 사람도 없습니다. 사회적 지위가 있는 것도 아닙니다. 도덕적이고 종교적인 인물도 아니었습니다. 어디서나 만날 수 있는 부류의 사람들이었습니다. 예수님의 열두 제자들은 거의 대부분이 갈릴리 사람이었습니다. 그나마 열두 제자 가운데 제일 도시형이고 지성적인 사람이 가룟 유다였습니다. 예수님의 제자는 아무리 봐도 아주 인간적인 보통 사람들이었습니다. 또한 이들은 네 가지 면에서 무지했던 사람들입니다.

첫째, 그들은 영적 이해력이 무척 둔한 사람들이었습니다. 마태복음 15장 15절에 보면 예수님이 천국의 비밀을 비유로 말씀해 주십니다. 제자가 되었으면 그 정도는 알아들어야 함에도 베드로는 "주여, 이 비유가 어려워서 알아들을 수 없으니 쉽게 설명해 주십시오"라고 합니다. 그러자 예수님은 "너희도 아직까지 깨달음이 없느냐"(마 15:16)고 하셨습니다. 예수님의 제자가 예수님이 누구신지를 잘 몰랐습니다. 왜 오셨는지도 몰랐습니다. 그래서 예수님이 십자가를 지겠다고 말씀하시니 "주여, 그럴 수 없나이다"하며 막았습니다. 얼마나 영적으로 무지했으면 예수님이 베드로에게 "사탄아, 물러가라"고 하셨겠습니까? 이런 사람들이 예수님의 제자였습니다.

둘째, 예수님의 제자들은 겸손할 줄 몰랐습니다. 아주 사납고, 자존심이 강하고, 교만한 사람이 대부분이었습니다. 마가복음 9장 33-34절에 보면 예수님과 함께 길을 갈 때 제자들 사이에 논쟁이 벌어졌습니다. "제자들 중에서 누가 크냐, 누가 으뜸이냐"로 논쟁한 것입니다. 이때 예수님은 "누구든지 첫째가 되고자 하면 뭇 사람의 끝이 되며 뭇 사람을 섬기는 자가 되어야 하리라"고 말씀하셨습니다. 또 예수님의 제자들은 어린 아이를 박대하고 내쫓았습니다. 형제의 발을 씻어 주는 것에 아주 자존심 상하곤 했습니다. 발을 씻어 주어야 하는데 저녁때까지 서로 하지 않으니까 예수님이 허리에 수건을 두르고 씻어 주셨습니다. 이런 사람들이 예수님의 제자들이었습니다.

셋째, 제자들은 믿음이 부족했습니다. 예수님이 물 위로 걸어오고 계셨습니다. 베드로가 그것을 보고 깜짝 놀랐습니다. "주여, 만일 당신이 주시거든 나로 물 위로 걸어라 명하시옵소서." 예수님이 "너도 걸어라" 하시자 베드로가 물 위를 걷기 시작했습니다. 그러나 얼마 못 가서 물에 빠지게 되었습니다. 베드로는 "주여, 나를 구해 주소서"라고 소리치며 구원을 요청했습니다. 이때 예수님이 손을 내미시면서 "믿음이 작은 자여, 왜 의심하였느냐?"고 하셨습니다.

예수님의 제자들은 믿음이 없었습니다. 한번은 풍랑이 일어 배에 물이 들어오고 모두 죽게 될 뻔한 적이 있습니다. 이런 위기 앞에서 예수님의 제자들은 주무시는 예수님을 깨웠습니다. "우리가 죽겠나이다." 이때 예수님은 바람과 바다를 꾸짖기 전에 제자들을 꾸짖으시며 "어찌하여 무서워하느냐 믿음이 작은 자들아"(마 8:26)라고 하셨습니다. 그뿐만 아니라 예수님이 십자가에 달리셨을 때 남자들은 다 도망갔습니다. 끝까지 예수님 곁에 남았던 사람들은 연약한 여자들이었습니다.

넷째, 예수님의 제자들은 헌신도, 능력도 부족했습니다. 죽기까지 예수님을 따르겠다던 베드로, 말고의 귀를 잘랐던 베드로입니다. 그러나 예수님의 죽음 앞에서 그는 도망치고 말았고, 예수님을 세 번이나 부인했습니다. 그것이 바로 제자들의 변덕스러운 헌신이었습니다.

그들은 능력도 없었습니다. 그들이 귀신 들린 아이에게서 귀신을 쫓지 못하자, 아이의 아버지가 할 수 없이 예수님에게 가서 호소합니다. "당신의 제자들은 귀신을 쫓지 못하더이다." 이런 사람들이 바로 예수님의 제자들이었습니다.

그런데 이처럼 믿음이 부족하고, 헌신과 능력이 부족하고, 겸손도 부족하고, 영적 이해력도 부족한 사람들을 예수님은 왜 선택하셨을까요? 여기에 중요한 열쇠가 있습니다. 예수님은 그들의 현재를 보지 않고 미래를 보셨기 때문입니다. 예수님이 오늘 우리를 부르신 것은 우리가 똑똑하고 잘나서가 아닙니다. 추하고, 형편없고, 영적으로 둔하고, 믿음도 없고, 교만하고, 헌신에도 죽 끓듯 변덕을 부리는 우리인 줄 너무나 잘 아시지만, 눈물과 인내와 가르침과 안타까움으로 우리를 고쳐 주셔서 예수님이 원하시는 사람으로 만드시는 것입니다.

예수님은 앞으로 변화될 우리의 모습을 보고 우리를 택하셨습니다. 이것이 바로 예수님이 제자를 선택하시는 기준입니다. 그 결과 예수님이 돌아가시고 성령을 받고 나자, 그처럼 형편없던 제자들 가운데 열 사람이 순교했습니다. 그들에게 있던 것은 충성입니다. 진실이고 우직함입니다. 예수님은 지금도 똑똑하고 능력 있고 잘난 사람을 택하시지 않습니다. 우직하다 할 정도로 한마음을 가진 충성된 사람, 진실한 사람을 택해서 당신의 제자로 부르시고 사역을 맡겨 주십니다.

때가 되면 떠나야 할 사람

마지막으로 제자란, 보내심을 받기 위해 선택된 사람입니다. 2절에 "열두 사도의 이름은 이러하니"라고 했는데, 사도란 말은 '보내심을 받은 사람'이라는 뜻입니다. 그리스도의 제자란 머무르기 위해서 존재하는 사람이 아니라, 궁극적으로 보내심을 받기 위해 준비된 사람들입니다.

우리가 교회에서 훈련을 받고 성숙해져서 능력을 받으면 교회를 떠나야 합니다. 안주하는 것은 예수님의 뜻이 아닙니다. 우리는 때가 되면 떠나기 위해 온 사람들입니다. 보내심을 받기 위해 부름 받은 사람들입니다. 이것을 알아야 합니다. 그러나 지금 떠나면 안 됩니다. 훈련이 안 되었기 때문입니다. 성숙한 사람이 되어야 합니다. 어디 가서 나누어 줄 수 있는 사람이 되어야 합니다.

오늘 이 사회에는 우리가 돌봐야 할 곳이 너무나 많습니다. 가서 도와주어야 하고, 기도해 주어야 하고, 함께 있어 주어야 하고, 같이 고민해 주어야 할 사람이 얼마나 많습니까? 좋은 곳은 누구인들 모릅니까? 이렇게 좋은 곳은 누구인들 못 오겠습니까? 그러나 이곳이 우리의 목표가 아닙니다.

우리는 지금 환자입니다. 그래서 치료받으러 왔습니다. 우리는 건강을 회복하려고 여기 왔습니다. 건강을 회복하고 영적으로 충만해지고 사랑으로 충만해졌다면 나가야 합니다. 선교해야 합니다. 이것이 교회의 목적입니다. 여기 모여서 바벨탑을 쌓는 것은 하나님의 뜻이 아닙니다. 여기 모여서 천국을 만드는 것은 하나님의 뜻이 아닙니다.

제자란 보냄을 받기 위해서 부름 받은 사람입니다. 우리는 모두 떠날 준비를 해야 합니다. 세상이 우리의 영원한 자리가 아니듯 교회도 마찬가지입니다. 그래서 "형제가 연합하여 동거함이 어찌 그리 선하고 아름다운고"(시 133:1)라고 했습니다. 우리보다 더 가난한 사람들, 우리의 도움이 필요한 사람들이 온 세상에 가득합니다. 우리는 그들에게 가야 합니다. 그들을 도와주어야 합니다. 이것이 바로 우리의 사명입니다. 우리는 지상 어느 곳에서든지 안주해서는 안 됩니다. 지상 어느 곳에서든지 보호받으려고 해서는 안 됩니다. 우리의 영원한 고향은 천국뿐입니다.

우리가 가야 할 곳은 보냄 받는 현장입니다. 우리는 대한민국 어디든지 가야 합니다. 세계 어느 곳이든지 가야 합니다. 선교사가 우리 안에서 나와야 합니다. 이 안에서 부름 받은 사람이 나와야 합니다. 세상적으로 더 잘살고 더 좋은 환경에서 살 수 있지만 보냄을 받았다는 이 사명 때문에 그리스도의 명령을 받들고 떠나는 사람이 제자입니다. 그리스도의 제자란 세상에서 도피해 오는 사람들이 아니라, 세상을 향하여 적극적으로 나아가는 사람입니다. 가정으로, 사회로, 농촌으로, 어촌으로, 세계로 파송되어 나아가는 사람입니다.

17

예수님의 열세 번째
제자가 돼라

마태복음 10:1

예수님이 제자들에게 의도하신 바를 좀 더 깊이 생각해 보겠습니다. 첫째로, 예수님이 제자를 부르실 때 부르시는 것으로 다 끝난 것이 아닙니다. 부르시고 나서 훈련을 시키셨다는 데 의미가 있습니다. 마태복음에는 예수님이 열두 제자를 택하시고 곧바로 권능을 주셨다고 기록되어 있지만, 마가복음에는 훈련의 제1원리가 자세하게 기록되어 있습니다.

이에 열둘을 세우셨으니 이는 자기와 함께 있게 하시고 또 보내사 전도도 하며 귀신을 내쫓는 권능도 가지게 하려 하심이러라 (막 3:14-15).

예수와 함께 있는 훈련

예수님은 열두 제자를 택하신 후 바로 그들을 훈련시키셨는데, 바로 예수와 함께 있는 훈련이었습니다. 최고의 훈련은 삶에서 이루어집니다. 예수님은 그들을 따로 가르치신 것이 아니라 함께 먹고, 자고, 생활하면서 제자 훈련을 하셨습니다.

참된 제자 훈련은 자기 생활을 공개하는 것입니다. 그런데 우리는 자신의 생활을 공개하기가 참 어렵습니다. 서로 통하기가 어렵습니다. 왜 그렇습니까? 이원론적인 신앙 때문입니다. 교회에서는 거룩하고 의롭게 살고, 세상에 나가서는 마음대로 살아도 된다는 생각을 은연중에 갖습니다. 이론과 실제가 다르고, 믿음과 삶이 다릅니다.

예수님은 자신을 다 공개하셨습니다. 제자들은 예수님에게서 말과 행동의 일치를 보았습니다. 제자들은 예수님에게서 순종과 희생과 헌신의 삶을 보았습니다. 왜냐하면 같이 살았기 때문입니다.

복음 전파의 사명

마가복음을 보면 예수님은 제자들을 전도하도록 파송하셨습니다. 우리가 이렇게 부름 받은 목적은 여기에 머물기 위해서가 아니라 보냄을 받기 위해서입니다. 그것은 목사나 선교사에게만이 아니라 모든 성도에게 해당하는 문제입니다. 우리가 좋은 위치, 좋은 자리에서 행복하고 안일하게 살고 있는데 지금 하나님이 나를 부르실지도 모릅니다. 그러면 가야 합니다. 순종해야 합니다. 그것이 제자의 삶입니다. 우리는 세상으로 가기 위해서 여기에 모였습니다. 그러므로 교회는 모이는 곳인 동시에 흩어지는 곳입니다.

예수님이 제자들에게 최후로 하신 말씀이 무엇입니까? 마태복음에 나오는 "너희는 가서 모든 민족을 제자로 삼으라"는 명령이었습니다. 마가복음의 결론은 무엇입니까? "너희는 온 천하에 다니며 만민에게 복음을 전파하라"입니다.

누가복음의 결론은 "너희는 이 모든 일의 증인이라"입니다. 요한복음의 결론은 "내 양을 먹이라. 내 양을 치라"는 말씀입니다. 사도행전에서 우리에게 주는 말씀은 "성령이 너희에게 임하시면 너희가 권능을 받고 내 증인이 되리라"였습니다. 이것이 기독교의 전부입니다. 제자와 교회의 최대 사명은 예수 그리스도를 증언하는 데 있습니다.

제자에게 주신 영적인 능력

예수님은 제자들을 택하시고 능력을 주셨습니다. 마태복음 10장 1절에 "예수께서 그의 열두 제자를 부르사 더러운 귀신을 쫓아내며 모든 병과 모든 약한 것을 고치는 권능을 주시니라"고 했습니다. 제자의 요건은 지식이나 재력, 세상의 권력이 아니라 영적인 능력입니다.

믿는 자들에게는 특별히 귀신을 제압하는 영적 능력을 주셨다고 했습니다. 예수님이 우리를 그리스도인으로, 제자로 부르셨다면 우리에게 반드시 이 능력을 주십니다. 우리는 이것을 받고도 사용하지 않기 때문에 안 받은 것처럼 생각합니다. 우리에게는 사탄을 물리치는 능력이 있습니다. 보혈의 능력이 있습니다. 귀신을 제압하는 능력이 우리에게 있습니다. 귀신을 무서워하기 때문에 그 능력을 활용하지 못하고 있을 뿐입니다. 우리는 기도할 때도 이 능력을 활용해야 합니다. 먼저 우리 안에 있는 귀신부터 쫓아야 합니다. 이는 보혈을 믿는 사람의 특권입니다. 성령이 임한 사람의 특권입니다. 문제는 이것을 믿지 않고 의심하는 데 있습니다. 의심하지 말고 믿어야 합니다. 그리고 귀신을 꾸짖어야 합니다. 그러면 저들은 피해 나갈 것입니다.

귀신을 쫓고 제압하는 능력이 생기면 다음에 하나님은 더 놀라운 능력을 주십니다. 그것은 병 고치는 능력입니다. 모든 약한 것을 고치는 능력입니다. 하나님은 특정한 사람에게만이 아니라 우리 모두에게 이 능력을 주셨습니다. 왜냐하면 복음은 치유이기 때문입니다. 치유는 육신의 병을 고치는 것만이 아닙니다. 우리가 어떤 사람을 정말로 사랑하고 있으면 그 사람의 영혼이 치유됩니다. 그것도 치유입니다. 우리의 기도로 치유의 기적이 일어날 것을 믿습니다.

마귀를 두려워하지 마십시오. 예수님이 제자들을 택하시고 그들과 함께 계시고 그들에게 전도의 사명을 주시고, 그리고 그들에게 귀신을 제압하는 능력을 주셨다고 성경은 말하고 있습니다. 우리는 귀신을 제압할 뿐만 아니라 병도 고칠 수 있습니다.

심방 가서 기도해 주십시오. 치유하는 기도를 해 주십시오. 그 영혼이 치유받기 시작할 것입니다. 그리고 하나님이 그 형편과 처지에 따라서 육신의 치유를 허락해 주실 것입니다. 놀라운 일입니다. 이런 능력을 예수님이 주셨습니다. 이 능력이 바로 제자들이 소유한 초자연적인 영적 권위입니다. 우리 그리스도인은 지식의 권위나 세상의 권위나 재력의 권위나 사회적 권위를 가지고 존재하는 사람들이 아니라, 바로 이 영적 권위를 가지고 사는 사람들입니다.

12의 수학적 의미

이제 예수님의 제자 선택의 문제를 또 다른 각도에서 생각해 보겠습니다. 예수님은 열두 명을 뽑으셨습니다. 왜 하필 열두 명일까요? 가룟 유다가 자살하고 난 후, 왜 그 숫자를 다시 채우셨습니까? 열둘이라는 숫자에는 중요한 의미가 있기 때문입니다.

먼저 수학적인 의미를 생각해 보겠습니다. 이 12라는 숫자는 한 개인이 다른 사람들을 양육하기에 적당한 숫자입니다. 예수님은 열두 명 이상을 양육하시지 않았습니다. 수천 명을 만나셨지만 제자로 삼은 것은 열두 명입니다.

그런데 이 열두 명을 분석해 보면 세 그룹으로 나뉘는 것을 발견하게 됩니다. 마태복음, 마가복음, 누가복음에 열두 명의 명단이 나옵니다. 조금씩 순서가 다르긴 하지만 공통점이 있는데, 베드로, 빌립, 알패오의 아들 야고보를 중심으로 예수님의 열두 제자가 세 그룹으로 형성된 것을 알 수 있습니다. 즉 베드로를 중심으로 한 안드레, 야고보, 요한의 그룹입니다. 또 빌립을 중심으로 바돌로매, 도마, 마태 그룹입니다. 그 다음에 알패오의 아들 야고보, 즉 작은 야고보를 중심으로 한 다대오, 가나안인 시몬, 가룟 유다의 그룹입니다.

여기서 우리가 발견하는 것은 예수님은 사람을 잘 알고 계셨다는 것과 지혜롭게 조직하고 관리하셨다는 것입니다. 우리가 주님의 일을 할 때 계획 없이 하는 것은 주님의 뜻이 아닙니다. 믿음으로 일해야 하지만, 또한 합리적으로 해야 합니다. 조직적이어야 합니다. 예수님은 아주 조직적이고 합리적이셨습니다. 열두 명을 네 명씩 세 그룹으로 아주 합리적으로 관리하셨습니다.

12의 영적 의미

열둘이라는 숫자는 이러한 수학적 개념 외에 영적인 의미가 있습니다. 12라는 숫자는 삼위일체 하나님을 상징하는 3이라는 숫자와 세상과 인간을 상징하는 4라는 숫자의 곱으로 되어 있습니다. 즉 하늘과 땅의 만남을 뜻하는 신비한 숫자가 바로 12입니다.

하나님은 이스라엘 백성을 열두 지파로 나누어서 통치하셨습니다. 그리고 마지막에 열두 지파를 심판하는 열두 보좌가 있다고 하셨습니다. 예수님이 열두 제자를 택하신 것은 구약의 열두 지파와

상응된 의미가 있습니다.

마가복음 6장 7절에 보면 더 재미있는 사실이 있습니다.

"열두 제자를 부르사 둘씩 둘씩 보내시며."

열두 명이 네 명씩 세 그룹으로 되어 있고 또 그 네 명이 둘씩 짝을 지었습니다. 둘씩 짝을 지었다는 것은 일대일을 말합니다. 이것이 바로 예수님이 조직하신 제자의 원형입니다. 여기서 우리는 예수님이 개인적인 행동보다는 공동체적인 행동과 삶을 강조하셨다는 것을 볼 수 있습니다.

오늘날 교회는 두 가지를 배격해야 합니다. 극단적인 개인주의와 비성경적인 이기적 집단입니다. 예수 그리스도의 공동체는 예수 그리스도를 머리로 하고 우리를 지체로 하는 공동체 교회입니다. 초대교회 당시 베드로가 설교했을 때 하루에 삼천 명이 세례를 받았습니다. 남자만 오천 명이 모였습니다. 그러니 한번 집회할 때 모인 수가 만 명이 넘었을 것입니다. 대형집회였습니다.

그러나 우리가 초대교회를 사모하는 것은 그런 대형 집회 때문이 아닙니다. 이 열두 명, 일대일, 둘씩 짝을 지은 그룹의 개념이 초대교회를 지배하는 원리였기 때문입니다. 가정 교회 같은 소집단이 초대교회 같은 생명체적인 존재를 낳게 한 것입니다.

교회는 비대해지고 대형화될 수 있습니다. 그러나 집단이 크면 클수록 우리는 비인간화될 것입니다. 서로 만나기가 더 어려워질 것입니다. 이것은 진정한 교회의 모습이 아닙니다. 교회가 커지는 것 자체가 문제가 아닙니다. 문제는 초대교회처럼 끈끈한 인간 관계를 갖게 해 주고 자신을 공개할 수 있는 제자화의 요소가 있느냐는 것입니다. 여기에 교회의 사활이 걸려 있습니다.

공동체의 삶

이런 의미에서 꼭 강조하고 싶은 것이 있습니다. 우리의 신앙이 뿌리내릴 수 있는 소공동체, 삶을 나누어 줄 수 있는 소공동체가 필요합니다. 그것이 예수님의 열두 제자였습니다. 그것이 구역입니다.

어떤 사람은 구역 모임이 시간 낭비 같고 은혜가 되지 않는다고 하는데, 그런 사람은 가서 구역장이 되어야 합니다. 우리는 꼭 구역 모임에 가야 합니다. 싫든 좋든 그곳에 하나님 나라를 만들어야 합니다. 여기서 이런 신앙관계를 갖지 않으면 우리는 세월이 지날수록 병든 신앙을 갖게 됩니다. 개인주의적이고 이기적인 신앙을 갖게 됩니다. 설교만 듣고 가는 그런 신앙이 되고 맙니다.

설교는 우리의 신앙을 뒤에서 밀어 주는 함포 사격 같은 것입니다. 각개 전투는 구역에서 하는 것입니다. 삶을 구체적으로 나누어야 합니다. 교회에서는 슬쩍 빠지기 쉽습니다. 간섭하는 사람도, 귀찮게 하는 사람도 없습니다. 그것은 신앙이 아닙니다. 신앙은 만나야 합니다. 부딪혀야 합니다. 싫은 것도 해야 하고 좋은 것도 해야 하고, 이런저런 것을 다 소화할 수 있어야 합니다. 여기에서 진정한 공동체가 형성됩니다. 미워도 하고 속상해하기도 하고 사랑도 하는 과정을 통해서 우리의 더럽고 악한 모든 감정은 사라지고, 순수한 하나님의 감정이 우리 안에 들어오게 됩니다. 여기서부터 우리가 거듭나고 변합니다.

구역에 가십시오. 거기서 우리의 신앙을 새롭게 해야 합니다. 구역 가운데 재미없는 구역은 어떤 방법을 동원해서라도 재미있게 만드십시오. 구역 모임이 신앙의 원동력이 됩니다. 실제적인 영향은 여기에서 받습니다.

구역보다 더 중요한 개인적인 관계는 일대일입니다. 그러므로 우리는 누구에게든지 말씀을 배워야 하며, 말씀을 가르쳐야 합니다. 자기의 영적 스승이 있어야 하고 영적 제자가 있어야 합니다. 이것이 계속해서 유기적인 관계를 가질 때, 살아 있는 생명체적인 신앙을 만들게 됩니다.

오늘날 교회의 고민은 무엇입니까? 교회가 죽어 있다는 것입니다. 신앙이 너무나 형식적이라는 것입니다. 초대교회 같은 생명력 넘치는 교회가 되게 해야 합니다. 우리는 구역에 들어가서 일대일 관계를 통해 우리의 삶을 조금씩 공개해야 합니다. 생명을 주고 시간을 주고 애정을 주어야 합니다. 모든 것을 바쳐야 합니다. 얼마나 바치느냐에 따라 사랑의 의미가 생깁니다. 사랑은 받는 것이 아닙니다. 바치는 만큼 결정됩니다. 희생하는 만큼 결정됩니다.

예수님 손에 붙잡히는 삶

이것이 예수님과 열두 제자와의 역학 관계입니다. 열두 명의 구성원을 살펴보면 별 볼일 없고 형편없는 사람들입니다. 그러나 예수님은 그들의 미래를 보시고 한 사람 한 사람을 다듬기 시작하셨습니다. 예수님은 조각가십니다. 조각가의 손에 돌이 들렸을 때 돌은 깎이기 시작합니다. 아까워서 그대로 두면 조각이 안 됩니다. 사정없이 쳐 내고 깎아 내야 합니다. 어떤 때는 팔을 하나 찍어 내시기도 합니다. 어떤 때는 연단 속에 집어 넣으시기도 합니다. 그러나 아무렇게나 하시는 것이 아니라, 머리털 하나라도 세시며 섬세하게 계산하십니다. 우리는 그 결과를 예수님의 열두 제자의 죽음에서 볼 수 있습니다.

초대교회의 전승에 의하면 베드로는 로마를 피해 나가려다가 주님의 음성을 듣고 다시 로마로 들어갔습니다. 그리고 예수님이 십자가에 똑바로 못 박혀 돌아가셨으니 자기는 거꾸로 죽어야 한다고 거꾸로 십자가형을 당했습니다. 야고보는 사도행전에 기록된 대로 예루살렘에서 참수형을 당했습니다. 요한계시록을 쓴 요한은 끓는 기름 가마에 던져졌으나 죽지 않아서 밧모 섬으로 귀양을 갑니다. 그리고 그곳에서 계시록을 씁니다.

안드레는 그리스의 마드라에서 X형 십자가에서 순교했습니다. 빌립은 소아시아에서 교수형을 당했다고 하기도 하고 돌에 맞아 죽었다고도 합니다. 바돌로매는 아르메니아에서 피부가 벗겨져

참수당했습니다. 마태는 에티오피아에서 칼로 죽임을 당했습니다. 도마는 인도에서 창에 찔려 죽었습니다. 다대오는 메소포타미아에서 활에 맞아 죽었습니다. 작은 야고보는 예루살렘에서 돌과 몽둥이로 맞았으나 다시 살아 톱으로 잘려 순교했습니다. 시몬은 페르시아 만에서 폭도들의 습격을 받아 죽었습니다. 단지 가룟 유다만이 예수님을 배신하고 자살했습니다.

이 보통 사람들이 어떻게 이처럼 영웅적으로 죽을 수 있었겠습니까? 하찮은 인물들이 예수님의 손에 잡히니 이처럼 순교하는 영웅이 된 것입니다. 우리도 예수님의 손에 붙잡히면 순교자 같은 위대한 믿음의 사람이 될 수 있습니다.

추수할 것이 많은 이때에 주님은 우리를 부르고 계십니다. 우리는 어떻게 응답해야 합니까? 두 가지 삶이 있습니다. 한 가지는 지금까지 살아왔던 방법 그대로 사는 것입니다. 현재의 조건 그대로 사는 것입니다. 그러나 또 한 가지 방법은 주님의 제자로 살기를 결정하는 것입니다. "주님 뜻대로 살겠습니다. 주님 팔에 안기겠습니다. 주님 원하시는 생애를 살겠습니다" 하고 내 인생을 바꾸는 것입니다. 꼭 신학을 하거나 선교사가 되라는 의미가 아닙니다. 우리에게는 지금까지 살아온 생애가 있고, 이제 예수님이 불러서 새롭게 사는 생애가 있습니다. 어떻게 살아야겠습니까?

18

제자 된 증거는
변화에서 시작한다

마태복음 10:2

예수님의 열두 제자 속에는 세 그룹이 있었습니다. 첫 번째 그룹은 베드로를 중심으로 안드레, 야고보, 요한이 속해 있습니다. 먼저 베드로부터 보겠습니다.

가장 인간적인 제자 베드로

베드로는 예수님의 열두 제자 가운데 가장 인간적인 감동을 주는 사람이고, 또 극적인 생애를 살았던 사람입니다. 베드로는 이지적이고 지성적인 형이 아니라 감정적이고 행동적인 사람입니다. 생각해 보고 행동한 적이 없는 단순하고 충동적인 사람입니다. 사람은 누구든지 실수와 허물이 있습니다. 그런데 좀 교활한 사람은 그 실수와 허점을 잘 드러내지 않습니다. 하지만 솔직하고 꾸밈이 없는 사람은 자기의 허물과 약점을 쉽게 노출시킵니다. 베드로는 특별히 허물이 많은 것보다는 너무 꾸밈이 없고 직선적인 까닭에 자기의 허물을 누구보다도 많이 노출시켰던 사람입니다.

몇 가지 예를 성경에서 찾아볼 수 있습니다. 한번은 예수님이 물 위로 걸어오셨습니다. 베드로는 그 장면을 목격하고 깜짝 놀랐습니다. 그러나 충동적인 베드로는 담대하게 "주여, 나도 물 위를 걸게 해 주십시오"라고 말합니다. 그때 예수님이 물 위로 걸어오라고 하십니다. 베드로는 단순하게 예수님의 그 말씀을 믿고 그냥 물속으로 뛰어듭니다. 그런데 물 위를 걸어가던 베드로는 자기가 물위를 걷고 있다는 기적 앞에 스스로 의심하기 시작했습니다. 그 순간 그는 물속에 빠지고 맙니다. 예수님은 베드로에게 "믿음이 작은 자여, 왜 의심하였느냐?"고 하셨습니다. 이 말은 어째서 처음 믿음을 계속 갖지 않았느냐는 말씀입니다. 처음에 믿은 그 믿음을 가졌다면 계속 걸을 텐데 왜 처음 믿음을 갖지 않느냐는 말씀입니다. 이 사람이 베드로입니다.

밤이 맞도록 고기를 잡았지만 고기를 한 마리도 못 잡은 때가 있었습니다. 그때 예수님이 베드로에게 그물을 깊은 곳에 던지라고 말씀하셨습니다. 제일 기분 나쁜 것은 자기 전공을 건드리는 것입니다. 목수가 어부에게 고기 잡는 법을 가르칩니다. 자존심이 상하지 않을 수가 없습니다. 그런데 베드로는 "내가 밤이 맞도록 고기를 못 잡았지만 그저 말씀에 의지해서 한번 던지겠습니다" 하고 그물을 던졌습니다. 그런데 놀랍게도 그물이 찢어질 만큼 고기가 잡혔습니다. 이때 베드로는 "할렐루야!"라고 하지 않았습니다. 그는 그대로 예수님 앞에 무릎을 꿇고 "주여, 나는 죄인이로소이다. 나를 떠나소서"라고 했습니다. 이렇게 양심의 가책을 느낄 수 있고, 신적인 권위 앞에 두려움을 느낄 수 있는 솔직한 사람이 베드로입니다.

예수님이 체포되셨을 때 죽기까지 주님을 따르겠다고 고백했던 베드로는 예수님을 멀리서 따라갔습니다. 왜 멀리서 따라갔을까요? 가까이 따라갈 용기는 없고, 도망가자니 마음이 괴로웠기 때문입니다. 다행히 예수님이 풀려나시면 "주여, 내가 여기 있습니다" 하고 뛰어가고, 위기가 생기면 달아나려는 그런 심정입니다. 이렇게 따라가다가 새벽닭이 울기 전에 세 번이나 예수님을 저주하면서 부인하는 자리까지 가게 된 사람이 베드로입니다. 이런 까닭에 베드로는 어쩌면 열두 제자 중에 누구보다도 우리에게 많은 감동과 공감을 주는 것 같습니다.

다음으로 베드로에게는 순수한 열정과 지도력이 있었습니다. 비록 서툴고, 숨길 줄 모르고, 감정적이라 할지라도 어느 누구도 따를 수 없는 예수님에 대한 순수한 열정과 헌신과 사랑이 그의 밑바탕에 깔려 있었습니다. 베드로가 비록 예수님을 세 번씩이나 부인했지만, 그는 한 번도 예수님을 의심하거나 배척하거나 예수님에 대해서 부정적인 생각을 가져 본 일이 없었습니다. 이것이 중요합니다. 본의 아니게 예수님을 부인하는 처지에 들어갔거나, 또 본의 아니게 예수님을 따르지 않고 옛 직업으로 돌아갔다고 할지라도 그의 마음속에는 예수님에 대한 미련과 연민과 애정이 가득 차 있었습니다.

사도행전 4장 13절을 보면 베드로는 본래 학문이 없는 평범한 사람이었습니다. 그러나 그는 놀랍게도 뛰어난 지도력이 있었던 사람입니다.

요한복음 21장을 보면 부활하신 예수님이 고기 잡는 제자들에게 오셨습니다. 예수님은 춥고 배고프고 고기도 못 잡아 허탈감에 빠져 있는 제자들에게 그물을 오른쪽으로 던지라고 하셨습니다. 그러자 그물을 들 수 없을 정도로 고기가 많이 잡혔습니다. 이때 가장 먼저 반응한 사람은 베드로가 아니라 요한입니다. 요한이 "주님이시다"라고 합니다. 이 말을 듣자마자 행동은 베드로가 먼저 합니다. 베드로는 물가로 뛰어나와 예수님을 만납니다. 그러나 지은 죄가 있어 말은 못 합니다. 그때 예수님은 "네가 어찌하여 나를 세 번씩 배신했느냐"고 말씀하시지 않았습니다. 베드로의 심정을 알고 계셨기 때문입니다.

주님은 고기를 숯불에 구우시면서 이리 와서 먹자고 하십니다. 허탈감에 빠져 있는 베드로, 예수님을 배신하여 그 심정이 매우 복잡한 베드로에게 예수님이 해 주신 일은 생선을 따뜻하게 구워 주고, 떡을 주는 것이었습니다.

잘 먹이시고 나서 예수님은 베드로에게 "네가 이 사람들보다 나를 더 사랑하느냐"고 질문하십니다. 그러자 베드로가 "그러하나이다. 내가 주님을 사랑하는 줄 주님께서 아시나이다"라고 대답합니다. 이 말 속에서 베드로의 지난 모든 실수가 다 용서됩니다. 그의 허물이 다 무너져 버립니다. 예수님은 "내 양을 먹이라. 내 양을 치라"고 말씀하셨습니다.

마지막으로 베드로는 예수님이 부활하시고 승천하시고 나서 변화되기 시작합니다. 오순절에 다락방에서 기도하던 중 120명과 함께 성령 세례를 받았습니다. 그 후부터 베드로는 본질적으로 변화되어 갑니다. 요한복음 1장 42절에서 예수님이 베드로를 처음 보시고 "너는 반석이다"라고 하신 말씀이 비로소 적중하기 시작한 것입니다.

사도행전에서 베드로는 사복음서에서는 볼 수 없었던 완전히 변한 모습으로 나타납니다. 인격, 성품, 태도, 그 모든 것이 성자처럼 변해 버렸습니다. 베드로는 그 후에 죽은 자까지 살려 내는 기적과 권능을 베풀었고 앉은뱅이를 일으키는 기적도 베풀었습니다. 베드로는 변했습니다. 실수 많고 허물 많은 베드로가 예수님이 승천하신 후부터 변하기 시작한 것입니다. 이 사람이 바로 세계를 변화시켰던 일꾼이었습니다.

조용하지만 충성스러운 안드레

다음으로 베드로의 동생 안드레를 살펴보겠습니다. 안드레는 세례 요한의 제자였습니다. 베드로보다 훨씬 일찍 세례 요한을 따랐습니다. 이런 것을 보면 안드레는 베드로와는 달리 상당히 종교적이고 조용한 성품의 소유자임을 알 수 있습니다. 안드레의 생애를 보면 베드로처럼 극적인 삶을 살았거나 감동을 주지는 않았습니다. 큰일을 한 사람이 아닙니다. 안드레는 조용한 사람이지만 주님을 열심히 사랑했던 사람입니다.

어떤 사람은 큰일을 맡으면 열심히 하고 작은 일을 맡으면 열심히 하지 않는 사람이 있습니다. 안드레는 그런 사람이 아닙니다. 자기를 앞에 세우든지 않든지 간에 항상 위에서 조용히 충성스럽게 주님을 섬기는 사람이었습니다. 그 증거가 세 가지 있습니다.

첫째, 안드레는 베드로를 예수님에게 소개한 장본인입니다. 요한복음 1장 40-42절에 "요한의 말을 듣고 예수를 따르는 두 사람 중의 하나는 시몬 베드로의 형제 안드레라 그가 먼저 자기의 형제 시몬을 찾아 말하되 우리가 메시야를 만났다 하고 데리고 예수께로 오니"라고 했습니다. 전도 중에 제일 어려운 전도가 가정 전도입니다. 그러나 안드레는 자기의 형인 베드로를 예수님에게로 인도했습니다.

여기서 우리는 이런 결론을 내릴 수 있습니다. 안드레는 큰 인물은 아닙니다. 그러나 큰 인물을 예수님에게 소개한 사람입니다. 여기에 제자 됨의 모습이 있습니다. 우리는 별로 큰 인물이 아닐 수 있습니다. 그러나 우리는 큰 인물을 예수님에게 소개해 주는 다리 역할을 하는 사람이 될 수 있습니다. 이것이 바로 안드레의 역할입니다.

둘째, 요한복음 6장 5절 이하에 보면 예수님이 말씀을 전하시는데 모인 무리가 오천 명 이상이나 되었습니다. 그런데 그 말씀이 어찌나 달고 오묘한지 청중이 밥 먹는 것을 잊어버렸습니다. 이때 예수님이 빌립에게 "너희가 가서 먹을 것을 사다 주라"고 하십니다. 그러나 빌립은 상식적인 생각을 합니다. "여기는 광야인데 어떻게 오천 명을 먹일 수 있겠습니까? 돈이 이백 데나리온 이상 필요한데 어떻게 준비할 수 있겠습니까?"라고 했습니다.

이때 안드레는 그 많은 청중 사이에서 어린아이 한 명을 만나게 됩니다. 그 어린아이는 보리떡 다섯 개와 물고기 두 마리가 있었습니다. 안드레가 예수님에게 이 어린아이를 소개합니다. 예수님이 안드레 안에 있는 그 믿음을 보시고 보리떡 다섯 개와 물고기 두 마리를 취하여 축사하시고 오천 명을 먹이고도 남는 기적을 베풀어 주십니다. 이 기적의 재료를 제공한 사람이 바로 안드레입니다.

셋째, 요한복음 12장 12절 이하를 보면 예수님이 예루살렘에 입성하실 때 사람들이 "호산나, 호산나" 하며 찬송했습니다. 축제가 있은 다음 날, 축제를 구경하러 왔던 헬라인 중 몇 사람이 빌립에게 예수님 뵙기를 요청했습니다. 그때 빌립이 그들을 데리고 예수님에게 가지 않고 안드레에게 옵니다. 안드레가 그들을 예수님에게 소개해 줍니다.

안드레의 기록을 살펴보면 모두 이런 종류의 기록입니다. 안드레는 무슨 기적을 베풀었다거나 큰일을 한 것은 없습니다. 무슨 위대한 고백을 한 것도 없습니다. 그는 그저 소개해 주는 다리 역할을 했던 사람입니다. 예수님의 제자 가운데는 베드로 같은 사람도 필요하지만 안드레 같은 사람도 필요합니다. 우리는 능력이 없다고, 권능이 없다고 자학해서도 안 됩니다. 우리는 안드레 같은 역할을 할 수 있기 때문입니다.

강한 성격이었던 야고보

야고보는 요한과 형제입니다. 그런데 예수님이 야고보와 요한에게 '보아너게', 곧 '우레의 아들'이란 별명을 붙여 주신 일이 있습니다. 아주 급하고, 화도 잘 내고, 정의감에 불타는 그런 불같은 성격의 소유자가 야고보와 요한이었습니다.

그 예가 누가복음 9장 51절 이하에 있습니다. 예수님이 사마리아 지방에서 전도 중이셨는데 놀랍게도 사마리아인들이 전도를 받지 않았습니다. 이때 야고보와 요한이 화가 나서 "주여, 우리가 불을 명하여 하늘로부터 내려 저들을 멸하라 하기를 원하시나이까?"라고 했습니다.

또 마태복음 20장 21절 이하를 보면 야고보와 요한의 어머니 또한 대단한 분입니다. 한번은 이 어머니가 예수님에게 두 아들을 데리고 와서 조용히 구합니다. "나의 이 두 아들을 주의 나라에서 하나는 주의 우편에, 하나는 주의 좌편에 앉게 명하소서." 그 어머니는 야고보와 요한보다 더했던 것입니다.

그런데 놀라운 것은 이러한 야고보와 요한이 예수님을 만나고 나서 점차 변했다는 사실입니다. 예수님의 열두 제자 가운데 죽음이 분명하게 기록된 사람은 야고보 한 사람입니다. 사도행전 12장 1-2절을 보면, 헤롯 왕의 박해 때 야고보가 칼에 맞아 죽었다고 기록하고 있습니다. 야고보는 불같은 사람이었고 으뜸 되기를 좋아했고 강한 성격이었으나, 예수님을 만나고 나서 순교할 때까지 그의 믿음은 성숙했고 그의 성품과 인격은 변화했습니다.

놀랍게 변한 요한

마지막으로 사도 요한에 대해 공부하겠습니다. 예수님의 열두 제자 가운데 제일 신비하게 생각되는 사람이 바로 요한입니다. 사도 요한의 변화는 놀라운 변화이기 때문입니다.

누가복음 9장 46절 이하를 보면 사도 요한이 다른 사람을 잘 받아들이지 못하고, 누가 귀신을 쫓아내면 그것을 질투하는 아주 편협한 태도를 나타내는 것을 볼 수 있습니다. 이렇게 화 잘 내고, 마음 좁고, 불같은 성격을 가진 사람이 예수님을 만난 후에 요한복음과 요한 1-3서 같은 글을 썼습니다. 사도 요한의 글에서 가장 많이 쓰인 말이 사랑입니다. 또 빛, 생명, 용서, 거듭남이라는 단어들을 쓰고 있습니다. 이런 표현을 보면 사도 요한이 한 번도 화를 낸 적이 없는, 마음이 바다처럼 넓은 사람 같으나 사실은 그런 사람이 아니었다는 것입니다.

예수님이 무덤에 갇히신 다음 날 여인들이 시신이 없어졌다고 보고합니다. 이 보고를 들은 베드로와 요한이 이른 새벽에 무덤으로 뛰어갑니다. 젊은 사도 요한이 먼저 도착합니다. 그러나 그는 곧장 들어가지 않고 무덤 주위를 관찰하기 시작합니다. 뒤따라오던 베드로는 자기 성격대로 그대로 무덤으로 뛰어갑니다. 여기서 우리는 사도 요한이 어느 순간부턴가 이렇게 침착하고 지성적이고, 관찰력이 예리하고 영적인 분별력이 아주 예민한 사람으로 변화되었다는 것을 발견하게 됩니다.

예수님 손에 붙잡혔을 때 사람들은 변화되기 시작합니다. 아주 인간적인 베드로도 변화됐고, 조용한 안드레도 변화됐습니다. 불같은 야고보도 변했고, 성격이 급하고 화를 잘 내던 요한도 변했습니다. 그리고 우리도 변화될 것입니다.

우리 중에 성격이 급한 사람이 있습니까? 변화될 것입니다. 조용한 사람도 변할 것입니다. 지금 변하느냐, 5년 후에 변하느냐 하는 차이는 있을지 몰라도 분명히 변화될 것입니다. 우리는 예수님 손안에 있어야 합니다. 그리고 우리의 성품과 성격도 예수님 앞에 드려야 합니다. 그러면 주님이 가장 아름답게 우리를 사용하실 것입니다.

19

참스승은 제자의 약점을
강점으로 만든다

마태복음 10:3

예수님의 열두 제자 가운데 두 번째 그룹인 빌립, 바돌로매, 도마, 마태에 대해서 살펴보겠습니다.

합리적이지만 소극적이었던 빌립

빌립은 예수님의 제자 중에서 어떤 의미에서는 제일 신중하고 조심스러운 사람입니다. 함부로 말하거나 행동하는 사람이 아닙니다. 요즘처럼 생각보다 행동이 앞서는 세대에 빌립은 우리에게 좋은 면을 보여 줍니다. 빌립은 경솔한 판단으로 실수하는 일이 없습니다. 하지만 위대한 신앙의 세계에 들어가거나 모험을 하거나 기적을 체험하는 일도 없습니다.

성경은 빌립에 대해 네 차례 기록하고 있습니다. 요한복음 1장 43절에 빌립이 처음 소개됩니다. 예수님이 빌립을 만나셨습니다. 만나자마자 "나를 따르라"고 하셨습니다. 이렇게 예수님의 초청을 받은 빌립은 즉각 자기 친구인 나다나엘을 찾아가 전도합니다. "모세가 율법에 기록하였고 여러 선지자가 기록한 그이를 우리가 만났으니 요셉의 아들 나사렛 예수니라"(요 1:45)하고 말한 것입니다. 이것을 보면 빌립은 분명히 그동안 메시아를 간절히 기다려 온 사람임을 알 수 있습니다. 이때 나다나엘은 도대체 나사렛에서 무슨 선한 것이 날 수 있겠느냐고 냉소적으로 말합니다. 그러자 빌립은 다음과 같이 대답합니다. "와서 보라!" 빌립은 평소에 메시아를 대망하고 있었고 구약의 율법을 탐독한 사람이었습니다. 그는 예수님을 만나고 나서 적극적인 체험적 신앙을 갖게 되었습니다. 논리나 논쟁이 아닙니다. 그냥 와서 보라는 것이었습니다. 그런데 이렇게 예수님이 하나님의 아들인 것을 깨닫고 친구에게 전도까지 했던 빌립은 그 다음에는 조금 다른 모습을 보여 줍니다.

요한복음 6장 5-14절에 빌립에 대한 두 번째 소개가 있습니다. 예수님이 오천 명이 넘는 무리에게 설교하시던 때에 사람들이 몹시 배가 고팠습니다. 이때 예수님이 빌립에게 "우리가 어디서 떡을 사서 이 사람들에게 먹이겠느냐"고 물으십니다. 물론 예수님도 광야에서 오천 명을 먹일 떡이 없다는 것을 잘 아십니다. 그러나 예수님은 빌립을 훈련시키기 위해서 그렇게 물으신 것입니다.

이런 질문을 가끔 예수님이 우리에게도 하십니다. 우리가 못 할 것을 분명히 아십니다. 그러면서도 해 보라고 하십니다. 그러나 그것은 "네가 그것을 하라"는 뜻이 아니라, "내가 그렇게 할 수 있는 것을 네가 믿느냐"라는 질문입니다.

그러나 빌립은 이러한 예수님의 의도를 눈치채지 못하고 다음과 같이 말합니다. "각 사람으로 조금씩 받게 할지라도 이백 데나리온의 떡이 부족하리이다." 우리는 여기서 지나치게 상식적이고 이성적이며 합리적인 빌립의 모습을 봅니다. 이 사람은 위대한 믿음의 세계에 대해서는 무지한 사람이었습니다.

예수님은 이러한 빌립을 포기하지 않으셨습니다. 끝까지 인내하고 기다려서 그를 믿음의 세계까지 이끌고 가셨습니다. 예수님의 열두 제자 가운데 이처럼 부정적이고 소극적인 사람이 있었습니다.

요한복음 12장 20-22절에 세 번째로 빌립을 소개하고 있습니다. 예수님이 예루살렘으로 입성하셨을 때 헬라인 몇 명이 빌립을 찾아가서 예수님 뵙기를 청했습니다. 그러나 빌립은 이 일을 해야 하나 말아야 하나, 이들이 어떤 사람들인가 하며 여러 가지 생각합니다. 행동을 못 하고 주저했습니다. 결국 빌립은 그들을 직접 예수님에게 데려가지 않고 안드레에게 소개합니다. 빌립은 이런 사람이었습니다.

요한복음 14장 8-11절에 빌립에 대한 네 번째 기록이 있습니다. 예수님이 제자들에게 "너희가 나를 알았더라면 내 아버지도 알았으리로다" 하고 말씀하시니 빌립이 "주여, 아버지를 우리에게 보여 주옵소서. 그리하면 족하겠나이다"라고 합니다. 이것을 보면 빌립은 분명히 예수님이 하나님의 아들이요 대망하던 메시아심을 믿기는 했지만, 자기 성격 때문에 적극적으로 받아들이지를 못했습니다. 조심성 있고 합리적인 사람이긴 하지만 믿음의 깊은 비밀을 이해하지 못했던 답답한 사람이었습니다. 그러나 예수님은 화를 내시지 않고 끝까지 기다리면서 빌립을 설득하십니다. 9절에 "빌립아 내가 이렇게 오래 너희와 함께 있으되 네가 나를 알지 못하느냐 나를 본 자는 아버지를 보았거늘 어찌하여 아버지를 보이라 하느냐" 하고 부드럽게 말씀하십니다.

예수님은 참으로 인내가 깊은 분이십니다. 예수님은 우리에 대해서 이렇게 오래 참으십니다. 주저하고, 결단하지 못하고, 언제나 현실과 이성으로 되돌아오는 그런 사람이라도 예수님은 끝까지 기다려 주십니다.

진실하지만 편협했던 바돌로매

두 번째로, 바돌로매에 대해 보겠습니다. 흔히 나다나엘이라고 부르는 이 사람은 요한복음 1장 45절에 단 한 번 소개됩니다. 빌립이 "메시아를 만났다. 모세 율법에 기록된 그 사람, 선지자들이 말한 그 사람이 바로 예수님이시다"라고 했더니 나다나엘이 받아들이지를 않습니다. 나사렛에서 무슨 선한 일이 일어날 수 있겠느냐고 말합니다. 나다나엘은 깨끗하고 진실했지만 굉장히 편견이 많은 사람이었습니다.

빌립의 소개를 받고 나다나엘이 예수님 앞에 옵니다. 이때 예수님이 나다나엘에게 "참으로 이스라엘 사람이라. 그 속에 간사한 것이 없도다"라고 하십니다. 나다나엘은 착하고 깨끗하고, 간사한 것이 없는 사람이었습니다. 하지만 어떤 면에서는 굉장히 편협한 사람인데도 예수님은 그에게 이렇게 말씀하십니다.

예수님은 사람의 단점을 보지 않고 장점을 보십니다. 분명히 빌립에게도, 베드로에게도 단점이 있었습니다. 나다나엘에게도 속이 좁고 편견이 많은 단점이 있었습니다. 그러나 예수님은 좋은 점만 집어내십니다. "너는 메시아를 진심으로 대망하는 참이스라엘인이구나. 네 속에는 진실이 있구나" 하시는 것입니다.

우리는 예수님의 이러한 시각을 배워야 합니다. 인간 관계, 특히 부부 관계에서 적용할 필요가 있습니다. 단점을 봐서 어떻게 하겠다는 것입니까? 바가지를 평생 긁어도 사람은 절대로 변하지 않습니다. 또 사람은 자기를 힘들게 하면 위장하게 되어 있습니다. 숨어 버릴지언정 변하지 않습니다. 압력을 넣으면 쭈그러지긴 하나 변하지는 않습니다. 그것이 인간입니다. 변하게 하시는 분은 하나님뿐입니다. 그러므로 단점을 고칠 생각은 아예 하지 말고 장점을 세우고 격려하고 도와주면 그 사람이 변할 것입니다. 이것이 예수님의 방법입니다.

바돌로매에 대해서 한 가지 더 생각할 것은, 이렇게 마음이 깨끗하고 천사들이 인자 위에 오르내리는 것까지 볼 수 있었던 사람이 성경에 자주 나타나지 않는다는 사실입니다. 연극을 보면 주연이 있고 조연이 있습니다. 오케스트라에는 전 연주를 통해 단 한 번 소리 내려고 서 있는 사람이 있습니다. 그런 사람도 제자입니다.

잠깐 나타났다가 사라지는 사람도 예수님이 천국의 열두 기둥으로 삼으신다는 것을 알아야 합니다.

의심 많은 도마

세 번째로, 도마를 보겠습니다. 이 사람의 별명은 의심 많은 제자입니다. 도마는 어떤 의미에서는 용감하면서도 감정적으로 혼돈에 빠져 있는, 일종의 우울증 환자 같은 사람입니다.

예수님이 죽은 나사로를 살리기 위해 유대로 가시려고 할 때 제자들이 "유대인들이 돌로 치려 하는데 왜 또 그리로 가려 하십니까? 가지 맙시다"라고 말합니다. 이때 도마가 용기 있는 발언을 합니다.

> 우리도 주와 함께 죽으러 가자(요 11:16).

굉장히 용기 있는 모습입니다. 그러나 그 모습을 유심히 보면 약간 병적인 태도가 있다는 사실을 발견하게 됩니다. 병적인 상태의 사람이 쓸데없이 만용을 부리는 모습이 도마에게서 나타납니다.

그런 증거가 요한복음 14장에 또 나타납니다. 예수님이 천국을 예비하러 가신다고 할 때 도마가 "주여, 주께서 어디로 가시는지 우리가 알지 못하거늘 그 길을 어찌 알겠사옵나이까?"라고 했습니다.

도마는 예수님을 믿었습니다. 그러나 천국에 대한 확신이 부족한, 반쪽 믿음을 가진 사람이었습니다. 이러한 도마가 예수님을 위해 죽으러 가자고 했던 것도 믿음이라기보다는 하나의 병적인 태도라고 볼 수 있습니다.

안식 후 첫날 저녁, 제자들이 다 모인 자리에 부활하신 예수님이 나타나셨습니다. 거기에 도마만 없었습니다. 나중에 다른 사람들이 예수님이 살아나셨다고 말하자 도마는 "내가 만져 보기 전에는 믿을 수 없다"고 했습니다. 그런데 예수님은 이런 도마를 어떻게 대해 주셨습니까? 친절하게 도마에게 나타나셔서 "너희에게 평강이 있을지어다"라고 하시면서 도마로 하여금 주님의 손을 만져 보게 하시고 옆구리에 손을 넣어 보게 하셨습니다.

이분이 예수 그리스도십니다. 도마는 그 자리에서 충격을 받고 "나의 주님이시요 나의 하나님이시니이다"라고 고백합니다.

도마는 병적인 성격이 있었고 천국에 대한 확신도 없었고 예수님의 부활도 믿을 수 없었던 사람이었습니다. 그러나 예수님은 그런 그를 버리지 않고 끝까지 사랑과 관용으로 만나 주셨고, 그의 실수를 실수로 보지 않으셨습니다.

남의 단점에 대해서 너무 예민한 사람이 있습니다. 그러나 자기 단점에 대해서는 무딥니다. 어떤 사람은 지성인은 비판해야 한다는 착각이 있습니다. 비판하지 않으면 발전하지 않는다고 생각하는 사람이 있습니다. 그렇지 않습니다. 적극적으로 사랑하지 않기 때문에 발전하지 않는 것이지, 비판하지 않아서 발전하지 않는 것이 아닙니다. 예수님처럼 단점을 끄집어 내지 않고 적극적으로 사랑하면 그 단점까지 다 변하는 것입니다.

세리 마태

마지막으로 마태에 대해서 보겠습니다. 마태복음을 쓴 마태는 당시에 가장 저주받던 세리라는 직업을 가진 사람이었습니다. 어떤 사람은 그 직업이 지금의 마약 밀매와도 같았다고 표현합니다. 그러나 이런 그가 부름을 받고 위대한 사도로 변합니다. 예수님의 부르심 앞에서 그는 돈도, 직업도, 그의 미래도 모두 포기합니다.

우리가 마태에게서 발견하는 놀라운 사실은 그가 마태복음을 썼다는 것입니다. 경멸받던 세리에게 이렇게 숨은 문장력이 있었다는 사실입니다. 우리에게도 위대한 능력이 숨어 있을지 모릅니다. 예수를 믿고 예수를 따르다가 나중에 이 책을 쓴 것을 보면 글을 쓰는 것은 마태 자신도 몰랐던 놀라운 은사였던 것입니다.

빌립은 상식적이고 합리적이지만 소극적이고 부정적인 사람이었습니다. 바돌로매는 깨끗하지만 별로 큰일을 한 사람은 아니며, 자기만 옳다고 편협하게 생각하는 사람이었습니다. 도마는 정신적 불안과 신앙의 회의가 짙은 사람이었습니다. 마태는 천한 세리의 직업을 가진 사람이었습니다. 그러나 예수님은 그들을 변화시키셨습니다. 예수님의 열두 제자들에게서 중요한 것은 제자들 자신이 아닙니다. 그들을 변화시키신 예수님입니다. 그분은 우리도 변화시켜 주실 것입니다. 우리의 성격도, 가치관도, 직업도, 미래도 변화시켜 주실 것입니다. 주님을 바라보고, 주님의 인도하심을 받으면 우리는 하나님 나라에서 귀중히 쓰임 받는 그릇으로 변할 것입니다.

20

택함 받고도 가룻 유다의
길을 걷지 마라

마태복음 10:4

예수님의 열두 제자 중 세 번째 그룹인 알패오의 아들 야고보, 다대오라 불리는 유다와 열심당원이었던 시몬, 그리고 가장 비극적인 인물인 가룟 유다에 대해 보겠습니다.

오직 이름만 남은 작은 야고보

알패오의 아들 야고보는 요한의 형제인 야고보와 구별하기 위해 작은 야고보라고 불렸습니다. 이 작은 야고보는 예수님과 대화한 기록이 하나도 없습니다. 오로지 이름뿐입니다.

사도행전 1장 13절에 보면 예수님이 승천하신 후 다락방에 모여 기도하고 있는 사람의 이름이 소개되고 있습니다. 베드로, 요한, 야고보, 안드레와 빌립, 도마와 바돌로매, 마태와 알패오의 아들 야고보, 셀롯인 시몬, 야고보의 아들 유다가 다 거기 있었다고 기록되어 있습니다. 이것을 보면 이름뿐인 제자 작은 야고보는 예수님의 부활도 목격했고, 예수님의 승천도 목격한 사람임에 틀림없습니다. 전승에 의하면 그는 예루살렘의 탑에서 아래로 던져졌습니다. 그러나 죽지 않아서 돌과 몽둥이로 맞았고, 그래도 죽지 않아서 톱으로 잘렸다고 합니다. 그렇게 죽임을 당한 사람이 이 작은 야고보입니다.

우리가 이 제자를 통해 생각하게 되는 것은, 역사의 전면에서 사람의 눈에 띄게 일하는 것이 중요하지 않다는 사실입니다. 끝까지 충성하며 그리스도의 증인이 될 수 있는가가 중요합니다. 비록 예수님과 대화한 기록이 없고 큰 활약이 없었다 할지라도 나름대로 존재의 의미가 있는 제자가 작은 야고보입니다.

큰 활약은 없었던 유다

이제 다대오라는 별명이 있는 유다에 대해 보겠습니다. 이 유다도 활약을 많이 한 사람은 아닙니다. 그가 예수님과 대화한 기록이 요한복음 14장 22절에 딱 한 번 나옵니다. 예수님이 십자가의 죽음을 앞두고 제자들을 준비시키시는 자리에서 유다는 "주여, 어찌하여 자기를 우리에게는 나타내시고 세상에는 아니하려 하시나이까"라고 질문했습니다. 이 질문은 "주님, 당신이 길이요 진리요 생명이며 하나님이라면, 왜 당신은 우리에게만 나타나시고 세상에는 자기를 숨기십니까?" 하는 뜻입니다. 사실 유다는 선교적인 마음을 가진 사람입니다. 세상에 예수님을 소개하는 것이 옳지 않은가 하고 말한 것입니다. 이때 예수님은 이렇게 대답하십니다.

사람이 나를 사랑하면 내 말을 지키리니 내 아버지께서 그를 사랑하실 것이요 우리가 그에게 가서 거처를 그와 함께하리라 나를 사랑하지 아니하는 자는 내 말을 지키지 아니하나니 너희가 듣는 말은 내 말이 아니요 나를 보내신 아버지의 말씀이니라(요 14:23-24).

질문과 대답이 잘 맞지 않는 것 같습니다. 그러나 이 말씀의 문맥을 자세히 살펴보면 "정말로 네가 나를 사랑하면 너는 내 말을 지키는 자가 될 것이다. 그러면 내가 세상에 나가서 나를 소개하는 것이 아니라, 네가 나를 세상에서 소개하는 자가 될 것이다"라는 뜻입니다.

예수님의 의도는 친히 세상에 나가서 자신을 소개하는 데 있는 것이 아니라, 소수의 제자들로 하여금 세상에서 그분을 전하게 하는 데 있었습니다. 이런 의미에서 우리는 예수님이 세상에 기적을 베푸시기를 기대할 것이 아니라 우리가 세상에 나가서 기적을 만들어야 합니다. "예수님, 왜 가난한 자를 그대로 두십니까? 예수님, 왜 악인들을 그대로 두십니까? 오셔서 이 문제를 해결해 주십시오." 이렇게 말하는 것은 신앙이 아닙니다. 내가 가서 그렇게 하는 것이 신앙입니다. 가난한 자를 도와주고 부정과 부패를 막고 사회 부조리를 깨우치는 역할을 우리가, 제자들이 해야 합니다. 네가 나를 사랑하면 내 말을 지킬 것이라는 말씀의 깊은 뜻을 유다를 통해서 깨닫게 됩니다.

투쟁을 사랑으로 바꾼 가나안인 시몬

다음으로 가나안인 시몬에 대해서 살펴보겠습니다. 누가복음 6장 15절과 사도행전 1장 13절은 이 사람을 셀롯당, 즉 열심당에 속한 시몬이라고 기록하고 있습니다. 셀롯은 민족 해방과 자주를 부르짖는 열광적이고 투쟁적인 집단입니다. 셀롯의 역사 중에 우리에게 잘 알려진 것이 그 유명한 맛사다의 투쟁입니다. 이스라엘이 로마에게 완전히 패배당하는 마지막 순간에 셀롯당원들은 맛사다라는 고지대로 도망갑니다. 그곳에서 마지막까지 투쟁합니다. 죽음이 임박한 때 이들은 로마인의 손에 죽기를 거부하여 투표로 서로를 죽입니다. 그래서 완전히 자결해 버립니다. 이들은 광적인 국수주의자들이었고 광적인 애국자들이었습니다.

놀라운 사실은 이런 배경이 있는 사람이 예수님의 제자가 되어서 그의 생애를 완전히 바꾸었다는 것입니다. 예수님의 삶과 열심당원의 삶은 정반대입니다. 민족과 애국과 통일을 위해서는 살인, 방화, 폭력, 그 무엇이든지 해도 된다는 것이 열심당원의 주장입니다. 그러나 예수님의 방법은 사랑과 용서와 화해였습니다. 그들의 주장은 민족 사랑이지만 예수님의 주장은 세계 사랑이었습니다. 이방인을 구원하는 것이었습니다.

우리는 이 시몬을 통해 엄청난 이데올로기의 열병 속에서도 예수님이 그를 변화시키셨다는 사실을 알 수 있습니다. 이데올로기를 극복할 수 있는 유일한 길은 기독교입니다.

가장 비극적인 제자, 가룟 유다

마지막으로 가룟 유다를 보겠습니다. 흔히 가룟 유다를 비판하고 욕합니다. 그러나 가룟 유다에게 동정심을 갖게 되는 것도 사실입니다. 우리가 가룟 유다에 대해 복잡한 감정을 갖는 이유는, 우리 안에 가룟 유다와 같은 모습이 있기 때문입니다.

가룟 유다에 대해 성경에 나타난 대로 살펴보겠습니다. 첫째, 가룟 유다에게서는 거듭났다는 흔적을 찾아볼 수 없습니다. 가룟 유다는 예수님과 함께 있었지만 구원받지 못했습니다.

요한복음 13장에서 예수님이 제자들의 발을 씻기실 때 베드로가 "주여, 내 발뿐 아니라 손과 머리도 씻어 주옵소서"라고 합니다. 그때 예수님은 목욕을 한 자는 발만 씻어도 된다고 하셨습니다. 목욕했다는 것은 구원받았다는 말입니다. 발을 씻는다는 것은 회개를 의미합니다. 구원은 한 번만 받으면 되지만, 회개는 발 씻듯이 자주 해야 합니다. 그러면서 예수님은 "너희가 깨끗하나 다는 아니니라"고 말씀하셨습니다. 이는 가룟 유다를 두고 하신 말씀이었습니다.

교회에 나오면서도 구원이나 거듭남에 대해 관심이 없는 사람들이 있습니다. 이런 사람들은 가룟 유다와 같이 될 가능성이 아주 많은 사람입니다. 헌금을 내고 봉사하고 무슨 행위를 하는 것보다 중요한 것은 거듭남을 확인하는 것입니다. 그래서 교회에서는 구원의 도리를 자꾸 가르쳐야 합니다.

둘째, 가룟 유다는 거짓 인도주의자입니다. 요한복음 12장 3절 이하에 보면 마리아가 옥합을 깨뜨려서 자기의 머리털로 예수님의 발을 씻어 드립니다. 이때 유다가 "왜 값비싼 향유를 저렇게 낭비하는가? 저것을 팔아 가난한 사람들에게 나누어 주면 얼마나 좋겠는가?"라고 합니다. 아주 그럴 듯합니다.

"교회를 왜 이렇게 크게 짓습니까? 강단을 왜 이렇게 장식합니까? 이것 다 팔아서 가난한 자들에게 주어야 하는 것 아닙니까?" 요즘 어떤 사람들은 교회가 사업하는 곳 같다고 비판합니다. 교회는 대중을 위한 조직이 아니라 부자들을 위한 합리적인 하나의 보호 세력이 아니냐고 쉽게 비판합니다. 가룟 유다가 그렇게 했습니다. 얼른 들으면 기막힌 인도주의자요, 인권운동가요, 가난한 자들의 대부처럼 들리는 말입니다. 그런데 그 말에는 몇 가지 오류가 있습니다.

그는 이 여인의 거룩한 낭비를 이해하지 못했습니다. 물론 그 돈을 가난한 자에게 주면 어마어마한 구제를 할 수 있습니다. 그러나 이 여인은 예수님을 장례하고 있었던 것입니다. 옥합을 깨뜨려서 예수님의 발을 닦고 있었습니다. 연애할 때 사랑하는 여자와 분에 넘치는 고급 음식점에서 식사했다고 야단치겠습니까? 그것은 돈으로 계산할 수 없는 낭비입니다. 물론 교회가 사치해서는 안 됩니다. 그러나 가룟 유다는 하나님을 향한 거룩한 낭비를 몰랐던 것입니다.

셋째, 가룟 유다는 가난한 자를 정말 생각한 사람이 아니라 가난한 자를 이용한 사람입니다. "어찌하여 이 향유를 삼백 데나리온에 팔아 가난한 자들에게 주지 아니하였느냐"는 그의 발언에 대해 성경은 이렇게 해석하고 있습니다.

이렇게 말함은 가난한 자들을 생각함이 아니요 그는 도둑이라 돈궤를 맡고 거기 넣는 것을 훔쳐 감이러라(요 12:6).

돈궤를 맡고 있기 때문에 헌금 수입이 적어지니까 한 말이지 정말 가난한 자들을 위해서 한 말이 아니라고 했습니다. 오늘 우리 시대에는 노동자와 가난한 자를 이용하여 도둑질하는 거짓 인도주의자들과 사회 참여자들이 너무나 많습니다. 어떤 사람은 자기가 가난한 이들을 위해서 살지 못하니까, 가난한 이들을 위해 살아야 한다고 열심히 외침으로써 스스로 그런 사람이 되었다고 착각합니다. 우리는 가난한 자들을 도와야 합니다. 교회는 가난한 자들과 억압된 자들 편에 서야 합니다. 그러나 그들을 이용해서는 안 됩니다.

넷째, 가룟 유다는 사탄에 사로잡혔던 사람입니다. 요한복음 13장 2절에 "마귀가 벌써 시몬의 아들 가룟 유다의 마음에 예수를 팔려는 생각을 넣었더라"고 했습니다. 분명히 가룟 유다에게 마귀가 들어간 것입니다. 똑똑하다고 다 훌륭한 것이 아닙니다. 차라리 미런한 것이 좋을 때가 있습니다. 머리가 좋은 사람일수록 마귀에게 더 잘 이용당합니다. 어차피 실수는 다 똑같이 합니다. 베드로는 예수님을 세 번이나 부인했고, 가룟 유다는 예수님을 팔았습니다. 오십 보 백 보입니다. 그러나 차이가 무엇입니까? 가룟 유다는 마귀가 사용하기 좋은 그릇이었고, 베드로는 성령이 사용하기 좋은 그릇이었다는 것입니다.

가룟 유다의 최후

가룟 유다의 최후를 생각해 보겠습니다. 마태복음 27장을 보면, 유다는 예수님이 돌아가신 후 자신이 잘못되었다는 것을 알고 목매달아 자살하고 맙니다.

여기서 왜 예수님은 가룟 유다를 택하셨는가 하는 질문을 하게 됩니다. 하나님이 아담이 죄를 지을 줄 아셨다면 왜 아담을 만드셨느냐는 것과 똑같은 질문이 유다에게도 적용됩니다. 아담과 하와가 선악과를 따 먹었을 때, 아담이 하나님에게 이렇게 대답합니다. "네, 따 먹었습니다. 그런데 내가 먹고 싶어 먹은 것이 아니라 당신이 준 그녀가 먹으라고 해서 먹었습니다." 누구 잘못이라는 것입니까? 당신이 준 그 여자 때문이라는 말은 "하나님, 좀 똑똑하게 만드십시오" 하는 뜻입니다.

자기가 잘못해 놓고 하나님에게 핑계대는 것은 죄입니다. 잘못은 자기가 하고 환경 탓이요, 제도 탓이요, 정치 탓이라고 합니다. 이것이 죄의 속성입니다. 하나님은 죄를 짓도록 인간을 만든 것이 아니라, 그 부분에서도 인간이 자유하도록 만드신 것입니다. 인간을 개나 소로 만들었다면 갈등이 없습니다. 그러나 인간은 자유 의지를 주신 것을 이렇게 비방거리로 생각한 것입니다.

가룟 유다도 마찬가지입니다. 잘못은 가룟 유다가 했습니다. 하나님이 그렇게 만드신 것이 아닙니다. 마태복음 13장 24-30절에 있는 유명한 비유를 통해서 이 문제의 해답을 찾을 수 있습니다. 사람들이 천국의 씨를 뿌린 곳에 원수가 와서 가라지를 덧뿌리고 갔습니다. 싹이 나고 결실할 때 가라지도 보였습니다. 종들이 "이것을 뽑아 버릴까요?" 하고 묻자 주인은 "둘 다 추수 때까지 함께 자라게 두어라. 추수 때에 가라지는 거두어 불사르게 단으로 묶고 곡식은 모아 내 곳간에 넣으리라"고 말했습니다. 어떤 의미에서 가룟 유다는 가라지와 같은 존재였습니다. 이것은 교회 안에도 가룟 유다와 같은 사람들이 공존한다는 사실을 보여 줍니다. 우리는 가라지가 되지 말아야 합니다.

21

거저 주는 것이 전도다

마태복음 10:5-10

예수님은 제자들을 세상에 보낼 때 특별한 지침을 주어서 보내셨습니다. 이제부터 그 지침에 대한 공부를 하겠습니다.

가까운 데부터 하라

마태복음 10장 5-6절에 첫 번째 전도 지침이 있습니다.

"이방인의 길로도 가지 말고 사마리아인의 고을에도 들어가지 말고 오히려 이스라엘 집의 잃어버린 양에게로 가라."

이 말을 잘못 들으면 이방인 전도도 하지 말고 사마리아 전도도 하지 말라는 것으로 오해할 수 있습니다. 그러나 결코 그렇지 않습니다. 왜냐하면 예수님이 사마리아 수가성에 사는 여인 같은 이방인들에게 복음을 전하신 일이 성경에 수없이 나타나기 때문입니다. 특별히 승천하시기 직전에 예수님은 "성령이 너희에게 임하시면 너희가 권능을 받고 예루살렘과 온 유대와 사마리아와 땅끝까지 이르러 내 증인이 되리라"(행 1:8)고 하셨습니다. 모든 족속에게 가서 예수님 전하는 것을 지상 명령으로 주신 것입니다.

그러면 왜 예수님은 이방인의 길로도 가지 말고 사마리아인의 길로도 가지 말고, 이스라엘의 잃어버린 양에게로 가라고 했을까요? 이 말의 뜻은 "너희가 세계 선교하기 전에, 이웃 전도하기 전에 네 가정부터 전도하라"는 것입니다. 전도의 출발점이 바로 네 아내, 네 남편, 네 자식에 있다는 것입니다.

사도 바울은 평생을 선교사로 지내면서 죽을 때까지 이방인을 위한 복음의 빚진 자로 살았습니다. 로마서 9장을 보면 그러한 그가 "나에게 큰 근심이 하나 있다. 그것은 나의 형제, 골육의 친척을 위한 것인데 그들이 구원을 받는다면, 내 생명이 그리스도에게서 끊어진다고 해도 좋겠다"고 말하고 있습니다. 이방인을 위해서 전도하도록 부름 받은 바울의 마음 깊은 곳에서는 자기 동족, 자기 형제를 향한 뜨거운 애정이 있었던 것입니다.

가족을 버리고서는 사회란 존재하지 않으며, 민족을 버리고서는 세계란 무의미합니다. 기독교인은 누구보다도 자기 동족과 민족과 나라를 사랑하는 사람입니다. 그들을 사랑하기 때문에 그들을 뛰어넘어 세계를 바라볼 수 있는 세계적인 그리스도인이 되는 것입니다. 같은 민족처럼 사랑하는 마음을 갖게 되는 것입니다. 세계 선교란 자기 민족에 대한 사랑 없이는 불가능합니다.

그런데 전도는 친족, 특별히 피를 나눈 사람끼리는 더 어렵습니다. 가족 전도처럼 어려운 것이 없습니다. 이것이 전도의 역설입니다. 제일 가까운 사람에게 전도하는 것이 제일 어렵다는 것입니다. 우리가 세계에서 제일 전도하기 어려운 민족이 바로 북한입니다. 제일 가까이 있고 동족이기 때문에 일본 전도나 중국 전도보다 수

십 배 어렵습니다. 우리 가족은 다 예수 믿습니까? 한 사람도 빠지지 않고 다 구원을 받았습니까? 우리의 친족, 피를 나눈 형제들은 다 천국 간다는 확신이 우리에게 있습니까? 오늘 우리는 이 문제를 위해서 기도해야 합니다. 우리는 위대한 세계 복음화의 꿈을 꾸어야 합니다. 그러나 시작은 가족부터입니다.

가족 전도가 너무나 어렵기 때문에 세 가지 전도 방법을 가르쳐 드립니다. 첫째, 기도 전도입니다. 멀리 있는 사람들은 말로도 가능합니다. 그러나 가족 전도는 기도하지 않으면 전도가 안 됩니다. 둘째, 행동 전도입니다. 행동으로 변화를 보여 주지 않으면 가족 전도는 어렵습니다. 이것은 아브라함과 롯의 관계와 같습니다. 그래서 가족 전도를 하려면 실리를 포기해야 합니다. 이익을 포기하지 않으면 가족 전도는 어렵습니다. 셋째, 지속 전도입니다. 한꺼번에 되지 않습니다. 장기적으로 해야 합니다. 그래야만 가족 전도가 이루어집니다.

천국이 가까이 왔음을 선포하라

예수님의 두 번째 전략은 무엇입니까?

가면서 전파하여 말하되 천국이 가까이 왔다 하고 병든 자를 고치며 죽은 자를 살리며 나병 환자를 깨끗하게 하며 귀신을 쫓아내되 너희가 거저 받았으니 거저 주라(마 10:7-8).

전도란 천국이 가까이 왔다는 것을 선포하는 것입니다. 교회에 데리고 온다고 전도가 아닙니다. 교회 와서 예수 안 믿는 형식적인 교인이 될 수 있기 때문입니다. 천국이 가까이 왔다는 것을 가르쳐 주는 것이 전도입니다. 천국이 가까이 왔다는 것은 예수님이 지금 여기 오셨고, 예수님이 지금 우리와 가까이 계신다는 뜻입니다. 그러므로 이 사실을 깨닫고 예수 그리스도를 믿고 영접하라는 뜻입니다.

우리 인생의 궁극적인 문제는 순간의 문제가 아니고 영원의 문제입니다. 지상의 문제가 아니라 천국의 문제입니다. 이 세상은 잠깐입니다. 최근에 정치, 경제, 사회적인 어려움이 많습니다. 그러나 이 많은 사건도 10년, 20년 지나고 나면 다 역사에 묻힐 것입니다. 지금 나의 심각한 문제도 10년이 지나고 나면 아무것도 아닌 것이 됩니다. 그렇게 80년 살면 땅에 묻히고 마는 것이 우리의 인생입니다. 우리는 영원한 것, 바로 천국을 생각해야 합니다. 예수님은 "천국이 지금 여기 네 마음속에 임해야 한다"는 사실을 가르쳐 주는 것이 전도라고 말씀하셨습니다. 영원에 이르는 진리와 구원을 선포하는 것이 전도입니다.

그런데 예수님은 천국이 가까이 왔다고 하고, 예수님이 병든 자를 고치며 죽은 자를 살리며 나병 환자를 깨끗하게 하고 귀신을 쫓아낸다는 사실을 전파하라고 하셨습니다. 이 말씀은 "천국의 주인 공이신 예수 그리스도가 지금 여기 오셨는데, 네가 이 예수님을 믿고 회개하고 영접하면 하나님의 자녀가 되고 천국의 자녀가 된다. 그런데 이 예수는 단순한 한 인간이 아니다"라는 뜻입니다. 나병을 고치고 죽은 자를 살리고 귀신을 쫓아낸다면 그는 보통 인간이 아니라 하나님이라는 뜻입니다. 이 말은 또 한 가지 뜻이 있는데 이렇게 능력 있는 분이라면 우리를 구원하시고도 남을 만한 필요충분조건을 다 갖추신 분이라는 것입니다.

예수님이 우리 가까이 와 계십니다. 다른 말로 하면 천국이 가까이 와 있다는 뜻입니다. 이 예수님은 우리의 모든 질병과 죽음과 죄와 사탄의 모든 세력을 정복하신 분이라는 사실을 성경이 보여주고 있습니다. 이것을 선포하는 것, 그것이 전도입니다.

거저 받았으니 거저 주라

세 번째 지침은, 8절에 나오는 "너희가 거저 받았으니 거저 주라"는 말씀입니다. 이 말씀의 뜻은 네 가지로 생각해 볼 수 있습니다. 첫째, 복음은 그 가치가 너무 커서 값으로 계산할 수 없습니다. 둘째, 복음은 내 노력이나 공로로 얻는 것이 아닙니다. 셋째, 복음은 내가 똑똑하고 잘났기 때문에 주어지는 것이 아닙니다. 그리고 마지막으로 복음은 돈이나 대가를 주고 받는 것이 아니라는 뜻입니다. 요즘 예수 믿는 사람들 가운데 큰 착각에 빠진 사람들이 있습니다. 복음을 주고 받는 것(Give and Take)으로 생각하는 사람들입니다. 헌금 많이 하면 하나님이 축복을 더 주시고, 봉사를 많이 하면 하나님이 은혜를 더 주신다고 생각합니다. 이런 개념은 모두 주고 받는 개념입니다.

왜 헌금을 합니까? 보조금이나 복채 내는 식으로 헌금하는 사람도 있고, 헌금 안 하면 무슨 도둑질한 것 같은 느낌이 들어서 헌금하는 사람도 있습니다. 그러나 교회란 그런 곳이 아닙니다. 거저 받았으니 거저 주는 것입니다. 헌금은 은혜에 대한 보답이지 의무가 아닙니다. 좋아서 하는 것입니다. 감사해서 하는 것입니다.

내가 하나님에게 이만큼 했기 때문에 하나님이 나에게 이만큼 해 주실 것이라는 생각은 잘못입니다. 또 일하다가 크게 실수하여 매를 맞으면 사람들은 하나님에게 무엇을 덜 드려서 그렇다고 생각합니다. 하나님이 나에게 벌을 내리시는 거라고 생각하기 쉽습니다. 그것은 어린아이 같은 생각입니다. 복음에 깊이 들어가면 그것이 아니라는 것을 알 수 있습니다.

현대는 모든 것에 대가를 치르는 시대입니다. 모든 것을 계산하고 돈으로 결정합니다. 그러나 돈의 가치를 뛰어넘는 것이 신앙의 가치입니다. 신앙의 본질은 거저 받았으니 거저 주는 것입니다. 교회 안에서 이루어지는 봉사는 돈 받고 해서는 안 됩니다. 그것은 하나님의 가치를 땅에 떨어뜨리는 일입니다. 구제도 가르치는 것도 무보수여야 합니다. 이것이 성경의 원칙입니다.

또 그리스도인은 세상에 나가서 가능하면 무보수로 일하는 운동을 해야 합니다. 물론 직업이나 생계와는 다른 영역입니다만, 모든 영역에서 돈을 받지 않고 하는 운동을 보여 주어야 합니다. 무료 상담, 무료 변호, 무료 야간학교 등등의 일들이 기독교 안에서 많이 일어나야 합니다. 돈을 많이 받을 수 있는 사람이 돈을 받지 않고 이웃을 도와주는 운동을 적극적으로 펼쳐야 합니다.

물질에 의존하지 마라

네 번째 지침은, 9-10절에 나옵니다.

> 너희 전대에 금이나 은이나 동을 가지지 말고(마 10:9).

전도할 때 허리춤에 전대, 즉 돈주머니를 가지고 가지 말라는 것입니다. 이 말은 전도는 돈으로 하는 것이 아니라는 뜻입니다. 돈은 필요합니다. 그러나 돈이 우상이 되어서는 전도가 안 된다는 뜻입니다.

사도행전 3장 6절에 베드로가 앉은뱅이에게 "은과 금은 내게 없거니와 내게 있는 이것을 네게 주노니 나사렛 예수 그리스도의 이름으로 일어나 걸으라"고 했습니다. 바로 이것이 전도입니다.

교도소 전도를 하는 어떤 자매의 고백을 들은 적이 있습니다. 교도소에 전도하러 가면서 처음에는 먹을 것을 많이 주었다고 합니다. 그랬더니 재소자들이 복음을 기다리는 것이 아니라 물질을 기다리더라는 것입니다. 물질을 안 가져가면 별로 재미없어 하고 먹을 것이나 돈을 넣어 주면 아주 좋아했습니다. 그래서 전도 전략을 바꾸어서 좀 섭섭하더라도 가능하면 먹을 것을 안 가져갔습니다. 그러니까 이들이 복음에 관심을 갖게 되었습니다. 이제는 그들이 먹을 것을 안 주어도 좋으니 기도하고 성경을 가르쳐 달라고 하는 안타까운 마음이 생겼다고 합니다. 돈은 필요합니다. 그러나 돈을 가지고 전도하면 결국 그 사람을 잃어버리고 맙니다.

여행을 위하여 배낭이나 두 벌 옷이나 신이나 지팡이를 가지지 말라 이는 일꾼이 자기의 먹을 것 받는 것이 마땅함이라(마 10:10).

이 말씀은 전도할 때 전도자가 자기의 생활을 염려해서는 안 된다는 뜻입니다. "옷, 신, 지팡이 문제는 하나님에게 맡겨라. 그리하면 하나님이 이 모든 것을 다 책임져 주신다"는 사실을 예수님이 말씀하셨습니다. 거저 받았으니 거저 주고, 대가를 받지 말고 무보수로 모든 일을 하라는 것입니다. 설교자, 목사, 전도사, 선교사는 원칙적으로 무보수로 일해야 합니다. 돈을 받고 일한다는 생각은 비복음적입니다. 그러나 교회는 그들이 생활을 걱정하지 않도록 책임을 져 주어야 합니다. 이 말씀은 이런 뜻입니다.

교회는 교역자에게 월급을 줍니다. 그런데 교회가 교역자의 월급을 책정할 때 자칫 잘못하면 세상적인 개념으로 하기가 아주 쉽습니다. 보너스, 휴가 등 세상에서 다 그렇게 하니까 그런 방법으로 책정합니다. 물론 기준은 있어야 합니다. 그러나 그 정신은 분명히 성경적이어야 합니다. 교회에서의 휴가나 보너스, 월급은 안식의 개념, 성령의 응답으로서의 개념으로 책정되어야 합니다.

예를 들어 선교사들의 경우, 일할 때는 월급을 주고 일 안 할 때는 안 준다는 것은 세상적인 개념입니다. 그렇지 않습니다. 은퇴후에도 교회가 끝까지 그들의 생활을 보장해 주는 것이 성격적인 태도입니다. 목회자가 월급을 많이 주기 때문에 일을 많이 하고 월급을 적게 주기 때문에 일을 적게 한다거나, 월급을 많이 받으면 자기의 가치가 높아진 것으로 여기고 월급이 적으면 자기의 가치가 낮아졌다고 여긴다면 극히 잘못된 것입니다. 그것 때문에 일하는 것이 아닙니다.

어떤 경우에는 월급을 주지 않아도 일해야 합니다. 월급 때문에 일하는 것이 아니기 때문입니다. 월급 받고 일하는 것이 목회자나 선교사의 본분이 아닙니다. 교회가 선교사에게 돈을 줍니다. 그러나 안 줄 수도 있습니다. 그러나 안 준다고 해서 선교사를 그만두는 것이 아닙니다. 단지 월급 받기 위해서 일하는 것이 아니기 때문입니다.

모든 목회자, 설교자, 전도사, 선교사는 무보수로 일하는 심정으로 일해야 합니다. 그리고 그 사람이 생활 걱정을 하지 않아도 되는 범위까지 책임을 져 주는 것이 교회가 할 일입니다.

22

소돔과 고모라의
최후를 명심하라

마태복음 10:11-15

우리는 앞에서 예수님의 전도 전략에 대해 네 가지를 공부했습니다. 이제 본문 11절 이하의 말씀에서 세 가지 전략을 더 배우도록 하겠습니다.

동역자를 만나라

예수님은 다섯 번째 전도 전략에 대해 말씀하고 계십니다.

> 어떤 성이나 마을에 들어가든지 그중에 합당한 자를 찾아내어 너희가 떠나기까지 거기서 머물라(마 10:11).

이 말씀은 아무 집에나 들어가서 예수님 이름으로 신세 지라는 뜻이 아닙니다. 성경을 오해하는 어떤 사람들은 예수님의 이름으로 상대방에게 피해를 주는 수가 있습니다. 이 말씀은 아무 집이나 좋아 보이는 곳에 들어가서 "내가 전도하러 왔으니 나를 믿으시오. 잠도 재워 주고 돈도 주시오"라고 하라는 뜻이 아니라, 전도하러 어떤 성이나 마을에 들어갔을 때 하나님이 예비하신 사람을 만나라는 뜻입니다.

"그중에 합당한 자를 찾아내어"라는 말은 "하나님이 예비하신 사람이 반드시 있다. 준비시켜 놓은 사람이 있다. 그 사람을 먼저 만나는 것이 중요하다"라는 뜻입니다. 그러면 '합당한 사람'이란 무슨 뜻입니까? 원어의 뜻은 '헌신된 사람'이라는 뜻입니다. 헌신된 사람이란 영적으로, 도덕적으로 성숙한 사람을 의미합니다. 전도라는 것은 하나의 도덕 강연이 아니라 영적인 전쟁입니다. 마귀와의 싸움이기 때문에 혼자서 전도하는 것은 위험합니다. 반드시 영적인 동역자가 필요합니다.

남자 중에서 가장 행복한 남자는 예수 잘 믿는 아내를 얻은 남자입니다. 왜냐하면 남자가 술을 먹든지 외박을 하든지 하나님을 떠나든지 그 부인은 끊임없이 기도하기 때문입니다. 좋은 영적 동역자를 만나는 것은 보통 축복이 아닙니다. 또 기도하는 부모를 만난 자녀처럼 행복한 자녀가 없습니다. 혼자 예수 믿는 것은 불가능합니다. 영적인 속성상 자기 혼자 믿는 것은 어렵습니다. 언제나 동역자가 필요하고, 그래서 교회가 필요합니다. '교회'는 불완전한 조직이지만, 그 안에서 예수 믿는 사람들끼리 힘을 합하고 격려하고 위로하기 때문에 신앙이 유지되는 것입니다. 동역자가 이처럼 중요합니다.

그래서 예수님은 전도할 때 개인 전도를 시키지 않고 둘씩 짝을 지어 보내셨고, 언제나 필요한 동역자와 같이 전도하게 하셨습니다. 사람은 영적인 문제뿐만 아니라 육체를 가지고 있는 존재이기 때문에 육체적으로도 공급을 받아야 합니다. 잘 먹어야 하고, 잘 쉬어야 합니다. 육체적으로 위로를 받고 영적으로도 위로를 받아야만 인간은 온전해질 수 있습니다.

예수님은 전도할 때 "합당한 자를 찾기 위해 노력하고 기도하라. 누가 나의 영적인 동역자일까를 먼저 생각하라"고 말씀하셨습니다. 전도하려고 마음먹으면 하나님의 사람이 눈에 띄게 되어 있습니다. 그러나 세상일에 관심을 가지면 하나님의 사람이 가려지고 세상 사람이 눈에 띄기 시작합니다. 우리가 어디에 관심을 갖느냐에 따라 보는 대상이 달라집니다.

여기서 그 집은 가난하고 보잘것없을 수도 있고, 집주인이 유명하거나 위대한 사람이 아닐 수도 있습니다. 그러나 그 사람이 합당한 사람임을 발견하면 그 집에 머물라고 말씀하셨습니다. "그 사람이 분명히 하나님의 사람이라면 너희를 영접할 것이다. 먹이고 재우는 것을 아깝게 생각하지 않을 것이다"라는 말씀입니다.

그런데 그 사람의 집에 갔으면 떠날 때까지 거기에 머물라고 하셨습니다. 이 말의 뜻은 혹시 그 집이 자기가 생각했던 것보다 편하지 않더라도 가능하면 이 집 저 집 옮겨 다니지 말라는 것입니다. 어떤 사람은 필요와 이해에 따라 쉽게 거처와 일터를 자주 옮기는 사람이 있는데, 대개 이런 사람일수록 주위 사람들에게 신뢰와 존경을 받지 못하는 것을 발견합니다. 너무 이기적이고, 너무 자기의 편리만을 추구합니다. 쓰면 뱉고 달면 삼키는 사람이라는 오해를 받으면 안 된다는 뜻입니다. 전도는 아무리 좋은 말을 할지라도 덕을 세우고 인격을 보여 주지 않으면 다 허물어집니다. 그래서 가능하면 끝까지 한 곳에 머물면서 전도하라고 예수님이 말씀하신 것입니다.

성경에 보면 실제로 이런 합당한 집들이 있었습니다. 예를 들면 사도행전 16장 14절에 나오는 루디아라는 여인의 집입니다. 사도 바울이 빌립보에 전도하러 갔을 때 한 여인에게 기도처가 어디 있는지 물어봤는데 그 여자가 바로 루디아였습니다. 루디아는 자기 집에 바울을 초대하여 말씀을 들었고, 그로 인해 온 가정이 세례를 받았습니다. 이것이 빌립보 교회가 시작한 동기입니다. 한 여자의 헌신된 신앙의 자세가 빌립보 교회를 탄생시킨 것입니다. 데살로니가의 야손의 집, 고린도의 가이오의 집 등이 다 합당한 집들입니다. 우리는 우리의 집이 이런 집이 되기를 기도해야 합니다. 우리의 집은 복음을 탄생시키는 집, 하나님이 합당한 사람의 집이라고 인정해 주시는 집이 되어야 합니다.

평안을 빌라

예수님의 전도 지침 여섯 번째는, 합당한 자의 집에 들어가서 평안을 축복하라는 것입니다. 12절에 "또 그 집에 들어가면서 평안하기를 빌라"고 했습니다. 복음에 헌신한 자에게 보답할 것은 물질이 아닙니다. 평안입니다. 평안을 빌어 주는 것입니다.

평안은 샬롬이라는 말인데, 이 '샬롬'은 세상에서 말하는 땅의 평화가 아니라 하나님이 주시는 하늘의 평화를 의미합니다. 세상에서 사람들이 추구하는 행복의 조건은 다 우리를 불행하게 만드는 것들입니다. 돈을 많이 가져 보십시오. 마음의 평화가 없습니다. 돈이나 물질이 주는 것은 세상의 평안이기 때문입니다. 진정한 평안은 하나님이 주십니다.

요한복음 14장 27절에 "평안을 너희에게 끼치노니 곧 나의 평안을 너희에게 주노라 내가 너희에게 주는 것은 세상이 주는 것과 같지 아니하니라"고 했습니다. 그리스도인의 가장 큰 축복은 마음의 평화입니다. 가난해도 얻을 수 있는 평화입니다. 뺨을 맞고 코피를 흘리면서도 조용히 가질 수 있는 내적인 평화입니다. 억울하게 누명을 쓰고 감옥에 들어간다 할지라도 흔들리지 않는 평화입니다. 이 평화가 우리에게 있어야 합니다.

오늘 이 세상을 살아 나갈 수 있는 유일한 힘은 평화입니다. 내 마음의 평화입니다. 이 평화가 있으면 아무리 억울한 일, 아무리 속상한 일이 있어도 내 마음을 누가 흔들지 못합니다. 그러므로 그리스도인은 평안을 기원해 주는 사람이어야 합니다. "하늘의 평화가 그대에게!"라고 축복해야 합니다.

그런데 오늘 성경이 이 평화의 속성 가운데 재미있는 것을 소개하고 있습니다. 13절에 "그 집이 이에 합당하면 너희 빈 평안이 거기 임할 것이요 만일 합당하지 아니하면 그 평안이 너희에게 돌아올 것이니라"고 했습니다. 평화는 받을 만한 자격이 있는 사람에게는 임하고 받을 자격이 없는 사람에게는 임하지 않는다는 것입니다.

원한다고 다 평화가 있으면 얼마나 좋겠습니까? 얼마나 많은 사람이 마음의 평화를 원합니까? 행복을 원합니까? 사람들은 자기의 행복을 위해서 살인하며, 도둑질하며, 미워합니다. 그 사람들이 왜 도둑질합니까? 잘 살아 보기 위해서입니다. 잘 살아 본다는 것은 행복의 어떤 가치를 위해서 산다는 것입니다. 그러나 그들은 방법을 잘못 선택한 것입니다.

우리에게는 하나님의 평화가 머물 수 있는 자리가 있어야 합니다. 준비된 사람에게는 평화가 임할 것이요, 평화를 받을 준비가 되지 않은 사람에게는 그 평화가 다시 튀어나올 것입니다.

로마서 5장 1절에 "그러므로 우리가 믿음으로 의롭다 하심을 받았으니 우리 주 예수 그리스도로 말미암아 하나님과 화평을 누리자"라고 했습니다. 진정한 평화는 하나님과의 평화입니다. 맨 먼저 우리는 하나님과 관계가 좋아야 합니다. 그 다음에 사람 사이에 평화 관계를 유지해야 합니다. 미운 사람이 있으면 평화가 이루어지지 않습니다. 용서하십시오. 이것이 평화의 조건입니다. 회개하십시오. 이것이 평화의 조건입니다. 교만을 버리십시오. 교만한 사람에게는 어떤 경우에도 평화는 존재하지 않습니다. 자존심이 강한 사람에게는 평화가 없습니다. 자존심을 버리십시오. 그러면 평화가 임하게 될 것입니다.

발의 먼지를 떨어 버리라

예수님의 전도 지침 일곱 번째는, 복음을 거절하는 사람에게는 발의 먼지를 떨어 버리라는 고통스러운 말씀입니다.

> 누구든지 너희를 영접하지도 아니하고 너희 말을 듣지도 아니하거든 그 집이나 성에서 나가 너희 발의 먼지를 떨어 버리라(마 10:14).

예수 안 믿어도 축복해 주어야 할 텐데 안 믿는 사람에게는 발의 먼지를 떨어 버리고 가라는 것입니다. 쉽게 말하면 침 뱉고 가라는 것입니다. 이 말씀의 뜻을 좀 더 깊이 생각해 보면 복음의 아주 중요한 특성을 보여 주는 말씀인 것을 알 수 있습니다.

원래 이스라엘의 습관으로는 "발의 먼지를 떨어 버리라"는 말은 이방인을 무시하는 말이었습니다. 이방인들은 그 발의 먼지까지도 부정하다고 봤습니다. 그래서 유대인들이 여행을 갔다가 이방에서 돌아올 때는 발의 먼지를 다 떨어 버리고 들어왔다고 합니다. 다시 말해서 이것은 유대인의 독특한 선민의식을 표현하는 말입니다.

그런데 예수님이 지금 이방인의 길로도 가지 말고 사마리아인의 길로도 가지 말고, 차라리 이스라엘의 잃어버린 양에게로 가라고 하신 것을 보면 이 말씀의 대상은 유대인입니다. 그러므로 이 말씀은 "비록 유대인이라도 복음을 거절하면, 이방인에게 하는 것 같은 무시와 저주를 받게 된다"는 뜻입니다. 이 말씀이 이방인이 아니라 유대인에게 하시는 말씀이라는 사실을 이해하면 그 뜻을 쉽게 알게 됩니다.

실제로 사도 바울이 이렇게 한 예가 있습니다. 사도행전 13장 51절을 보면 바울과 바나바가 전도 여행 중에 박해를 받고 쫓겨나면서 유대인들을 향해 발의 티끌을 떨어 버리고 이고니온으로 갑니다. 그렇게 하게 된 이유가 사도행전 13장 46절에 기록되어 있습니다.

"바울과 바나바가 담대히 말하여 이르되 하나님의 말씀을 마땅히 먼저 너희에게 전할 것이로되 너희가 그것을 버리고 영생을 얻기에 합당하지 않은 자로 자처하기로 우리가 이방인에게로 향하노라."

이 말씀의 뜻은 예수님이 간절하게 그 유대인들에게 전도하기를 원하셨지만 선택된 백성이라 할지라도 복음을 받지 않은 경우에는 어쩔 수 없다는 것입니다. 복음의 축복에서 벗어나게 된다는 것입니다.

지금도 이스라엘은 예수를 믿지 않습니다. 전도하기 아주 어려

운 대상이 공산주의자입니다. 그보다 더 어려운 대상은 이슬람교
도입니다. 그러나 그보다도 더 어려운 대상은 이스라엘 사람입니
다. 이스라엘에는 교회가 거의 없습니다. 아직도 이스라엘은 복음
을 받아 들이지 않았습니다. 그래서 발의 먼지를 떨어 버리라고 말
씀하셨습니다.

이 말씀을 통해서 우리가 깨닫는 것은 예수를 믿고 복음을 알았
다는 것이 특권이기도 하지만 책임이라는 사실입니다. 먼저 받은
사람이 어떤 의미에서 참 중요합니다. 그래서 정말 어려운 사람은
예수를 잘 믿다가 안 믿는 사람입니다. 예수 잘 믿다가 양심에 화
인 맞은 사람일수록 이단에 잘 빠지고, 기독교적인 생활에 오래 젖
어 있던 사람일지라도 복음을 모르면 예수님과 더 먼 관계에 있게
됩니다.

심판 날에 대한 경고

15절을 보면 예수님은 이런 사람에 대해서 말씀하십니다.

"내가 진실로 너희에게 이르노니 심판 날에 소돔과 고모라 땅이
그 성보다 견디기 쉬우리라."

소돔과 고모라는 죄악의 도시, 저주와 심판의 도시로 유명합니
다. 그런데 복음을 거부하는 유대인에 대한 하나님의 심판은 소돔
과 고모라가 받은 것보다 훨씬 크다고 했습니다. 도덕적 타락보

다 더 무서운 것은 영적인 타락입니다. 우리가 도덕적으로 타락할 수는 있습니다. 그러나 하나님으로부터 저주받는 사람이 되어서는 안 됩니다. 어쩌면 우리는 도덕적으로나 윤리적으로 완전할지 모릅니다. 박애주의자일지도 모릅니다. 그러나 하나님으로부터는 저주받은 사람일 수도 있습니다. 오늘 예수님이 말씀하십니다.

"소돔과 고모라가 너보다는 나으리라."

복음을 거부하는 현상이 이렇게 무서운 것입니다.

현대인이 외면하는 것 중 하나는 심판입니다. 심판을 믿고 싶지 않은 것입니다. 많은 사람이 지옥이 있다는 사실을 의심합니다. 믿으려 하지 않습니다. 왜냐하면 자기가 지옥 갈 사람이기 때문입니다. 사람들이 왜 죄를 짓습니까? 심판이 얼마나 무서운지를 느끼지 못하기 때문입니다. 지옥이 있다는 사실, 심판이 있다는 사실을 영적으로 깊이 깨닫는다면 우리는 죄를 지을 수가 없습니다.

일본의 지진을 보면서 느끼는 점은 아무리 집을 잘 짓고 경제가 부흥한들 무슨 소용이 있는가 하는 것입니다. 하나님이 흔들면 다 무너지고 맙니다. 부가 무슨 소용이 있습니까? 하나님이 흔들면 다 무너지고 맙니다. 우리는 심판이 있다는 사실을 알아야 합니다. 어느 날 갑자기 하나님이 지구를 흔들어 버리실지도 모릅니다. 소돔과 고모라 땅의 죄악이나 요즘 서울 땅의 죄악이나 다를 것이 무엇입니까? 향락 산업, 마약, 각종 범죄를 보십시오. 하나님의 심판을 받기에 합당하다고 생각하지 않습니까? 소돔과 고모라가 문제가 아닙니다. 그 이상 가는 죄악이 우리 민족의 영혼에 깊이 뿌리 내리고 있습니다. 사람들은 심판은 없다고, 괜찮다고 합니다. 그러나 괜찮은 것이 아닙니다. 지금도 하나님의 진노를 계속 쌓고 있습니다.

그래서 베드로후서 3장 10절에 "그러나 주의 날이 도둑같이 오리니 그 날에는 하늘이 큰 소리로 떠나가고 물질이 뜨거운 불에 풀어지고 땅과 그 중에 있는 모든 일이 드러나리로다"라고 했습니다. 성경의 놀라운 말씀은 하나님의 심판은 예고 없이 도둑같이 옵니다. 그래서 성경은 끊임없이 우리에게 말합니다.

"기도하고 깨어서 준비하라. 경건함으로 하나님의 날이 임하기를 준비하라. 지금은 이렇게 살 때가 아니다. 낮과 같이 단정히 행하라. 음란하거나 방탕하지 마라. 준비하라."

지금 우리는 영적 전쟁 속에 살고 있음을 기억해야 합니다. 그리스도인의 삶은 나약한 감상주의의 삶이나 영웅적인 인간애의 삶이 아닙니다. 영원한 천국을 바라보는 동시에 이 세상의 심판을 바라보는 삶입니다. 세상의 돈과 힘을 의지하지 않고, 성령의 능력을 의지하며 주님을 증언하며 사는 사람이 바로 그리스도인입니다. 우리는 주님이 곧 오심을 기억하면서 아름답게 살아야 할 것입니다.

23

뱀같이 지혜롭고
비둘기같이 순결하라

마태복음 10:16

예수님은 열두 제자를 세상에 보내시면서 일곱 가지 전도 지침을 주셨습니다. 이제 예수님은 한 단계 더 높여 전도자들의 영적 삶을 위한 권면의 말씀을 하십니다. 그런데 놀랍게도 그것은 그리스도인이, 전도자가 세상에 살면서 당면하는 현실에 관한 말씀입니다. 예수님은 현실을 외면한 채 이상과 환상에 사로잡혀 있는 분이 아니십니다. 예수님은 그분을 따르는 사람에게 꿈만 심어 주는 몽상가나 영웅이 아니었습니다. 예수님은 현실을 직시하시는 분이었습니다.

현실을 직시하신 예수님

어떤 진리나 이상도 우리가 살고 있는 구체적인 현실을 떠나서는 존재하지 않습니다. 예수님은 현실을 어떻게 이해하고 계셨습니까?

> 보라 내가 너희를 보냄이 양을 이리 가운데로 보냄과 같도다 그러므로 너희는 뱀같이 지혜롭고 비둘기같이 순결하라(마 10:16).

예수님은 고통스럽고 무서운 세상에 대해, 현실에 대해 외면하지 않으셨습니다. 이 말씀을 하실 때 "보라"라는 강조어를 사용하셨는데, 이것은 예수님이 누구보다도 현실의 실상을 정확하게 이해하고 계시다는 것을 나타냅니다. 예수님은 이 세상을 순진한 양을 죽이려는 이리들이 득실거리는 곳으로 보셨습니다. 그런데 이리들이 들끓고 있는 이 세상을 향하여 당신의 사랑하는 제자들을 보내시는 것입니다.

예수님은 여기에서 '양과 이리'라는 재미있는 표현을 쓰셨습니다. 제자들, 그리스도인들을 가리켜 '양'이라고 표현하셨고, 이 세상의 악한 구조 속에서 사탄의 종노릇하는 사람들을 가리켜 '이리'라고 표현하셨습니다. 원래 양은 아름다운 전원의 상징처럼 보이는 착한 짐승입니다. 성경에서는 예수님을 양이라고 표현하기도 했습니다. 요한복음 1장 29절에 "보라 세상 죄를 지고 가는 하나님의 어린양이로다"라고 했습니다. 또 양은 모든 신실한 하나님의 백성, 즉 그리스도인을 상징하기도 합니다.

그런데 이 양은 몇 가지 특성이 있습니다. 첫째, 양은 혼자 살지 못합니다. 항상 떼를 지어 삽니다. 그리스도인은 혼자 살면 안 됩니다. 혼자 살면 그냥 잡아먹힙니다.

둘째, 양은 반드시 목자가 필요합니다. 목자가 없으면 양은 하루아침에 죽고 맙니다. 예수님이 없는 그리스도인은 이 세상에서 이리와 늑대의 밥이 되고 마는 것입니다.

셋째, 양은 털이나 고기 등 모든 것으로 사람에게 봉사하지만 사실은 이 양처럼 무능한 동물이 없습니다. 양의 특기는 반항하거나 싸우지를 못하고 잡아먹힙니다. 특별히 전투적이고 싸움을 잘하는 그리스도인은 양과 전혀 다른 성격이 있는 사람들입니다.

어떤 그리스도인은 남을 잘 할퀴고 고발하고 소리 지르는데, 이런 사람은 양의 옷을 입은 이리입니다. 이리들은 사납고 공격적이며 물고 뜯기를 잘합니다. 그러나 양은 속성상 그런 것을 못 하는 동물입니다. 특별히 양은 공격을 받아도 싸울 줄 모릅니다. 짐승들이 공격하면 그대로 먹히고 마는 것이 양입니다.

양들의 최대 적은 이리 떼입니다. 이리 떼는 숨어서 양들의 동태를 살핍니다. 자기의 모습을 잘 나타내지 않습니다. 사탄의 세력은 숨어서 활동하는 것이 특기입니다. 그래서 목자가 없는 틈을 타서 또는 밤을 이용해서 양들을 순식간에 공격하고 죽입니다. 예수님은 이 세상의 모습이 굶주린 이리 떼들이 숨어서 양들을 잡아먹으려는 것과 같다고 말씀하셨습니다. 이 세상은 인도주의자들이 생각하는 것처럼 환상적인 유토피아가 아니라는 것입니다.

세상 속으로 들어가는 그리스도인

마태복음 9장 36절에 예수님이 "무리를 보시고 불쌍히 여기시니 이는 그들이 목자 없는 양과 같이 고생하며 기진함이라"고 기록되어 있습니다. 예수님은 이 세상이란 목자가 없는, 지도자가 없는 순진한 어린양들이 배고픈 이리 떼들에게 이리 시달리고 저리 시달리면서 고생하는 것과 같다고 하셨습니다. 이리 떼들이 있는 세상에 양이 있는데 그 양을 보호해 줄 목자가 없다는 것입니다. 이런 현실 앞에서 예수님은 열두 제자를 택하여 훈련 시키시고 세상에 보내셨습니다.

여기서 우리는 예수님의 두 가지 의도를 읽을 수가 있습니다. 첫 번째, 세상은 이리 떼들이 득실거리는 악한 곳이지만 세상을 버려두어서는 안 된다는 것입니다. 세상이 이처럼 악하고 이리 떼들이 득실거리면 우리는 이렇게 기도해야 하지 않겠습니까? "하나님, 불을 내려서 이 도시를 진멸해 주시옵소서.", "하나님이 이 도시를 파괴시켜 주셔서 저 악을 제거해 주시옵소서." 그러나 예수님은 그렇게 하시지 않았습니다. 오히려 이리 떼들이 득실거리는 이 세상에 대해 관심을 가지셨습니다. 이것이 중요합니다.

세상은 악합니다. 그러나 세상을 포기하거나 버려서는 안 된다는 것이 예수님의 뜻입니다. 예수 믿는 사람은 산으로 도망가면 안 됩니다. 교회 안에만 있어서도 안 됩니다. 우리는 일주일에 한 번 교회에 모이지만 이것은 우리가 단순히 어떤 위로를 받고, 자기 도피를 하기 위해서가 아닙니다. 세상에서는 죄짓고, 교회에 와서는 회개하기 위해서 교회가 있는 것이 아닙니다.

우리는 세상을 포기하거나 외면해서는 안 됩니다. 적극적으로 세상 안에 들어가야 합니다. 그러면 길은 하나밖에 없습니다. 죽어야 합니다. 우리는 세상에 죽으러 들어가야 합니다. "세상을 버리지 마라. 세상을 외면하지 마라. 세상의 문제는 곧 우리의 문제다." 바로 이것이 이리 떼가 있는 곳에 양들을 보내시는 의도입니다. 물론 세상은 영원하지 않습니다. 심판을 받게 될 것입니다. 세상은 없어질 것입니다. 그러나 이 세상을 위해 예수님이 십자가를 지셨다는 사실을 알아야 합니다.

그러면 예수님이 왜 특별히 세상에 관심을 가지시는 것일까요? 그것은 한마디로 이 세상 가운데는 하나님의 백성이 있기 때문입니다. 그런데 그 백성이 누구인지는 모릅니다. 그래서 "당신, 하나님의 사람입니까?" "당신, 예수 믿습니까?" 이렇게 물어봐야 합니다. 이것이 전도입니다. 세상은 마치 기억상실증에 걸린 사람처럼 하나님 상실증에 걸려 있습니다. 그래서 계속 깨우는 것입니다. 당신은 원래 하나님의 백성이었는데 죄로 말미암아 지금 하나님 상실증에 걸린 것이라면서 계속 일깨우는 것입니다.

중국에서도, 북한에서도, 아프리카에서도 "혹시 당신, 하나님의 사람입니까?" 하며 물어 봐야 합니다. 하나님은 이 세상에서 자기 백성을 찾고 계십니다. 그래서 하나님은 심판을 자꾸 보류하시는 것입니다. 오늘 심판을 내리신다면 내일 예수 믿을 사람은 어떻게 됩니까? 안 되는 것입니다. "우리가 사랑하는 사람이 아직 예수님을 믿지 않고 있습니다. 그러니 하나님, 하루만 기다려 주십시오.

어떻게 해서든지 하나님 백성으로 만들겠습니다. 오늘 심판을 내리지 마십시오." 이런 심정이 사랑하는 사람의 마음일 것입니다.

그래서 그리스도인은 세상에 들어가야 합니다. 세상이 그리스도인을 세속화시키는 것이 아니라 그리스도인이 세상을 변화시켜야 합니다. 우리는 뚫고 들어가야 합니다. 빈민촌, 창녀촌, 술집 속으로 들어가야 합니다. 그리스도인은 극한, 극단의 세력 속으로 담대하게 뚫고 들어가야 합니다. 그래서 그 세상을 변화시켜야 합니다. 투쟁이 아니라 사랑으로, 미움이 아니라 용서와 화해로, 자기 생명을 바쳐서 그들을 변화시켜야 할 책임이 그리스도인에게 있습니다.

세상 속에서 겪는 갈등

두 번째, 양을 이리 떼 속에 보낸다고 표현하신 것은 양을 이리 가운데 보낼 때 그 양이 얼마나 많이 갈등할 것인가를 예수님이 잘 아신다는 뜻입니다. 그리스도인이 천국에서 살면 아무 갈등이 없습니다. 그러나 삶의 현장에 가면 여러 가지 사업 문제나 인간 관계 문제로 본의 아닌 거짓말, 본의 아닌 공갈, 술수를 쓸 수밖에 없습니다. 이것이 우리가 살고 있는 현실입니다. 이 현실의 갈등을 예수님이 알고 계신다는 것입니다.

어떤 사람은 도덕적 인간이 비도덕적 사회 속에서 사는 것이 문제라고 했습니다. 그렇습니다. 그리스도인이 이 세상 속에서 살 때 고민과 갈등이 있습니다. 이것을 가리켜 성경에서는 고난이라고 말합니다. 그리스도인의 고난이란 내가 죄를 짓고 잘못해서 얻는 고난이 아니라, 그리스도인이라는 사실 때문에 이 세상에서 겪게 되는 갈등과 고민을 의미합니다.

그리스도인이 겪는 이 갈등과 고난을 가리켜 제자도라고 합니다. 제자로서 이 세상에서 살아가야 하는 아픔입니다. 이 아픔이 없으면 우리는 그리스도인이 아닙니다. 갈등과 고민이 없다는 것은 편하게 산다는 것이 아닙니다. 그것은 죽음입니다. 진정한 그리스도인은 이 세상에서 고민하고 갈등하고 괴로워합니다. 왜냐하면 우리는 죄와 불의와 타협할 수 없는 사람이기 때문입니다. 이런 고민은 값진 것입니다.

양을 이리 가운데 보내는 예수님의 심정을 한번 생각해 보십시오. 마치 자식을 군대에 보내는 부모의 마음에서 이해할 수 있습니다. 아주 귀하게 키운 아들이 하나 있는데 군대에 갑니다. 고생 좀 하다 보면 제대하고 돌아오는데, 부모들은 그렇지 않습니다. 그저 걱정스러워서 좋은 곳에 배치하려고 애쓰고 부탁합니다. 이것이 부모의 마음입니다. 혹시 군대에서 얻어맞지나 않을까 걱정합니다. 군대도 이러한데 전쟁터에 자식을 보내는 부모의 마음은 이루 말할 수가 없을 것입니다. 배고픈 이리 떼가 득실거리는 곳에 양을 보내시는 예수님의 마음, 걱정되면서도 안 보낼 수가 없는 마음이 예수님의 마음입니다.

예를 들어 어느 자녀가 대학에 들어갔는데 은혜를 받고 성령 충만해졌습니다. 이 사람이 선교사가 되겠다고 결심했습니다. 부모의 마음이 어떻겠습니까? 보통의 부모는 자식이 의과대학에 가는 것은 환영하나 목사나 선교사가 되는 것은 반대합니다. 그런데 선교사로 보내게 된 부모는 어떻겠습니까? 여러 날 울면서 갈등합니다.

우리 아들이, 딸이 선교사라고 생각해 보십시오. 임신했는데 라면 하나 사 먹을 데 없는 곳이 감비아입니다. 병이 나도 치료받을 곳도 없고 그렇다고 돌아올 수도 없는 머나먼 곳, 먹을 것도 변변하지 않은 오지에서 살고 있는 선교사가 우리 자식이라고 생각해 보십시오. 그래도 보내시겠습니까? 이 마음을 이해하시는 분이 예수님입니다. 우리는 자녀를 선교사로 보내 봐야 예수님의 마음을 이해할 수가 있을 것입니다. 그것도 죽을 곳에 보내 봐야 압니다. 이것이 양을 이리 떼 가운데로 보내는 예수님의 심정입니다.

그러나 안심하십시오. 하나님이 이렇게 보내실 때는 다 계산이 있어 보내시는 것입니다. 로마서 8장 18절에 "현재의 고난은 장차 우리에게 나타날 영광과 비교할 수 없도다"라고 했습니다. 고난보다 더 큰 영광을 예비하셨다는 것입니다. 로마서 8장 27절에 "성령이 하나님의 뜻대로 성도를 위하여 간구하심이니라"고 했습니다. 양을 이리 떼 가운데로 보내신 예수님은 끊임없이 기도하고 계십니다. 하늘에서 예수님이 우리를 위해 기도하고 계십니다. 마태복음 28장 20절에 "볼지어다 내가 세상 끝날까지 너희와 항상 함께 있으리라"고 했습니다. 예수님이 우리를 먹이시고 입히시고 보호해 주십니다. 심한 열병과 고난과 죽음 속에서 예수님이 나를 구원해 주십니다.

우리는 양을 이리 가운데로 보내시는 예수님의 심정을 배워야 합니다. 그 심정이 곧 복음을 깨달은 자의 심정입니다. 이것을 모르는 사람은 예수님의 마음을 모르는 사람입니다. 헌신해 보지 않고, 희생해 보지 않고서는 하나님의 마음을 이해하거나 읽을 수가 없습니다. 자기 집을 팔아서 헌금해 보지 않은 사람, 자기 자식을 선교사로 보내 보지 않은 사람, 예수님을 위해서 직장을 포기해 보지 않은 사람은 주님의 심정을 잘 모를 것입니다.

지혜롭고 순결한 그리스도인

예수님이 양을 이리 가운데로 보내시는데, 그러면 보냄을 받은 그리스도인은 세상에서 어떻게 살아야 합니까?

그러므로 너희는 뱀같이 지혜롭고 비둘기같이 순결하라(마 10:16).

뱀같이 지혜롭고 비둘기같이 순결하라는 것이 세상에서 그리스도인이 살아가야 할 생활 양식입니다. 이 말씀을 잘못 이해하면 이

중인격자가 되라는 말로 오해하기가 쉽습니다. 즉 상황에 따라 변신하여 처신하라는 오해입니다. 그러나 그런 뜻이 아닙니다. 이 말씀은 불신자가 있는 곳에서 우리가 비둘기같이 순결하지만 뱀처럼 지혜롭게 살아야 한다는 뜻입니다.

어떤 사람은 너무나 순진한데 지혜가 없어서 봉변을 당하고 고통을 당하는 경우가 있습니다. 또 어떤 사람은 지혜는 반짝반짝하는데 순진하지 못하여 미움과 비난을 삽니다. 너무 똑똑하고 술수가 많은 사람입니다. 이 원리를 좀 더 분석해 보겠습니다.

첫째, 그리스도인은 세상에서 살 때 한마디로 정직하고 순결하고 순진해야 합니다. 타협이나 불순함이 없고, 교활하거나 오염되지 않고, 비둘기가 주는 순결한 인상처럼 평화의 상징이어야 하는 것입니다. 제일 감동적인 사람은 영웅이 아니고 순결한 사람입니다. 그래서 어떤 책에서는 "Purity is Power", 즉 순결이 능력이라고 했습니다. 깨끗하고 순결하고 정직하고 사심이 없을 때 그것이 능력입니다.

어떤 여자가 아름답습니까? 팔방미인이 아니라 순결한 여인, 진실한 여인, 깨끗한 여인, 사심이 없는 여인이 아름답습니다. 어떤 남자가 좋습니까? 가난하지만 깨끗한 남자, 한 여자만을 사랑하는 남자, 한 하나님만을 섬기는 남자, 충성스러운 남자, 그 남자가 최고입니다. 순결, 이것이 그리스도인의 변함없는 모습이어야 합니다. 세상 사람은 이런 사람을 가리켜 바보라고 말합니다. 그러나 그리스도인은 순결해야 합니다.

　그리스도인이 지녀야 할 또 한 가지 모습은 지혜입니다. 예수님
은 우리가 뱀같이 지혜로워야 한다고 하셨습니다. 뱀은 사탄을 상
징하는 동물입니다. 그러나 그 뱀이 주는 교훈을 배우는 것입니다.
뱀에게서 배우는 것은 조심성입니다. 뱀은 무척 조심성 있고 신중
합니다. 공격보다는 방어에 더 능한 것이 뱀입니다. 특별히 뱀은
총명과 똑똑함의 상징입니다.

　사실 그리스도인이 정직하고 순진하고 순결한데 바보 취급당하
는 가장 큰 이유는 지혜가 없어서입니다. 정말 깨끗하고 순결하면
서 지혜로운 사람은 절대 바보 취급당하지 않습니다. 그런 사람은
눈도 마음도 반짝거립니다. 사심이 없습니다. 총명합니다. 할 말,
안 할 말을 참 잘 가립니다.

　우리가 받는 대부분의 고난은 전부 말을 잘 못해서 옵니다. 침묵
만 하고 있어도 인생의 반은 편안하게 삽니다. 항상 쓸데없는 말,
허튼소리나 잡소리를 계속하고 안 할 말을 해서 화를 자초합니다.
지혜로운 사람은 말을 조심합니다. 혀를 제어합니다. 반짝거리는
지혜로, 깨끗한 마음으로 언제나 다른 사람을 기쁘게 해 줍니다.
편안하게 해 줍니다.

　사람을 불편하게 하는 사람은 미련한 사람입니다. 긁고 꼬고 뒤
집는 사람은 불편한 사람입니다. 사람은 자기를 욕하는 사람 옆에
있으려고 하지 않습니다. 자기를 이해하고 사랑하고 감싸 주고 도

와주고 격려해 주는 사람 옆에 있고 싶습니다. 남자들이 집을 떠나는 이유는 아내가 불편하기 때문입니다. 집이 나빠서가 아닙니다. 아내가 편하면 다 돌아옵니다. 편한 사람이 되십시오. 지혜로운 사람이 되십시오. 왜 아내들이 그렇게 나돌아 다닙니까? 남편이 지혜롭고 순결하지 않아서입니다. 감싸주는 사람이 되십시오. 위로하는 사람이 되십시오. 성경은 우리에게 두 가지 다 말하고 있습니다. "순결하라. 그러나 동시에 지혜로워라."

'지혜롭다'라는 말의 기본 개념은 적당한 때에, 적당한 장소에서, 적당히 일하는 것을 말합니다. '지혜롭다'는 말은 때를 잘 안다는 뜻입니다. 어떤 사람은 때를 잘 몰라서 고통 받습니다. 기도할 때 졸고, 졸 때 기도합니다. 베드로 같은 사람입니다. 예배할 때 자고 예배 끝나면 일어나는 사람, 다 때를 몰라서 수난을 겪습니다. 사랑한다고 고백해야 할 때를 놓쳐서 사랑하는 사람을 잃어버리는 수도 있습니다. 때를 잘 아는 것이 지혜입니다. 또 장소를 구분해야 합니다. 적당한 때에, 적당한 장소에서, 적당한 말과 행동을 하는 것, 이것이 지혜입니다.

지혜로운 사람은 사랑을 받습니다. 예수님은 참 지혜로우셨습니다. "누구에게 세금을 바칠까요?" 하며 바리새인들이 예수님을 함정에 빠뜨리려 했을 때 "가이사의 것은 가이사에게, 하나님의 것은 하나님에게"라고 하셨고, "이 여자를 돌로 쳐 죽일까요?"라고 군중이 물었을 때 "죄 없는 자가 돌로 치라"는 지혜로운 말씀을 하신 것입니다. 지혜로운 말은 다른 사람에게 상처를 주지 않으면서도 그 사람을 진리 가운데로 이끌어 줍니다. 체포당하셨을 때 예수님은 침묵으로 일관하셨습니다. 이것이 예수님의 지혜입니다.

그리스도인이 이 세상에서 살아가려면 순결과 지혜, 이 두 가지가 있어야 합니다. 순결과 지혜는 어떻게 얻습니까? 예수님을 바라보는 것입니다. 골로새서 2장 2-3절에 "하나님의 비밀인 그리스도를 깨닫게 하려 함이니 그 안에는 지혜와 지식의 모든 보화가 감추어져 있느니라"고 했습니다. 예수님을 바라보면 지혜가 생깁니다. 다음으로 어떻게 하면 순결해질 수 있습니까? 예수님을 바라보아야 합니다. 히브리서 7장 26절에 "이러한 대제사장은 우리에게 합당하니 거룩하고 악이 없고 더러움이 없고 죄인에게서 떠나 계시고 하늘보다 높이 되신 이라"고 했습니다. 예수님을 바라보십시오. 예수님을 바라볼 때 이 세상이 감당 못 할 순결과 지혜가 임하게 될 것입니다.

o

24

현실은 언제 터질지 모를
영적지뢰밭이다

마태복음 10:17-23

o

예수님은 제자들을 세상에 보내시면서 당면한 현실과 세상의 본질에 대해서 말씀하셨습니다. 예수님은 환상의 유토피아가 아닌 세상의 본질을 너무나 잘 아시지만, "양을 이리 가운데 보내는 심정으로 너희를 보낸다"고 하셨습니다. 그리고 우리가 세상에서 어떻게 살아가야 하는지 그 원칙을 가르쳐 주셨습니다. 그것은 지혜와 순결입니다.

예수님은 계속해서 또 한 가지 원리를 우리에게 가르쳐 주고 계십니다.

사람들을 삼가라 그들이 너희를 공회에 넘겨 주겠고 그들의 회당에서 채찍질하리라(마 10:17).

예수님은 우리에게 사람들을 삼가는 것이 우리 삶의 원칙이라고 말씀하고 계십니다. 여기서 '사람들'은 모든 사람을 의미하는 말이 아닙니다. 그렇다면 예수 믿는 사람은 모두 의심만 하는 사람이 되고 말 것입니다. 모든 사람을 경계만 할 것입니다. 그런 뜻이 아닙니다. 모든 사람을 사랑해야 합니다. 모든 사람을 용서해야 합니다. 그러나 특별히 어떤 종류의 사람에 대해서는 지혜를 가지고 조심스럽게 접근하라는 뜻입니다. 여기서 예수님이 말씀하시는 사람이란 사탄에 억눌려 있는 사탄의 종을 의미합니다. 성경은 사탄에 억눌려 있는 집단에는 네 종류가 있다고 말씀하셨습니다.

종교적으로 조심해야 할 대상

첫째, 종교적인 집단 속에 이 사탄의 무리가 섞여 양의 가죽을 쓴 이리의 모습으로 있다는 것입니다. 이런 사람들을 조심해야 합니다. 경솔하게 대하지 말고, 함부로 마음을 주지 말아야 합니다.

"그들이 너희를 공회에 넘겨주겠고 그들의 회당에서 채찍질하리라"고 하셨는데, 여기서 '그들'이란 종교 지도자를 의미합니다. 가장 무서운 사탄의 세력은 교회 밖에 있는 것이 아니라 교회 안에 있습니다. 제일 무서운 적은 타인이 아니라 나 자신입니다. 언제든지 무서운 세력은 자기 자신입니다. 우리 가정 밖에 원수가 있는 것이 아닙니다. 가정 안에 원수가 있습니다. 교회 밖에 원수가 있는 것이 아닙니다. 제일 무서운 것은 교회 안에 있는 원수입니다. 종교 지도자 가운데 하나님의 이름으로, 하나님의 모습으로, 하나님의 탈을 쓰고 사탄의 역할을 하는 사람이 있다는 것입니다. 극단적인 이단이 바로 이런 사람입니다.

오늘날 교회를 혼란스럽게 만드는 두 집단이 있습니다. 하나는 극단적으로 이기주의적인 신앙을 가진 집단입니다. 병만 고치기를 원한다든지, 잘살기만을 원한다든지, 예수 믿는 것을 만병통치약 식으로 생각한다든지, 죽은 자가 살아왔다든지 하는 극단적인 신앙을 가진 사람, 성경을 자기 마음대로 해석해서 믿는 사람들입니다.

또 하나는 극단적인 자유주의자들입니다. 이들은 성경을 제대로 믿지 않습니다. 천국은 생각하지 않고 사회 참여만 생각하는 집단입니다. 하나님에 대해 말씀하지 않고 세상 신문을 가지고 설교하는 집단입니다. 이런 극단적인 집단 안에 잘못된 지도자가 있습니다.

예수님 당시에는 서기관들과 바리새인들과 사두개인들이 그런 사람들이었습니다. 바리새인들이 전통주의적인 잘못된 신앙을 가진 사람들이었다면, 사두개인들은 자유주의적인 잘못된 신앙을 가진 집단이었습니다. 그들은 정의의 이름으로 진리를 죽인 사람들이었습니다. 정의라는 이름으로 종교 지도자들은 예수님을 죽였습니다. 무서운 일입니다. 그들은 예수님에 대해서 시기와 질투와 모함을 하고 사형을 선고한 장본인이었습니다.

돌이켜 보면 이천 년의 기독교 역사 가운데 이러한 일은 수없이 많았습니다. 하나님의 이름을 빙자하여 인간의 욕심을 채우며 권력을 만족시키는 집단입니다. 이것이 잘못된 종교 지도자입니다. 특히 종교 개혁 당시의 가톨릭이 그 대표적인 예입니다. 그들은 천국을 돈으로 사고팔 정도였습니다. 종교가 타락할 때처럼 무서운 것이 없습니다. 세상이 타락하는 것은 무섭지 않습니다. 하나님의 이름을 빙자하여 음란하게 행하고, 탐욕을 부리고, 나쁜 짓을 하는 종교의 모습이 가장 무서운 타락입니다. "그들이 너희를 공회에 넘겨주겠고 그들의 회당에서 채찍질하리라"고 말씀하셨습니다. "이런 집단이 사람들이 신뢰하는 지도자들 안에 있다. 그러므로 이 사람들에 대해서 조심하라"는 말씀입니다.

정치적으로 주의해야 할 대상

둘째, 정치적인 집단 속에 우리가 삼가고 조심해야 할 사람들이 있다는 것입니다.

또 너희가 나로 말미암아 총독들과 임금들 앞에 끌려가리니 (마 10:18).

여기서 총독들과 임금들이란 당시의 정치 지도자들을 의미합니다. 사실 잘못된 정치와 정치가들 때문에 얼마나 많은 선량한 사람들이 고통을 당하고 박해를 당합니까? 정치는 중요한 것이지만, 백성을 바르게 다스리기보다는 권력을 행사하는 조직으로 변하기 쉬운 속성이 있는 것이 세속 정치입니다. 그들은 좋은 말만 다 골라서 합니다. 그러나 그것은 당과 개인의 탐욕과 권력의 추구를 위한 합리적인 눈가림에 불과합니다. 그래서 정치 구조가 잘못되면 많은 사람이 피해를 입고, 가족이 흩어지고, 평생을 불행하게 살며, 조국을 잃어버리고 타향살이를 하게 됩니다.

참된 정치란 인간의 정치가 아니라 하나님의 정치입니다. 그래서 하나님은 최초로 인간이 정치를 만들려고 할 때 왕을 세우지 않기를 그렇게 원하셨던 것입니다. "하나님인 내가 왕이 아니냐? 왜 너희 인간들이 정치하려고 하며, 권력을 가지려고 하며, 나라를 다스리려고 하느냐? 인간은 죄인이 아니냐? 죄인이 어떻게 죄인을 다스릴 수 있느냐? 하나님의 정치를 너희는 왜 믿지 않느냐?" 이렇게 말씀하신 것이 구약의 내용입니다.

그러나 인간들은 "하나님의 정치도 좋지만 인간의 정치를 주십시오"라고 했고, 그리하여 인간들이 인간의 정치를 갖게 된 것입니다. 그러나 인간의 정치는 부패할 수밖에 없습니다. 절대 권력은 절대 부패를 낳기 때문입니다.

그리스도인은 세상의 총독과 임금 앞에 끌려가서 고난을 당하고 순교하게 되리라는 것이 예수님의 예언입니다. 사실 우리는 6.25를 겪고 남과 북으로 갈라졌습니다. 북한의 우리 동포, 특별히 그리스도인이 당하는 수모와 박해를 생각해 보십시오. 6.25 때 살해 당하신 목사님이 무려 1,200명이나 되었다고 합니다. 성경은 이런 정치 지도자들의 집단이 북한뿐 아니라 우리나라에도 있을 수 있다고 말합니다. 우리 정부 안에도 조심해야 할 사람들이 있습니다. "지역을 초월해서 누구든지 잘못된 정치가들을 경계하고 조심하라. 권력을 쥐고 있는 자거나 권력을 뺏으려는 자거나 간에 잘 못된 정치가들을 조심하고 경계하라"는 말씀입니다.

예수님은 계속해서 그리스도인들이 정치적 학대와 고난을 겪을 때 어떻게 행동해야 하는가에 대해 두 가지를 말씀해 주십니다. 먼저, 정치적 학대를 받는 것의 의미를 잘 생각하라고 하셨습니다.

이는 그들과 이방인들에게 증거가 되게 하려 하심이라(마 10:18).

여기에 그리스도인의 정치적 수난의 의미가 있습니다. 그리스도인이 정치적 수난을 당할 때 그것은 정치적 고통이 아니라 전도하기 위한 하나님의 수단이라고 말씀하십니다. 정치적 탄압은 총독과 임금뿐만 아니라 이방 백성에게 복음을 전할 수 있는 기회가 됩니다. 당신이 그리스도인이라면 비록 정치적인 수난을 당한다 할지라도 그것을 복음 증거의 기회로 삼으라는 뜻입니다.

요셉을 생각해 보십시오. 요셉은 억울하게 박해를 당해 감옥에 들어갔습니다. 그러나 나중에는 총리대신이라는 정치적으로 높은 자리까지 올라갔습니다. 하지만 요셉은 정치인이 아니라 신앙인입니다. 진정한 신앙을 가지고 고난을 복음 증거의 기회로 삼았더니 하나님이 정치적으로 높은 위치에까지 올려 주신 것입니다.

또 다니엘을 생각해 보십시오. 다니엘은 왕의 총애를 받다가 사자 굴에 던져졌지만 그 속에서도 살아남았습니다. 그에게는 수많은 정치적인 유혹이 있었습니다. 그러나 그는 그것을 정치적 투쟁의 기회로 삼거나 정치적 발판으로 삼지 않았고, 하나님을 증언하는 기회로 삼았습니다.

6.25 당시 피난 올 수 있었지만 교회를 지키기 위하여 머무른 성직자들이 있었습니다. 결국 그들은 순교했습니다. 정치적인 위기를 전도의 기회로 삼은 것입니다.

우리 그리스도인은 정치 투쟁을 하기 위해서가 아니라, 복음을 증언하기 위해 태어난 사람들입니다. 그러므로 본의 아니게 정치적인 고난과 수난을 겪는다 할지라도 한을 품고 복수해서는 안 됩니다. 역사는 하나님이 변화시키시기 때문입니다.

다음으로 그리스도인들이 박해를 받을 때 세속적인 방법을 사용하지 말라는 것이 성경의 원리입니다. 어떤 경우에도 폭력이나 투쟁으로 해서는 안 되며, 정치적으로 고난을 겪을 때 돈이나 권력이나 세상적인 방법을 동원해서 고난을 피하지 말라는 것이 성경의 원리입니다.

예수님의 경우를 보면 그처럼 어려운 정치적, 경제적 혼란 속에서도 한 번도 정치적인 발언을 하시지 않았습니다. 그러나 예수님은 정치를 이기신 분입니다. 그 무섭던 로마가 결국 기독교화되었습니다. 예수님은 전혀 정치에 관여하지 않았지만 정치를 이기셨습니다.

너희를 넘겨 줄 때에 어떻게 또는 무엇을 말할까 염려하지 말라 그 때에 너희에게 할 말을 주시리니(마 10:19).

"너희가 무슨 말을 어떻게 할지 생각하며 인위적으로 정치적인 투쟁을 하지 마라. 하나님에게 맡겨라. 하나님이 너를 보호하시고 인도해 주실 것이다." 이것이 예수님이 하신 말씀입니다. 우리는 성령님을 의지해야 합니다. 최선의 해답은 언제나 하나님에게 있습니다. 꼭 정치만이 아니라 직장에서 모함을 받고 쫓겨나는 수도 있을 것입니다. 너무 분하게 생각하지 마십시오. 차라리 "할렐루야!" 하십시오. 전도의 기회로 생각하십시오. 나를 괴롭히고 나를 박해하고 나를 죽이려는 사람들에게 대항하지 마십시오. 오히려 그들을 축복해 주십시오. 우리는 그 사람들과 싸우려고 세상에 태어난 사람들이 아닙니다. 박해란 복음 증거의 기회가 된다는 것이 예수님의 말씀입니다.

가정 안에서 조심해야 할 대상

셋째, 우리가 조심해야 할 대상이 가정 안에 있습니다.

장차 형제가 형제를, 아버지가 자식을 죽는 데에 내주며 자식들이 부모를 대적하여 죽게 하리라(마 10:21).

이런 일이 있을 수 있습니다. 가정은 피로 맺은 혈육 공동체입니다. 사람들은 피는 물보다 진하다고 합니다. 그러나 그렇지 않을 수도 있습니다. 형제끼리 싸우고, 부모가 자식을 고발하고, 자식이 부모를 죽이는 그런 일들이 있을 수 있습니다. 지금도 복음을 믿기 때문에 가정에서 박해를 당하고 쫓겨나는 형제들이 있습니다.

실제로 우리 민족은 6.25를 통해서 경험한 것이 있습니다. 잘못된 이념에 사로잡혀 형제가 형제를, 부모가 자식을, 또는 자식이 부모를 인민재판과 죽음 앞에 서슴없이 내놓고 고발하는 경우를 많이 봤습니다. 사람이 가정을 포기하고, 형제나 부모나 자식을 버리면 짐승과 다를 바가 없습니다. 부부가 제일 중요합니다. 어떻게 이혼을 합니까? 어떻게 자식을 버릴 수가 있습니까? 그것은 짐승보다 못한 윤리적 기준이 있다는 것입니다. 그러나 부모가 자식을 죽음에 내어 주고 자식이 부모를 고발하여 죽게 하고 형제가 형제를 죽이는 일이 있을 수 있습니다. 이것이 인간입니다.

사회적으로 조심해야 할 대상

넷째, 그 다음 조심해야 할 대상은 사회적인 집단입니다.

> 또 너희가 내 이름으로 말미암아 모든 사람에게 미움을 받을 것이나(마 10:22).

이 '모든 사람'이란 사회의 모든 계층을 의미합니다. 부도덕한 사회, 불신의 사회, 물질적이고 세속적인 사회는 언제나 빛과 진리를 거부합니다. 왜냐하면 자기들의 불의와 거짓이 드러나기 때문입니다. 예수님은 요한복음 15장 19절에서 "너희가 세상에 속하였으면 세상이 자기의 것을 사랑할 것이나 너희는 세상에 속한 자가 아니요 도리어 내가 너희를 세상에서 택하였기 때문에 세상이 너희를 미워하느니라"고 하셨습니다. 그리고 마태복음 5장 11절에서 "나로 말미암아 너희를 욕하고 박해하고 거짓으로 너희를 거슬러 모든 악한 말을 할 때에는 너희에게 복이 있나니"라고 하셨습니다.

그리스도인은 어떤 의미에서는 세상에서 환영받는 사람이 아닙니다. 박해받는 사람입니다. 사회는 우리를 그렇게 환영하지 않습니다. 이것이 예수님이 우리에게 가르쳐 주신 현실입니다. 그리스도인은 감상주의자가 아닙니다. 이 현실을 정확하게 보면서 죽으러 가는 사람입니다.

이 세상에서 제일 무서운 두 부류의 사람이 있습니다. 아무것도 안 갖기로 결정한 사람과 죽기로 결정한 사람입니다. 그리스도인은 이 두 가지 속성이 있는 사람입니다. 이 두 가지만 결정하고 나면 사람이 무섭지 않습니다. 제도가 무섭지 않습니다. 누가 뭐라고 해도 무섭지 않습니다. 10년, 20년, 평생을 감옥에 들어가 있어도 무섭지 않습니다. 이것이 그리스도인의 용기입니다. 예수님은 세상이 우리를 환영하지 않을 것이라고 말씀하십니다.

약속이 있는 기다림

지금까지 예수님은 네 가지 경우를 말씀해 주셨습니다. 우리가 종교적으로, 정치적으로, 가정적으로, 사회적으로 박해를 받을지도 모른다고 하셨습니다. 우리는 이 말씀을 잘 기억해야 합니다. 예수님은 22절에서 이렇게 결론을 내리십니다.

"또 너희가 내 이름으로 말미암아 모든 사람에게 미움을 받을 것이나 끝까지 견디는 자는 구원을 얻으리라."

박해를 받지만 원망하지 않고, 불평하지 않고, 사랑으로 끝까지 인내하는 사람에게는 구원과 승리가 있을 것이라는 말씀입니다. 사랑은 오래 참는 것입니다. 히브리서 10장 36절을 보면 믿음도 오래 참는 것을 의미합니다. 믿음이 있는 자만이 오래 기다립니다.

이 동네에서 너희를 박해하거든 저 동네로 피하라 내가 진실로 너희에게 이르노니 이스라엘의 모든 동네를 다 다니지 못하여서 인자가 오리라(마 10:23).

이렇게 기다리고 있으면 마지막 구원을 주신다고 말씀하고 계십니다. 반항하지 마십시오. 투쟁하지 마십시오. 그리스도인은 어떤 의미에서 물과 같은 존재입니다. 우리는 아무것도 아닌 것 같은데 전부를 지배하는 존재입니다. 이것이 그리스도인의 모습입니다. 절대로 그리스도인은 미워하고 투쟁하고 싸우지 않습니다. 그러나 사랑으로 이깁니다. 조급해하지 않습니다. 죽음으로 이기는 사람이 바로 그리스도인입니다. 무서운 사람입니다.

예수님은 이스라엘 동네를 다 다니지 못해서 주님이 다시 오실 것이라고 하셨는데, 이 말은 아직도 이스라엘에 복음이 다 전해지지 않았다는 뜻입니다. 성경은 이스라엘이 복음화되기 전에 예수님이 오실 것이라고 말합니다. 주님이 오시면 그날에 모든 것이 다 이루어집니다. 그래서 우리는 주님이 오실 것을 기다리는 것입니다. 무신론자들이 기다리는 막연한 기다림이 아닙니다. 그리스도인의 기다림은 약속이 있는 기다림입니다.

우리는 새찬송가 370장에 나오는 것처럼 "내 주와 맺은 언약은 영 불변하시니 그 나라 가기까지는 늘 보호하시네"라는 찬송을 부르며 사는 사람들입니다. 주님은 분명히 다시 오십니다. 약속은 반드시 이루어집니다. 우리는 사랑으로, 용서로 이 세상을 변화시켜야 합니다. 세상을 구원해야 합니다.

25

머리털 하나까지
다 세신 이를 두려워하라

마태복음 10:24-33

예수님은 제자들을 부르시고 그들을 세상에 내보내셨습니다. 제자들에게 먼저 전도의 원리와 방법을 일곱 가지로 말씀해 주셨고, 두 번째는 전도자들이 당면하는 현실이 어떤 것인가를 가르쳐 주셨습니다. 이제 세 번째로, 제자들이 세상에 나아가 복음의 증거자로 살면서 치러야 할 대가에 관해 말씀해 주십니다.

제자들이 치러야 할 대가

사랑하려고 할 때는 사랑의 대가를 치러야 합니다. 사랑은 공짜로 얻는 것이 아닙니다. 사랑할수록 그 대가는 더 큽니다. 소중한 것은 쉽게 얻어지지 않습니다. 전도는 박수 받고 환영받는 일이 결코 아닙니다. 참 쓰라린 대가를 치르는 일입니다. 예수님은 그 몇 가지 대가를 말씀해 주십니다. 너희는 환영과 축복이 아니라 박해와 조롱을 받게 될 것이라고 하셨습니다.

> 제자가 그 선생보다, 또는 종이 그 상전보다 높지 못하나니 제자가 그 선생 같고 종이 그 상전 같으면 족하도다 집 주인을 바알세불이라 하였거든 하물며 그 집 사람들이랴(마 10:24-25).

여기서 예수님은 자신을 선생 또는 주인이라고 말씀하십니다. 집주인인 예수 그리스도가 귀신의 왕인 바알세불이라고 조롱을 받았다면 그 집에 거하는 종들의 입장은 어떻겠느냐고 말씀하십니다. "선생보다 높은 제자가 없고 주인보다 높은 종이 없다. 이제 너희는 선생 같고 주인 같은 입장이 되었으니 얼마나 좋으냐? 그런데 집주인이 세상 사람에게 바알세불이라고 조롱을 받고 있으니 하물며 너희가 당할 수모와 박해는 얼마나 크겠느냐"는 말씀입니다.

그렇습니다. 세상 사람은 결코 예수님이나 예수 믿는 사람을 환영하지 않습니다. 그들은 언제나 비판적이고 멸시와 조롱을 서슴지 않습니다. 이것이 바로 세상의 속성입니다. 그래서 예수님을 위해서 살려고 마음먹은 사람들에게는 언제나 이 세상의 조롱과 박해와 멸시가 있게 마련입니다.

그리스도인의 참된 표시 두 가지는 사랑과 고난입니다. 예수님은 "너희가 서로 사랑하면 이로써 모든 사람이 너희가 내 제자인 줄 알리라"고 말씀하셨습니다. 사랑이 그리스도인임을 나타내는 증거입니다. 또한 그리스도인이 고난 받을 때 그것이 그가 진정한 그리스도인임을 증명합니다. 우리가 세상과 적당히 타협하고 살 때 세상은 우리에게 고난을 주지 않을 것입니다. 고난이라는 것, 박해와 조롱이라는 것은 겸손한 그리스도인에게 주어지는 하나의 표시입니다.

예수님은 병을 고쳐 주셨습니다. 나병도, 중풍도 고쳐 주셨습니다. 그리고 풍랑을 잠잠하게 하셨습니다. 귀신을 쫓아내셨습니다. 심지어 죽은 자까지 살려 내셨습니다. 이 얼마나 기쁘고 즐거운 일입니까? 구경하는 우리의 입장이 아니라 귀신 들렸던 사람, 불치병에 걸렸던 사람의 입장에서는 그 이상 기쁜 일이 없을 것입니다.

그러나 예수님에 대한 시기와 질투와 조롱의 감정이 있던 사람들은 그것을 하나님이 주신 능력이라고 보지 않았습니다. 오히려 예수님이 귀신을 쫓아내신 것은 귀신의 왕인 바알세불의 힘을 빌린 것이라고 엉뚱하게 해석합니다. 어떤 사람이 선을 행했는데 받는 사람의 입장에서는 그것을 선으로 볼 수도 있고 악으로 볼 수도 있는 것과 마찬가지입니다. 예수님에 대해서 반감이 있는 사람은 늘 이런 태도를 취하게 됩니다.

예수님 당시에는 유대주의와 로마의 정치 세력이 바로 기독교를 박해하는 세력이었습니다. 그들은 그리스도인을 이용한 무자비한 세력이었습니다. 기독교를 말살하려고 했습니다. 그러나 기독교는 이러한 박해 속에서도 결코 사라지지 않았습니다. 박해를 받을수록 더 활활 불탔습니다. 백여 년 전에 한국에 들어왔던 선교사들이 얼마나 많은 조롱과 수모를 당했는지 아십니까? 한국 교회사를 읽어 보면 첫 페이지부터 박해의 역사, 순교의 역사입니다.

박해를 두려워하지 않는 이유

그런데 이런 박해와 조롱을 겪을 우리에게 예수님이 다음과 같이 말씀하십니다.

> 그런즉 그들을 두려워하지 말라 감추인 것이 드러나지 않을 것이 없고 숨은 것이 알려지지 않을 것이 없느니라(마 10:26).

예수님은 박해와 조롱 앞에서 한마디로 두려워하지 말라고 말씀하십니다. 죽음 앞에서 "작은 자야, 안심하라. 두려워하지 말라"고 말씀하셨던 예수님은 세상의 박해와 조롱 앞에서도 두려워하지 말라고 말씀하고 계십니다. 오늘 본문에서 예수님은 "두려워하지 말라"는 말씀을 세 번이나 하십니다.

첫 번째, 두려워하지 않는 이유가 26절에 나옵니다. 왜 우리는 두려워 할 필요가 없습니까? 최후 심판이 있기 때문입니다. 최후 심판 때는 감추인 것이 모두 드러나게 됩니다. 숨은 것이 알려지게 됩니다. 그러므로 두려워하지 말라고 하시는 것입니다. 거짓이란 영원히 숨길 수 없다는 사실입니다. 불법이란 결코 어둠의 장막에 갇혀 있지 못합니다. 진리는 최후의 승리를 안겨 줍니다. 그러므로 현실적으로 고난을 당하고 억울하게 오해와 조롱을 받는다고 해서 조금도 답답하게 생각하거나 원망할 필요가 없습니다. 진리가 매도당하고 진실이 감추어진다고 해서 그것이 영원히 사라지는 것은 아닙니다. 왜냐하면 반드시 백일하에 드러나기 때문입니다. 일시적으로 불합리한 현상에 대해서 너무 초조하게 결론을 내리지 마십시오.

어떤 사람은 전도를 위해 여러 가지 계획과 준비를 했는데 그것이 다 허사가 되고 말았습니다. 이때 사람은 좌절하기 쉽습니다. 그러나 그럴 때도 좌절할 것이 아니라 하나님의 더 오묘한 뜻과 섭리가 있음을 발견해야 합니다. 특별히 주님을 위해서 일하려는 사람에게 제일 중요한 것은 기다림입니다. 내가 원하는 방법으로, 내가 원하는 방향으로 모든 일이 이루어지지 않을 때라도, 그것은 오히려 하나님에게 감사해야 할 조건이 됩니다.

더 담대히 복음을 전하라

예수님은 우리에게 박해가 올수록 더욱 적극적으로, 담대히 복음을 전하라고 말씀하십니다.

내가 너희에게 어두운 데서 이르는 것을 광명한 데서 말하며 너희가 귓속말로 듣는 것을 집 위에서 전파하라(마 10:27).

이 세상은 영원하지 않습니다. 반드시 종말의 때가 옵니다. 우리 인생도 영원하지 않습니다. 반드시 마지막 때가 옵니다. 그러므로 고난과 박해와 어려움이 있을 때 염려하지 말고 담대히 계속 행진하라는 것입니다.

지금까지 예수님은 제자들에게 개인적으로 말씀해 주셨습니다. 27절에 "어두운 데서 이르는 것을 광명한 데서 말하며"라고 했는데, 이것은 지금까지 주님이 제자들에게 개인적으로 말씀하신 것을 이제는 공개적으로 말하라는 뜻입니다. 귓속말로 들었던 것을 이제는 모든 사람이 다 들을 수 있도록 공개적으로, 적극적으로 복음을 증언하라는 뜻입니다.

우리 믿음의 가장 큰 적은 두려움입니다. 복음에 대한 소극적인 태도입니다. 특별히 박해를 받으면, 그리고 모든 환경이 잘 풀리지 않으면 사람들은 움츠러들기 마련입니다. 두려움이란 자기 자신을 바라볼 때 생기는 불안한 생각입니다. 인간이 갖는 두려움의 근본 동기는 하나님을 신뢰하지 않는 데 있습니다. 하나님보다 자기 자신을 의지하는 데 있습니다. 두려움이 생기면 부정적인 생각이 들고 소극적인 태도를 갖게 됩니다. 예수님은 "세상을 두려워하지 마라. 이제는 소극적인 태도에서 적극적인 태도로 나아가고, 개인적으로 말했던 것을 지붕 위에서 큰 소리로 말하라. 주저하지 마라. 뒤돌아서지 마라"고 말씀해 주십니다.

심판하시는 하나님을 두려워하라

예수님이 우리에게 두려워하지 않아야 할 두 번째 이유를 말씀해 주십니다.

> 몸은 죽여도 영혼은 능히 죽이지 못하는 자들을 두려워하지 말
> 고 오직 몸과 영혼을 능히 지옥에 멸하실 수 있는 이를 두려워하
> 라(마 10:28).

우리가 두려워하지 않는 이유는 심판하시는 하나님이 계시기 때문입니다. 일반적으로 사람들은 영적이기보다는 육체적이요, 정신적이기보다는 물질적인 경향이 있습니다. 그래서 사람들이 두려워하는 대상은 육체를 죽이는 사람들, 나의 삶을 조이는 사람들입니다. 예를 들면 정치 권력자나 경제 권력자들을 두려워합니다. 직장 상사를 두려워합니다. 눈치를 봅니다. 그러나 세상 사람은 나에게서 먹을 것을 빼앗고 육체적인 학대를 가할 수는 있지만 나의 영혼과 신앙은 빼앗을 수 없습니다. "네 육체와 네 몸을 죽이는 자를 무서워하지 마라. 네 육체와 몸뿐만 아니라 네 영혼까지 지옥에 보내실 수 있는 하나님을 두려워하라"는 것입니다. 우리가 세상을 두려워하지 않고 살아가는 이유가 바로 여기에 있습니다. 진정으로 두려워해야 할 대상은 하나님이십니다. 하나님을 무서워할 줄 알아야 합니다. 태양을 맛본 사람은 결코 촛불에 만족하지

않습니다. 태양이신 하나님을 경험한 사람은 촛불 같은 세상의 진리에 별로 상관하지 않습니다.

우리를 잘 알고 계시는 하나님

예수님이 세 번째로 말씀하신, 두려워하지 않아야 할 이유는 29절에 나와 있습니다.

"참새 두 마리가 한 앗사리온에 팔리지 않느냐 그러나 너희 아버지께서 허락하지 아니하시면 그 하나도 땅에 떨어지지 아니하리라."

왜 우리는 두려워할 필요가 없습니까? 첫 번째는 심판이 있기 때문입니다. 두 번째는 하나님이 계시기 때문입니다. 세 번째 이유는 하나님이 우리를 너무나 잘 알고 계시기 때문입니다.

마태복음 6장 26절에 "공중의 새를 보라 심지도 않고 거두지도 않고 창고에 모아들이지도 아니하되 너희 하늘 아버지께서 기르시나니 너희는 이것들보다 귀하지 아니하냐"라고 했습니다. 오늘 성경에 보면 참새 두 마리가 겨우 동전 한 닢에 팔릴 정도로 미물이라고 하지만, 참새 한 마리가 날아다니다가 땅에 떨어져 죽는 것도 우연이 아니라 하나님의 뜻이 있고 계획이 있다고 합니다. 우리가 상상할 수 없는 부분까지도 하나님은 친히 모든 것을 아시고 간섭하신다는 뜻입니다. 하나님은 결코 침묵하거나 무관심하지 않으십니다.

30절에는 "너희에게는 머리털까지 다 세신 바 되었나니"라고 했습니다. 하나님은 어떻게 우리 머리카락까지 다 세고 계실까? 매일 빠지는 머리카락까지도 어떻게 다 계산하고 계실까? 이해되지 않습니다. 하나님이 창세 전에 우리를 택하셨다는 말씀이 도무지 이해가 안 됩니다. 내가 세상에 태어나기 전에, 또 더 나아가 우주가 창조되기 전부터 하나님이 내가 세상에 태어날 것을 아셨다는 것입니다. 우리 아버지, 어머니 때부터 내가 태어날 것을 하나님이 계획하셨다면 이해가 갑니다. 그러나 인간이 태어나기 전부터, 우주가 창조되기 전부터 하나님이 나를 계획하셨다는 에베소서 말씀은 이해가 안 되는 말입니다. 그렇게 자상하게, 철저하게 나를 아시고 내 머리카락을 다 세고 계신 그분이 하나님이십니다.

"그러니 염려하지 마라. 두려워하지 마라. 머리털까지 다 세시는 그 하나님이 하물며 너의 일거수일투족을 모르겠느냐? 너의 섭섭함을 모르시겠느냐? 지금 네가 억울하게 당하는 것을 하나님은 너무나 잘 알고 계신다"라고 말씀하십니다. 그럼에도 불구하고 하나님이 침묵하고 계시다면 그 침묵에 우리는 동의해야 합니다.

하나님을 믿는 자라면 꼭 기억해야 할 일이 하나 있습니다. 세상에는 우연이 없습니다. 우연히 되는 것은 하나도 없습니다. 그래서 그리스도인은 재수 없다라는 말을 써서는 안 됩니다. 모든 것은 필연입니다. 그리스도인에게 일어나는 모든 것은 하나님의 섭리요 계획입니다. 세상에서 억울함을 당하고 고난을 겪을 때 하나님을 원망해서는 안 됩니다. 오히려 하나님을 더욱더 의지해야 합니다. 반드시 하나님이 우리를 선한 길로 인도해 주실 것을 믿어야 합니다. 특별히 우리의 인간적인 생각으로 도저히 이해되지 않는 부분이 세상에는 많습니다. 그리고 나에게, 내 주위에 어려움이 닥칠 때 우리는 영혼을 보는 눈을 가져야 합니다. 선한 뜻이 반드시 거기에 있습니다. 믿음의 눈을 가진 사람들은 그것을 발견하게 될 것입니다.

현재의 태도가 구원을 결정한다

끝으로 예수님은 우리가 박해와 조롱과 고난을 겪을 때 기억해야 할 사실이 하나 있다고 말씀해 주십니다.

> 누구든지 사람 앞에서 나를 시인하면 나도 하늘에 계신 내 아버지 앞에서 그를 시인할 것이요 누구든지 사람 앞에서 나를 부인하면 나도 하늘에 계신 내 아버지 앞에서 그를 부인하리라(마 10:32-33).

이것은 현재 신앙의 태도가 구원을 결정한다는 뜻입니다. 조건적인 구원을 말하는 것이 아닙니다. "너희가 이러이러한 삶을 살 때 이러한 축복을 줄 것이다"라는 뜻이 여기에 있습니다.

대부분의 사람은 현재 자기의 삶과 미래를 단절해서 생각하며 살고 있습니다. 자기의 현재 신앙의 태도와 구원을 연결시키지 않는 습성이 있습니다. 왜 거짓말하는지 아십니까? 현재의 거짓말이 미래와 상관이 없다고 믿기 때문에 열심히 거짓말하는 것입니다. 사람들이 왜 악한 짓을 합니까?

그것이 미래와 상관없다고 생각하기 때문입니다. 사람들은 현재만 잘 넘기면 괜찮다고 여깁니다. '지금 눈만 가리면 된다. 지금 이 상황만 넘어가면 모든 문제는 잘 해결될 것이다'라고 생각합니다. 그래서 죄를 쉽게 짓습니다. 그러나 사람의 눈에는 모든 것이 감추어진다 할지라도 하나님은 모든 것을 알고 계시고, 가장 은밀한 것도 그날에는 큰 소리로 지붕 위에서 알려질 것이라고 말씀하셨습니다.

어떤 책에 보면 우리가 죽어서 천국에 가면 아주 멋진 영화를 한 편 보게 될 것인데, 그것은 자기의 일생을 영상에 담은 기록 영화라고 했습니다. 그때 우리가 얼마나 충격을 받게 될지 생각해 보십시오. 자기 마음속에 품었던 생각, 아무도 몰랐던 일들이 그날에는 모든 사람 앞에서 상영된다고 하면 얼마나 부끄럽겠습니까? 하나님은 모든 것을 알고 계시고 보고 계십니다.

32-33절 말씀에는 두 가지 뜻이 있습니다. 첫째, 우리는 마음속으로만 예수 믿고 시인할 것이 아니라 사람들 앞에서 반드시 고백해야 한다는 것입니다. 예수님이 사람들 앞에서 증언되어야 한다

는 뜻이 여기에 있습니다.

둘째, 예수님은 하나님과 인간을 연결하는 중보자요, 대제사장이시라는 뜻입니다. 예수 그리스도를 통하지 않고서는 천국에 갈 자가 없습니다. 예수님을 통해야만 하나님의 자녀가 되며 예수님을 통해야만 영원한 생명을 소유하게 됩니다. 예수님은 길이요, 진리요, 생명이십니다. 어떤 사람은 이렇게 생각합니다. '우리가 세상에서 착한 일을 하고 선한 마음을 가지면 하늘이 감동할 것이다.' 그러나 하늘은 감동하지 않습니다. 인간의 선행이나 도덕은 약간의 유익은 있습니다. 그러나 천국 가는 데는 아무런 도움이 되지 못합니다. 하나님 나라는 예수님 없이는 갈 수 없습니다.

예수님은 하나님 앞에서 우리를 시인한다고 말씀하셨습니다. 여기서 중요한 사실은 내가 예수 믿는다고 외치는 것이 중요한 것이 아니라는 사실입니다. 구원은 내가 예수 믿는다는 뜻이 아니라, 주님이 내가 너를 안다고 하신다는 뜻입니다. 우리가 예수를 안다는 것이 중요한 것이 아니라, 예수님이 "나는 너를 안다"고 하시는 말씀을 우리가 들을 수 있어야 합니다.

우리는 거짓으로 "주여, 주여" 할 수 있습니다. 형식적으로 교회 다닐 수도 있습니다. 예수님은 말씀하십니다. "정말 네가 세상에서 나를 인정했느냐? 나를 증언하고 나를 믿었느냐? 세상에서 나를 증언했다면 나도 너를 하나님 앞에서 증언할 것이다. 그러나 겉으로 아무리 믿는 척해도 마음속으로 네가 나를 증언하지 않았다면 하나님 앞에서 나는 너를 모른다고 할 것이다."

이것이 구원입니다. 내가 예수 믿는다고 외치는 것, 내가 예수를 영접했다는 것보다 더 중요한 것은 예수님이 내게 이렇게 말씀하시는 것입니다.

"내가 너를 안다. 네가 나를 위해 기도했지. 나를 위해 고난 받았지. 나를 위해 조롱도 받았지. 나를 위해 헐벗고 배고픔을 겪었지. 정말 나는 너를 안다."

26

거짓 평화에
속지 마라

마태복음 10:34-39

예수님은 그리스도인이 이 세상에서 치러야 할 또 하나의 대가에 대해 말씀해 주십니다. 그것은 평화를 얻기 위해서 투쟁해야 한다는 내용입니다.

> 내가 세상에 화평을 주러 온 줄로 생각하지 말라 화평이 아니요 검을 주러 왔노라(마 10:34).

평화를 얻기 위한 투쟁

이 말씀은 사람들에게 혼란과 충격을 줄 수 있습니다. 예수님이야말로 이 땅에 평화의 사도로 오신 메시아이기 때문입니다. 누가복음 2장 14절에 보면, 예수님이 탄생하실 즈음에 천사가 나타나서 이렇게 말했습니다. "지극히 높은 곳에서는 하나님께 영광이요 땅에서는 하나님이 기뻐하신 사람들 중에 평화로다."

구약에는 평화의 왕으로서 오신 메시아에 대해서 예언하고 있습니다. 이사야 9장 6절에 "한 아기가 우리에게 났고 한 아들을 우리에게 주신 바 되었는데 그의 어깨에는 정사를 메었고 그의 이름은 기묘자라, 모사라, 전능하신 하나님이라, 영존하시는 아버지라,

평강의 왕이라"고 했습니다.

예수님은 "화평하게 하는 자는 복이 있나니 그들이 하나님의 아들이라 일컬음을 받을 것임이요"(마 5:9)라고 하셨습니다. "내가 너희에게 한 가지 직책을 준다. 그것은 세상을 화평하게 하는 직책이다"라고 말씀하셨습니다.

예수님은 하나님과 인간의 단절된 사이를 화해시키신 하나님의 아들이셨고, 인간과 인간 사이의 관계를 회복시켜 주신 메시아였습니다. 그래서 예수님을 만난 사람들마다 진정한 내적 평화를 맛보게 되는 것입니다. 예수님은 우리에게 돈을 주신 적이 없습니다. 권력을 주신 적도 없습니다. 세상의 다른 것을 주신 적이 없습니다. 그러나 예수님을 만난 사람들은 이상하게 마음의 평화를 얻습니다. 조용하게 샘솟는 평화, 뭐라고 설명할 수 없는 기쁨을 경험합니다.

이렇게 참된 평화를 주러 오신 예수님이 본문에서는 이상한 말씀을 하셨습니다. "내가 너희에게 평화가 아니라 검을 주러 왔다"고 하신 것입니다. 이 말씀은 안일하게 예수 믿고 평화를 누리면서 안심하는 우리에게 큰 도전을 주는 하나님의 음성으로 들립니다.

갈등을 주는 이 말씀, 이율배반적인 이 말씀은 도대체 무슨 의미입니까? '검'이란 싸움을 의미하는 것이요 분쟁을 의미하는 말입니다. 내가 너희를 화해시키러 온 것이 아니라 분리시키러 왔다는 뜻입니다. 오히려 싸움시키러 왔다는 뜻입니다. 여기에는 몇 가지 놀라운 뜻이 있습니다.

진정한 평화란

첫째, 예수님은 감상적인 평화, 가짜 평화를 거부하셨다는 뜻이 이 말씀 속에 들어 있습니다. 세상의 평화는 위장된 평화입니다. 요즘 평화라는 말이 얼마나 남용되고 있는지 모릅니다. 왜 전쟁을 합니까? 평화를 위해서입니다. 요즘 사회 개혁을 한다는 많은 사람이 평화를 외치고 평화 교육을 해야 한다고 말합니다. 진정한 평화를 이 땅에 심어야 한다고 말하고 있습니다. 그런데 그것이 정말 평화인가 하는 것이 문제입니다. 왜 사람들은 평화를 말하면서 투쟁하고, 평화를 위해서 전쟁하고, 평화를 위해서 피를 흘리는가 하는 것입니다.

"내가 너희에게 평화를 주러 온 것이 아니라 검을 주러 왔다"는 예수님의 말씀은 "너희가 생각하고 있는 거짓 평화를 깨러 왔다"는 뜻입니다. 평화란 어떤 것입니까? 평화는 값싸게 얻어지는 것이 아닙니다. 평화란 문제가 없는 안일한 상태를 의미하는 것이 아닙니다. 그것은 기막힌 투쟁과 분쟁 속에서 얻어지는 것입니다. 무서운 광풍과 전투 속에서 얻어지는 것입니다.

대부분의 그리스도인의 문제는 고통스러운 현실을 도피하고 영적인 안일주의와 쾌락주의에 쉽게 빠지는 데 있습니다. 죄와 불법이 성행하는 이 세상을 손가락질하고 비판하면서도 거기에 뛰어들기를 거부하는 것입니다. 진정한 평화는 고통스러운 현실 속에서 죄와 불법과 싸워 피투성이가 되면서 얻는 것입니다. 예수님의 말씀에는 "내가 온 것은 너희가 안일하게 믿어 왔던 거짓 평화를 유지시켜 주기 위해서가 아니라 이 감상적이고 거짓된 평화를 깨어 버리기 위해서다"라는 뜻이 내포되어 있습니다.

타협 없는 신앙

둘째, 참된 평화란 죄와 불법과 사탄의 세력과 싸워서 얻는 것입니다. 평화가 아니라 검이라는 말씀은 거짓 평화는 깨뜨려야 한다는 뜻이고 깨뜨리기 위해서는 여러 가지 갈등과 투쟁을 겪어야 한다는 뜻입니다. 신앙에는 타협이 있을 수 없습니다. 그래서 신앙에는 두 가지 모습이 있습니다. 지극한 사랑과 관용이 있으면서도 동시에 엄격함과 타협하지 않는 모습이 있습니다. '신앙'을 깊이 살펴보면 어떤 때는 무한히 관용하는 것 같지만 어떤 때는 굉장히 율법주의처럼 느껴지기도 합니다. 이 두 가지 속성이 다 신앙 안에 있기 때문입니다.

예수님이 가시는 곳마다 어둠이 물러갔습니다. 불법이 물러갔습니다. 사탄의 세력이 쫓겨 나갔습니다. 어둠은 그 빛에 저항했습니다. 그래서 예수님은 검이라는 단어를 사용하신 것입니다. 불법과 죄와 악과 사탄이 있는 곳에 바로 하나님의 성령의 검을 내리쳐야 한다는 것입니다.

누가복음 12장 51절에 "내가 세상에 화평을 주려고 온 줄로 아느냐 내가 너희에게 이르노니 아니라 도리어 분쟁하게 하려 함이로라"고 했습니다. 검을 주러 왔다는 말을 이렇게 썼습니다. "너희가 안일하게 생각했던 그것을 깨버려야 한다. 가족 관계, 사회 관계, 도덕 관계 등 모든 가치 관계를 깨어 버릴 것이다. 그것이 죄요 악이요 불법이라면, 전통적으로 저질러졌던 하나의 관습적인 악이라면 너희가 선이라고 생각할지 모르지만 깨어 버릴 것이다" 하는 뜻이 이 안에 있는 것입니다.

누가복음 12장 49절에는 "내가 불을 땅에 던지러 왔노니 이 불이 이미 붙었으면 내가 무엇을 원하리요"라고 했습니다. 굉장히 과격한 말씀입니다. 그렇습니다. 모든 불의와 불법은 모두 불에 타야 합니다. 모든 죄와 악을 검으로 찔러야 합니다. 여기서 우리는 이런 결론을 내릴 수 있습니다. 평화란 단순히 안일한 상태가 아니라 모든 악과 죄와 사탄의 세력이 쫓겨난 상태, 투쟁에서 주님이 승리하신 상태입니다.

어떤 환자가 수술을 받아야 합니다. 수술을 받으려고 하니까 여러 가지로 고통스럽습니다. 그래서 수술하지 않은 채 미봉책으로 마약이나 약으로 잠깐 아픔을 약화시켰다고 해서 그 환자가 나은 것은 아닙니다. 오히려 그것은 그 사람을 더 빨리 죽게 만드는 것입니다. 사랑한다면 수술해야 합니다. 아프고 고통스럽지만 환부를 째고 모든 나쁜 것을 긁어내야만 합니다. 그리고 새살이 나오도록 도와주어야 합니다. 이것이 오늘 우리 사회에도 필요하며, 우리 가정에도 필요하며, 우리 모두에게 필요합니다. 곪은 것은 감추어서는 안 됩니다. 째야 합니다. 잘못된 것은 드러나게 만들어야 합니다. 그래야만 진정한 평화가 임하기 때문입니다.

복음이 우선이다

> 내가 온 것은 사람이 그 아버지와, 딸이 어머니와, 며느리가 시어머니와 불화하게 하려 함이니 사람의 원수가 자기 집안 식구리라 (마 10:35-36).

또다시 우리에게 충격을 주는 말씀입니다. 평화가 아니라 검이라고 말씀하셨을 때도 굉장히 놀랐는데, 원수가 바로 자기 집안 식구라고 말씀하실 때 우리는 또 놀랄 수밖에 없습니다. 우리의 갈등 대상이 어떤 이념이나 철학이나 이데올로기라고 한다면 쉽게 이해할 수 있습니다. 우리의 갈등 대상이 어떤 사회나 적대 국가나 어떤 민족이라는 개념이라고 말할 때도 또 그럴 수 있다고 생각합니다. 그러나 가족이, 그렇게 아끼고 사랑하는 내 가족이 원수라고 하니 충격을 받지 않을 수 없습니다. 그러나 이 말씀은 세상의 어떤 제도나 방법이나 철학보다도 가족 관계, 피의 관계가 더 본질적이라는 것입니다.

본문을 보면 피보다 진한 것은 복음이라는 것을 배우게 됩니다. 여기서 우리는 복음의 본질적인 속성을 발견하게 됩니다. 복음이란 본질적으로 상대적인 것이 아니고, 절대적이고 영원한 것입니다. 그러므로 세상의 어떤 제도나 사상, 철학의 문제를 다 포함할 뿐만 아니라 인간의 가장 원색적이고 본능적인 혈연관계보다도 우선하는 것입니다. 그렇기 때문에 복음, 참된 신앙은 우리 삶에 좋은 영향을 미치는 정도가 아니라 우리의 삶을 본질적으로 변화시킵니다.

예를 들어 우리는 지금 예수를 믿고 있습니다. 예수를 믿는다는 것이 나에게 좋은 영향을 준다고 생각한다면 나는 아직 복음을 모르고 있는 것입니다. 그러나 복음이 나의 삶을 근본적으로 변화시켰다고 했을 때 그것은 내가 복음의 진정한 의미를 이제 알기 시작했다는 것을 의미합니다.

복음이란 우리로 하여금 미지근하게 하거나 안일하게 하거나 무력하게 하는 것이 아닙니다. 본문 말씀의 뜻은 "가족이 원수다. 그러므로 버리라"는 뜻이 아닙니다. 복음이란 가족마저도 버릴 수 있게 하는 그 무엇이라는 뜻입니다. 그렇게 아끼고 사랑하는 자식도 포기할 만한 어떤 것이라는 뜻입니다. 그것은 아브라함에게서 볼 수 있습니다. 100세에 얻은 하나밖에 없는 아들을 제물로 바칠 수 있는 것이 신앙입니다. 우리는 신앙의 능력을 인정해야 합니다. 이런 까닭에 예수님은 아들이 아버지와 딸이 어머니와 며느리가 시어머니와 원수가 될 수 있다고 말씀하십니다.

성경 전체에서 예수님의 생각을 전부 정리해 놓고 보면, 예수님이 가정을 무시하거나 결혼 제도를 무시하거나 형제자매 관계를 무시하신 것이 아닙니다. 예수님이 가정을 얼마나 중요하게 생각하셨습니까? 우리가 친족을 돌보지 않으면 불신자보다 더 악하다고 말씀하신 것을 봐도 절대로 그런 뜻이 아님을 알 수 있습니다. 이 말씀의 뜻은 "복음은 너희의 혈연관계보다도 본질적으로 우선하는 것이다. 그러므로 그 관계가 잘못되었을 때는 그것마저도 깨어 버릴 수 있는 것이다"라는 뜻입니다.

우리에게 주어진 십자가

이제 주님을 따르는 제자가 되기 위해 치러야 할 대가에 대해 예수님이 한 가지를 더 말씀하고 계십니다.

> 또 자기 십자가를 지고 나를 따르지 않는 자도 내게 합당하지 아니하니라(마 10:38).

그리스도인이 치러야 할 또 하나의 대가는 십자가입니다. 주님을 잘 따르기 위해서는 자기 가족을 포기할 뿐만 아니라 자기에게 주어진 십자가를 피하지 말고 기쁘게 감당해야 한다고 말씀하셨습니다. 여기서 특이한 일이 하나 있는데, 그것은 예수님 자신이 십자가를 지시기 전에 십자가를 말씀하셨다는 것입니다. 십자가를 지고 나서 십자가를 지라고 말씀하신 것이 아니라, 아직 십자가를 지시기 전에 예수님 자신을 믿는다는 것은 십자가를 지는 것과 같다고 말씀하셨습니다.

십자가를 진다는 것은 그 당시 사람들에게는 어떤 의미가 있었습니까? 그 당시 로마의 장군이 있었는데 갈릴리 유대에 반란이 일어나서 반란군을 격퇴하고 유대인 포로 이천 명을 처형할 때 십자가 처형을 했습니다. 이 포로들이 십자가를 매고 처형장까지 비틀거리며 가는 모습은 그 당시 살았던 유대인들은 누구나 다 알았습니다. 그래서 예수님이 십자가를 지라고 하셨을 때 반란군이 십자가를 지고 자기가 죽어야 할 처형장까지 가는 모습, 그리고 십자가에서 오열하면서 처절하게 죽어 가는 그 모습을 상상하는 것입니다.

십자가를 진다는 것은 십자가에서 처형당하기 위하여 바로 그 십자가를 자기 자신이 처형장까지 매고 가는 기막힌 심정을 보여 준 것입니다. 보람이 있다면 고생도 괜찮습니다. 그러나 죽으러 가는 사람에게 무슨 보람이 있겠습니까? 그것도 자기가 달려야 할 십자가를 매고 가는데 어찌 기쁨이 있겠습니까? 그러나 예수를 잘 믿는다는 것, 이 세상에서 그리스도를 잘 따른다는 것은 바로 자기가 처형당해야 하는 무거운 십자가를 자기가 매고 가는 것과 같다고 예수님이 설명하고 계십니다. 이것이 제자의 길이요, 이것이 그리스도인이 세상에서 치러야 할 대가입니다.

나는 왜 이런 남편을 섬겨야 하나? 나는 왜 이런 시어머니를 만나야 하나? 나는 왜 이런 직장에서 일해야 하나? 나는 왜 이런 억울한 일에 개입해서 희생을 강요당해야 하나? 이것이 지금 우리가 지고 있는 십자가입니다. 도대체 무슨 이익이 있다는 말인가? 이것을 지고 가면 결국 내가 죽고 말 것인데, 그런 일을 세상에서 해야 한다는 말인가? 이것이 십자가입니다.

자기가 죽어야 할 그 나무를 자기가 매고 가는 것입니다. 각 사람에게는 다 십자가가 있다는 것입니다. 보기 싫은 사람을 항상 보고 살아야 합니다. "주님, 내가 왜 이 사람을 보고 살아야 합니까?" 그런데 피할 길이 없습니다. 항상 얼굴을 맞대고 살아야 합니다. "주님, 나 이 사람 좀 피하게 해 주십시오." 그런데 안 됩니다. 그냥 살아야 합니다. 신경질이 나도 살아야 합니다.

예수님은 "그렇게 피할 수 없는 어떤 것들이 너희 주위에 있다. 너희 생에 가로놓여 있다. 그것을 원망스럽게 끼고 다니지 말고 기쁘게 져라. 그것이 그리스도인의 길이다"라고 하시는 것입니다.

세상 살다가 보면 운 나쁜 사건이 주위에 참 많습니다. 재수가 없다고 느껴지는 그런 사건에 대해서, 우리가 피할 수 없는 기분 나쁜 사건과 기분 나쁜 사람에 대해서 우리가 예수님 이름으로 기쁘게 감당하고 간다면 오히려 그것이 가장 축복된 사건으로 변할 수 있습니다. "그것을 피하려고 하지 마라. 도망가려고 하지 마라. 차라리 섬겨라. 어차피 만나는 것이다. 기쁘게 그 사람을 만나라. 기쁘게 그 일을 하라. 손해를 보아라." 바로 이런 뜻입니다. 이것이 십자가를 지는 것입니다. 그렇게 하고 나면 세상이 변한다는 것입니다. 내 인생도 변하고 나를 싸고 있던 그 모든 상황도 변하게 된다는 뜻입니다.

사도 바울은 이렇게 말했습니다.

내가 수고를 넘치도록 하고 옥에 갇히기도 더 많이 하고 매도 수없이 맞고 여러 번 죽을 뻔하였으니 유대인들에게 사십에서 하나 감한 매를 다섯 번 맞았으며 세 번 태장으로 맞고 한 번 돌로 맞고 세 번 파선하고 일 주야를 깊은 바다에서 지냈으며 여러 번 여행하면서 강의 위험과 강도의 위험과 동족의 위험과 이방인의 위험과 시내의 위험과 광야의 위험과 바다의 위험과 거짓 형제 중의 위험을 당하고 또 수고하며 애쓰고 여러 번 자지 못하고 주리며 목마르고 여러 번 굶고 춥고 헐벗었노라(고후 11:23-27).

이것이 바울의 생애이며, 바울의 간증입니다. 도대체 어찌 이런 것들을 축복이라고 말할 수 있겠습니까? 고린도후서 1장 8-9절에는 "형제들아 우리가 아시아에서 당한 환난을 너희가 모르기를 원하지 아니하노니 힘에 겹도록 심한 고난을 당하여 살 소망까지 끊어지고 우리는 우리 자신이 사형 선고를 받은 줄 알았으니"라고 했습니다. 사람들이 얼마나 바울을 오해하고 박해하고 못살게 굴든지 바울이 처한 심리적 상황이 사형 선고 받은 자 같다고 했습니다. 이런 바울의 생애와 예수님의 말씀이 일치합니다.

예수님은 "나를 따라오려거든 자기 십자가를 지고 따르라"고 하셨습니다. 그런데 많은 사람은 교회에 와서 좀 더 행복해지고, 좀 더 고통이 없고, 모든 문제를 편안하게 해결하고 싶어 합니다. 그것은 착각입니다. 우리는 십자가를 져야 합니다.

고난 뒤에 올 영광

그러나 이런 고통만 있다면 누가 예수 믿겠습니까? 분명히 기억할 것은 이런 고통과 비교할 수 없는 영광이 있다는 것입니다. 신앙의 세계에는 삶의 모든 고통과 십자가와 아픔과 억울함과 손해 보는 것과는 비교할 수 없는 영광스러운 삶이, 영광스러운 세계가 있기 때문에 내가 종노릇하고 바보 노릇하고 모든 것을 다 감수하는 것입니다. 사람들이 욕을 해도, 때려도, 침을 뱉어도 아무렇지도 않게 생각하게 되는 것은 복음이라는 영광스러운 세계가 있고 천국이라는 영원한 세계가 있기 때문입니다.

예수님은 당신이 져야 할 십자가를 바라보시면서 제자들에게 "너는 네 십자가를 지고 나를 따르라"고 말씀하셨습니다. 우리는 이 말씀을 하신 주님을 찬양해야 합니다. 고난 뒤에 올 영광을 믿어야 합니다. 억울함과 누명과 손해 보는 것 뒤에 비교할 수도 없는 하늘의 위로가 있을 것을 믿어야 합니다.

십자가가 없다면 우리는 거짓 평화 속에 살고 있는 것입니다. 그것은 진정한 평화가 아닙니다. 좋은 집, 좋은 환경, 완벽한 여건이 주는 것은 거짓 평화입니다. 그것은 진정한 평화가 아닙니다. 밥 한 끼 맛있게 먹었다고 평화가 아닙니다. 다 거짓 평화입니다. 진정한 평화는 십자가를 지고 난 후에 얻는 평화입니다. 그래서 예수님은 39절에서 "자기 목숨을 얻는 자는 잃을 것이요 나를 위하여 자기 목숨을 잃는 자는 얻으리라"고 하셨습니다.

영원한 세계가 있다고 믿습니까? 고난과 비교할 수 없는 영광이 우리를 기다리고 있음을 믿습니까? 그렇다면 안심하고 십자가를 지십시오. 원망하지 마십시오. 끝까지 섬기십시오. 사랑하십시오. 십자가를 지십시오.

27

제자의 길 끝에
반드시 보상이 있다

마태복음 10:40-42

예수님은 제자들을 파송하면서 그들이 세상에서 전도할 때 치러야 할 대가가 있다고 말씀하셨습니다. 그런데 오늘 본문에서 예수님은 제자들이 대가도 치르지만 하늘에서 보상도 받게 된다는 것을 말씀하십니다. 고생하지 않는 사람이 한 사람도 없겠습니다만 고난과 고생은 보람과 보상이 있을 때 그 의미가 있습니다. 로마서 말씀에 현재의 고난은 장차 올 영광과 족히 비교할 수 없다고 합니다.

그렇습니다. 어떤 의미에서 고난은 저주가 아니라 축복일 수 있습니다. 고생이 불필요한 것이 아니라 가치 있는 것일 때가 있습니다. 그러므로 고난이 얼마나 깊으냐가 중요한 게 아니라 그것이 얼마나 의미 있느냐가 중요합니다. 의미가 있다면 감옥에 들어가도 괜찮습니다. 의미가 있다면 직장에서 쫓겨나도 괜찮습니다. 의미가 있다면 죽어도 괜찮습니다. 고생 자체가 무서운 것이 아닙니다. 무서운 것은 내가 겪는 고난에 보람과 의미가 없다는 것입니다.

우리가 바라보는 궁극적 가치는 무엇입니까? 왜 살고 있습니까? 왜 이 세상에서 그러한 수모를 당하면서까지 고생합니까? 거기에 대한 해답이 있어야 합니다. 왜 자녀를 그렇게 눈물겹게 키워야 합니까? 왜 부모를 그렇게 모셔야 합니까? 우리는 왜 이 부조리한 상황 속에서 수모를 겪으며 살아야 합니까? 거기에 의미가 있어야 합니다.

　예수님이 제자들에게 말씀해 주시는 그 '의미'라는 것은 땅의 보상이 아니라 하늘의 영원한 보상에 대한 것입니다. 제자들이 받게 될 축복과 특권에 대해 생각해 보겠습니다.

제자들이 받는 축복과 특권

　너희를 영접하는 자는 나를 영접하는 것이요 나를 영접하는 자는 나를 보내신 이를 영접하는 것이니라(마 10:40).

　여기서 예수님은 주님을 따르는 자에게 주는 가장 큰 축복을 말씀하고 계십니다. 하나님과 예수님 자신과 예수님을 따르는 자를 동격으로 보시는 것입니다. 이것처럼 큰 축복이 어디 있겠습니까? "너희를 영접하는 사람은 나를 영접하는 것이요 나를 영접하는 사람은 나를 보내신 분을 영접하는 것과 꼭 같다"고 하셨습니다. 여기서 예수님은 우리를 하나님처럼, 예수님처럼 높여 주는 그런 축복을 주신 것입니다.

　이 말씀 안에는 두 가지 뜻이 있습니다. '파송'과 '영접'입니다. 하나님은 이 세상에 예수님을 보내셨습니다. 예수님은 이 세상에 제자들을 보내셨습니다. 여기서 신앙의 본질 하나를 발견하게 되는데, 그것은 '파송'입니다. 보내는 일이 없다면 신앙은 죽은 것입니다. 신앙이란 떠나는 것이요, 보내는 것입니다. 죄와 죽음과 파멸이 있는 곳에 빛과 생명과 사랑을 파송하는 것이 신앙입니다. 대부분의 사람은 본능적으로 편안하기를 원합니다. 안주하기를 원합니다. 그러나 신앙이란 안주하는 것을 원하지 않고 떠나기를 바라는 것입니다. 주님은 여기서 지상 천국을 이루는 것을 원하지 않으십니다. "죄 많은 이 세상에, 악한 세상에 네가 뛰어들어서 그것을 변화시키라"고 하는 것이 주님의 명령입니다.

또 한 가지 이 말씀 속에서 발견하는 것은 '영접'입니다. 영접이 바로 축복입니다. 제자들을 영접하는 것은 예수님을 영접하는 것과 똑같고, 예수님을 영접하는 것은 하나님을 영접하는 것과 똑같다고 말씀하셨습니다. 누가복음 10장 16절에도 비슷한 말씀이 있습니다.

"너희 말을 듣는 자는 곧 내 말을 듣는 것이요 너희를 저버리는 자는 곧 나를 저버리는 것이요 나를 저버리는 자는 나 보내신 이를 저버리는 것이라."

아주 엄청난 말씀을 하고 계십니다.

이 말씀이 실제 아브라함에게 나타났습니다. 창세기 12장 1-3절에 "여호와께서 아브람에게 이르시되 너는 너의 고향과 친척과 아버지의 집을 떠나 내가 네게 보여 줄 땅으로 가라 내가 너로 큰 민족을 이루고 네게 복을 주어 네 이름을 창대하게 하리니 너는 복이 될지라 너를 축복하는 자에게는 내가 복을 내리고 너를 저주하는 자에게는 내가 저주하리니 땅의 모든 족속이 너로 말미암아 복을 얻을 것이라 하신지라"고 했습니다.

하나님이 이런 특권과 복을 복음을 가진 자에게 주셨다고 말씀하고 계십니다. 여기서 우리는 한 걸음 더 나아가서 성부와 성자와 예수님의 제자들과의 긴밀하고도 절대적인 관계를 발견합니다. 이것은 단순한 인식의 관계가 아니라 절대적인 관계입니다. 세상 사람이 가질 수 없는 독특하고도 절대적인 관계가 바로 하나님과 우리의 관계입니다.

예수님이 제자들을 파송하고 축복하셨는데 여기에는 마치 한 국가와 국민을 대표해서 파견한 대사와 같은 의미가 있습니다. 어느 나라에 대사가 파견되었습니다. 그는 개인이 아니라 국가를 대표하는 사람입니다. 그 사람을 무시한다는 것은 그 국가를 무시한다는 것입니다. 그 사람의 말을 거역한다는 것은 그 국민을 거역한다는 것과 똑같은 의미가 있습니다. 이것이 바로 대사의 자격입니다. 이런 의미에서 그리스도인은 세상에서 그리스도의 향기임과 동시에 그리스도의 대사와 같은 역할을 하는 사람입니다.

요한복음 13장 20절에도 "내가 보낸 자를 영접하는 자는 나를 영접하는 것이요 나를 영접하는 자는 나를 보내신 이를 영접하는 것이니라"고 했습니다. 또 갈라디아서 4장 14절에서는 사도 바울이 이렇게 간증합니다. "너희가 업신여기지도 아니하며 버리지도 아니하고 오직 나를 하나님의 천사와 같이 또는 그리스도 예수와 같이 영접하였도다." 이는 사도 바울이 위대했기 때문이 아니라 사도 바울이 가지고 있는 복음이 위대했기 때문입니다. 이것이 바로 제자들이 세상에서 대가를 치르는 동시에 받게 될 영광스러운 복입니다.

선지자의 이름으로 받는 상

예수님은 세 가지를 들어서 이 사실을 좀 더 자세히 설명해 주고 계십니다. 첫째는 선지자의 예입니다.

> 선지자의 이름으로 선지자를 영접하는 자는 선지자의 상을 받을 것이요(마 10:41).

구약의 한 예가 열왕기상 17장에 나타납니다. 엘리야가 아합 왕 때 3년 반 동안 비가 내리지 않을 것이라는 하나님의 말씀을 예언합니다. 그때부터 비가 내리지 않았습니다. 하나님은 엘리야를 요단 앞 그릿 시냇가에서 살게 하셨고, 까마귀들을 통하여 떡과 고기를 공급하셨습니다. 그런데 비가 계속 오지 않으므로 시내가 마르게 되었습니다. 이때 하나님은 엘리야에게 시돈에 속한 사르밧에 가서 한 과부를 만나 공궤를 받으라고 말씀하십니다. 그래서 엘리야는 사르밧에 가서 한 과부를 만납니다.

그런데 하나님이 만나게 하신 과부는 놀랍게도 몹시 가난한 과부였습니다. 그러나 하나님이 명령하셨기 때문에 그 과부에게 가서 물과 떡을 요구합니다. 그때 이 가난한 과부가 "내게는 떡이 없고 다만 가루 한 움큼과 기름 약간이 남아 있는데 이것을 마지막으로 떡을 해서 아들과 내가 먹고 죽음을 기다리겠다"고 말합니다. 이런 상황이기 때문에 당신을 대접할 것이 없다고 말한 것입니다.

그러자 엘리야는 그 과부에게 "두려워하지 마라. 그 가루와 기름으로 떡을 만들어서 먼저 나에게 주고 난 다음에 너와 너의 아들이 먹으라"고 요구했습니다. 그 다음에 엘리야는 그 가난한 과부에게 하나님의 축복을 말합니다. "가뭄이 끝날 때까지 그 통에는 가루가 떨어지지 않을 것이다. 그리고 그 병에는 기름이 떨어지지 않을 것이다." 실제로 그 통과 병에는 가루와 기름이 떨어지지 않고 계속 채워져서 가뭄 속에서도 그 가난한 과부는 풍성하게 살았다고 기록되어 있습니다.

여기서 우리는 선지자를 대접한 사람에게 선지자의 상으로 베푸시는 하나님의 축복의 예를 구체적으로 볼 수 있습니다. 선지자, 즉 예언자란 언제나 외롭고, 고독하고, 세상에서 환영받지 못하는 사람입니다. 구약의 선지자란 미래를 예언하는 점쟁이가 아니었습니다. 그는 현실의 부정과 부패, 불신앙과 죄악에 대해서 하나님의 시각에서 하나님의 말씀으로 경고하며 견책하던 사람입니다. 죄악과 불신앙으로 인해 이제 이 민족이, 이 땅이 받아야 할 하나님의 심판이 있다는 것을 예언하는 사람이 바로 예언자입니다.

이런 의미에서 예언자란 현실 개혁가였고 현실 참여자였습니다. "너희가 이렇게 살면 곧 불의 심판이 임할 것이다." 이렇게 예언했던 사람들이 예언자입니다. 그래서 이들은 정부 지도자들이나 기득권을 가진 종교 지도자들이 몹시 싫어하는 미움의 대상이 되었던 것입니다. 이 사람들은 좋은 환경에서 살 수가 없었습니다. 사람들의 칭찬과 존경을 받는 것이 아니라 쫓겨 다니고 박해를 받고 미움을 받는 대상이었습니다.

요즘에는 하나님이 시키셔서 예언하는 자보다 인간의 정의감으로 예언하는 사람들이 많습니다. 이것을 혼돈해서는 안 됩니다. 여기서 말하는 것은 인간의 예언자가 아니라 하나님의 정의를 말하는, 하나님의 예언을 말하는 사람입니다. 예수님에게도 이런 선지자의 모습이 있었습니다. 그래서 예수님도 그 당시 종교 지도자들과 정치 지도자들에게 많은 미움을 받으셨습니다. 예수님은 선지자의 이름으로 선지자를 영접하는 자에게는 선지자의 상이 있을 것이라고 하셨습니다.

의인의 이름으로, 제자의 이름으로 받는 상

둘째로, 의인의 예를 들었습니다.

"의인의 이름으로 의인을 영접하는 자는 의인의 상을 받을 것이요."

창세기 18장 32절을 보면 의인 열 명의 무게는 소돔과 고모라의 모든 죄악을 상쇄하고도 남는 무게라고 했습니다. 예레미야 5장 1절에서는 의인 한 사람이 가지고 있는 가치란 예루살렘의 모든 죄악의 무게를 상쇄하고도 남을 수 있다고 했습니다. 이렇게 의인이 큰 것입니다. 그런데 예수님은 그 의인을 영접하고 대접하는 사람에게는 의인이 받게 될 의의 면류관을 그 사람에게도 똑같이 씌워 주겠다고 하셨습니다. 의인의 상급을 그 사람에게도 똑같이 주겠다고 말씀하신 것입니다.

셋째는, 복음을 전하는 자들의 예입니다. 앞에서 말한 선지자나 의인의 예는 세 번째 예를 강조하기 위한 것입니다. 중요한 것은 바로 이 세 번째 경우입니다.

> 또 누구든지 제자의 이름으로 이 작은 자 중 하나에게 냉수 한 그릇이라도 주는 자는 내가 진실로 너희에게 이르노니 그 사람이 결단코 상을 잃지 아니하리라 하시니라(마 10:42).

여기서 예수님은 선지자나 의인뿐만 아니라 예수님을 위해 세상에 나아가 복음을 전하는 제자들에게도 똑같이 이런 엄청난 복을 주겠다고 하십니다. 예수님은 복음을 전하는 자들을 외면하시지 않았습니다. 굉장한 축복을 주셨는데, 누구든지 복음을 증거하는 사람에게 냉수 한 잔이라도 대접하면 하나님은 결코 그것을 잊지 않겠다고 하셨습니다. 반드시 그것을 갚아 주겠다고 하셨습니다.

섬기는 삶

예수님은 본문 말씀에서 "선지자의 이름으로", "의인의 이름으로", 그리고 "제자의 이름으로"라고 하셨습니다. 왜 "예수 그리스도의 이름으로"라고 하지 않으셨을까요? "예수 그리스도의 이름으로"라고 했으면 우리가 좀 더 편할 텐데 그렇게 말씀하시지 않았습니다.

여기서 우리는 예수님의 적극적인 태도를 발견하게 됩니다. 예수님은 하나님 섬기는 것을 구분하는 것에 대해 경고하십니다. 우리는 누구를 도와주는 것을 인간을 도와주는 것이라고 착각합니다. 내가 사람을 도와준다고 생각하기 때문에 도와주기를 주저하는 수가 있습니다. 예수님은 여기서 "그 사람의 이름으로 도와주라"고 말씀하십니다. 예수님의 이름이 아니어도 좋다고 말씀하십니다. 이 정신은 요한일서 4장 20절 말씀에 잘 나타나 있습니다.

"누구든지 하나님을 사랑하노라 하고 그 형제를 미워하면 이는 거짓말하는 자니 보는 바 그 형제를 사랑하지 아니하는 자는 보지 못하는 바 하나님을 사랑할 수 없느니라."

우리는 예수님의 이름으로 사람들을 사랑하는 것을 거부하기도 합니다.

"나는 하나님을 사랑합니다. 그러나 사람은 사랑할 수가 없습니다"라거나 "인류는 사랑합니다. 그러나 거지는 사랑할 수 없습니다"라고 합니다. 그 거지가 바로 인류입니다. 그 가난한 사람을 사랑하는 것이 곧 하나님을 사랑하는 것입니다. 눈에 보이는 사람의 고난에 동참하는 것이 곧 눈에 보이지 않는 하나님을 섬기는 것입니다. 주님은 "하나님을 섬긴다는 형식과 외식에 빠지지 마라. 눈에 보이는 가난한 이웃을 사랑하는 것이 하나님을 사랑하는 것과 똑같다"고 말씀하십니다. "예수님의 이름으로 선지자를 배척하지 마라. 의인을 배척하지 마라. 전도자를 배척하지 마라. 오히려 선지자의 이름으로, 의인의 이름으로, 복음 증거자의 이름으로 사람들을 섬기라"는 뜻이 이 말씀 안에 있습니다.

또한 이 말씀 안에는 내가 꼭 그 일을 해야만 상급을 받는 것이 아니라, 내가 그 일을 하는 사람을 도울 때 그 사람과 똑같은 상급을 받는다는 뜻이 들어 있습니다.

마지막으로 본문에서 발견하는 것은 하나님은 지극히 작은 것이라도 기억하고 계신다는 사실입니다. 도움은 엄청나게 큰 것만을 의미하는 것이 아닙니다. 지극히 작은 것이라도 할 수 있는 것이라면, 그것이 최선이라면 하나님은 작은 것을 통해서 역사하십니다.

4부

그리스도를 따르는 제자의 길

마태복음 11:1-12:50

천국에서는 지극히 작은 자라도 그보다 크다고 하셨습니다.
예수님을 영접한 사람이 천국에 가는 것이며, 예수님을 위해 사는 사람에게만,
예수님을 위해 고난 받은 사람에게만 상급이 있습니다.
많은 것을 소유하고 누리는 데 참된 가치가 있는 것이 아닙니다.
인간의 참된 가치는 천국 백성이 되는 데 있습니다.

28

우리의 의심보다
주님의 사랑이 더 크다

마태복음 11:1-6

지금까지 예수님의 말씀과 여러 가지 활동과 사역에서 우리는 감동과 감탄, 그리고 충만한 축복을 볼 수 있었습니다. 그러나 11장부터는 예수님에 대한 비판과 의심과 갈등과 도전, 그리고 반대를 보게 됩니다.

예수님을 의심한 세례 요한

마태복음 11장 2-3절에서 우리는 예수님이 도전받으시는 모습을 보게 됩니다.

"요한이 옥에서 그리스도께서 하신 일을 듣고 제자들을 보내어 예수께 여짜오되 오실 그이가 당신이오니이까 우리가 다른 이를 기다리오리이까."

예수님에 대해 맨 처음 의심을 던진 사람은 놀랍게도 세례 요한이었습니다. 이것은 굉장히 충격적인 사건입니다. 바리새인이나 서기관이 그런 말을 했다면 그럴 수 있다고 하겠습니다. 그러나 누구보다도 예수님을 사모했고, 예수님을 위해 고난을 받았던 세례 요한에게서 의심의 발언이 처음 시작된 것입니다.

세례 요한은 예수님이 이미 언급하신 대로 여자가 낳은 자 중에서 가장 큰 자입니다. 그는 "광야의 외치는 소리"였고 "주의 길을 예비하는 자"였습니다. 그는 종교 지도자나 정치 지도자들에게 서슴없이 "독사의 자식들아!"라고 외치며 회개를 촉구했습니다. 그는 화려한 집이 아니라 풀 한 포기 없는 광야에서 살았으며 낙타 털옷과 가죽띠를 입었습니다. 험한 음식을 먹으면서 험한 장소에서 진리를 위해 살았습니다. 그의 메시지는 불과 같았습니다. 그의 설교를 듣기 위해서 수많은 사람이 몰려왔습니다. 참으로 놀라운 일이었습니다.

이 세례 요한이 어느 날 예수님이 걸어가시는 모습을 보았습니다. 그는 "보라. 세상 죄를 지고 가는 하나님의 어린양이로다!"라고 탄성을 지르는 자신을 따라다니던 제자들에게 "너희들이 진정 따라야 할 분은 바로 저분이다"라고 했습니다. 그리고 예수님에게 자기 제자들을 양도했습니다.

예수님이 세례 받기를 원하셨을 때 세례 요한은 거절했습니다. 그리고 예수님이 "나에게 세례를 줌으로 말미암아 하나님의 뜻을 이루라"고 말씀하셨을 때 세례 요한은 두렵고 떨리는 마음으로 예수님에게 세례를 베풀어 드렸습니다. 그런데 그때 놀라운 현상이 일어났습니다. 마태복음을 보면 하늘 문이 열리고 성령이 비둘기처럼 임했습니다. 얼마나 놀랍고 충격적인 장면이었겠습니까? 또 하늘에서 음성이 들렸다고 했습니다. "이는 내 사랑하는 아들이요 내 기뻐하는 자라." 이 모든 것을 체험하고 알고 있던 사람이 바로 세례 요한이었습니다.

그러나 그 세례 요한의 입에서 이상한 소리가 나온 것입니다. 세례 요한은 감옥에 있는 상황에서 자기 사람들을 예수님에게 보내 질문하게 했습니다.

그의 마음속에 '예수여, 당신이 정말 메시아입니까? 정말 하나님이 약속한 그 메시아입니까?' 하는 갈등이 일어나고 있었다는 사실입니다. 이 사실 자체가 우리에게 굉장한 충격을 줍니다.

예수님의 길을 예비했고 하늘의 음성을 들었고 하늘 문이 열리고 성령이 비둘기처럼 임하는 것을 봤던 세례 요한에게도 이런 의심이 있었다면, 지극히 평범한 우리가 예수님에 대해 한두 번 의심을 갖는 것은 당연하지 않겠습니까? 우리는 예수를 잘 믿다가도 어느 순간에 신앙의 침체에, 신앙의 수렁에 빠질 수 있습니다. 겉으로는 예수를 잘 믿는 것 같지만 속에서는 '내가 믿는 것이 사실인가? 과연 옳은 것인가?' 하는 의심을 한두 번씩 할 수 있다는 것입니다. 영원히 의심 없이 잘 믿는 사람은 지상에 아무도 없습니다. 목사든 장로든 집사든, 성령을 받았든 안 받았든 간에 우리는 인간적인 의심을 한두 번씩 할 수 있다는 것을 성경에서 배우게 됩니다.

'의심', 이것이 오늘 우리가 생각해야 할 주제입니다. 예수님에 대한 회의, 의심이란 무엇입니까? 그것은 사탄이 우리 인간의 영혼에 뿌려 놓은 안개와 같은 것입니다. 차라리 부정했더라면 시원할 것입니다. 하나님을 부인했다면 간단합니다. 그러나 부인하는 것보다 더 나를 괴롭히는 것은 회의입니다. 의심입니다. 확신이 흔들리는 것입니다. 부인하는 것은 아닙니다. 부정하는 것은 아닙니다. 그러나 흔들릴 때가 있습니다. 성령 체험도 하고 예수를 잘 믿다가도 이런 절망에 빠지게 하는 신앙적 회의는 어디서 온 것입니까?

신앙적 회의

창세기 3장에서 그 기원을 찾아볼 수 있습니다. 창세기 3장 1절에 뱀이 여자에게 "하나님이 참으로 너희에게 동산 모든 나무의 열매를 먹지 말라 하시더냐"라고 질문했습니다. 이것은 하나님을 부인하는 질문이 아니었습니다. 하나님의 말씀을 의심하게 하는 질문이었습니다. 이것이 문제입니다. 하나님이 없다고 한 것이 아닙니다. 하나님이 정말 그렇게 말씀하셨느냐고 의심의 씨앗을 심어 준 것입니다.

신앙적인 의심에는 언제나 사탄의 유혹이 있다는 사실을 기억해야 합니다. 우리가 육체적으로 약해졌을 때, 기도하고 있지 않을 때, 어떤 인간적인 문제로 번민하고 있을 때 마귀는 하나님을 부인하게 하는 것이 아니라 의심하게 합니다. '정말 그럴까?' 하는 눈에 보이지 않는 의심의 씨앗을 던지는 것입니다. 그런데 그것이 내 마음속에 박히면 놀랍게도 그 의심은 작용하고 역사하기 시작합니다. 자신이 과거에 가졌던 성령 체험, 은혜 받은 말씀, 정말 불같던 그 믿음은 하루아침에 사라져 버리고 부정적인 생각, 파괴적인 생각, 의심하는 생각에 빠져들고 맙니다. 이러한 사탄의 공격에 하와는 간단하게 넘어져 버리고 말았습니다.

여자가 뱀에게 이렇게 대답합니다.

> 동산 나무의 열매를 우리가 먹을 수 있으나 동산 중앙에 있는 나무의 열매는 하나님의 말씀에 너희는 먹지도 말고 만지지도 말라 너희가 죽을까 하노라 하셨느니라(창 3:2-3).

여기까지만 보면 여자는 하나님을 부인하지 않은 것 같습니다. 그러나 바늘구멍만 한 의심이 나기 시작한 것입니다. 창세기 2장 16-17절을 보면 "동산 각종 나무의 열매는 네가 임의로 먹되 선악을 알게 하는 나무의 열매는 먹지 말라 네가 먹는 날에는 반드시 죽으리라"고 되어 있습니다. 하나님은 동산 나무의 열매는 모두 먹을 수 있으나 선악과만 먹지 말라고 하셨는데, 여자는 잔인한 하나님으로 바꾸어 놓았습니다. 하나님은 너희가 먹는 날에는 "반드시 죽으리라"고 하셨는데 여자는 "죽을까 하노라"로 조금 바꾸어 놓았습니다.

의심은 여기서부터 시작됩니다. 의심을 일으키게 하는 사탄의 질문은 하나님의 사랑을 감소시키고 하나님의 심판을 약화시켰습니다. 우리 안에 의심이 생기기 시작했을 때, 확신이 무너지기 시작했을 때, 우리의 눈에서 감격의 눈물이 사라지기 시작했을 때 이미 우리는 사탄의 공격을 받고 있는지도 모릅니다. 찬양이 마음에서부터 나오지 않고 목에서만 나오는 것입니다. 기도에도 힘이 없습니다. 이미 우리는 반쯤 사탄의 공격에 걸려 있는지도 모릅니다. 이것이 사탄이 우리 모르게 뿌려 놓은 의심의 씨앗입니다. 이런 의심의 씨앗이 다른 사람이 아닌 세례 요한에게 뿌려졌다는 사실을 성경에서 보게 됩니다.

의심의 덫에 빠지는 이유

그처럼 위대한 세례 요한이 왜 이런 의심의 덫에 걸리게 되었을까요? 거기에는 몇 가지 이유가 있습니다. 사탄이 뿌려 놓은 의심의 독, 의심의 씨앗에 말려드는 첫 번째 이유는 환경의 악조건입니다.

2절을 보면 "요한이 옥에서"라고 기록되어 있습니다. 요한은 지금 헤롯 왕의 미움을 받아서 옥에 갇혀 있습니다. 캄캄하고 습기차고 춥고 고문이 있고 먹을 것이 제대로 공급되지 않는 그런 감옥, 그것도 하루 이틀이 아니라 오랜 세월 동안 거기서 육체의 제한을 받을 때 사람은 변하기 마련입니다. 이때 누구든지 절망할 수 있습니다. 그리고 내가 진리를 위해서 외쳤는데 남는 것이 이것뿐인가 하는 좌절감도 맛볼 것입니다. 살아날 소망이 있다면 또 모르겠습니다. 세례 요한은 결국 목이 베어 죽임을 당했습니다. 그래서 세례 요한의 마음속에 이러한 의심이 싹트기 시작한 것입니다. 세례 요한이 신앙이 없어서가 아닙니다. 환경이 어려울 때 마음의 동요와 변화가 오기 시작하는 것입니다.

인간이란 환경의 제한을 받을 때, 육체의 고난이 있을 때, 먹을 것이 없을 때 쉽게 생각이 변할 수 있습니다. 세례 요한은 감옥에서 순간적으로 그런 생각을 하게 된 것입니다. 광야에서 불같은 메시지를 토하던 때와는 너무나 다릅니다. 주님을 위해서 불처럼 메시지를 토하던 때와는 너무나 다릅니다. 주님을 위해서 불처럼 살았던 사람이 감옥에 있다고 이렇게 변할 수가 있습니까?

우리는 여기서 인간의 실상을 정직하게 볼 수 있습니다. 우리는 갑작스러운 환경의 변화나 생각하지 못했던 고난에 부딪혔을 때 쉽게 신앙을 버리고 교회를 떠나는 사람을 봅니다. 잘될 때는 주님을 찾다가 어려움에 처하면 주님을 버리고 떠나는 사람들이 많습니다.

두 번째로, 세례 요한이 의심을 품게 된 이유는 예수님을 간접적으로 경험했기 때문입니다. 세례 요한은 예수님을 요단 강에서 직접 만난 일이 있습니다. 그리고 먼발치에서 예수님을 만났습니다. 그것이 전부입니다. 성경에는 그 후 예수님과 세례 요한이 만났거나 대화하는 장면이 전혀 없습니다. 아마 예수님의 말씀 사역에 대해 세례 요한은 제자들을 통해 간접적으로 들었고, 기적과 여러 가지 기사들을 소문으로 들었을지 모릅니다.

언제든지 간접적인 경험과 소문은 참된 능력이 없습니다. 대부분의 많은 그리스도인이 믿음이 없고 확신이 없는 것은 직접적인 체험이 없기 때문입니다. 성경 말씀을 배우는 것도 중요하지만 그 다음 단계는 우리가 직접 읽어야 합니다.

직접 먹어야 합니다. 남이 가르쳐 주어서 받는 은혜가 아니라 내가 무릎을 꿇고 직접 주님을 만나는 경험, 이것이 중요합니다. 신앙이란 상식과 이성의 만족에 머무는 것이 아닙니다. 체험적인 데까지 가야만 합니다. 어쩌면 세례 요한이 감옥에 들어가서 이런 의심을 하게 된 것은 예수님과 깊이 대화하지 못했기 때문인지도 모릅니다.

세 번째는, 메시아에 대한 잘못된 인식입니다. 그 당시 세속적인 유대인, 종교 지도자들은 메시아를 정치적인 해방과 경제적, 사회적 구원을 일으켜 줄 해방자라고 생각했던 것입니다. 그러나 실제로 예수님은 구약이나 유대인들이 가졌던 메시아 대망 사상과는 전혀 다른 모습으로 "마음이 가난한 자는 복이 있다", "서로 사랑하라"는 말씀만 하시니까 이분이 과연 메시아인가 하고 의문을 갖게 된 것입니다. 아마 세례 요한은 그때 감옥에 있었기 때문에 이런 세속적인 메시아 대망 사상의 영향을 일시적으로 받지 않았나 추측해 볼 수 있습니다.

의심에 대한 예수님의 반응

이러한 세례 요한에 대해 예수님은 어떻게 반응하셨습니까? 인간적으로 보면 참 이해할 수 없는 세례 요한의 태도에 대해 예수님이 어떤 반응을 보이셨는지 보겠습니다.

> 예수께서 대답하여 이르시되 너희가 가서 듣고 보는 것을 요한에게 알리되 맹인이 보며 못 걷는 사람이 걸으며 나병 환자가 깨끗함을 받으며 못 듣는 자가 들으며 죽은 자가 살아나며 가난한 자에게 복음이 전파된다 하라(마 11:4-5).

첫째, 예수님은 꾸짖지 않으셨습니다. 왜냐하면 예수님은 세례 요한의 마음을 누구보다도 잘 알고 계셨기 때문입니다. 세례 요한의 근본 마음이 변한 것이 아닙니다. 그가 일시적인 환경의 어려움, 육신의 고통 때문에 좌절하고 있다는 것을 예수님이 아셨습니다. 이것을 보면 예수님은 위대한 상담학자요 심리학자이심을 알 수 있습니다. 그래서 세례 요한을 욕할 필요가 없다고 결론을 내리신 것입니다. "지금은 네가 너무 고통스러워서 잠깐 그런 것이다"라고 이해해 주십니다. 주님은 우리의 체질을 너무나 잘 알고 계십니다.

열왕기상 18장을 보면 엘리야가 바알 선지자들과 대결합니다. 바알 선지자들은 자기의 몸에 상처를 내면서 소리 지르지만 불이 내려오지 않습니다. 그러나 엘리야가 한번 기도하니까 하늘에서 불이 내려옵니다. 450명의 바알 선지자들이 모조리 죽어 버립니다. 대승리를 한 위대한 영웅, 위대한 능력자, 위대한 하나님의 종이 바로 엘리야였습니다.

그런데 이 소식을 들은 아합 왕의 부인 이세벨이 화가 나서 엘리야를 죽이겠다고 합니다. 그러자 그토록 용감했던 엘리야가 한 여자의 입에서 나온 말 앞에 모든 것을 포기하고 신앙을 버리고 도망갑니다. 로뎀나무 아래까지 도망가서 기도하기를 "하나님이여, 나를 죽여 주시옵소서"라고 합니다. 그러나 하나님은 한 여자의 말 앞에 이렇게 약해져 버린 엘리야를 야단치지 않으셨습니다. 엘리야를 먹고 자게 하셨습니다.

이것이 하나님의 통찰력입니다. 근본적으로 믿음이 없는 불신앙 때문인가 아니면 다른 인간적인 약점과 조건 때문인가를 통찰하고 계신 것입니다. 한때 우리는 주님을 잘 섬겼습니다. 그러나 지금은 탈진 상태에 빠져 있는지도 모릅니다. 기도하는 것도 귀찮고, 전도도, 봉사도 재미 없는 상태인지도 모릅니다. 그러나 우리 안에 주님을 사랑하는 마음이 근본적으로 없어진 것이 아니라는 사실을 주님이 알고 계십니다. 그때 주님은 야단치지 않으십니다. "우선 쉬어라. 그리고 다시 생각하라"고 하시는 것이 예수님의 방법입니다.

누군가 어떤 사람에게 "당신은 교회도 나오지 않고 봉사도 하지 않고 십일조 생활도 하지 않는다"라고 비판할 수 있습니다. 그러나 주님은 그 사람을 비판하지 않으실지도 모릅니다. 모든 사람이 어떤 사람을 칭찬하고 믿음이 좋다고 말하지만 주님은 그 사람에게 채찍을 가하실지도 모릅니다. 어떤 사람이 주님도 잊어버리고 기도도 잊어버리고 절망 가운데서 헤매고 있지만, 주님은 그 사람을 위로하고 싶고 축복하고 싶으실지도 모른다는 것입니다.

세례 요한의 경우는 어떻습니까? 요한은 주님을 위해서 정의를 외친 사람이요, 고난을 자초한 사람입니다. 그는 감옥에 들어가 있습니다. 육체의 연약함으로 일시적으로 예수님을 의심하고 있었습니다. 이때 예수님은 세례 요한을 격려하셨습니다. "괜찮다. 나는 너를 사랑한다. 네가 지금 고통스러워서 그런 것이다. 네 마음이 변하지 않았다는 것을 내가 잘 안다." 이것이 주님의 태도입니다.

둘째, 예수님은 요한의 의심 섞인 질문에 대해 긍정도 부정도 않으시고 대신 하나님의 말씀을 제안해 주십니다. 맹인이 보며 앉은 뱅이가 걸으며 나병 환자가 깨끗함을 받으며 귀머거리가 들으며 죽은 자가 살아나며 가난한 자에게 복음이 전파된다는 것을 전하라고 하셨습니다. 이것은 이사야서의 말씀입니다.

그 때에 맹인의 눈이 밝을 것이며 못 듣는 사람의 귀가 열릴 것이며 그 때에 저는 자는 사슴같이 뛸 것이며 말 못하는 자의 혀는 노래하리니(사 35:5-6).

주 여호와의 영이 내게 내리셨으니 이는 여호와께서 내게 기름을 부으사 가난한 자에게 아름다운 소식을 전하게 하려 하심이라(사 61:1).

예수님은 이 두 가지 말씀을 인용하시면서 이 말씀이 그대로 실현되었다고 말하라고 하셨습니다. 예수님은 얼마나 현명하십니까? 예수님은 맹세하지 말라고 하셨는데 그 예수님이 오늘 우리에게 지혜로운 방법을 제시해주고 계십니다. 그것은 나의 인간적인 생각을 드러내는 것이 아니라 하나님의 말씀으로 상황에 대처하는 대답을 한다는 것입니다. 여기서 우리는 의심을 품고 있는 세례 요한을 따뜻한 사랑과 애정을 가지고 말씀으로 위로하시는 예수님을 만나게 됩니다.

특별히 예수님을 오래 믿었고 주님을 위해서 남보다 헌신을 많이 한 사람 가운데 지금 탈진 상태에 빠진 사람이 있을지도 모릅니다. 신앙이란 항상 충만한 것이 아닙니다. '안식과 일'처럼 리듬이 있습니다. 어떤 때는 신앙이 성장했다가 어떤 때는 밑으로 곤두박질치기도 합니다. 이 리듬을 잘 타는 것이 신앙생활을 잘하는 것입니다. 신앙의 높은 경지에 올라갔을 때 교만하지 않고 신앙의 회의에 빠졌을 때 열등감과 절망에 빠지지 않는, 그러면서도 주님을 바라보며 성장해 나가는 것이 참으로 좋은 신앙생활입니다.

인간의 연약함

6절을 보면 예수님이 "누구든지 나로 말미암아 실족하지 아니하는 자는 복이 있도다"라고 하셨습니다. 인간은 누구나 완전하고 영원한 신앙 고백을 할 수 없다는 사실을 알아야 합니다. 베드로가 "주는 그리스도시요 살아 계신 하나님의 아들이시니이다"라고 했지만, 그 다음 순간에 예수님은 그에게 "사탄아, 물러가라"고 말씀하셨습니다. 내가 신앙 고백한 것 자체가 중요하지 않습니다. 예수님은 "이것을 고백하게 한 것은 네가 아니요 네 안에 있는 성령"이라고 말씀하셨습니다.

오늘 우리가 예수님을 믿는 것은 내 힘으로 하는 것이 아닙니다. 나로 하여금 예수 믿도록 하신 하나님의 사랑과 긍휼 때문입니다. 내가 잘나서 예수 믿는 것이 아닙니다. 내 꼴은 예수 안 믿어도 열두 번 안 믿을 꼴입니다. 그러나 그렇게 많은 시험과 시련과 역경에도 불구하고 나로 하여금 교회를 떠나지 않게 하고 신앙생활을 하게 한 것은 알 수 없는 하나님의 은혜입니다. 하나님의 놀라운 사랑입니다.

우리는 인간적인 약점이 너무나 많습니다. 자기가 완벽한 신앙생활을 한다고 착각하지 마십시오. 목사님 중에도 자신의 설교가 자기 신앙인 줄로 착각하는 분이 있습니다. 자기 기도에 자기가 속는 사람이 있습니다. 눈물, 콧물 흘리면서 기막히게 기도하면 자기 신앙이 그쯤 되는 줄 압니다. 아닙니다. 그렇게 하게 하신 이는 성령님이십니다. 구제하고 봉사하면 자기의 인격이 그 정도까지 가는 줄 압니다. 그렇지 않습니다. 내 인격은 형편없습니다. 인간의 약점을 인정해야 합니다. 그리고 하나님의 사랑을 인정해야 합니다.

의심의 통로를 지나

우리는 이 사건을 통해서 세 가지를 배울 수 있습니다. 첫째, 인간에게는 누구나 의심과 회의가 있습니다. 아무리 위대한 성자라도 의심의 통로를 지나지 않고서는 믿음의 길에 갈 수 없습니다. 의심은 과거에 끝난 것으로 해결되지 않습니다. 앞으로도 계속해서 마귀는 우리를 공격할 것입니다. 그러나 우리의 의심보다 예수님의 사랑과 긍휼이 더 큽니다. 우리가 아무리 의심하고 주님에게 등을 돌리고 교회를 떠난다 하더라도 하나님의 긍휼과 사랑은 우리의 의심보다 더 큽니다. 그렇기 때문에 우리는 다시 주님 품으로 돌아오는 것입니다.

둘째, 의심이란 불신앙에서만 오는 것이 아닙니다. 믿지 못해서 의심이 생기는 수도 있지만 환경의 고통 때문에 순간적인 의심이 생길 수 있습니다. 이때 자신을 너무 심각하게 걱정하지 마십시오. 오히려 먹고 자고 위로하고 휴식을 취해야 합니다. 이것이 예수님의 방법입니다. 자기 회의와 의심을 너무 크게 생각하지 마십시오. 어떤 사람은 자기 의심이 대단한 것인 양 착각하는 사람도 있습니다. 간단하게 취급하십시오. 그러면 쉽게 사라질 것입니다.

셋째, 예수님은 예수님 때문에 시험 들지 말라고 하셨습니다. 예수님 때문에 시험 들면 어떻게 예수님 앞에 갈 수 있겠습니까?

목사 때문에 시험 들지 않아야 합니다. 목사 보기 싫어서 교회 안 나오는 사람들이 많습니다. 목사란 양면성이 있습니다. 한 면으로 보면 하나님의 종이요, 거룩한 하나님의 메시지를 전하는 천사와 같은 모습이 있습니다. 그러나 또 다른 면을 보면 인간의 연약함을 그대로 가지고 있습니다.

우리가 인간적인 면을 보면 목사 때문에 실족할 수 있습니다. "목사가 그럴 수가 있느냐. 위선자다. 사기꾼이다"라고 얼마든지 소리 지를 수 있습니다.

교회도 양면성이 있습니다. 교회가 천국은 아닙니다. 내가 부족한 것처럼 부족한 인간들이 모인 곳입니다. 왜 선교회가 말이 없고, 위원회가 말이 없겠습니까? 봉사하면서 말 많고 전도하면서 말 많고, 서로 시기하고 질투하고 미워하는 곳이 교회입니다.

자, 무엇을 보시겠습니까? 예수님은 예수님 때문에 실족하지 않는 자는 복이 있다고 하셨습니다. 우리의 신앙이 천국을 향하고 예수님을 향하면서, 인간의 모든 약점과 조직의 허술함을 뛰어넘어 시험 들지 말고 주님을 섬길 수 있어야 합니다.

29

주의 길을
준비하는 사람이 돼라

마태복음 11:7-10

세례 요한은 예수님의 길을 예비하기 위해서 온 구약의 마지막 선지자면서 동시에 신약의 첫 번째 안내자였습니다. 그래서 예수님은 세례 요한을 가리켜 이 세상에서 여자가 낳은 자 중에 가장 위대한 사람이라고 칭찬하셨습니다. 세례 요한은 누구보다도 예수님을 잘 알고 있었고 그를 사랑하고 존경했습니다. 세례 요한의 예수님에 대한 충성심은 이루 말할 수가 없을 정도였습니다. "그는 흥하여야 하겠고 나는 쇠하여야 하리라"(요 3:30)고 하면서 예수님과 자신을 비교했고, "나는 그의 신발 끈을 풀기도 감당하지 못하겠노라"(요 1:27)고 자신을 낮추기도 했습니다.

이런 세례 요한이 어느 순간에 예수님에 대해서 의심하기 시작했습니다. 그는 지금 억울하게 누명을 쓰고 감옥에 갇혀 있습니다. 불의가 지배하는 현실을 볼 때 '과연 메시아가 온 것인가?'라는 질문이 생겼습니다. "오실 그이가 당신입니까? 아니면 우리가 다른 사람을 기다려야 합니까? 오실 그이가 당신이라면 왜 오늘의 현실은 이처럼 암담합니까?" 하는 질문입니다. 이런 세례 요한에 대해 예수님은 비판하지 않으셨습니다. 오히려 하나님의 말씀을 상기시켜 줌으로써 그를 새롭게 격려하고, 다시 한번 기회를 주고 용기를 주셨습니다.

사람이라면, 그가 비록 하나님의 사람이요 위대한 선지자요 성자와 같을지라도, 어느 한순간 환경의 변화를 맞든지 일하다가 거의 탈진 지경에 이르면 우울증과 심리적인 위축감에 빠질 수 있습니다. 그래서 그렇게 용기 있던 사람이 갑자기 모든 사물이 무섭고 두려워지고, 세상을 호령하던 사람이 비 맞은 한 마리 새처럼 초라하게 되는 순간이 누구에게나 있을 수 있습니다.

이것은 사탄에 억압된 것과는 다릅니다. 귀신 들린 것과 탈진 상태에서 정신적 우울증에 빠진 것은 다릅니다. 영적으로 잘 분별해야 합니다. 물론 우울증에 빠져 있거나 정신적으로 심한 타격을 받았을 때 사탄의 공격받을 수도 있습니다. 인간의 저항력이 약해지면 병균이 쉽게 공격해 들어가는 것처럼, 사람이 무력해지고 우울증에 빠졌을 때 마귀가 쉽게 공격할 수 있기 때문입니다. 그러나 이런 경우 근본적으로 그 마음이 사탄에게 빼앗겼거나 그 마음이 파괴된 것은 아니라는 사실입니다.

대부분의 사람은 이런 정신적인 충격과 우울증에 빠져 있는 사람들을 쉽게 비판하고 그 겉모습을 보고 정죄하기 쉽습니다. 이럴 때 더 나쁜 상태로 빠지거나 깊은 상처를 받게 된다는 사실을 알아야 합니다.

세례 요한을 칭찬하시는 예수님

> 그들이 떠나매 예수께서 무리에게 요한에 대하여 말씀하시되 너희
> 가 무엇을 보려고 광야에 나갔더냐 바람에 흔들리는 갈대냐 그러면
> 너희가 무엇을 보려고 나갔더냐 부드러운 옷 입은 사람이냐 부드러
> 운 옷을 입은 사람들은 왕궁에 있느니라 그러면 너희가 어찌하여
> 나갔더냐 선지자를 보기 위함이었더냐 옳다 내가 너희에게 이르노
> 니 선지자보다 더 나은 자니라(마 11:7-9).

세례 요한의 제자들이 예수님에게 불쑥 나타나서 이상한 질문을
던지고 가니까 그것을 목격하던 사람들이 화가 났습니다. 그래서
세례 요한을 비판하고 정죄하려는 것을 예수님이 아신 것입니다.
이때 예수님이 무리에게 요한에 대해 변명해 주고 계신 것입니다.

이 말씀에서 배울 교훈이 있습니다. 예수님은 세례 요한의 제자
들이 떠난 후에 요한에 대해 변명해 주고 축복과 칭찬을 해 주셨다
는 사실입니다. 일반적으로 사람들은 상대방이 보는 앞에서는 좋
게 말합니다. 그러나 그 사람이 떠나면 비판하고 욕하는 것이 보통
입니다. 이것이 인간입니다. 예수님이 세례 요한의 제자들을 보낸
후에 그를 보호하셨고 축복하셨다는 이 단순한 사실에서 오늘 그
리스도인의 자세가 어떠해야 할지를 배우게 됩니다. 꼭 욕먹어야
할 사람이라면 그 앞에서 욕을 하십시오. 절대로 뒤에서 수군수군

하지 마십시오.

11절에서 예수님은 세례 요한에 대해 이렇게 말씀하셨습니다.

"내가 진실로 너희에게 말하노니 여자가 낳은 자 중에 세례 요한보다 큰 이가 일어남이 없도다."

이런 말을 들을 수 있다면 얼마나 위대한 사람입니까? 세상의 모든 사람은 자기가 위대해지기를 바랍니다. 책을 보면 위인전이 많습니다. 한 분야에서 정상에 도달한 사람들의 이야기입니다.

위대한 사람이 되고 싶은 것, 한 분야에서 정상이 되고 싶은 것, 그것은 인간이라면 누구나 갖는 야망일 것입니다. 그러면 위대함이란 무엇입니까? 이것은 일종의 영도력 같은 것입니다.

오늘 우리 시대의 불행은 참위인이 없다는 데 있습니다. 이 시대에는 큰 인물이 없다고들 말합니다. 큰 자리는 있는데 큰 인물이 없습니다. 우리 시대의 불안은 이 시대의 정신을 이끌고 가는 영도력이 없다는 것입니다. 어느 조직이든지 그 조직이 흔들리는 이유는 그 조직의 영도력이 부족하기 때문입니다.

오늘 우리는 예수님이 말씀하시는 지도력을 배우게 됩니다. 예수님은 세례 요한을 변명하시면서 여자가 낳은 자 중에 가장 위대한 자라고 말씀하셨습니다. 인류사에 수많은 영웅이 있었지만 영웅 중의 영웅은 세례 요한이요, 성자 중의 성자는 세례 요한이라고 미리 결론을 내리셨습니다.

그렇다면 예수님이 세례 요한에게서 본 위대함은 무엇일까요?

예수님은 인간의 위대함의 조건을 네 가지로 풀어 가십니다. 먼저 세례 요한을 갈대와 비교합니다. 둘째로, 부드러운 옷 입은 사람과 비교합니다. 셋째는, 선지자와 비교하고 마지막으로 선지자보다 더 큰 자, 선지자보다 더 위대한 자와 비교하십니다.

변하지 않는 신념

> 너희가 무엇을 보려고 광야에 나갔더냐 바람에 흔들리는 갈대냐
> (마 11:7).

여기서 예수님은 세례 요한은 바람에 흔들리는 갈대가 아니라는 뜻으로 말씀하셨습니다. 바람이 부는 대로 흔들리는 갈대처럼 지조 없는 사람, 신념이 없는 사람, 소신이 없는 사람이 아니라는 뜻입니다. 예수님이 보시기에 위대한 인간, 진정한 영도력이 있는 인간은 말을 바꾸지 않는 사람입니다. 태도를 바꾸지 않는 사람입니다. 처음 뜻을 끝까지 굽히지 않는 사람입니다. 처음이나 끝이나 한결같은 사람이 가장 존경스럽습니다. 돈에 흔들리지 않고, 환경에 흔들리지 않고 조롱받고 손해 볼지라도, 죽음이 올지라도 자기의 뜻을 끝까지 밀고 나가는 사람입니다.

어떤 의미에서 세례 요한은 고집스럽게 광야에서 낙타 털옷을

입고 험한 음식을 먹고 사람들이 듣기 싫어하는 소리를 무섭게 했던 사람입니다. 비록 왕이라 할지라도 잘못한 것에 대해서는 추상같은 질책을 해서 결국 처형당한 사람입니다. 그는 자기의 태도와 자기의 메시지를 어떤 위기에서도 한 번도 바꾸지 않았던 사람입니다. 한 인간이 갖는 위대함의 첫째 조건은 지조입니다. 변하지 않는 신념, 확신, 태도입니다. 세례 요한이 그런 사람입니다.

자신의 유익을 구하지 않는 사람

세례 요한의 두 번째 위대함은 8절에 나타나 있습니다.

"그러면 너희가 무엇을 보려고 나갔더냐 부드러운 옷 입은 사람이냐 부드러운 옷을 입은 사람들은 왕궁에 있느니라."

"너희들이 광야에 간 것이 부드러운 실크 옷 입은 사람을 보기 위해서냐? 부드러운 옷을 입은 세례 요한을 보기 위해서냐?" 그렇지 않다는 뜻입니다. 부드러운 옷을 입었다는 것은 무엇을 의미합니까? 자기의 욕망이나 성취감을 만족시키며 평안을 추구하는 것이 인생의 행복이라고 느끼는 사람을 상징하는 것입니다. 세례 요한은 부드러운 옷을 입은 사람이 아니라, 낙타 털옷을 입고 가죽띠를 하고 험한 곳에서 살았던 야인입니다.

위대한 인간은 자신의 안일을 위해 편안함을 추구하는 사람이 아닙니다. 좋은 학교, 좋은 직업, 좋은 음식, 좋은 옷, 이런 것을 갖는 것이 내 인생의 중요한 목표라고 생각하지 않는 사람, 그 사람이 위대한 사람입니다. 부드러운 옷 입은 사람들은 왕궁에 많이 모여 있다고 하셨습니다. 왕궁이란 권력 주변이라는 뜻입니다. 권력 주변에 가면 그런 사람들이 얼마든지 있습니다. 돈 많은 사람 주변에 가면 얼마든지 있습니다. 그런 사람들을 보면 말끔하고 단정하고 세련되고 최고의 멋을 다 갖추고 있습니다. 예수님은 그것이 네가 추구하는 인생의 목표냐, 부러우냐고 물으신 것입니다. 사람의 인기나 박수 갈채, 편안함이나 높은 지위를 추구하지 않고 오히려 진리와 정의, 그리고 신념 때문에 비록 광야에 살지라도 그것을 기뻐하는 인간이 위대하다는 말씀입니다.

선지자 같은 사람

세 번째로, 위대한 사람은 선지자와 같은 사람입니다.

> 그러면 너희가 어찌하여 나갔더냐 선지자를 보기 위함이었더냐 옳다(마 11:9).

재미있는 것은 변함없는 확신과 신념과 지조를 가지는 것이나 자기의 명예와 행복을 추구하지 않는 것은 예수님을 안 믿는 사람도 가질 수 있는 위대함입니다. 그러나 이 세 번째는 다릅니다. 이것은 세상 사람에게는 없습니다. 진정 위대한 인간은 양심의 소리를 듣는 사람이 아니라 하나님의 음성을 듣는 사람입니다. 선지자는 하나님의 음성을 들을 뿐만 아니라 하나님의 음성을 거부하는 죄 많은 세상에서 그것을 전해 주는 역할을 하는 사람입니다.

세례 요한에게는 불같은 메시지가 있었습니다. 정치, 경제뿐만 아니라 영적·도덕적으로 썩어 가는 종교 지도자들과 유대인들을 향해 "독사의 자식들아, 누가 너희에게 일러 장차 올 진노를 피하라 하더냐"(눅 3:7)라고 추상적인 메시지를 던진 자가 바로 세례 요한이었습니다. 자기 생각이 아니라 하나님의 음성을 들을 줄 아는 사람이었습니다.

유대인들은 말라기 예언자의 예언을 끝으로 무려 400년 동안이나 하나님의 음성을 듣지 못했습니다. 인생 최대의 목마름은 하나님의 음성을 듣지 못하는 갈증입니다. 그래서 유대인들은 메시아를 기다리는 것과 똑같이 진정한 하나님의 말씀을 전해 줄 예언자들을 기다렸던 것입니다. 유대인들은 하나님의 사람들을 통해서 언제나 하나님의 말씀을 들었습니다. 예언자가 없으면 하나님의 음성을 들을 수가 없었습니다. 400년 동안 이스라엘 사람들의 마음속에는 비가 내리지 않았던 것입니다. 그래서 그들은 갈기갈기 찢어진 마음으로 하나님의 말씀을 전할 사람, 설교할 사람을 기다렸습니다. 그러나 아무도 하나님의 음성을 들려주는 사람이 없었습니다.

오늘날 설교의 위기는 무엇입니까? 교회가 많아도 하나님의 음성이 들리지 않는 것입니다. 수많은 설교자가 있으나 하나님의 음성을 들려주는 사람이 없는 데 설교의 위기가 있습니다. 그런데 불같은 메시지가 광야에서 터져 나온 것입니다. 하나님의 음성을 듣고 하나님의 불같은 말씀을 썩어가는 세상에 해 줄 수 있는 사람, 이 사람이 세례 요한이었습니다.

9절에 "내가 너희에게 이르노니 선지자보다 더 나은 자니라"고 했습니다. 세례 요한의 위대함이 단지 선지자 정도였다면 예수님이 그를 여자가 낳은 자 중에서 가장 큰 자라고 말씀하실 수가 없습니다. 왜냐하면 이사야, 예레미야 등 많은 위대한 구약의 선지자들이 있었기 때문입니다. 세례 요한은 더 나아가 선지자보다 큰 자라는 것입니다. 구약에서 가장 존경받았던 자들은 예언자들이었습니다. 비록 그들이 고통스럽고 비참한 삶을 살다 갔더라도 그 이상 하나님의 사람은 없었습니다. 예수님에 의하면 이러한 예언자 역할을 하는 사람의 축복보다 더 큰 축복을 세례 요한에게서 발견하게 됩니다.

메시아의 길을 준비한 사람

그러면 세례 요한에게서 발견하는 마지막 위대한 점은 무엇입니까? 선지자보다 더 큰 역할이란 무엇입니까?

기록된 바 보라 내가 내 사자를 네 앞에 보내노니 그가 네 길을 네 앞에 준비하리라 하신 것이 이 사람에 대한 말씀이니라(마 11:10).

이 말씀은 말라기 3장 1절에 기록된 말씀을 인용한 것입니다. 구약의 예언자들은 하나님의 음성을 듣고 그 음성을 그 시대 사람들에게 전해 주었습니다. 그런데 모든 예언의 초점은 메시아였습니다. 메시아를 기다리고, 메시아를 가르치고, 메시아를 예언하는 데 예언자들의 초점이 있었습니다.

그러나 세례 요한은 메시아를 기다린 사람이 아니라 메시아를 직접 만나서 준비한 사람입니다. 그래서 세례 요한이 예언자들보다 더 위대한 사람이라고 예수님이 말씀하신 것입니다. 예수님이 인간을 구원하기 위해 육신을 입고 오시는데 그 길을 영접하는 자가 바로 세례 요한이었습니다. 높은 것을 낮게 하고 낮은 것을 높게 하는 역할을 한 것입니다.

이렇게 볼 때 사회 개혁을 하고 부정에 항거하고 불의 메시지를 던지는 사람도 위대한 사람이지만, 이들보다 더 위대한 사람은 예수님을 영접하는 사람입니다. 예수님은 오늘 "나를 영접하는 사람, 나를 전하는 사람, 나를 높이는 사람은 예언자보다 더 큰 자"라고 말씀하십니다. 우리는 오늘 예수님을 영접하는 것이 가장 위대한 일이라고 믿고 있습니까? 예수님을 전하고 예수님을 자랑하고 예수님을 높이는 것이 인간이 할 수 있는 최고의 위대함이라고 믿느냐는 것입니다.

영원한 구원자 예수 그리스도

예수님은 왜 주님의 길을 예비하는 세례 요한을 피 흘려 죽어 간 예언자보다 더 위대하다고 말씀하셨을까요? 이것은 예수님이 영원한 구원의 십자가를 지실 분이기 때문입니다. 예수님을 믿는 자는 누구든지 구원을 받기 때문입니다. 예수님이 가시는 곳에는 가난의 문제가 해결되고, 예수님이 가시는 곳에는 교육 문제, 경제 문제가 해결되고, 예수님이 가시는 곳에는 인간의 깊은 상처가 치료되고, 모든 무지와 어두움과 절망과 사탄의 역사가 깨어진다는 사실 때문입니다. 이 사실을 우리가 믿느냐는 것입니다.

사업하는 데 최고의 비결이 예수 그리스도시고, 자녀 교육의 최고 비결이 예수 그리스도시며, 일류 대학 보내는 것보다 자녀의 마음속에 예수님의 마음을 심어 주는 것이 더 큰 교육임을 우리가 믿느냐는 것입니다. 세상에서 조롱받고, 세상에서 뒤처지는 것 같고, 어떻게 보면 이류, 삼류의 삶을 사는 것 같지만 내가 예수님과 함께 산다는 것 자체가 우리 인생의 최고 목표냐 하는 뜻이 이 메시지 안에 있습니다. "내 길을 준비했던 세례 요한, 이 사람은 구약의 모든 예언자보다 큰 자다"라고 예수님이 말씀하셨습니다.

우리는 정말 그렇게 생각하고 있습니까? 지금 세계에는 수많은 문제가 있습니다. 문제는 그리스도인은 많아도 이 확신을 가진 사람은 없다는 데 있습니다. 오늘 하나님을 믿는다고 자처하는 우리에게 예수님이 말씀하신 이 세 번째, 네 번째 위대함이 문제가 됩니다. 예수 그리스도를 전하는 것이 정치·경제·문화·사회·가정 등 모든 부분의 유일한 해답이라고 믿습니까? 우리가 정말 그렇게 믿는다면 우리에게도 오늘 이 말씀이 응한 것입니다.

우리는 직업이 다 다릅니다. 우리의 직업에서 예수님을 제일 높은 자리에 모셔야 합니다. 혹시 우리 직업이 변호사입니까? 노동자입니까? 사업가입니까? 어느 위치에서 일하든지 그 일의 최고 자리에 예수님을 모십시오. 무슨 결정을 할 때든지 예수님과 의논하십시오. 시험 답안지에 '예수'라고 쓰라는 것이 아닙니다. 그림 그리는 사람에게 예수만 그리라는 뜻이 아닙니다. 무슨 그림을 그리든지 거기에 예수님의 마음이 들어가야 합니다. 무슨 일을 하든지 거기에 예수님의 마음이 있어야 한다는 뜻입니다. 예수님을 모셨기 때문에 손해도 과감하게 볼 수 있고, 높은 자리도 담대하게 거절할 수 있어야 합니다. 우리의 주인이 바로 예수 그리스도라야 합니다.

30

주를 위한 인생을 살라

마태복음 11:11-15

예수님은 "여자가 낳은 자 중에 세례 요한보다 큰 이가 일어남이 없도다"라고 하셨습니다. "여자가 낳은 자 중"이라는 말은 '인간 중에서, 인류 역사상'이라는 뜻입니다. 이 말은 지금까지 인류사가 진행되어 온 가운데 인간이 한 역할 중에서 세례 요한보다 더 큰 역할을 한 사람이 없다는 뜻입니다. 예수님에 의하면 세례 요한의 가장 위대한 점은 예수님이 오심을 예비하는 데 있었습니다. 그래서 예수님은 세례 요한이 "선지자보다 나은 자"라고 하셨습니다. 그런데 예수님은 단순히 세례 요한의 위대함만을 말씀하신 것이 아니었습니다. 그것이 결론이 아닙니다.

가장 위대한 인생

> 내가 진실로 너희에게 말하노니 여자가 낳은 자 중에 세례 요한보다 큰 이가 일어남이 없도다 그러나 천국에서는 극히 작은 자라도 그보다 크니라(마 11:11).

중요한 것은 뒷부분입니다. 세례 요한은 인류 역사상 가장 위대한 역할을 한 사람이지만, 천국에서는 지극히 작은 자라도 그보다 크다고 하셨습니다. 세례 요한은 인간적인 관점에서 볼 때 아주 위대하고 큰 인물입니다. 그러나 세상에서의 위대함은 천국의 관점에서 볼 때에는 별것 아니라는 말씀입니다.

우리는 가끔 세상적인 위대함을 천국의 위대함으로 착각합니다. 세상에서의 축복과 명성이 천국에서도 통할 것이라고 생각합니다. 예수를 믿으면서도 착각합니다. 자기 신분이 형편없는 사람은 괜히 기가 죽어 삽니다. 자기가 세상에서 지위가 있고 가진 것이 많은 사람은 괜히 자부심을 가지고 살아갑니다. 다른 사람보다 몇만 원 더 가지고 있으면 자부심을 가지고 살아갑니다. 자신이 굉장한 사람이라고 착각합니다. 이것이 인간입니다. "세상적인 위대함이 천국의 위대함이 아니다." 어떤 의미에서 인간에게 해줄 수 있는 최고의 칭찬을 세례 요한에게 다 해 놓으시고는, 천국의 지극히 작은 것과 비교할 때 그것은 아무것도 아니라고 말씀하시는 것입니다.

이 말씀을 통해 예수님이 가르쳐 주시는 또 하나의 뜻은, 이 지상에서의 위대함이란 오직 한 가지뿐입니다. 예수 그리스도를 영접하는 것, 예수 그리스도를 위한 생애, 그것 하나만 영원하고 위대합니다. 예수님을 영접한 사람이 천국에 가는 것이며, 예수님을 위해 사는 사람에게만, 예수님을 위해 고난 받은 사람에게만 상급이 있기 때문입니다.

세상적인 부와 권력과 모든 인기는 어느 날 우리가 천국에 가 보면 아무 의미가 없을 것입니다. 내가 세상에서 그처럼 땀 흘리고 애쓰면서 자부심을 가지고 살아왔던 것이 아무 의미 없을 것입니다. 이런 세속적인 것뿐만 아니라 세상에서 가장 위대하다고 생각했던 것까지도 천국에서는 지극히 작은 것보다 못합니다. 우리는 예수님의 말씀을 귀를 열고 들어야 합니다.

무엇을 위해 삽니까? 무엇을 위해 그렇게 정상을 향해 갑니까? 모든 높은 위치에 있는 자들에게서 한결같이 발견하는 것은 공허함입니다. 위치가 높을수록 공허함이 큽니다. 다른 사람들보다 좀 더 똑똑하고 건강하고 집안이 좋고 좋은 학교를 나오고 좋은 직장을 다니고 많은 것을 소유하고 많은 것을 누리는 데 인간의 참된 가치가 있는 것이 아닙니다. 인간의 참된 가치는 천국 백성이 되는 데 있습니다. 우리는 이것을 실감해야 합니다.

"오, 주여, 내가 예수 믿었다는 이 사실 때문에 감사하며 이 세상을 살겠습니다. 나는 세상에서 가장 행복한 자입니다. 심령이 가난한 자는 복이 있다는 말씀처럼 주여, 가진 것이 없을지라도 나는 행복한 자라고 선언할 수 있습니다. 간증할 수 있습니다. 나는 천국 백성이기 때문입니다."

이것이 우리 모두의 고백이 되어야 합니다.

천국의 메시지

오늘 예수님이 두 번째로 천국에 대해 하신 말씀을 생각해 보겠습니다.

> 세례 요한의 때부터 지금까지 천국은 침노를 당하나니 침노하는 자는 빼앗느니라(마 11:12).

세례 요한의 때부터 지금까지 천국은 계속해서 폭력으로 침노를 당했고 침노하는 자가 천국을 빼앗았다는 말입니다. 참 해석하기 어려운 말입니다. 침노를 당한다는 말의 헬라어 원어에 두 가지 시제가 있기 때문에 이 말씀은 두 가지 해석이 가능합니다.

첫째로, 세례 요한은 바리새인들과 서기관들에게 심한 공격을 받고 있었습니다. 동시에 권력의 상징이라고 불리던 헤롯 왕에 의해 감옥에 갇히고 결국 사형까지 당하고 맙니다. 세례 요한은 사람들에게 천국을 직접 선포한 사람이었습니다. '영생'이라든지 '천국'이라는 말은 예수님 때부터 쓰이기 시작했습니다. 사실 제일 어려운 개념이 천국의 개념입니다. 왜냐하면 천국에 가 본 사람이 아무도 없기 때문입니다. 예수님을 믿고 영생을 얻는다는 말처럼 어려운 말이 또 없습니다. 영원히 살아 본 사람이 없기 때문입니다. 그런데 예수님을 한참 믿다 보면, 성령으로 충만하면 '영생'을 누리는 것같이 느낄 때가 있습니다. 천국을 누리고 사는 것을 실감하는 것입니다.

천국이라고 하면 가슴이 떨립니까? 우리가 천국의 주인공처럼 느껴집니까? 하나님 나라가 우리 마음에 빛처럼 오는 것을 느낍니까? 캄캄한 어둠 속에 있던 나, 불면증과 노이로제, 우울증, 절망, 질병과 온갖 실패 속에 살던 나에게 빛이 들어오는 느낌, 환한 그 빛, 밝은 세계, 상상할 수 없이 가벼운 마음, 짓눌려 살던 나의 무거운 어깨 위에 날아갈 것 같은 그 어떤 세계, 미래도 현재도 과거도 없는 세계, 더 이상 바랄 것이 없는 세계, 어떤 것도 부럽지 않은 상태, 감사와 감격과 기쁨이 충만한 상태, 이런 세계를 상상할 수 있겠습니까? 인간은 끊임없이 목마른 존재요, 갈등을 느끼는 존재요, 괴로운 존재이기 때문에 이런 것은 상상할 수가 없습니다.

세례 요한이 바로 이 상상할 수 없는 세계를 불의 메시지로 선포했습니다. "회개하라. 천국이 가까이 왔느니라." 강렬하고 충격적인 발언이었을 것입니다. 사람들은 이러한 세례 요한을 향해 무차별 공격을 감행했습니다. 결국 천국은 악한 불신앙의 무리에게 침략을 받았습니다. 12절의 "세례 요한의 때부터 지금까지"라는 말은 천국이 침노 당한 기간을 설명해 주는 부분이기도 합니다. 이것이 첫 번째 해답입니다. 천국이 악한 자들에게 침노받는 현상은 지금도 도처에서 발견되고 있습니다.

천국은 하나님의 사람들에 의해 점령된다

둘째로, 천국은 진지하게 헌신하는 하나님의 사람들에게 점령된다는 뜻입니다. 이 뜻은 누가복음 16장 16절을 보면 좀 더 정확하게 이해할 수 있습니다.

"율법과 선지자는 요한의 때까지요 그 후부터는 하나님 나라의 복음이 전파되어 사람마다 그리로 침입하느니라."

요한이 분기점입니다. 말라기가 아니요 세례 요한이 마감입니다. 요한의 때부터는 하나님 나라의 복음이 전파되어 사람마다 그리로 침입한다고 했습니다. 천국은 하나님의 진지한 사람들에 의해 하나씩 하나씩 점령당해 간다는 뜻입니다.

세례 요한이 험한 장소에서 험한 잠을 자고 험한 옷을 입으면서 자기의 안락과 인기, 자기의 미래를 생각하지 않고 불의 메시지를 선포했을 때 사람들은 물밀듯이 세례 요한을 찾아왔습니다. 이것은 세례 요한이 선포하는 천국의 복음을 향하여 물밀듯이 침노하는 모습입니다. 세례 요한의 메시지는 사람들로 하여금 천국에 관심을 갖게 해주었습니다. 그래서 천국이 침노당하는 것입니다.

이 두 가지 해석은 둘 다 버릴 수 없는 해석입니다. 다 옳습니다. 그런데 특별히 누가복음 1장 16-17절 말씀을 연결시켜 볼 때 두 번째 해석이 적극적인 의미가 있습니다.

"이스라엘 자손을 주 곧 그들의 하나님께로 많이 돌아오게 하겠음이라 그가 또 엘리야의 심령과 능력으로 주 앞에 먼저 와서 아버지의 마음을 자식에게, 거스르는 자를 의인의 슬기에 돌아오게 하고 주를 위하여 세운 백성을 준비하리라."

세례 요한이 온 뜻과 천국이 침노당한다는 말의 뜻을 여기서 아주 정확하게 찾아볼 수 있습니다. 이 말씀을 이해하기 위해서는 구약의 마지막 말씀인 말라기 4장 4-6절 말씀을 상기할 필요가 있습니다.

"너희는 내가 호렙에서 온 이스라엘을 위하여 내 종 모세에게 명령한 법 곧 율례와 법도를 기억하라 보라 여호와의 크고 두려운 날이 이르기 전에 내가 선지자 엘리야를 너희에게 보내리니 그가 아버지의 마음을 자녀에게로 돌이키게 하고 자녀들의 마음을 그들의 아버지에게로 돌이키게 하리라 돌이키지 아니하면 두렵건대 내가 와서 저주로 그 땅을 칠까 하노라 하시니라."

이 돌이키게 하는 역할이 세례 요한의 역할이며 후에는 우리의 역할이 됩니다. 세례 요한은 아비의 마음을 자식에게, 자식의 마음을 아비에게 돌이키게 하고, 거스른 자의 마음을 슬기로운 자의 마음으로 돌이키게 하는 사람이었습니다. 사람들은 그 설교를 듣고 세상의 모든 것을 다 잊어버리고, 성령에 사로잡히고 하나님에게 사로잡히고 천국에 사로잡힌 것입니다. 그들의 마음이 그쪽으로 쏠려 들어간 것입니다. 진정한 하나님의 사람들의 위대함이란 사람들로 하여금 하나님에게로 마음을 돌이키게 하는 것이요, 사람들의 마음을 세상에서 천국으로 바꾸게 하는 것입니다.

우리가 세상에서 분리된다는 것은 너무나 어렵습니다. 세상하고 너무나 깊이 붙어 있어서 뜯으려면 몸이 찢어지고 상처가 나고 잘 안 됩니다. 세상이 나고 내가 세상입니다. 세상의 생각이 내 생각이고 내 생각이 세상 생각입니다. 이것을 뜯어야 합니다. 이것이 분리되어야 내가 하나님을 생각하고 천국을 생각하게 되는 것입니다. 사람은 어디가 부러졌거나 사업이 망했거나 하면 세상과 좀 떨어집니다. 그리고 천국을 생각합니다.

구약 모든 선지자의 역할은 하나님에게로 마음을 돌이키게 하는 역할이었습니다. 오늘날 교회의 역할은 구제 사업, 봉사 사업, 사회 사업을 하는 데 있는 것이 아닙니다. 교육 사업과 의료 사업을 하는 데 있는 것이 아니라 사람들의 마음을 하나님에게로 돌이키게 하는 데 있습니다. 하나님 기억상실증에 걸린 사람들, 하나님 무감각증에 빠져 죄짓고 교만하게 사는 사람들의 영혼을 깨우쳐 회개하게 하는 역할, 하나님을 향해 마음 문을 활짝 열고 "천부여, 의지 없어서 두 손 들고 내가 주 앞에 나옵니다"라고 말하게 하는 역할입니다.

주의 길을 준비하라

천국은 침노를 당하고 있습니다. 악한 무리에 의해서도 침노당하지만 천국을 사모하는 수많은 영혼에 의해서도 천국은 침노당하고 있습니다. 여기서 우리의 역할을 두 가지로 정리할 수 있습니다.

먼저, 세례 요한처럼 천국을 위해서 고난과 박해를 받는 역할입니다. 세례 요한은 주의 길을 준비하러 온 사람입니다. 그런데 그가 왜 정치 문제에 관여했습니까? 헤롯 왕이 동생의 아내를 데리고 사는 비리를 세례 요한이 고발했습니다. 그는 종교 지도자들의 불의에 대해서 불같은 메시지를 던졌습니다. 왜일까요? 하나님의 정의가 실현되지 않는 곳에는 하나님의 나라가 없기 때문입니다.

오늘 교회가 좀 더 적극적으로 세상의 불의에 대해서 입을 열어야 합니다. 하나님의 정의가 실현되지 않는 곳에는 하나님의 나라가 없기 때문입니다. 그동안 우리가 행한 잘못 중 하나는 세상에 대해서 너무 침묵했다는 것입니다. 우리끼리만 잘될 수 없습니다. 세례 요한은 그가 온 목적이 예수님을 준비하는 일이었지만 정의 때문에 박해를 당하고 어려움을 받게 됩니다. 모든 그리스도인은 사회의 불의와 부정과 죄와 악한 세력에 대해서 부단히 투쟁하고 싸워야 합니다.

그러나 만약 우리가 세례 요한에게서 이런 면만 보았다면 봐도 보지 못한 것입니다. 세례 요한은 참으로 놀랍습니다. 그는 참으로 무섭게 세상을 비판하고 정죄하고 왕의 비리까지도 파고들어 결국 사형을 당했습니다. 하지만 그의 역할은 거기에 있지 않고 주의 길을 준비하는 데 있었습니다.

세례 요한은 "보라 세상 죄를 지고 가는 하나님의 어린양이로다", "나는 그의 신발끈을 풀기도 감당하지 못하겠노라", "그는 흥하여야 하겠고 나는 쇠하여야 하리라"고 했습니다. 이 모든 말씀은 예수 그리스도를 전하고, 예수 그리스도를 영접하고, 예수 그리스도를 맞이하는 모습입니다. 이것은 세례 요한의 사회 참여적인 모습과는 전혀 다른 모습입니다. 그의 역할은 예수님을 준비하는 데 있습니다.

여기에 우리 그리스도인과 교회의 본질과 사명이 있습니다. 교회는 세상의 부정과 불의에 대해서 입을 열어야 하고 행동해야 합니다. 그러나 교회는 그것을 위해 존재하는 집단이 아닙니다. 이것은 예수님이 말씀하셨던 빛과 소금의 역할과 똑같습니다. 소금의 역할은 사회 참여를 의미하는 것이고 빛의 역할은 복음 선포를 의미합니다.

우리의 궁극적인 목적은 시위나 개혁이 아니라 복음입니다. 그러나 하나님 나라가 임하기 위해서는 하나님의 정의가 실현되어야 합니다. 아무리 예수님을 잘 믿어도 자신이 일하는 회사가 정의롭지 못하면 양심이 괴롭습니다. 탈세하면서 사업해 보십시오. 아무리 개척 교회를 섬기고, 십일조를 하고 헌금을 해도 괴롭습니다. 아무리 교회에서 목사가 되고, 장로가 되고, 집사가 되어 봉사를 많이 해도 집에 가서 부부 싸움 하면 괴롭습니다. 집에 정의가 없으면 괴롭습니다. 가정에 정의가 있어야 하고, 내 삶에 정의가 있어야 하고, 오늘 우리 교회와 사회에 정의가 있어야 하나님 나라가 그곳에 자리 잡을 수 있습니다.

오늘 우리의 사명을 세례 요한을 통해서 배웠습니다. 그는 아비의 마음을 자식에게 돌이키게 하고 자식의 마음을 아비에게 돌이키게 했습니다. 그는 사람들의 마음을 하나님에게로 돌이키게 하는 역할을 했습니다. 오늘 우리의 궁극적인 역할은 바로 주의 길을 준비하는 세례 요한의 역할입니다.

31

비판의 부메랑을
조심하라

마태복음 11:16-24

세상에서 제일 불쌍한 사람은 복음을 거부하는 사람입니다. 반대로 세상에서 가장 행복한 사람은 복음을 받아들인 사람입니다. 11장에는 복음을 거부하는 세 부류의 사람들이 나옵니다. 엄밀한 의미에서는 세 부류라고 할 수 없는데, 세례 요한은 복음을 거부한 사람이 아니었기 때문입니다. 그러나 그는 예수님에 대해 최초로 의심한 사람이었습니다. 이것은 굉장히 놀라운 역설입니다. 세례 요한이 예수님을 의심했지만 그것은 의심이 아니며 거부나 대항도 아님이 예수님에 의해 증명되었습니다. 요한이 제자들을 보내어 "당신이 바로 메시아입니까? 아니면 우리가 다른 사람을 기다려야 합니까?"라고 질문한 것은 메시아에 대한 그의 처절하고 진실한 갈망을 나타낸다고 볼 수 있습니다.

정직한 의심은 믿음과 통한다

그러면 세례 요한의 의심은 무엇입니까? 여기서 우리는 중요한 것을 또 하나 배우게 됩니다. 진실하고 정직한 의심은 참된 믿음의 길로 통한다는 사실입니다. 의심과 비판이라고 해서 다 똑같은 것이 아닙니다. 정직하고 진실한 의심도 있지만 악의에 찬 의심도 있습니다. 정말로 사랑하기 때문에 비판하는 경우도 있지만 미움과 분노 때문에 비판하기도 합니다.

진실하고 순수한 의심은 믿음과 통합니다. 그것은 우리로 하여금 믿음에 이르게 합니다. 그래서 정직한 의심을 해야 합니다. 정직한 회의는 반드시 진리와 만나게 되어 있습니다. 고린도후서 7장 10절에 이와 비슷한 설명이 있습니다. 근심이라고 다 나쁜 것은 아닙니다. 하나님의 뜻대로 하는 근심은 구원에 이르고 세상 근심은 사망에 이른다고 했습니다. 정직한 의심은 진리로 향하는 뜨거운 열정과 같은 것입니다.

그래서 예수님은 세례 요한을 변명해 주시면서 마태복음 11장 15절에서 의미심장한 말씀을 하셨습니다. "귀 있는 자는 들을지어다." 이 말씀은 영적인 분별력이 필요하다는 뜻입니다. 내 주위에 어떤 일이 전개되고 있습니다.

이 일이 무슨 의미가 있느냐는 것입니다. "이 사건이 무엇을 향하고 있느냐? 그 안에 무엇이 있느냐?" 하는 것입니다. 선하고 참된 의심과 악하고 거짓된 의심을 정확히 구분하지 않고서는 진리와 믿음에 이를 수 없습니다.

교회 일도 마찬가지입니다. 무슨 일이 생기면 정확하게 그 의도를 읽을 수 있어야 합니다. 예수님은 정확하게 세례 요한을 읽으셨습니다. 목사는 성도들이 무엇을 원하고 있는지 정확하게 읽어야 합니다. 11장에 나오는 첫 번째 부류의 사람, 세례 요한은 진실한 사람이었습니다.

무감각하고 비판적인 태도를 가진 세대

이제 두 번째로 복음을 거부한 사람들, 악의에 찬 불신앙의 사람들
이 나타납니다.

> 이 세대를 무엇으로 비유할까 비유하건대 아이들이 장터에 앉아 제
> 동무를 불러 이르되 우리가 너희를 향하여 피리를 불어도 너희가
> 춤추지 않고 우리가 슬피 울어도 너희가 가슴을 치지 아니하였다
> 함과 같도다(마 11:16-17).

여기서 예수님은 무감각하고 비판적인 태도를 취하는 악의에
찬 세대를 소개하고 계십니다. 재미있는 것은 어떤 개인이 아니
라 한 세대를 말하고 있다는 점입니다. 세대 전체를 총칭하신 것
입니다.

요즘 우리 세대를 어떻게 정의할 수 있습니까? 오늘 이 상황이
벌어지고 있는 이 시대를 우리는 무엇이라고 정의할 수 있습니까?
예수님은 그 당시 사람들의 시대 정신, 시대 조류, 시대 사상을 가
리켜 악하고 음란한 세대라고 정의하셨습니다. 대중은 무엇을 생
각하며 지도층은 무엇을 생각하고 있는가? 이것이 그 시대를 표현

해 줍니다.

예수님은 그 당시를 비유로 설명해 주셨습니다. 유대의 어린 아이들은 부모를 따라 시장에 가서 부모가 물건을 사고팔고 사람을 만나는 동안 장터에서 놀이를 합니다. 바로 장례식 놀이와 결혼식 놀이입니다. 이런 놀이는 아이들에게 흔히 볼 수 있습니다. 아이들은 자기 나름대로 결혼식을 해 봅니다. 신랑을 만들고 신부를 만들고 피리를 불고 춤추는 놀이를 합니다. 또 장례식 놀이도 합니다. "아이고, 아이고!" 하고 가슴을 치며 장례식 흉내를 내면서 노는 놀이입니다.

인생의 가장 중요한 두 사건은 결혼식과 장례식입니다. 참 상징적입니다. 결혼식을 어떻게 하며 장례식을 어떻게 하느냐가 우리의 인생을 결정합니다. 결혼식까지는 잘했습니다. 이제 장례식이 남았습니다. 어떻게 우리의 장례식을 치르느냐가 중요합니다.

이 어린아이들을 통해서 두 가지 놀이를 볼 수 있습니다. 그런데 연출이 마음에 들지 않거나 배역이 마음에 맞지 않으면 아이는 불만을 가집니다. 피리를 불어도 춤을 추지 않는 것입니다. 이제부터 곡을 할 테니 가슴 치는 역을 하라고 해도 가슴을 치지 않습니다. 애곡을 해도 가슴을 치지 않습니다. 무엇인가 불만이 있습니다. 무엇인가에 화가 나 있는 상태입니다. 바로 이 시대는 이것과 똑같다고 예수님이 설명해 주십니다.

미움받는 사람보다 미워하는 사람이 불쌍하다

예수님은 어린아이의 놀이로 예를 들어 주시고 나서 18-19절에서 말씀하셨습니다.

"요한이 와서 먹지도 않고 마시지도 아니하매 그들이 말하기를 귀신이 들렸다 하더니 인자는 와서 먹고 마시매 말하기를 보라 먹기를 탐하고 포도주를 즐기는 사람이요 세리와 죄인의 친구로다 하니 지혜는 그 행한 일로 인하여 옳다 함을 얻느니라."

사람들은 먼저 세례 요한에게 화가 났습니다. 그래서 세례 요한을 비판했습니다. "요한은 와서 먹지도 않고 마시지도 않는다. 이것은 마치 귀신 들린 것과 똑같다. 요한은 하나님의 사람이 아니라 귀신 들린 사람이다" 하고 욕했습니다.

사실 세례 요한은 광야에서 험한 음식을 먹고 험한 옷을 입으며 금욕적인 생활을 했습니다. 먹지도 않고 마시지도 않는다는 말은 경건한 생활을 비꼬는 것입니다. 세례 요한은 기름진 음식을 배불리 먹지 않았습니다. 석청과 메뚜기로 배를 채웠습니다. 그는 부드러운 옷을 입지 않았습니다. 거친 낙타 털옷을 입고 동물의 가죽으로 띠를 만들었습니다. 뿐만 아니라 입으로는 듣기 싫은 소리만 계속했습니다. 이런 세례 요한에 대해 그들은 화가 난 것입니다.

부정부패를 꾀하는 사람들이 제일 싫어하는 사람은 자신과 달리 바르게 사는 사람입니다. 같이 도둑질해야 좋은데 도둑질을 안 합니다. 그래서 싫은 것입니다. 우리는 세상 사람이 화내게 하는 사람이 되어야 합니다. 세상 사람이 우리를 보고 신경질이 나야 합니다. 세례 요한은 이런 사람이었습니다. 그 시대에 꽉 막힌 담벼락 같은 사람이었습니다.

그런데 19절에서 그들이 같은 문제로 예수님을 비판하고 있습니다. 예수님은 세례 요한과 다릅니다. 세례 요한은 아주 금욕적인 생활을 했습니다. 반면, 예수님은 보통 사람처럼 사십니다. 같이 먹고, 같이 자고, 같이 즐기십니다. 그러니까 사람들이 또 그것이 싫은 것입니다. 그래서 예수님을 보고 먹기를 탐한다고 했습니다. 세례 요한은 먹지 않으니까 귀신 들렸다고 하고, 예수님은 잡수시니까 먹기를 탐하고 포도주만 좋아한다고 했습니다.

사람이 미우면 잘해도 밉고 못 해도 밉습니다. 이래도 밉고 저래도 밉습니다. 문제는 그 사람이 어떤 행동을 했느냐가 아니라 미워하는 그 마음입니다. 혹시 남편이 밉습니까? 혹시 아내가 밉습니까? 그 사람이 아니라 미워하고 있는 나 자신이 문제입니다.

반대로 사랑하는 사람은 이래도 좋고 저래도 좋습니다. 사랑하면 모든 것이 다 좋게 해석되고 모든 것이 다 좋게 받아들여집니다. 심지어 자기를 비판하고 욕을 해도 신이 납니다. 밉지가 않습니다. 손해를 끼쳐도 섭섭하게 느껴지지가 않습니다.

우리는 과연 어떻습니까? 잘하고 못하고가 중요하지 않습니다. 사랑하느냐 미워하느냐 그것이 문제입니다. 복음을 받아들이느냐 거부하느냐 그것이 문제입니다.

오늘 성경에서 보는 이 시대의 사람들은 마치 피리를 불어도 춤을 추지 않고 곡을 해도 가슴을 치지 않는 사람처럼 온통 세례 요한과 예수님에게 화가 나 있는 사람들이었습니다. 한 걸음 더 나아가 이들은 예수님을 비판했습니다. 세리와 죄인의 친구라고 욕했습니다. "예수는 그저 그런 사람만 상대한다. 만나는 사람을 보면 예수가 어떤 사람인지 알 수 있다"라고 욕했습니다.

예수님은 분명히 세리와 죄인의 친구셨습니다. 그것이 나쁜 일입니까? 그것이 왜 비판받아야 할 일입니까? 우리는 좋은 일을 하려고 하면서도 비판이 두려워 못하고 있는 것은 아닙니까? 양심에 옳은 일인 줄 알면서도 사람들의 비판이 두려워서 못 하는 일은 혹시 없습니까? 예수님은 "지혜는 그 행한 일로 인하여 옳다 함을 얻느니라"고 하셨습니다. 그렇습니다. 지혜란 내가 세리와 죄인의 친구가 되는 것입니다. 그 행한 일로 인하여 옳다 함을 인정받는 것입니다.

불쌍한 사람은 비판받는 사람이 아니라 비판하는 사람입니다. 미움 받는 사람보다 더 불쌍한 사람은 미워하는 사람입니다. 차라리 미움을 받거나 비판받는 사람은 행복한 사람입니다. 분노하고 미워하는 사람의 얼굴을 보신 적이 있습니까? 세상의 모든 독과 악을 다 가진 표정, 금방이라도 살인할 것 같은 표정, 가장 나쁜 상상력과 의심을 가진 그 표정이 바로 분노하고 미워하는 사람들의 얼굴에 그려진 그림입니다. 이런 사람에게 평화와 기쁨이 있겠습니까? 이런 사람에게 소망과 은혜가 있겠습니까? 없습니다. 만사가 귀찮고 신경이 날카로운 데다 모든 게 다 불만입니다. 복음을 거부하는 사람들의 모습입니다. 복음을 거부하는 한 시대의 표징입니다.

불신앙의 태도가 있는 사람들

세 번째, 예수님에 대해서 불신앙의 태도를 취하는 사람들입니다.

> 예수께서 권능을 가장 많이 행하신 고을들이 회개하지 아니하므로 (마 11:20).

우리는 여기서 예수님의 기적과 권능을 가장 많이 받은 고을들이 역설적으로 불신앙적인 태도를 보인다는 사실을 알게 됩니다. 기적을 베풀어도 믿지 않고 보여 주어도 믿지 않는 것, 이것이 불신앙입니다. 불신앙은 악의에 찬 비난과 함께 거룩한 성도가 가장 피해야 할 것 중 하나입니다. 믿지 않는데 어찌 기적이 있겠습니까? 하나님을 믿으십니까? 예수님을 믿으십니까? 성경을 믿으십니까? 기적이 일어날 것입니다. 예수님이 하신 모든 일을 의심 없이 믿습니까? 믿는 사람에게만 기적이 일어납니다. 그래서 예수님이 21절에서 "화 있을진저 고라신아 화 있을진저 벳새다야 너희에게 행한 모든 권능을 두로와 시돈에서 행하였더라면 그들이 벌써 베옷을 입고 재에 앉아 회개하였으리라"고 말씀하셨습니다.

목회를 하다 보면 정성을 들이고 심혈을 기울여 말씀을 가르치고 기도해 준 사람이 복음을 받아들이지 않고 계속 불신앙의 상태에 있는 경우가 있습니다. 얼마나 속이 상하고 화가 나는지 모릅니다. 그렇게 공을 들이고 애정을 쏟아 기도해 주었는데 몇 년이 가도 변하지 않습니다. 그런데 반대로 신경을 많이 쓰지 못하고 건성건성 가르치고 대화했는데 눈물을 흘리며 회개하고 변하는 사람들도 있습니다. 그는 부스러기를 먹고도 은혜를 받은 것입니다. 알 수 없는 것이 사람입니다. 공을 들였는데도 변하지 않는 사람이 있는가 하면 부스러기를 먹고도 변하는 사람이 있습니다. 예수님도 꼭 같은 말씀을 22-24절에서 해 주십니다.

"내가 너희에게 이르노니 심판 날에 두로와 시돈이 너희보다 견디기 쉬우리라 가버나움아 네가 하늘에까지 높아지겠느냐 음부에까지 낮아지리라 네게 행한 모든 권능을 소돔에서 행하였더라면 그 성이 오늘까지 있었으리라 내가 너희에게 이르노니 심판 날에 소돔 땅이 너보다 견디기 쉬우리라 하시니라."

여기서 먼저 예수님을 믿은 사람들이 깨달아야 할 말씀이 있습니다. 예수님을 본 사람들이 회개하지 않으면, 먼저 깨닫지 못하면 예수님을 보지 못한 자들보다 더 큰 심판을 받는다는 사실입니다. 기적과 권능을 본 것보다 더 중요한 것은 회개하고 변하는 것입니다. 교회에 나오고 봉사하고 일하는 것보다 더 중요한 것은 우리가 변하는 것입니다. 복음을 믿고 회개하고 변화하는 것, 이보다 중요한 것은 없습니다. 진정으로 변화하지 않고 예수님의 몸과 피를 받는 성찬 예식에만 참여하는 것은 죄입니다. 쾌락에 몸을 담그고 탐욕의 생각을 버리지 않고 미움과 열등감과 절망과 자기 학대가 있는 사람은 주님 앞에 나와 회개하고 주님의 보혈로 깨끗함을 받아야 할 것입니다. 겸손하게 변화되어야 합니다.

32

무겁지 않은
멍에를 지라

마태복음 11:25-30

마태복음 11장에서 심판과 진노를 예고하시던 예수님은 25절부터는 새로운 모습으로 우리에게 말씀해 주십니다. 이 장의 말씀은 천국에로의 초청장입니다. "소돔과 고모라의 심판보다 더 큰 심판이 너희에게 있을 것이라"고 진노하셨던 예수님은 바로 다음 장면에서 천국의 문을 여시고 부드럽고 인자하게 우리를 초청하시는 모습으로 나타납니다.

천국은 누구에게 보이는가

본문에는 세 가지 큰 주제가 있는데 먼저 첫 번째 주제를 보겠습니다.

첫 번째 주제는 "천국은 어떤 사람에게 보이는가? 하나님 나라는 누구에게 나타나는가?" 하는 질문에 대한 예수님의 대답입니다. 예수님은 한마디로 어린아이와 같이 진실하고 순진한 사람에게는 하나님 나라가 보인다고 말씀하셨습니다. 반면에 교만하고 비판적이고 불신앙에 가득 찬 사람들에게는 천국이 감추어진다고 하셨습니다.

그 때에 예수께서 대답하여 이르시되 천지의 주재이신 아버지여 이 것을 지혜롭고 슬기 있는 자들에게는 숨기시고 어린아이들에게는 나타내심을 감사하나이다(마 11:25).

천국이란 아무에게나 보이는 곳이 아니라는 사실을 여기서 알게 됩니다. 악의에 찬 비판을 하는 사람에게는 천국이 감추어진다는 것입니다. 천국이 없는 것이 아니라 보이지 않는 것입니다. 하나님이 안 계신 것이 아니라 하나님이 느껴지지 않을 뿐입니다.

예수님은 세상적으로 지혜롭다고 생각하는 사람, 세상적으로 슬기 있다고 자부하는 사람에게 천국은 감추어진다고 하셨습니다. 물론 여기서 "지혜롭고 슬기 있는 자들"은 당시에 종교 지도자였던 바리새인과 서기관들을 지칭하는 말입니다.

어떤 사람이 아무리 종교적으로 열심이 있고 헌신했다 하더라도 만약 그에게 천국이 감추어졌다면 이 얼마나 큰 비극이겠습니까? 헌금을 아무리 많이 하고, 교회를 수십 년 다닌들 무슨 소용이 있습니까? 이 시간 우리 마음에 하나님 나라가 느껴지지 않는다면 이것처럼 큰 비극이 어디 있겠습니까? 과연 천국을 느낍니까? 만약 우리가 천국을 느끼지 못한다면 불신앙과 똑같습니다. 교회 안 다니는 사람과 별 차이가 없습니다. 세례 받고, 집사 되고, 장로 되고, 목사 되어 교회 오래 다녔다는 그 자체가 중요하지 않습니다. 하나님을 느낄 수 있어야 합니다. 하나님 나라를 내가 느끼고 신뢰할 수 있어야 합니다. 그것이 없다면 우리는 헛되게 믿은 것입니다.

그러면 누가 천국을 느낄 수 있습니까? 어린아이입니다. 어린아이란 나이가 어린아이를 뜻하는 것이 아닙니다. 성인은 천국을 깨달을 수 없고 아이들만 천국을 알 수 있다는 말이 아닙니다. 그런 연령적인 개념이 아닙니다.

한번은 사람들이 어린아이들을 데리고 예수님에게 왔습니다. 자기 아이를 예수님이 안수하여 주시기를 바랐던 것입니다. 그때 예수님의 제자들이 아이들이 오는 것을 귀찮게 여겨 꾸짖고 내쫓았습니다. 환영하지 않았습니다. 이때 예수님이 놀라운 반응을 보이십니다. 화를 내신 것입니다. 예수님은 좀처럼 화내시는 법이 없었습니다. "화 있을진저 외식하는 서기관들과 바리새인들이여"(마 23장)라는 말씀은 하셨지만 모욕을 당해도 화를 내신 적은 없었습니다. 그런데 여기서는 화를 내셨습니다. 화를 내시면서 어린아이들이 내게로 오는 것을 용납하고 금하지 말라고 하셨습니다. 하나님 나라는 이런 자의 것이라고 말씀하셨습니다.

사실 가정이나 교회에는 아이들이 떠들어야 합니다. 아이들이 침묵하면 그곳은 무덤이나 마찬가지입니다. 예수님은 어린아이들이 뛰어노는 곳이 천국이라고 하셨습니다. 하나님 나라를 어린아이같이 받들지 않는 자는 결단코 천국에 들어가지 못한다고 하셨습니다. 그리고 어린아이를 안아 주시고, 안수해 주시고, 축복해 주셨습니다. 천국은 어린아이들의 것입니다.

'어린아이'라는 말은 세상에서 지혜롭고 슬기 있는 사람들과 반대의 뜻입니다. 복잡하지 않고 단순하며, 교활하지 않고 순진하며, 교만하지 않고 겸손하며, 세상적인 지식이나 경험이 아닌 영적이며 신령한 영혼을 소유한 사람입니다. 마태복음 5장에 의하면 마음이 가난한 영혼, 그것이 바로 어린아이와 같은 것입니다. 나이가 들고 세상 경험이 많을지라도 그 심령이 때묻지 않은 어린아이와 같은 영혼일 수 있습니다. 예수님은 천국이 어린아이와 같은 심령을 가진 사람들에게는 보인다는 영적인 사실을 26절에서 또다시 반복해서 강조하십니다.

"옳소이다 이렇게 된 것이 아버지의 뜻이니이다."

하나님의 관점에서 볼 때 그것이 옳다는 뜻입니다. 사람의 관점이 있고, 하나님의 관점이 있습니다. 하나님의 관점에서 볼 때 천국에 들어갈 자는 사람이 보는 것과 다르다는 사실입니다. 사람의 관점에서는 훌륭하게 보이는 사람도 하나님의 관점에서는 그렇지 않을 수 있습니다.

하나님께서 세상의 미련한 것들을 택하사 지혜 있는 자들을 부끄럽게 하려 하시고 세상의 약한 것들을 택하사 강한 것들을 부끄럽게 하려 하시며 하나님께서 세상의 천한 것들과 멸시 받는 것들과 없는 것들을 택하사 있는 것들을 폐하려 하시나니 이는 아무 육체도 하나님 앞에서 자랑하지 못하게 하려 하심이라(고전 1:27-29).

이것이 하나님의 의도입니다. 지혜롭고 슬기 있고 세상적으로 똑똑한 사람에게는 천국이 느껴지지도, 보이지도 않는다는 것이 영적인 진리요 하나님의 의도입니다. 세상에서는 천대받고 멸시받지만 그 영혼이 가난하고 진실하고 어린아이 같은 사람에게 오히려 천국은 느껴진다는 것입니다.

아무리 몸부림을 쳐도 하나님이 느껴지지 않는 사람이 있습니다. 그러나 어떤 사람은 하나님이 내 안에 완전히 들어온 것처럼 느끼며 삽니다. 하나님 생각만 하면 눈물이 쏟아지는 사람이 있습니다. 무슨 차이일까요? 과연 하나님이 느껴지십니까? 교회에 다녀도 하나님을 느끼지 못하는 사람이 많습니다. 예수님의 일을 하고 있다고 다 하나님을 느끼는 것은 아닙니다. 아무리 육체라도 자랑하지 못하게 하시는 것이 하나님의 의도입니다. 천국은 육체적인 자랑으로 들어가는 곳이 아닙니다. 심령이 가난해야 들어갑니다.

예수님과 하나 되는 신앙

두 번째로 이 본문에서 발견하는 것은 자신이 하나님과 하나라는 예수님의 의식입니다. 예수님은 자기 자신이 하나님과 완전히 하나라고 느끼고 계십니다. 27절에 "내 아버지께서 모든 것을 내게 주셨으니 아버지 외에는 아들을 아는 자가 없고 아들과 또 아들의 소원대로 계시를 받는 자 외에는 아버지를 아는 자가 없느니라"고 하셨습니다. 아들 외에는 아버지를 아는 자가 없고 아버지 외에는 아들을 아는 자가 없습니다. 이 말씀을 보면 예수님과 하나님은 완전히 하나라는 생각이 예수님의 의식 깊은 곳에 있음을 알 수 있습니다.

요한복음 14장 8절에서 빌립이 "아버지를 우리에게 보여 주옵소서"라고 예수님에게 말했을 때 예수님은 "나를 본 자는 아버지를 보았거늘 어찌하여 아버지를 보이라 하느냐"고 말씀하셨습니다. 또 요한복음 17장 5절에서 "아버지여 창세 전에 내가 아버지와 함께 가졌던 영화로써 지금도 아버지와 함께 나를 영화롭게 하옵소서"라고 기도하셨습니다.

예수님을 본 사람은 아버지를 본 것입니다. 예수님은 아무 갈등 없이 창세 전에 하나님의 영광 속에 같이 있었다는 확신을 말씀하고 계십니다. 사실 예수님은 너무 엄청난 말씀을 매우 간단하게 하십니다. "나는 길이요 진리요 생명이다.", "나는 부활이요 생명이니." 이 얼마나 엄청난 말씀입니까? 하나님이 아니면 하실 수 없는 말입니다. "나로 말미암지 않고는 아버지께로 올 자가 없느니라." 이런 교만이 어디 있겠습니까? 그런데 이 말씀을 가장 겸손하게 하고 계십니다. 너무 자연스럽게 하고 계십니다. 왜냐하면 그분은 하나님이시기 때문입니다.

오늘 본문에서도 "아버지 외에는 아들을 아는 자가 없고 아들과 또 아들의 소원대로 계시를 받는 자 외에는 아버지를 아는 자가 없느니라"고 하셨습니다. 이 얼마나 완전한 하나 됨의 의식입니까?

예수님이 세상에서 기적을 베푸실 수 있었던 것도 바로 이 때문이었습니다. 추호도 의심하지 않으셨습니다. 본인이 하나님이라고 생각하셨기 때문에 하나님의 모든 기적이 다 나타난 것입니다.

우리는 과연 하나님을 그렇게 느낍니까? 하나님을 그렇게 신뢰하고 있습니까? 조금은 의심하고 있는 것 아닙니까? 혹시 약간 불안해하고 있지는 않습니까? "주여! 내가 당신을 사랑합니다. 내가 주 안에, 주님이 내 안에 있습니다"라는 고백이 우리 속에서 자연스럽게 나와야 합니다. "이제는 내가 사는 것이 아니요 내 안에 그리스도가 사십니다. 내가 말하는 것이 아니라 주님이 말씀하시는 것입니다. 내가 걷는 것이 아니요 주님이 걸어가시는 것입니다. 주님은 나와 하나이십니다. 내가 주님을 배신하고 떠날지라도 주님은 나를 버리지 않으십니다. 내가 기도할 힘을 잃어버렸을지라도 성령님이 나를 기도하게 하십니다."

오늘 우리에게 이 믿음이 필요합니다. 예수님이 하나님과 하나 되었던 것처럼 오늘 우리가 예수님과 하나 되는 이 깊은 의식, 깊은 신앙이 필요합니다. 기적은 여기에서 시작됩니다.

천국으로의 초청

세 번째로, 본문 말씀에서 우리는 메시아의 초청의 음성을 듣습니다.

수고하고 무거운 짐 진 자들아 다 내게로 오라 내가 너희를 쉬게 하
리라(마 11:28).

교회를 조금이라도 다녀 본 사람이라면 다 아는 성경 구절입니
다. 수고하고 무거운 짐을 진 인생을 향해 천국에서 들리는 음성이
요 하늘의 초청입니다. 어린아이들처럼 심령이 가난하고 진실하
고 겸허한 영혼을 향해 천국의 문이 활짝 열려 있다는 말입니다.
환영의 축제가 시작되었다는 말입니다. 거지나 창녀나 살인자나
죽을병에 걸린 자나 누구든지 상관 없습니다. 세상에서 버림받고
가정에서 쫓겨나고 갈 데 없이 버려진 사람이라도 상관없습니다.
세상의 모든 사람이 우리를 기억하지 않을지라도 상관없습니다.

여기서 예수님은 인생의 본질이 수고하고 무거운 짐을 지는 것
과 같다고 설명하고 계십니다. '수고한다'는 말은 사서 고생하는
능동적인 고생을 의미합니다. 자신이 잘못했거나 죄를 지어서 하
는 고생이 아니라 스스로 고생을 만든 것입니다. '무거운 짐'은 피
동적인 고생입니다. 고난이 주어진 것입니다. 원하지 않는 환경 속
에서 수난을 겪는 그런 고생입니다.

인간은 자기가 스스로 고난을 취하든지, 원하지 않는 고난을 받
든지 수고하고 무거운 짐을 지고 가는 존재입니다. 누구든지 사람
은 다 고생하고 있습니다. 저 사람은 고민이 없겠지 하고 만나 보
면 고민이 몇 배나 더 있습니다. 일의 고민, 자신에 대한 고민, 부모

나 자식에 대한 고민, 부부 간의 고민 등 화려하고 안정된 직업이 있는 것과는 전혀 상관없이 인생을 고뇌하고 있습니다.

이 세상에서 남몰래 흘린 눈물과 한숨을 다 모아 본다면 얼마나 많을까요? 겉으로 웃는 일이 많습니까, 속으로 우는 일이 많습니까? 우리는 얼마나 자기를 미워하고 학대합니까? 인간 관계 속에서 얼마나 많은 갈등과 몸부림으로 자신을 저주하고 삽니까? 우리 자신은 참으로 긍정적인 자아상이 있습니까?

예수님은 그것을 다 아셨습니다. 수고하고 무거운 짐을 졌다는 것이 죄로 인해 저주받은 인생의 본질이라는 것을 아셨습니다. 그래서 절망하는 인생을 향해 두 팔을 벌리시고 누구든지 내게 오는 자에게는 안식을 주겠다고 말씀하십니다. "다 내게로 오라. 내가 너희를 쉬게 하리라." 하나님이 아니면 누가 감히 이런 절대적인 초청과 약속을 할 수 있겠습니까? 하나님만이 하실 수 있는 절대적인 초청이요 절대적인 약속입니다.

"수고하고 무거운 짐 진 자들아 다 내게로 오라 내가 너희를 쉬게 하리라"는 말씀에는 두 가지 중요한 면이 있습니다. 한 면은 인간의 측면이요 다른 면은 하나님의 측면입니다. "다 내게로 오라"는 말은 우리 자신이 해야 할 부분을 말해 줍니다. "너희를 쉬게 하리라"는 말은 하나님이 일하시는 영역을 나타내 줍니다.

먼저 "다 내게로 오라"는 말씀을 생각해 보겠습니다. 구원이란 인간이 믿음을 가지고 겸손하게 예수님 앞에 나올 때 시작됩니다. 구원이란 결코 교회의 신조나 교리, 교파, 혹은 구제, 봉사, 교육이 아닙니다. 예수님 앞에 나오는 것이 구원입니다. 요한복음 6장 35절에서 예수님은 "나는 생명의 떡이니 내게 오는 자는 결코 주리지 아니할 터이요 나를 믿는 자는 영원히 목마르지 아니하리라"고 하셨습니다. 그렇습니다. 예수님에게로 가는 것이 믿음입니다. 예수님 앞에 오는 사람은 영원히 배고프지도 목마르지도 않습니다.

여기서 중요한 말은 '나'라는 말입니다. 이 말이 얼마나 위로가 되는지 모르겠습니다. 조건이 제시되었다면 어떤 사람은 빠질 수도 있을 것입니다. 그러나 우리는 누구든지 다 초청되었습니다. "다 내게로 오라"고 말씀하고 계십니다. 예수님은 우리의 과거를 묻지 않으십니다. 과거에 우리가 누구였느냐가 중요하지 않습니다. 지금 우리가 누구냐가 중요한 것입니다.

우리는 예수님에게로 가야 합니다. 교파나 건물이나 목사나 어떤 의식이 중요한 게 아닙니다. 의식에 참여했다고 구원받는 것이 아니라 예수님 앞에 나와야 구원받는 것입니다. 예수님의 이 천국 초청에 응답하지 않으시겠습니까? "다 내게로 오라."

다음으로 하나님이 하시는 부분입니다. "내가 너희를 쉬게 하리라." '쉰다'는 말은 '새롭게 한다, 다시 살려 준다'는 뜻입니다. 오랜 여행에 지쳐 있는 사람은 쉼이 필요합니다. 노동에 지쳐 있는 사람은 쉼이 필요합니다. 이것이 바로 안식입니다. 예수님은 우리에게 참된 안식과 평화를 주십니다. 수고하고 지친 사람에게도, 무거운 짐에 억눌려 있는 사람에게도 안식을 주십니다.

그런데 "내가 너희를 쉬게 하리라"는 말씀에서 중요한 강조점은 '내가'라는 것입니다. 안식보다 더 중요한 것은 안식을 주시는 분입니다. 우리는 안식 자체를 좋아합니다. 그러나 안식을 주시는 분을 더 좋아해야 합니다. 예수님은 바로 우리의 평화요 우리의 안식이십니다. 그분에게 가면, 그분은 우리를 만져주시고 우리를 새롭게 만들어주십니다. 지금 이 모습으로는 아무것도 안 됩니다. 하나님은 나를 부수고 녹여서 새롭게 만드시기를 원합니다.

주님이 주시는 영원한 안식

29절에는 안식을 얻는 구체적인 비결로 두 가지가 제시됩니다.

"나는 마음이 온유하고 겸손하니 나의 멍에를 메고 내게 배우라 그리하면 너희 마음이 쉼을 얻으리니."

첫째는 예수님이 만드시는 멍에를 지는 일이요, 둘째는 예수님에게 배우는 것입니다. 내가 내 멍에 때문에 이렇게 힘이 들고 괴로운데 멍에를 벗어야 쉴 수 있지 않겠습니까? 그런데 예수님은 멍에를 메어야 안식이 있다고 하십니다. 무슨 뜻입니까? 일을 지나치게 하면 피곤해집니다. 그러나 일이 없으면 더 피곤합니다. 일이 있어야 합니다. 노는 것이 쉬는 것이 아닙니다. 계속 놀면 고통스럽습니다.

예수님이 너를 괴롭히는 사람을 없애 주겠다, 너를 피곤하게 하는 사람에게 벼락을 내리겠다고 말씀하신 적이 없습니다. 또 환경을 어떻게 변화시키겠다, 너의 무겁고 고통스러운 현실을 바꾸어 주겠다고 말씀하신 적이 없습니다. 이 말은 주위 환경, 나의 현실이 바뀌게 된다는 뜻이 아니라 "내가 바뀐다"는 뜻입니다. 멍에를 푸는 것이 안식이 아니라, 내가 쓰고 있는 멍에는 풀고 예수님이 만들어 주시는 멍에를 메면 안식이 있다는 말씀입니다.

지게를 져도 몸에 딱 맞는 지게를 지면 짐을 가볍게 들 수 있습니다. 그러나 맞지 않는 지게를 지면 허리와 어깨가 아프고 힘이 듭니다. 멍에는 내 몸에 맞아야 합니다. 가볍고 몸에 딱 맞는 멍에를 메게 되면 아무리 무거운 것도 쉽게 끌고 갈 수 있습니다. 예수님은 가볍고 내 몸에 잘 맞는 멍에를 주십니다.

또 하나 농촌에서 소가 밭을 갈 때 보면 두 마리가 한 멍에로 함께 밭 가는 것을 보게 됩니다. "내 멍에를 메라"는 뜻은 지금까지 나 혼자 메던 그 멍에를 벗어 버리고 예수님이 주시는 멍에, 즉 같이 멍에를 메라는 것입니다. 예수님이 같이 고생을 해 주시는데 무엇이 피곤하겠습니까? 신이 납니다. 찬송이 나옵니다. 고생이 없어지는 것이 아니라 주님이 그 고생을, 멍에를 같이 메어 주신다는 뜻입니다. 이제는 내 옆에서 주님이 동행하신다는 뜻입니다. 주님이 함께 계시면 "초막이나 궁궐이나 내 주 예수 모신 곳이 그 어디나 하늘나라"입니다. 고생을 신나게 합시다. 기쁘게 합시다. 왜냐하면 우리 주님이 계시기 때문입니다. 무거운 짐이 이제는 더 이상 두렵지가 않습니다. 주님이 함께 져 주시기 때문입니다.

둘째 비결은 주님에게 배우는 것입니다. 예수님과 내가 한 멍에를 지고 갑니다. 과거에는 나 혼자 멍에를 메었지만 지금은 주님과 같이 멥니다. 주님이 이끄시는 대로 따라갑니다. "화내지 마라. 기다려라. 용서하라. 사랑하라. 기뻐하라"고 주님이 가르쳐 주시는 대로 따라가는 것입니다. 이때 안식이 있습니다. 평안이 있습니다. "나의 멍에를 메고 내게 배우라 그리하면 너희 마음이 쉼을 얻으리니"라고 했습니다. "내게로 오라. 너의 멍에를 벗고 내가 함께 져 줄 멍에를 같이 메자. 고난을 두려워하지 마라. 폭풍을 두려워하지 마라. 세상을 무서워하지 마라. 산더미 같은 장애물이 앞에 가로놓여 있을지라도 걱정하지 마라. 같이 가자." 주님은 우리와 함께 이 세상을 걸어가기 원하십니다.

마지막으로, 이와 같은 말씀을 하신 예수님은 어떤 분이십니까? "나는 마음이 온유하고 겸손하니"라고 하셨습니다. 세상에서 가장 편안한 사람은 온유하고 겸손한 사람입니다. 그 사람은 남에게 상처 주지 않습니다. 독한 말을 하지 않습니다. 예수님은 마음이 온유하고 겸손하신 분이십니다. 우리가 예수님을 따라갈 때 우리는 어느덧 예수님처럼 온유하고 겸손한 사람으로 변할 것입니다.

33

안식일의 주인을
기쁘게 하라

마태복음 12:1-8

예수님은 사람들에게 환영과 존경과 사랑을 받았지만 동시에 박해와 조롱도 받으셨습니다. 사람들에 대한 예수님의 태도는 변함이 없었지만, 예수님에 대한 사람들의 태도는 늘 변화가 많았습니다. "호산나"라고 외치던 사람들은 예수님을 "십자가에 못 박으라"고 소리쳤습니다. 예수님 당시의 사람들은 마태복음 12장에서부터 양의 가죽을 벗고 이리의 이빨을 드러내기 시작합니다. 안식일에 예수님이 제자들과 함께 밀밭을 지나가는 사건을 통해 제동을 걸어 온 것입니다. 이 박해는 예수님이 십자가에 못 박히기까지 쉬지 않고 계속됩니다. 마태복음 1장에서 11장까지가 예수님에 대한 환영이었다면, 12장부터는 박해의 과정이 드러납니다.

은혜와 긍휼의 법

마태복음 12장 1절에서 "그때에 예수께서 안식일에 밀밭 사이로 가실 새"라고 했습니다. 이 말씀을 보면 예수님은 하나님 나라를 선포하기 위해 끊임없이 움직이고 계셨다는 것을 알 수 있습니다. 안식일에도 예수님은 움직이고 계셨습니다.

그런데 이때 제자들이 배가 고파서 곡식을 따 먹었습니다.

제자들이 시장하여 이삭을 잘라 먹으니(마 12:1).

　　우리 상식으로 보면 좀 기분 나쁜 일일지 모릅니다. 그러나 구약의 배경을 보면 굉장히 아름다운 하나님의 사랑 이야기입니다. 예수님과 제자들은 일정한 직업이 없었기 때문에 분명히 수입이 없었을 것입니다. 그래서 먹을 것이 충분하지 않았고 생활이 어려웠으리라고 쉽게 추측할 수 있습니다. 물론 그들은 가족이나 소수의 그리스도인에게 부분적으로 재정적인 보조와 헌금을 받았을 것입니다. 부모들은 예수를 따르는 자식이 굶는 것을 볼 수가 없어 조금씩 뒷돈으로 도와주기도 했을 것입니다. 하지만 정규 수입이 없었기 때문에 제자들과 예수님의 삶은 전반적으로 가난했습니다. 예수님의 제자들은 이때 점심을 못 먹고 있었을지도 모릅니다. 성경에는 몹시 배가 고팠다고 기록되어 있습니다. 그래서 밀밭을 통과하게 되었을 때, 곡식을 따다 비벼서 그 알곡을 먹은 것입니다.

　　이 행동은 하나님의 놀라운 말씀을 배경으로 하고 있습니다. 신명기에서 "네 이웃의 포도원에 들어갈 때에는 마음대로 그 포도를 배불리 먹어도 되느니라 그러나 그릇에 담지는 말 것이요 네 이웃의 곡식밭에 들어갈 때에는 네가 손으로 그 이삭을 따도 되느니라 그러나 네 이웃의 곡식밭에 낫을 대지는 말지니라"(신 23:24-25)고 했습니다. 구약의 정신은 여행자가 배고플 때 포도밭에 들어가서 시장기를 면할 정도로 포도 따 먹는 것을 허락하고 있습니다. 이는 참 아름다운 일입니다. 그러나 포도를 따 먹을 수는 있으나 그 포도를 집으로 가져가서는 안 되며, 곡식을 비벼 먹을 수는 있으나 낫을 대어서는 안 된다고 했습니다. 이것이 구약의 율법이요, 하나님의 방법이었습니다.

여기서 우리가 발견하는 것은 엄격한 정의 구현의 사회 질서 속에 긍휼이 필요한 자에게는 긍휼을 베푼다는 원리가 내포되어 있다는 사실입니다.

참으로 이상적이고 매력적인 사회 제도가 아닐 수 없습니다. 정의를 지키면서도 긍휼을 베풀어야 할 자에게는 긍휼을 베풀도록 하는 하나님의 사회, 이것이 구약의 사회였습니다. 가난하고 버림받은 사람들이 숨 쉬고 살 수 있는 사회, 노력하고 애쓰는 사람들에게 수고의 대가가 정당하게 돌아오는 공정한 사회였던 것입니다.

이러한 구약의 사회를 놓고 볼 때 오늘날 우리 사회에는 두 가지 극단적인 경향이 있습니다. 첫째는, 가난하고 억눌린 사람들을 평등하게 살도록 하기 위해 대중의 계급 투쟁을 통한 공산주의 내지 사회주의적 방법론을 추구하는 것입니다. 그래서 부자들은 도둑놈이고 나쁜 자들이니까 부자의 것을 다 가난한 자에게 나누어 주어야 한다는 억지 평등을 만듭니다. 또 하나는 이와는 반대로 자본과 물질만을 추구하는, 즉 이윤 추구의 정신과 사상이 팽배해 있는 것입니다. 이것이 자본주의의 약점이기도 합니다. 가난하고 배고픈 자들, 사회 권력에 억눌린 자들이 어떻게 살든 상관하지 않고 있는 자들끼리 배불리 먹기를 추구합니다. 그래서 그런 사람들이 권력을 갖고 기득권을 누립니다. 이런 극단적인 사회를 지향하는 속성이 우리 사회에 있습니다.

오늘 구약의 정신을 보면 우리 사회가 어떤 방향으로 가야 하는지 깨닫게 됩니다. 예수님의 제자들이 시장하여 고통을 겪고 있을 때, 그들이 곡식을 따 먹은 것은 도둑질도 아니요 구걸도 아니었습니다. 그 순간에 시장기를 때울 수 있도록 한 은혜와 긍휼의 법에 따른 것이었습니다. 이것은 죄가 아니라 하나님의 예외의 법이었습니다.

물론 우리가 사는 사회에는 질서와 정의가 있어야 합니다. 그러나 질서와 정의로 모든 것이 다 되는 것은 아닙니다. 하나님은 그것에 약간의 예외를 두어서 불쌍한 사람, 배고픈 사람, 힘없는 사람들이 살 수 있도록 법을 만들어 놓으셨습니다.

바리새인들의 비판

그러나 이처럼 놀라운 하나님의 법을 비판하고 나선 무리가 있었습니다. 그들은 하나님의 좋은 제도를 종교적인 여러 제약으로 싸서 인간의 율법으로 바꾸었습니다. 2절을 보면 "바리새인들이 보고 예수께 말하되 보시오 당신의 제자들이 안식일에 하지 못할 일을 하나이다"라고 했습니다. 예수님의 제자들이 잘못한 것은 전혀 없습니다. 그러나 바리새인들의 눈에는 잘못으로 보였습니다. 그래서 그들은 비판하고 고발하기 시작했습니다.

우리는 여기서 몇 가지 사실을 생각할 수 있습니다.

첫째, "바리새인들이 보고"라는 부분에서 바리새인들이 길을 가다가 우연히 그 사건을 목격한 것입니까? 아니면 예수님과 예수님의 제자들을 책잡으려고 기회를 엿보다가 그 사건을 발견한 것입니까? 여기서 보면 그 사건은 우연히 발견된 것이 아닙니다. 그들은 악한 의도를 가지고 제자들의, 또는 예수님의 사역에 약점을 잡으려 했던 것입니다. 이것은 요한복음 8장에 나오는 장면, 즉 간음하다 붙잡힌 여인을 사람들이 예수님에게 데려와 돌로 쳐 죽이려는 장면과 마찬가지입니다. 간음하다 붙잡힌 여인이 우연히 들킨 것입니까? 아니면 유대인들이 파 놓은 함정에 그 여인이 말려든 것입니까? 그것은 기회를 포착하여 여자가 함정에 빠지도록 사건을 만든 것입니다. 우연히 잡은 것이 아니라 악한 의도가 있었습니다.

둘째, 곡식을 따 먹은 사람들은 예수님이 아니라 예수님의 제자들이었습니다. 그런데도 바리새인들은 예수님에게 시비를 걸고 있습니다. 물론 자식이 잘못하면 부모가 책임을 지게 되고, 학생이 잘못하면 선생에게 따지는 것이 상식이지만, 그들이 예수님을 반대하고 공격하기 위해 일부러 이 일을 문제 삼고 있음을 성경에서 충분히 읽을 수 있습니다.

셋째, 그들이 문제 삼는 것은 곡식을 따 먹은 것 자체보다도 안식일을 범했다는 종교적인 문제입니다. 정말 예수님의 제자들이 안식일을 범했느냐는 것입니다. 마태복음 5장에서 우리는 이 문제를 충분히 검토했습니다. 당시 바리새인들과 서기관들이 예수님과 제자들을 비판했던 것은 구약의 말씀을 근거로 한 것이 아니라, 구약의 말씀을 해석한 탈무드나 율법의 확대 해석의 규정을 갖고 한 것이었습니다.

오늘날도 이런 일이 비일비재합니다. 성경을 가지고 말하지 않고 헌법을 가지고 말하는 사람이 있습니다. 장로교의 헌법이 이렇고, 감리교의 헌법이 이렇다는 것입니다. 성경이 아니라 성경을 해석한 전통을 가지고 종교를 정의합니다. 이것은 굉장히 위험한 일입니다. 교리도 중요하고, 교파도 중요합니다. 그러나 성경이 더 중요합니다. 우리는 예수님처럼 성경으로 돌아가야 합니다.

예수님이 사탄과 대결할 때 자기의 권위로 사탄을 쫓지 않으셨습니다. 사람이 떡으로만 사는 것이 아니라 하나님의 입에서 나오는 모든 말씀으로 사는 것이라고 하시면서 세 번씩이나 기록된 말씀으로 마귀를 쫓으셨습니다.

인간의 이기심이 문제를 복잡하게 만든다

구약의 안식일에 대해 좀 더 생각해 보겠습니다. 십계명 중 네 번째 계명에서는 이렇게 말하고 있습니다.

> 안식일을 기억하여 거룩하게 지키라 엿새 동안은 힘써 네 모든 일
> 을 행할 것이나 일곱째 날은 네 하나님 여호와의 안식일인즉 너나
> 네 아들이나 네 딸이나 네 남종이나 네 여종이나 네 가축이나 네 문
> 안에 머무는 객이라도 아무 일도 하지 말라 이는 엿새 동안에 나 여
> 호와가 하늘과 땅과 바다와 그 가운데 모든 것을 만들고 일곱째 날
> 에 쉬었음이라 그러므로 나 여호와가 안식일을 복되게 하여 그날을
> 거룩하게 하였느니라(출 20:8-11).

이처럼 안식일은 복된 날, 거룩한 날입니다. 그러나 하나님을 제
일 잘 믿는다고 자신했던 바리새인들은 안식일의 근본정신은 다
잊어버리고 껍데기인 법규만을 생각했습니다. 놀라운 사실은 그
들이 이 성경 구절을 해석하기 위해 하지 말라는 것을 서른아홉 가
지나 정했다는 것입니다. 이는 예수님이 마태복음 15장 3절에서
하신 말씀 그대로입니다. "너희는 어찌하여 너희의 전통으로 하나
님의 계명을 범하느냐." 여기에 문제의 핵심이 있습니다.

바리새인들에게는 하나님을 정말 사랑하는 마음이나 진리에 이
르려는 구도자의 겸허한 심정이 없었습니다. 오히려 그들은 종교
적인 지식과 지혜와 전통을 자기들의 욕심과 이기심, 자존심을 만
족시키는 도구로 삼았습니다. 그들은 자신들이 시기하고 미워하

는 대상을 비판하고 정죄하기 위한 방편으로 성경을 이용했고, 하나님을 이용했던 것입니다.

차라리 세상 사람이 싸우는 것은 봐줄 만한 데가 있습니다. 그러나 예수 믿는 사람들이 양의 가죽을 쓰고 자기 욕심을 채우기 위해 싸우는 것은 아주 추악합니다. 교파 싸움, 교권 싸움, 교회 안에서 일어나는 수많은 갈등, 하나님의 이름으로 저지르는 수많은 횡포 가운데는 인간의 이기심이 자리잡고 있습니다. 특히 하나님을 믿는 사람들은 포장을 잘하는 재주가 있습니다. 멋지게, 그럴듯하게 추악한 모습을 가립니다. 그러나 깊이 들여다보면 인간의 욕심과 이기심을 발견하게 됩니다.

예를 들어 부부 사이에서 남편이 옳은 말만 한다고 합시다. 그 말은 사랑이 없는 잔소리입니다. 사랑 없는 말을 멋지게 포장합니다. 아내는 그런 남편의 말과 논리에 꼼짝없이 져야 합니다. 또 직장이나 사회, 혹은 교회에서도 이런 일이 수없이 일어날 수 있습니다. 문제는 형식이 아니라 내용입니다. 왜 문제가 복잡해집니까? 왜 상처를 받습니까? 바로 인간의 이기심 때문입니다. 정말 하나님을 사랑하는 사람은 결과를 이런 식으로 만들지 않습니다.

진정한 안식의 축복

비판하는 바리새인들의 태도에 대해 예수님은 어떻게 반응하셨습니까? 놀랍게도 예수님은 자신의 권위를 가지고 그들을 대한 것이 아니라 성경 말씀을 가지고 대답하셨습니다. 예수님은 자신이 하나님이시지만 어떤 경우에도 자기의 권위, 자기의 지혜로 말씀하시지 않고 언제나 하나님의 말씀을 기초로 말하십니다. 3-5절에서 "예수께서 이르시되 다윗이 자기와 그 함께한 자들이 시장할 때에 한 일을 읽지 못하였느냐 그가 하나님의 전에 들어가서 제사장 외에는 자기나 그 함께한 자들이 먹어서는 안 되는 진설병을 먹지 아니하였느냐 또 안식일에 제사장들이 성전 안에서 안식을 범하여도 죄가 없음을 너희가 율법에서 읽지 못하였느냐"라고 했습니다.

예수님은 여기서 두 가지 구약의 예를 들어 주셨습니다. 첫 번째 예는 유대인이면 누구도 거부할 수 없는 다윗입니다. 사울에게 쫓겨 다니던 다윗이 너무 시장하여 제사장 아히멜렉을 만나게 됩니다. 제사장 아히멜렉은 다윗에게 성전 안에 있는 제사장만이 먹는 떡을 줍니다. 이 사실이 사무엘상 21장에 나타나 있습니다. 성전 안의 떡이란 금상 위에 촛대와 함께 있었던 열두 개의 따끈따끈한 떡을 의미합니다. 구약의 열두 지파를 상징하고 오실 예수 그리스도의 영적 양식을 의미하는 떡인데, 이 떡은 제사장이 매주 금요일에 구워서 그 다음 날인 안식일에 하나님 앞에 바칩니다. 안식일이 지나면 그 떡을 제사장이 먹게 되어 있습니다. 그런데 문제는 다윗이 하나님의 전에 들어가서 제사장만이 먹을 수 있는 떡을 먹었다는 역사적 사실입니다.

두 번째 예는 비록 안식일이라 할지라도 제사장들이 성전 안에서는 안식일을 범해도 괜찮다고 하는 규례입니다. 레위기 24장 8-9절에 나타나 있는 규례로, 제사장은 안식일에 떡도 먹고 모든 행사를 할 수 있도록 규정지었습니다.

이 말씀에는 안식일의 소중함에 관한 중요한 교훈이 들어 있습니다. 안식일의 기원은 십계명에 있는 것이 아닙니다. 그보다 훨씬 이전인 창조에 기원이 있습니다. 창조만큼 중요한 것이 안식입니다. 하나님은 엿새 동안 천지를 창조하시고 일곱째 날에는 안식하셨으며, 그날을 축복하셨습니다. 이것을 전부 내포하고 있는 것이 하나님의 창조입니다. 창세기 2장 2-3절에 "하나님이 그가 하시던 일을 일곱째 날에 마치시니 그가 하시던 모든 일을 그치고 일곱째 날에 안식하시니라 하나님이 그 일곱째 날을 복되게 하사 거룩하게 하셨으니 이는 하나님이 그 창조하시며 만드시던 모든 일을 마치시고 그날에 안식하셨음이니라"고 했습니다.

오늘 우리가 다시 한번 깨달아야 할 개념이 있다면, 그것은 '안식'입니다. 안식은 하나님의 리듬입니다. 창조와 안식이 하나님의 역사와 섭리의 원칙입니다. 창조 없이 안식은 없고, 안식 없이 창조도 없습니다. 안식이란 하나님과 영원한 관계를 지속할 수 있는 원리입니다. 하나님이 창조하신 모든 것을 누리며 기뻐하고 감사하고 휴식을 취하며 새롭게 일할 수 있도록 힘을 얻는 것을 의미합니다.

　현대인에게는 휴가는 있어도 진정한 안식은 없습니다. 안식이 있는 사회는 병든 사회가 되지 않습니다. 안식이 있으면 병든 교회가 되지 않습니다. 안식이 있으면 죄가 만연하지 않습니다. 창조를 모르면 직업을 모릅니다. 안식을 모르면 신앙을 모릅니다. 그래서 목사에게 안식년이 필요하고, 시무 장로에게도 안식이 필요합니다. 우리는 주일을 안식일로 지킵니다. 그런데 거의 대부분이 안식일을 공휴일로 잘못 지킵니다. 그저 일요일로 지킵니다. 진정 주일을 영적으로 잘 지키지 못하기 때문에 일주일 동안 피곤한 것입니다.

　안식의 기쁨과 축복과 은총을 깊이 이해한다면 일주일이 활기 넘치는 승리의 생활이 될 것입니다. 이것이 안식입니다. 그러나 바리새인 때부터 안식일을 아주 잘못 만들어 놓았습니다. 지금 우리도 그 피해를 보고 있는 사람 중의 하나입니다. 그래서 예수 잘 믿는 사람들은 주일이 제일 피곤합니다. 1부 예배, 2부예배, 성가대, 유년주일학교 등 이리 뛰고 저리 뛰고 하다가 저녁에는 아주 지쳐 버립니다. 이것은 진정한 안식이 아닙니다.

안식일의 진정한 의미를 기억하라

예수님은 6절에서 "내가 너희에게 이르노니 성전보다 더 큰 이가 여기 있느니라"고 하셨습니다. 다윗이 성전에 있는 떡을 먹을 수 있었고 제사장이 성전 안에서 안식일을 범해도 괜찮았는데 그 성전보다 더 큰 이가 여기 있다고 말씀하셨습니다. 요한복음 2장에서 예수님은 자기 자신을 성전으로 비유하셨습니다. 사도 바울도 고린도전서 4장에서 그리스도인을 가리켜 하나님의 성전이라고 했습니다.

건물이 아니라 성령 받은 그리스도인이 하나님의 성전입니다. 또한 예수님이 하나님의 성전입니다. 성전 안에서 제사장과 다윗이 할 수 있는 일이었다면 거룩한 성전인 우리가 어찌하여 무거운 멍에와 율법에 얽매였느냐는 것입니다. 그래서 예수님이 이것은 죄가 되지 않는다고 하셨습니다.

안식일은 거룩하게 지켜야 합니다. 그러나 형식보다 중요한 것은 내용이라는 사실을 기억해야 합니다. 세속적인 휴가나 휴식을 취하는 것이 아니라, 안식을 해야 합니다. 예배가 끝나면 어떤 사람은 등산을 가고, 어떤 사람은 테니스를 칩니다. 이때 중요한 것은 형식이 아닌 정신입니다. 하나님에게 더 감사하고 찬양하며 주님을 기쁘게 하고 영광을 돌린다면 그것이 중요합니다. 그것이 진정 안식일을 거룩하게 지키는 것입니다.

참된 안식일은 어떻게 지킵니까? 하나님에게 감사하며 경배하고, 사람에게 기쁨과 자유와 해방을 주고, 병든 자를 치료하고 마음의 평화를 주고 주님에게 영광을 돌리는 것입니다.

안식일을 거룩하게 지키려면, 가능하면 세속적인 방법을 택하지 말아야 합니다. 중요한 것은 안식일에 하나님을 생각하는 것입니다. 하루 종일 하나님을 생각하는 것입니다. 인간은 여러 가지 많은 일을 하면 피곤해서 안식이 되지 않습니다. 자기가 맡은 만큼 안식일은 봉사하고 하나님에게 감사하며 찬양하는 날, 축복된 내일을 위해 새로운 영적인 힘을 얻는 날이 되어야 합니다.

7-8절에 "나는 자비를 원하고 제사를 원하지 아니하노라 하신 뜻을 너희가 알았더라면 무죄한 자를 정죄하지 아니하였으리라 인자는 안식일의 주인이니라 하시니라"고 했습니다. 예수님은 제사를 원하지 않고 자비를 원한다고 하셨습니다. 예수님은 "예배 드리다가 형제에게 화를 낸 일이 생각나거든 먼저 가서 그 형제와 화해하라 그것이 진정한 예배다"라고 말씀하셨습니다. "무거운 멍에를 메게 하는 것이 신앙이 아니다. 나는 자비를 원한다"고 말씀하시면서 "나는 안식일의 주인이다"라고 결론을 내리신 것입니다. 경건하고 거룩하게, 인간적인 모든 요소를 배제하고 하나님과 깊이 교제할 수 있는 날이 안식일입니다. 사람끼리만 기뻐하면 안식일이 아닙니다. 하나님과 함께, 하루 종일 하나님만 생각하면 무엇을 하든지 안식일을 거룩하게 지키는 것이 됩니다.

34

시종일관 선을 행하라

마태복음 12:9-16

안식일은 사람이 하나님을 위해서 만든 제도가 아니라 하나님이 사람을 위해 만들어 주신 축복의 제도입니다. 하나님이 이를 얼마나 중요하게 생각하셨으면 십계명에 넣어 지키게 하셨겠습니까? 그러나 인간이 가질 수 있는 날 가운데 최고의 날인 이 축복과 안식과 자유의 날을 바리새인들은 단순히 인위적으로 거룩하게 지키는 형식과 관습의 날로 만들어 버렸습니다. 또 하나의 노동과 속박과 무거운 짐으로 만들어 버린 것입니다. 예수님은 본문 말씀에서 인간들이 이 축복의 날에 씌워 놓은 껍질을 벗겨 주고 계십니다.

안식일에 대한 예수님의 설명

예수님은 안식일을 세 가지로 설명해 주셨습니다.

첫째, 제사장이 주는 떡은 안식일에 먹어도 좋고, 제사장은 성전에서 안식일을 범해도 괜찮다는 구약의 율법을 설명하시면서 성전보다 더 큰 예수 그리스도가 여기에 있다고 말씀하셨습니다. 이 말씀은 안식일의 정의는 성전 안에서 결정되는 것이 아니라 예수 그리스도의 말씀으로 결정된다는 뜻입니다.

둘째, 안식일의 참된 정신은 제사가 아니라 자비라고 하셨습니다. 7절에서 예수님은 "나는 자비를 원하고 제사를 원하지 아니하노라 하신 뜻을 너희가 알았더라면 무죄한 자를 정죄하지 아니하였으리라"고 하셨습니다. 바리새인들은 안식일의 기본 정신을 망각한 채 자기들이 만들어 놓은 법규와 세부 규칙을 지키느냐 안 지키느냐로 안식일 준수의 여부를 판가름했던 것입니다. 예수님은 그것이 잘못되었다고 지적하십니다. 안식일의 가장 기본적인 정신은 법규를 지키거나 제사를 드리는 데 있는 것이 아니라 하나님의 마음이 전달되는 데 있다는 것입니다.

하나님의 마음은 자비와 긍휼입니다. 평생 앞을 못 보던 소경이 안식일에 눈을 뜰 수 있다면 그것이 진정한 안식일입니다. 앉은뱅이가 일어날 수 있고, 귀신 들린 자가 자유를 얻을 수 있다면, 비록 바리새인들이 정한 안식일의 법규를 무시했다 해도 안식일을 정말 잘 지킨 것이라는 뜻입니다. 만약 바리새인들이 이 정신을 똑바로 이해했더라면 무죄인 자를 정죄하지 않았을 것이라고 하신 것입니다.

셋째, 예수님은 안식일의 주인은 바로 예수님 자신이라고 설명하셨습니다. 특별히 이 말씀은 안식일에 대한 가장 완벽하고 절대적인 대답이 됩니다. 마가복음 2장 27절을 보면 "안식일이 사람을 위하여 있는 것이요 사람이 안식일을 위하여 있는 것이 아니니"라고 했습니다. 안식일을 지키는 것은 하나님을 잘 섬기기 위한 수단으로 우리에게 주어진 것입니다. 그러나 사람들은 그것을 목적으로 삼은 것입니다. 할례는 수단입니다. 할례 자체가 목적이 아닙니다. 그러나 사람들은 할례를 목적화 했습니다. "할례 받지 않은 사람은 하나님의 자녀가 될 수 없다. 천국에 갈 수 없다"고 정신과 방법, 목적과 수단을 전부 바꾸어 버린 것입니다.

안식일은 하나님을 만나는 날

이것이 오늘날 한국 보수주의 전통교회가 지닌 치명적인 약점입니다. 어떤 형식과 틀 속에 갇혀서 하나님을 잃어버렸습니다. 중요한 것은 하나님을 만나는 것입니다. 하나님에게 경배하는 것입니다. 그것을 위해서 예배드리는 형식이 있습니다. 우리는 주님의 말씀을 다시 한번 기억할 필요가 있습니다. "예배를 드리다가 형제와 싸운 일이 생각나거든 가서 먼저 형제와 화해하라. 그것이 참된 예배다. 마음속에는 서로 부글부글 끓어오르면서 입으로 찬송가 부르는 것을 나는 기뻐하지 않는다."

이사야서 1장에서 하나님은 "너희가 나에게 가져오는 모든 피에 나는 지쳤다. 무수한 제물이 내게 무엇이 유익하냐? 너희들이 내 이름으로 모이는 수많은 집회도 이제 나는 식상하다. 그 찬송소리, 그 헌금은 무슨 의미가 있으며 그 기도는 무슨 의미가 있느냐? 너희들이 형제 하나를 사랑하지 못하고 용서하지 못하는데 그것이 무슨 예배냐?"라고 하셨습니다.

진정한 예배는 용서와 화해에 있습니다. 형식보다 더 중요한 것은 내용입니다. 형식을 부정한다는 것이 아닙니다. 그러나 중요한 것은 하나님을 만나는 것입니다. 법규에 얽매인다면 또 하나의 무거운 짐을 지고 있는 것과 같습니다. 마태복음은 "인자는 안식일의 주인이니라"고 말했지만, 마가복음은 "인자는 안식일에도 주인이니라"(막 2:28)고 했습니다. 결국 안식일을 잘 지킨다는 것은 그날을 축복하고 거룩하게 하신 하나님의 뜻을 깨달아 인간에게 자유와 축복과 안식을 주는 것이요, 안식일의 주인이며 지배자이신 예수 그리스도를 영화롭게 하는 것을 의미합니다.

이런 예수님의 뜻에 비추어 우리는 교회를 다시 한번 돌아보아야 합니다. 과연 안식일은 참으로 기쁘고 평안하고 감사한 날입니까? 아니면 아침부터 저녁까지 피곤하게 하루를 살다가 집에 가는 날입니까? 안식일은 하나님과 더불어 기뻐하는 날이 되어야 합니다. 우리가 교회에서 어떤 봉사를 하든지, 그것이 나에게 무거운 짐이 되었다면 일단 중지해야 합니다. 아침 일찍부터 주일학교 교사 하고, 성가대에서 찬양하고, 많은 회의를 하면서 그것들이 온통 무거운 짐이 되어 하나님에게 영광이 되지 않고 내 마음에 기쁨이 되지 않는다면 잠시 멈출 필요가 있습니다. 모임 자체를 위해서 모임을 가질 필요는 없습니다. 예배 자체를 위해서 예배할 필요는 없습니다. 하나님에게 예배드리는 것이 아니라면 예배는 근본적으로 수정해야 합니다. 헌금을 왜 합니까? 안 하면 창피해서 하는 것입니까? 아니면 연극표 내는 것처럼 그냥 들어가면 미안하니까 하는 것입니까? 그것이 체면이요, 습관이요, 의식이라면 다시 생각해야 합니다.

문제는 하나님을 만나는 데 있습니다. 혹시 우리 가운데 안식일에 피곤한 사람이 있으면 모든 것을 멈추고 기도해야 합니다. 기쁨과 은혜가 충만하여 봉사하고 하나님에게 영광 돌리는 것이 진정한 안식일이기 때문입니다. 이런 의미에서 주일을 어떻게 보내느냐가 일주일을 지배합니다. 만약 주일에 은혜를 받지 못하고 짜증스럽게 보냈다면 다음 일주일은 실패할 가능성이 있습니다. 어떤 사람은 "주일만 안식일이냐. 월, 화, 수, 목, 금, 토, 일이 다 안식일이다"라고 합니다. 그러나 그렇지 않습니다. 하나님이 특별히 한 날을 정해 하나님에게 영광 돌리는 날로, 그날의 주인이신 예수 그리스도를 바라보는 날로, 예수 그리스도와 깊은 영적 교제를 하며 우리 영혼을 재무장하는 날로 축복하신 날이 바로 안식일이기 때문입니다. 우리가 주님의 일을 할 때 그 일 때문에 기도하는 것을 게을리했다면 일을 중지해야 할지도 모릅니다. 이만큼 하나님과의 관계가 더 중요합니다. 이것이 안식일에 대한 예수님의 기본적인 태도였습니다.

형식보다 사람이 중요하다

마태복음 12장 9-10절을 보면 "거기에서 떠나 그들의 회당에 들어가시니 한쪽 손 마른 사람이 있는지라 사람들이 예수를 고발하려

하여 물어 이르되 안식일에 병 고치는 것이 옳으니이까"라고 했습니다. 예수님이 안식일에 대해 바리새인들과 논쟁하신 후 다른 안식일에 또 한 번 사건이 터졌습니다. 안식일에 예수님이 회당에 가셨는데, 마침 그 자리에 손 마른 사람이 있었던 것입니다. 전승에 의하면 이 사람은 돌을 다루는 석공이었다고 합니다. 누가복음에는 "오른손"이라고 되어 있는데, 아마 중풍으로 오른손이 피가 통하지 않아 말라 버린 것으로 보입니다. 이 사람은 다리가 부러진 것도 아닙니다. 피를 계속 흘리는 것도 아닙니다. 단순히 손 한쪽이 마비되어 움직일 수 없는 사람이었습니다. 이것이 서기관들과 바리새인들이 예수님을 송사할 조건으로 작용했습니다. 그래서 그들은 "안식일에 병 고치는 것이 옳으니이까?"라고 질문했습니다.

안식일의 규정을 확대 해석한 바리새인들과 서기관들의 전통에 의하면, 생명이 위급한 경우에는 안식일에도 병을 고쳐 줄 수 있지만 위급하지 않은 경우에는 안식일에 병을 고쳐 주면 안 되었습니다. 그런데 이 사람은 병자기는 하지만 생명이 위급한 것은 아닙니다. 그러니 문제가 된 것입니다. 굳이 안식일에 이 사람의 병을 고칠 필요는 없기 때문입니다.

예수님은 매번 바리새인들의 질문에 대답하실 때 반대자들을 직접 공격하지 않고 구약의 말씀을 들어 설명해 주시든지, 비유로 설명해 주셔서 언제나 스스로 깨달을 수 있게 하셨습니다. 이번에는 안식일에 구덩이에 빠진 양의 예를 들어 주셨습니다. 안식일에 양 한 마리가 구덩이에 빠졌다고 할 때 바리새인의 규정에는 두 가지 경우가 있습니다. 오늘 건져 주지 않아 죽을 경우 안식일에라도 건져 주어야 합니다. 그런데 오늘 건져 주지 않아도 내일까지 살 수 있겠다고 판정되면 건져 주어서는 안 됩니다. 하루 먹을 것을 갖다 주고 다음 날 건져 주어야 안식일을 거룩하게 지키는 것입니다. 이처럼 그 당시 사람들은 안식일을 거룩하게 지키려고 애썼지만, 실제로는 여러 가지 규범으로 얼마나 피곤했을까 생각합니다.

예수님은 11절에 "너희 중에 어떤 사람이 양 한 마리가 있어 안식일에 구덩이에 빠졌으면 끌어내지 않겠느냐"라고 질문하셨습니다. 그리고 이어서 가장 본질적인 대답을 해주십니다.

사람이 양보다 얼마나 더 귀하냐 그러므로 안식일에 선을 행하는 것이 옳으니라(마 12:12).

사람을 살리기 위한 안식일

여기서 우리는 안식일의 의미를 다시 한번 발견하게 됩니다. 바로 양보다 인간이 더 중요하다는 사실입니다. 요즘 세상은 인간을 평가 절하하는 수많은 사상의 노예가 되어 버렸습니다. 그중 제일 심각한 것이 생명경시 사상입니다. 경제가 발전하면서 과학과 물질과 자본이 우상화되자 사람은 적당히 희생당해도 괜찮다는 생각이 만연하기 시작했습니다. 물질의 풍요를 위해서 인권을 유린해도 된다고 생각합니다. 그러한 생각들이 베트남 전쟁을 비롯한 수많은 전쟁에서 나타났고, 우리나라가 중동에 사람을 보내는 과정에서도 수없이 나타났습니다. 한 생명보다는 국가경제 발전이 중요하다는 원칙 앞에 수많은 사람이 희생을 강요당했던 것입니다. 요즘 보면 사람이 자동차 한 대, 집 한 채 값보다도 못한 취급을 받는 일이 비일비재합니다.

또한 인간의 가치가 형편없이 절하되는 것은 이데올로기 때문입니다. 이념 투쟁을 위해서는 사람이 희생을 당해도 괜찮다는 논리입니다. 그래서 분신자살을 합니다. 옛날 시위가 극심했을 때, 분신자살조가 있었다고 합니다. 그들이 주장하는 것은 이념이요, 인권이요, 민주화입니다. 그것을 위해서는 어떤 일이든 불사하겠다는 것입니다. 우리는 노사 문제로 분신자살하는 것을 종종 봅니다. 그런데 분신자살할 정도의 일도 아닌데 자신의 몸에 불을 지르는 것을 볼 수 있습니다. 이것은 이념으로 생명이 경시당하는 극단적인 증거입니다. 그 이념에 사람의 생명을 경시하는 독소가 있습니다.

예수님은 안식일을 위해 사람이 있는 것이 아니라 사람을 위해서 안식일이 있다고 하셨습니다. 그러므로 사람을 살리기 위한 안식일이어야 하고 안식일에 선을 베푸는 것이 참된 안식일의 정신이라고 말씀해 주셨습니다. 우리가 주님을 위해서 안식일에 봉사하지만 그것 때문에 피곤해지고 지치고 신경이 날카로워지면 잘못된 것입니다. 교회를 세우고, 하나님을 위해서 교회 일을 하다가 서로 싸우고 상처를 받을 때가 있습니다. 그래서 서로 등을 돌리고 헤어집니다. 무엇 때문에 교회를 시작했습니까? 무엇 때문에 예배를 드렸습니까? 싸우기 위해서입니까? 상처받기 위해서입니까? 그리스도가 갈라졌습니까? 하나님이 둘이 되었습니까? 아닙니다. 모두 인간들의 잘못입니다. 목적을 잃어버린 것입니다. 교회에서는 어떤 이유에서든지 싸움과 갈등이 있어서는 안 됩니다. 그렇게 싸우고, 갈등하고, 갈라질 경우에는 다시 한번 근본적인 문제를 생각해 보아야 합니다. 우리가 하나님의 영광을 위해 모였다면 말입니다.

13절에서는 "이에 그 사람에게 이르시되 손을 내밀라 하시니 그가 내밀매 다른 손과 같이 회복되어 성하더라"고 했습니다. 유대인들에 의하면 안식일에 병을 고쳐 주면 안 됩니다. 그러나 예수님은 안식일의 정신을 보여 주시기 위해 내일 고쳐도 될 일을 오늘 고쳐 주셨습니다. 좋은 일은 내일로 미룰 필요가 없습니다. 좋은 일은 당장 해야 합니다. 내일로 미루면 못할지도 모릅니다. 오늘 좋은 마음이 생겼다면 오늘 결정하십시오. 좋은 일을 택했다면 내일로 미루지 마십시오. 예수님은 오늘 하면 비판을 받을 수 있는 일도 오늘 하셨습니다. 여기에서 우리는 예수님의 사랑을 봅니다.

우리는 예수님에 대해 세 가지로 요약할 수 있습니다. 첫 번째로, 예수님은 반대하는 사람들을 무서워하지 않으셨습니다. 예수

님 주위에는 예수님을 시기하고 괴롭히는 무리가 많았지만 예수
님은 그들을 결코 무서워하시지 않았습니다. 사람을 무서워하지
않으면 올무에 걸리지 않습니다. 그러나 반대로 사람을 무서워하
면 올무에 걸립니다. 하나님을 두려워하십시오. 결코 사람을 무서
워해서는 안 됩니다. 두 번째로, 행동을 통해 안식일을 새롭게 정
의해 주셨습니다. 세 번째로, 예수님은 또다시 불치병을 초자연적
인 능력으로 친히 고쳐 주셨습니다.

이런 예수님의 태도에 대해 바리새인들은 어떤 마음을 갖게 되
었습니까? 그들은 창피를 당했습니다. 예수님의 기적 때문에 할
말을 잃어버렸습니다. 만약 예수님이 초자연적인 기적을 베풀지
않으셨다면 그들도 할 말이 있었을지 모릅니다. 그러나 그 일 때문
에 그들은 할 말을 잃고 말았습니다. 그들은 예수님을 죽이고 싶었
습니다.

바리새인들이 나가서 어떻게 하여 예수를 죽일까 의논하거늘(마 12:14).

이 시점에서부터 그들은 처음으로 예수님을 죽일 생각을 하게
됩니다.

겸손히 사역에 집중하신 예수님

> 예수께서 아시고 거기를 떠나가시니 많은 사람이 따르는지라 예수께서 그들의 병을 다 고치시고(마 12:15).

예수님은 사람들의 마음을 다 알고 떠나셨습니다. 이 장면에서 예수님이 약간 이율배반적인 행동을 하신 것처럼 보입니다. 사람을 두려워하지 않아서 반대를 무릅쓰고 병을 고쳐 주신 예수님이 사람들이 몰려오자 그 자리를 떠나셨기 때문입니다. 그러나 예수님의 태도는 이율배반적인 것이 아닙니다.

> 자기를 나타내지 말라 경고하셨으니(마 12:16).

왜 예수님은 이런 행동을 하셨을까요? 예수님은 사람이 두렵고 박해가 두려워서 그러신 것이 아닙니다. 예수님이 이렇게 하신 한 가지 이유는 겸손하셨기 때문입니다. 또 한 가지 이유는 자기 때가 아직 이르지 않았으므로 지금 유명해지면 하나님의 일에 방해가 되는 까닭입니다. 즉 예수님이 어느 정도 일하시고 난 다음에 박해받는 것은 괜찮지만 지금 공격을 받으면 하나님의 일이 지장받을 수 있다고 생각하신 것입니다.

사람이 유명해지면 잘못된 세력이 들어오기 시작합니다. 돈만 조금 있어도, 권력만 조금 있어도 불순한 세력이 그 주위에 모입니다. 진정 하나님의 일을 하기 위해서는 숨어야 합니다. 유명해지면 주의 일을 감당하기가 더 어려워집니다. 오히려 사람들의 시선과 눈을 의식하게 되기 때문입니다. 예수님도 마찬가지였습니다. 예수님은 기적을 베풀고 놀라운 복음을 전하셨습니다. 그러나 잘못하면 유명세로 예수님의 사역이 도중에 방해받게 되는 요소가 생길 수도 있었습니다. 동시에 예수님을 미워하는 반대 세력을 끌어들이게도 됩니다. 그래서 예수님은 가능하면 조용히 겸손하게 자신의 사역을 감당하고자 하신 것을 볼 수 있습니다. 예수님은 소수의 제자들, 그리고 어린아이같이 진실하고 깨끗한 영혼을 위해서 천국 복음을 전하며 제자 양육을 하셨습니다. 이것이 어느 정도 이루어졌을 때, 예수님은 죽임을 당하시게 됩니다.

예수님이 유명해지는 것은 좋은 일이지만, 교회가 유명해지는 것은 곤란합니다. 예수님이 유명해지고 영광을 받으시는 것은 괜찮지만, 목회자나 성도들이 영광을 받는 것은 안 됩니다. 가능하면 우리는 숨어야 합니다. 그리고 실제적으로 복음을 증거하고 신실하게 주님의 제자들을 양육하는 일에 전심전력해야 합니다.

우리는 스스로 변화받으면서 하나님이 원하시는 순결하고 아름다운 산 제사를 드릴 수 있는 그리스도의 몸으로 공존해야 합니다. 때가 되면 하나님이 우리를 통해 역사하실 것입니다.

35

목표를
하나님의 기쁨으로 정하라

마태복음 12:17-21

우리는 예수님이 병을 다 고쳐 주신 후 자기를 나타내지 말라고 경고하신 것을 보았습니다. 이것은 첫째로 예수님의 겸손 때문이었고, 둘째로 예수님이 유명해지는 것을 거부하셨기 때문입니다. 유명해지면 불순한 사람들이 찾아들게 되고, 또 사역을 마치기 전까지는 자신을 드러내지 않으려 하셨으므로 나타내지 말라고 하신 것입니다.

그러나 그보다도 더 중요한 이유가 본문 말씀에 나옵니다. 17절과 21절을 연결해 보면 "이는 선지자 이사야를 통하여 말씀하신 바를 이루려 하심이니라"는 말씀이 됩니다. 예수님이 자신을 숨기신 결정적인 이유가 이사야의 예언을 이루려 함이었음을 분명히 알 수 있습니다. 이사야가 예언한 말씀이 예수님의 사역의 모습과 태도에서 성취되었는데, 그러면 메시아의 모습과 태도는 어떤 것입니까? 바로 18-21절 사이에 기록된 모습이 구약에서 예언한 진정한 메시아의 모습입니다.

"보라 내가 택한 종 곧 내 마음에 기뻐하는 바 내가 사랑하는 자로다 내가 내 영을 그에게 줄 터이니 그가 심판을 이방에 알게 하리라 그는 다투지도 아니하며 들레지도 아니하리니 아무도 길에서 그 소리를 듣지 못하리라 상한 갈대를 꺾지 아니하며 꺼져가는 심지를 끄지 아니하기를 심판하여 이길 때까지 하리니 또한 이방들이 그의 이름을 바라리라 함을 이루려 하심이니라."

이 내용은 이사야 42장 1-4절에 나오는 말씀입니다. 그 말씀이 그대로 예수님에게 적용되고 있습니다. 구약의 말씀이 실제로 예수님에게서 성취된 것을 보게 됩니다. 이사야가 예언한 메시아의 특징은 다음 세 가지로 나타납니다.

하나님이 택하신 종

첫 번째, 하나님이 택하신 종이요, 하나님이 기뻐하시고, 사랑하시는 종이어야 합니다. 여기서 '종'은 독특한 의미가 있는 단어입니다. 이 종은 하인이나 노예의 개념이 아니고, 신뢰받고 총애받는 아들이라는 뜻입니다. 그래서 구약에서는 하나님이 이스라엘을 '나의 종'이라고 부르셨습니다. 하나님이 특별히 사랑하고 신뢰하시는 종, 그 종은 아들이며, 바로 메시아가 됩니다. 빌립보서 2장 6-7절에서 "그는 근본 하나님의 본체시나 하나님과 동등됨을 취할 것으로 여기지 아니하시고 오히려 자기를 비워 종의 형체를 가지사 사람들과 같이 되셨고"라고 종의 모습을 설명합니다.

이 종에는 두 가지 모습이 있습니다. 그것은 하나님의 택함을 받아야 하고 하나님의 마음에 꼭 드는 존재여야 한다는 것입니다. 진정한 사랑에는 이 두 가지 관계가 반드시 필요합니다. 수많은 사람

중에서 선택하지 않으면 사랑은 존재하지 않습니다. 수많은 여자 중에서 한 여자를 택하는 것입니다. 그것이 사랑입니다. 한 여자를 택하는 것은 모든 여자에 대해서 자유하다는 것을 의미합니다. 이 여자도 택하고 저 여자도 택하면 그것은 사랑이 아닙니다. 마찬가지로 이 하나님도 택하고 저 하나님도 택하는 것은 사랑이 아닙니다. 진정한 사랑은 선택에 의해서 이루어집니다. 선택이 없는 것은 사랑도 아니며 선택이 없는 것은 축복도 아닙니다. 우리는 선택받은 하나님의 백성입니다. 그래서 참으로 축복받은 자입니다.

에베소서 1장 3-4절에 "하나님 곧 우리 주 예수 그리스도의 아버지께서 그리스도 안에서 하늘에 속한 모든 신령한 복을 우리에게 주시되 곧 창세 전에 그리스도 안에서 우리를 택하사 우리로 사랑 안에서 그 앞에 거룩하고 흠이 없게 하시려고 그 기쁘신 뜻대로 우리를 예정하사"라고 했습니다. 이것이 하나님의 사랑입니다. 하나님은 우리를 택해 주셨습니다. 자격도 없는 우리를 조건 없이 하나님의 사랑으로 택해 주셨습니다. 예수님은 하나님이 택하신 종이었습니다.

메시아는 또한 하나님이 기뻐하시고 사랑하시는 종이어야 합니다. 이것은 마태복음 3장 17절에서 이미 증거된 것입니다. 예수님이 세례 요한에게 세례를 받으시고 물에서 올라오실 때 하늘이 열리고 하나님의 성령이 비둘기같이 내려 예수님에게 임하며 하늘에서 음성이 들려왔습니다.

"이는 내 사랑하는 아들이요 내 기뻐하는 자라."

이 말은 바로 우리가 우리 자녀에게 써야 하는 말입니다. 비록 자신의 아들이 살인했어도 부모의 사랑은 변하지 않습니다. 세상 사람이 내 아들에게 손가락질하고 저주를 퍼부어도 부모는 그럴 수가 없습니다. 그것이 부모의 사랑입니다. 하나님은 그런 부모의 사랑으로 예수님을 사랑하셨습니다. 마태복음 17장에서는 예수님이 제자들과 함께 산에 올라가셨을 때 모세와 엘리야가 나타나서 예수님과 대화를 시작했습니다. 성경에는 홀연히 빛난 구름이 그들을 덮으면서 구름 속에서 "이는 내 사랑하는 아들이요 내 기뻐하는 자니"라는 소리가 났다고 기록되어 있습니다.

예수 그리스도는 하나님이 택하신 종이요 하나님이 가장 사랑하시고 기뻐하시는 종입니다. 그 사랑하고 기뻐하는 아들인 예수 그리스도를 십자가에 못 박게 하셨다는 것은 하나님 자신이 죽으셨다는 것을 의미합니다. 예수님이 죽으신 것은 하나님이 하나님 됨을 포기할 정도로 우리를 사랑하셨다는 놀라운 사랑의 깊이와 넓이를 보여 줍니다.

성령을 무한히 받으신 분

메시아의 두 번째 특징은 18절에 나타나 있습니다.

"내가 내 영을 그에게 줄 터이니."

이사야 32장 15절을 보면 "위에서부터 영을 우리에게 부어 주시리니"라고 했습니다. 참된 메시아는 성령을 무한히 받으신 분이어야 합니다. 예수님은 성령으로 잉태되신 분입니다.

예수님은 사람에게서 태어난 분이 아니라 성령으로 태어난 분입니다. 예수님이 세례 요한으로부터 세례를 받으시고 물에서 올라가실 때 하늘이 열리고 하나님의 성령이 비둘기처럼 예수님 위에 임했습니다. 예수님은 하나님의 성령을 무한하게 한량없이 받으셨습니다.

성령이 예수님에게 제한없이 부어졌다는 것은 무엇을 뜻합니까? 그것은 예수님이 메시아의 직무를 수행하는 데 필요한 모든 능력과 자격을 부여받았음을 의미합니다. 그렇기 때문에 예수님은 앉은뱅이도 고치시고, 죽은 자도 살리시고, 자연을 통제하시고, 귀신을 쫓아내는 등의 초자연적인 능력을 행하실 수 있었습니다. 이것은 모두 메시아의 직능입니다. 이것이 성령의 역사입니다. 예수님은 "믿는 자들에게는 이런 표적이 따르리니 곧 그들이 내 이름으로 귀신을 쫓아내며 새 방언을 말하며 뱀을 집어올리며 무슨 독을 마실지라도 해를 받지 아니하며 병든 사람에게 손을 얹은즉 나으리라"(막 16:17-18)고 하셨습니다. 이 말씀이 바로 메시아에게 성령을 무한하게 주었다는 의미를 내포하고 있습니다.

이사야 11장 2절에서 "여호와의 영 곧 지혜와 총명의 영이요 모략과 재능의 영이요 지식과 여호와를 경외하는 영이 강림하시리니"라고 했습니다. 우리는 모두 성령 충만을 받아야 합니다. 성령을 받으면 단순히 방언하는 것만이 아니라 지혜와 총명과 능력과 믿음을 얻습니다. 놀라운 역사를 행하게 됩니다.

교회가 부흥하는 것은 단순히 인위적으로 되는 것이 아닙니다. 성령이 부어져야만 교회가 부흥합니다. 건물이 있다고 되는 것도 아닙니다. 성령이 움직여야 되는 것입니다. 우리가 변한 것이 그냥 변한 것이 아닙니다. 성령이 오셔서 우리가 변한 것입니다. 우리가 설교를 들을 수 있는 귀가 그냥 생긴 것이 아닙니다. 성령이 들어왔기 때문에 귀가 열린 것입니다. 이성을 초월한 초자연적인 언어를 이해할 수 있는 힘이 바로 성령의 능력을 통해서 생긴 것입니다. 예수님은 성령 자체십니다. 그분은 메시아십니다.

복음을 이방에 선포하는 자

메시아의 세 번째 특징은 하나님의 복음을 이방인에게 선포하는 자라는 것입니다. 18절에 "그가 심판을 이방에 알게 하리라"고 했습니다. 여기서 '심판'이라는 단어는 우리가 흔히 쓰는 심판의 개념이 아닙니다. 이 말을 '복음'으로 바꾸면 더 이해하기 쉽습니다. 말씀, 즉 하나님의 복음을 심판이라고 표현하고 있습니다. 심판을 이방에 알게 한다는 말은 복음을 이방인에게 알게 한다는 뜻입니다.

이사야 42장에서는 '정의'라는 단어를 썼습니다. 여기서 정의라는 개념은 성경적으로 신약의 복음과 일치합니다. 메시아가 온 것은 이스라엘과 유대인의 구원을 위해서만이 아니라 이방인에게 하나님의 심판, 참된 구원의 복음을 전하기 위해서입니다. 그러므로 메시아는 유대인을 위한 메시아가 아니라 온 인류를 위한 메시아여야 합니다. 이 말씀은 사도행전 1장 8절 말씀과 연결됩니다.

"오직 성령이 너희에게 임하시면 너희가 권능을 받고 예루살렘과 온 유대와 사마리아와 땅끝까지 이르러 내 증인이 되리라."

"성령이 임하시면 내 증인이 되리라"는 말씀과 마태복음 12장 18절의 "내 영을 그에게 줄 터이니 그가 심판을 이방에 알게 하리라"는 말씀이 연결되는 것입니다.

성령이 오시는 가장 중요한 목적, 메시아가 오신 가장 중요한 목적은 이방인에게 구원을 베푸시는 일입니다. 병을 고치고 귀신을 쫓는 것도 중요하지만 그것은 그의 능력을 표현하는 작은 일입니다. 그러므로 죽은 사람이 살아나는 것보다 더 큰 기적은 내가 예수를 믿는 것입니다. 내가 예수 믿은 것이 기적이요, 내 친구가 복음을 깨닫게 된 것이 큰 기적입니다. 메시아의 사역은 땅끝까지 하나님의 참된 정의를 실현시키며 심판의 복음을 선포하는 것입니다.

메시아는 다투지 않으신다

다음으로 메시아의 태도에 대해 살펴보겠습니다.

첫째로, 19절에서 "그는 다투지도 아니하며"라고 했습니다. 하나님이 택하신 종, 하나님이 기뻐하고 사랑하시는 종, 성령을 무한히 받으신 분, 이방인에게 복음을 땅끝까지 전하시는 메시아의 태도는 다투지 않는다는 것입니다. 메시아는 절대로 다투거나 싸우지 않으십니다.

그럼에도 불구하고 현대인들은 대담하게 투쟁과 폭력과 파괴를 찬양합니다. 그 이론이 아무리 좋아도, 그것이 민족을 살리고 통일을 이루는 이론이라 해도 투쟁의 방법은 잘못된 것입니다. 검을 쓰는 자는 검으로 망합니다. 투쟁으로 얻은 것은 결코 끝까지 가지 못합니다. 투쟁으로 민주화를 성취한 것은 결국 다 망합니다. 비성경적이기 때문입니다. 사랑으로 이룬 것만이 남습니다. 비폭력으로 이룬 것만이 남습니다. 투쟁은 일시적인 현상으로 승리할지 모릅니다. 그러나 그것은 예수님의 방법이 아닙니다. 예수님은 메시아의 사명을 성취함에 있어서 투쟁하지 않으셨습니다.

베드로전서 2장 22절 이하를 보면 "그는 죄를 범하지 아니하시고 그 입에 거짓도 없으시며 욕을 당하시되 맞대어 욕하지 아니하시고 고난을 당하시되 위협하지 아니하시고 오직 공의로 심판하시는 이에게 부탁하시며 친히 나무에 달려 그 몸으로 우리 죄를 담당하셨으니"(벧전 2:22-24)라고 예수님의 모습을 묘사하고 있습니다. 만약 예수님이 항거하셨거나 시위하셨다면 십자가를 지실 필요가 없었을 것입니다. 왜 십자가를 지셨습니까? 투쟁하지 않으셨기 때문입니다. 억울하게 죽어야만 하셨던 것입니다.

> 그는 멸시를 받아 사람들에게 버림받았으며 간고를 많이 겪었으며
> 질고를 아는 자라(사 53:3).

> 그가 곤욕을 당하여 괴로울 때에도 그의 입을 열지 아니하였음이여
> 마치 도수장으로 끌려가는 어린 양과 털 깎는 자 앞에서 잠잠한 양
> 같이 그의 입을 열지 아니하였도다(사 53:7).

요즘 세상에는 어느 정도의 정의는 있습니다. 그러나 정의를 이룰 수 있는 완성된 정의는 없습니다. 순교자가 없다는 것입니다. 분신자살자는 있으나 도살장에 끌려가면서 죽어 가는 어린양 같은 순교자는 없습니다. 이것이 문제입니다. 아무리 소리 지르고 싸워도 정의는 오지 않습니다. 왜냐하면 정의가 오는 방법은 투쟁이 아니기 때문입니다.

메시아의 특징은 투쟁하지 않는 데 있습니다. 그러면 제도적인 폭력에 대해서는 어떻게 해야 합니까? 정부가 자행하는 고문에 대해서는 어떻게 해야 합니까? 우리는 수많은 질문을 던지게 됩니다. 그 대답은 십자가입니다. 십자가가 없다면 우리에게는 구원도 없습니다. 그렇다면 묵묵히 십자가를 지면 악이 무성해질 것이 아닌가 생각하게 됩니다. 하지만 그것은 수동적인 방관이 아닙니다.

그리스도가 가는 곳마다 역사는 변했습니다. 그것이 신비입니다. 폭력을 쓰지 않았으나 그가 가는 곳마다 세상이 변했습니다. 그것이 바로 메시아의 비밀입니다.

메시아는 소리 지르지 않으신다

둘째로, 메시아의 태도는 "들레지 않는다"는 것입니다. 이 말은 소리 지르지 않는다는 뜻입니다. 메시아의 태도는 겸손과 온유와 자기 부정이었습니다. 그는 한 번도 소리 지르지 않으셨습니다. 빌라도의 불의한 재판에서도, 사형 선고를 받을 때도 예수님은 조용히 침묵하고 그 불의한 재판을 그대로 받아들이셨습니다.

요즘은 누구나 자기 선전, 자기 과장, 자기 주장을 외쳐 댑니다. 재판 과정에서 사람들은 소리를 지르고 난동을 부립니다. 법이 잘못되었다며 모든 것을 근본적으로 부정하고 악을 씁니다. 예수님과 너무나 대조적입니다. 그리스도인이라면 조용히 당하고 십자가를 짐으로써 의를 이루어야 할 것입니다.

아무도 길에서 그 소리를 듣지 못하리라(마 12:19).

예수님의 소리는 듣지 못한다고 했습니다. 메시아는 자기 주장을 하거나 투쟁하거나 인기 작전을 쓰거나 선전과 과장의 방법을 쓰지 않는다고 했습니다. 그러나 요즘 우리 사회에는 과격한 투쟁의 소리가 많이 들립니다. 텔레비전을 보십시오. 상품을 팔기 위해서 얼마나 많이 선전합니까? 교회도 이런 선전과 자기 과시의 방법을 쓰는 데 문제가 있습니다. 교회가 메시아적 방법을 쓰지 않고 세속적인 방법을 쓰는 것이 오늘날 교회의 비극입니다. 심지어 전도할 때도 이러한 방법을 쓰고 있다는 것은 참으로 슬픈 현실입니다.

메시아는 긍휼과 자비를 베푸신다

셋째로, 메시아의 참된 방법은 긍휼과 자비입니다.

> 상한 갈대를 꺾지 아니하며 꺼져가는 심지를 끄지 아니하기를 심판
> 하여 이길 때까지 하리니 (마 12:20).

상한 갈대를 꺾지 아니하고 꺼져가는 심지를 끄지 않는 것이 예수님의 마음입니다.

'상한 갈대'란 무엇입니까? 보통 인간을 '생각하는 갈대'라고 말합니다. 그러나 실제로 인간의 본질은 생각하는 갈대가 아니라 상한 갈대입니다. 고대에는 양 떼를 이끌기 위해서 갈대로 피리를 만들어 불었습니다. 갈대로 만든 피리를 불면 양 떼가 모이고 흩어졌습니다. 그런데 그 갈대가 꺾어지면 피리를 못 만듭니다. 상한 갈

대란 피리를 만들 수 없는 갈대, 소용이 없는 갈대를 의미합니다. 아무 곳에도 쓸 수 없는 갈대, 마음에 상처를 입고 갈기갈기 찢어진 상처 난 영혼, 그래서 더 이상 꿈과 행복과 이상을 노래할 수 없는 병든 영혼, 시체처럼 죽어 버린 영혼, 이제는 마지막 숨을 헐떡거리며 죽음을 기다리는 인생, 더 이상 소망이 없는 상태를 상한 갈대와 같다고 말합니다. 그것이 바로 인간의 실존입니다.

'꺼져 가는 심지'는 무엇을 말합니까? 기름이 있을 때는 심지가 활활 탑니다. 그래서 어둠을 몰아냅니다. 그런데 기름이 떨어지면 심지가 불에 타면서 그을음이 납니다. 그래서 심지가 점점 더 꺼져 가고 나중에는 더 이상 탈 것이 없습니다. 심지가 까맣게 다 타 버리게 되면 기름을 부어도 불이 붙지 않게 됩니다. 새 심지로 바꾸어야 불이 붙을 수 있습니다. 재생할 수 없는 심지, 이것이 바로 인간의 실존입니다.

한때는 하나님을 위해서 거룩한 불을 비추어 주던 사람이 타락하여 하나님을 떠나고 이제는 마지막 심지까지 다 타 버려 더 이상 돌아갈 길이 없는 인간, 이것이 바로 꺼져 가는 심지입니다. 과거에는 화려하게 살았다 해도 병들고 늙어 죽게 되었을 때의 우리 인생은 새까만 심지 속에서 작은 불길이 깜빡깜빡하다가 훅 하고 불면 꺼져 버리는 등불과 같습니다.

이미 꺾어진 인생, 다시는 재생할 수 없는 타 버린 심지와 같은 인생을 예수님은 건져 내시고, 씻어서 새롭게 하시고, 구원하셨습니다. 예수님은 죄와 사탄과 세상에 억눌려 노예가 되어 있는 우리의 불쌍한 처지를 아시고 눈물과 피를 흘리시면서 우리를 사랑하시고 용서하시고 이해하셨습니다. 이 메시아는 남편 다섯 있는 여자를 만나 주셨고, 간음한 여자를 버리지 아니하셨으며, 창녀나 문둥병자나 귀신 들렸거나 세상에서 손가락질 받는 세리거나 모두 문제 삼지 않고 그들을 사랑하고 용서하셨습니다. 그는 가능성 없는 우리를 가능성 있게 만드시고 새롭게 변화시켜 주셨습니다.

심판하여 이길 때까지 하리니(마 12:20).

복음이 승리할 때까지 주님은 우리를 포기하지 않으십니다. 오늘 우리 그리스도인은 메시아의 모습, 메시아의 방법론을 새롭게 배워야 합니다.

36

귀신은 귀신을
쫓아내지 않는다

마태복음 12:22-29

마태복음 12장 22절 이하의 말씀은 귀신 들려 눈멀고 말 못하는 자를 고치시는 예수님의 초자연적인 능력을 보고 바리새인들이 논쟁하는 내용입니다.

병든 자를 고쳐 주신 예수님

그 때에 귀신 들려 눈 멀고 말 못하는 사람을 데리고 왔거늘 예수께 서 고쳐 주시매 그 말 못하는 사람이 말하며 보게 된지라(마 12:22).

지금 이중고에 시달리는 한 사람이 있습니다. 그는 눈이 먼데다 말 못 하는 벙어리입니다. 이 사람은 얼마나 고통스럽겠습니까? 보지 못하고 말하지 못한다는 것은 인간 관계에서는 의사 전달의 완전한 벽을 의미합니다. 보지 못한다면 말이라도 할 수 있어야 하고, 또 말을 못한다면 볼 수는 있어야 하는 것 아니겠습니까? 그러나 이 두 가지를 다 못하기 때문에 이 사람은 사랑하는 사람들 사이에 살면서도 무인도에 사는 사람처럼 고독과 소외감 속에서 지낼 수 밖에 없습니다.

세상에서 가장 무서운 병은 암이 아닙니다. 고독과 소외감입니다. 혼자 있다는 것, 대화가 단절되었다는 것, 철저한 고독 속에 버려졌다는 것처럼 무서운 것이 없습니다. 우리 주위에도 엎친 데 덮친 격으로 고난에 고난을 더하는 사람들이 많습니다. 가난한 것도 억울한데 못 고칠 병까지 걸렸을 때는 정말 절망감에 빠지게 됩니다. 이중고, 삼중고에 시달리는 사람들은 앞을 봐도 절벽이요 뒤를 봐도 절벽입니다. 그렇게 사면초가에 빠진 사람들이 우리 주변에는 많습니다. 발을 움직이면 움직일수록, 헤어나려고 허둥거리면 허둥거릴수록 더욱더 깊은 늪에 빠지고 마는 이들이 있습니다.

그런데 성경을 보면 이 사람이 보지 못하고 말하지 못하게 된 동기가 귀신 들렸기 때문이라고 말합니다. 하나님을 믿지 않는 의사는 귀신에 억압되어 생긴 병에 대해서는 잘 모르고 또 인정하기도 어려울 것입니다. 그러나 실제로 이런 일들이 일어납니다. 병균이나 외상으로 생긴 질병은 약으로 치료할 수 있습니다. 그러나 사탄에 억압되어서 생긴 병은 예수의 이름으로 귀신을 쫓아야만 나을 수 있습니다. 예수님은 이 사람을 보고 즉시 병을 아셨습니다. 사실 성령 충만한 의사는 두 가지를 모두 다스릴 줄 알아야 합니다. 약으로도 고칠 줄 알아야 하고, 기도로도 도울 수 있어야 합니다. 그런 의사가 참으로 좋은 의사입니다.

예수님은 이 사람을 보고 즉시 고쳐 주셨습니다. 이 사람은 눈을 뜨고 보게 되었고, 입을 열어 말하게 되었습니다. 그 장면을 목격한 많은 사람이 깜짝 놀랐습니다.

무리가 다 놀라(마 12:23).

여기서 '놀라다'라는 말의 원뜻은 '정신이 나갔다'는 뜻입니다. 그러니까 이 사람들은 그 장면을 목격하고 정신이 나갈 정도로 충격을 받은 것입니다.

그리고 그들은 감탄했습니다.

"이는 다윗의 자손이 아니냐."

이 감탄은 자기도 모르는 사이에 튀어나온 것입니다. 왜냐하면 그들은 오랜 세월 동안 이 땅에 메시아가 와서 자기들을 구원해 주기를 기다리고 있었던 까닭입니다. 그 메시아는 다윗의 자손에서 나타날 메시아였습니다. 구약의 예언자들이 말한 대로 모든 질곡과 병과 고통에서 해방시켜 줄 참된 메시아였습니다.

장님이 눈을 뜨며, 앉은뱅이가 일어나며, 저는 자가 걸으며, 황무지가 변하여 낙원으로 변하는 환상이 있었습니다. 그래서 예수님이 한 사람의 눈을 뜨게 하고 입을 열게 하는 사건을 보자마자 이구동성으로 "이 사람이 다윗의 자손이 아니냐"고 외친 것입니다.

기적을 받아들이지 않는 불신앙

그런데 이러한 사실을 같이 목격하던 바리새인들이 있었습니다. 이들은 예수님의 초자연적인 기적과 사람들의 충격적인 반응을 보고 그대로 수용하기가 어려웠습니다. 눈앞에서 기적이 일어난 것을 보고도 그 기적을 받아들이고 싶지 않았습니다. 그래서 억지 해석을 하기 시작합니다.

> 바리새인들은 듣고 이르되 이가 귀신의 왕 바알세불을 힘입지 않고 는 귀신을 쫓아내지 못하느니라 하거늘(마 12:24).

여기서 우리는 바리새인들의 두 가지 태도를 엿볼 수 있습니다. 첫째, 그들은 예수님의 초자연적인 능력이 하나님에게서 온 것이라고 믿고 싶지 않았습니다. 기적이 분명히 있었다는 사실은 부인할 수 없으나 그 기적이 하나님에게서 온 것이라고 인정하기는 싫었던 것입니다. 왜냐하면 만일 예수님의 초자연적인 능력이 하나님에게서 온 것이라 인정한다면 예수님의 주장대로 그가 하나님임을 인정하는 것이 되기 때문입니다. 예수님이 하나님이라고 인정하면 사람들이 감동하여 말하는 것처럼 그가 메시아라는 증거가 되기 때문에 그들은 받아들일 수가 없었습니다. 기적이 일어난 것은 사실입니다. 그러나 그것을 인정할 수 없는 것이 불신앙입니다. 이런 불신앙을 안고 있는 사람들이 우리 주위에는 많습니다.

그들은 사실을 인정하면서도 인정하고 싶지 않아 합니다.

어떤 사람이 예수님을 믿기 전에는 여러 가지 문제가 많은 망나니였습니다. 그 사람이 어느 날 예수님을 믿게 되었습니다. 교회에 나가면서 생활이 변하기 시작했습니다. 그런데 그 변화를 인정하고 싶지 않았습니다. 자신의 과거를 자꾸 연상하며 위선이라고 생각합니다. 그러나 그 사람은 틀림없이 변했습니다. 사람은 누구나 과거의 허물이 있을 수 있습니다. 그런데 그것은 중요하지 않습니다. 중요한 사실은 그 사람이 변했다는 사실입니다. 하지만 사람들은 자신의 과거 때문에 현실을 인정하려 하지 않습니다.

어떤 사람은 예수를 정말 믿고 싶어 하면서도 자존심 때문에 예수를 못 믿습니다. 전통과 관습 때문에 고백하지 못하는 이도 있습니다. 어떤 사람을 전도해 보면 말끝마다 반박하고 화를 냅니다. 그러나 그 사람 마음속을 깊이 들여다보면 이미 복음을 받아들이고 있음을 알게 됩니다.

이것이 인간입니다. 속에서는 받아들이고 겉으로는 거부합니다. 바리새인들은 예수님이 기적을 일으키신 것이 하나님의 능력인 것을 알면서도 인정하지 않았습니다. 이것을 인정하기 싫은 만큼 갈등과 고민은 계속됩니다. 그러니 인정할 것은 빨리 인정해야 합니다. 하나님이 살아 계신 것을 믿으면 입으로 시인해야 합니다. 궁극적으로 표현해야 합니다.

둘째, 바리새인들은 예수님의 초자연적인 기적을 인정할 수 없었기 때문에 엉뚱한 변명을 합니다. 사람은 무슨 일을 하든지 이론이 있습니다. 도둑질을 해도 이론이 있고 이유가 있습니다. 독재자는 독재자대로 어떤 이론을 만듭니다. 바리새인들은 엉뚱하게도 예수님이 기적을 베푸신 것은 귀신의 왕인 바알세불의 조종을 받은 것이라고 말합니다. 인간의 불신앙이 하나님의 능력과 기적을 사탄의 교묘한 술수로 바꾸어 버린 것입니다. 불신앙을 가진 사람은 좋은 것을 보지 않고 언제나 부정적인 것을 봅니다.

예수님의 능력에 대한 반증

예수님은 그들의 마음을 다 아셨습니다. 그리고 예수님의 능력이 귀신에 의해 나타난 것이 아니라는 명확한 반증을 세 가지로 들고 계십니다.

첫 번째 반증이 25-26절에 나타납니다.

"예수께서 그들의 생각을 아시고 이르시되 스스로 분쟁하는 나라마다 황폐하여질 것이요 스스로 분쟁하는 동네나 집마다 서지 못하리라 만일 사탄이 사탄을 쫓아내면 스스로 분쟁하는 것이니 그리하고야 어떻게 그의 나라가 서겠느냐."

여기서 만일 예수님이 행하신 기적이 바리새인들의 주장과 같이 사탄의 힘을 빌려서 사탄을 내쫓은 것이라면 사탄이 스스로 분쟁하고 싸우는 것이 된다는 것입니다. 이것은 논리적으로 맞지 않습니다. 귀신의 이름으로 귀신을 쫓아낸다는 것이 말이 안 된다는 것입니다.

두 번째는 27절 말씀입니다.

"또 내가 바알세불을 힘입어 귀신을 쫓아내면 너희의 아들들은 누구를 힘입어 쫓아내느냐 그러므로 그들이 너희의 재판관이 되리라."

유대인 가운데 하나님의 성령의 힘을 입어서 귀신을 쫓아낸 사람들이 있었습니다. 예수님의 말씀은 "그들이 귀신의 이름으로 귀신을 쫓아낸 것이 아니지 않느냐? 그들이 하나님의 성령의 힘으로 귀신을 쫓아낸 것을 너희가 인정한다면 내가 귀신을 쫓아내는 것도 성령의 힘을 받은 것이라고 인정해야 하지 않느냐?"라는 뜻입니다. 그러므로 "사람들이 네가 말한 것의 재판관이 될 것이라"고 두 번째 반증을 주셨습니다.

이렇게 두 가지 논증을 하신 예수님은 아주 중요한 결론을 내리십니다.

그러나 내가 하나님의 성령을 힘입어 귀신을 쫓아내는 것이면 하나님의 나라가 이미 너희에게 임하였느니라(마 12:28).

귀신을 쫓아낸 것은 분명히 성령을 힘입어 한 것이요, 하나님의 성령을 힘입어 쫓아낸 것이라면 이미 하나님의 나라가 임하였다고 말씀하십니다. 여기서 우리는 중요한 두 가지 사실을 배우게 됩니다. 귀신은 하나님의 성령의 힘으로만 쫓아낼 수 있다는 것과 귀신이 쫓겨나야만 하나님의 나라가 임한다는 사실입니다.

성령의 힘으로

앞의 사실을 좀 더 깊이 생각해 보겠습니다. 현대인의 비극 가운데 하나는 사탄의 존재를 부인하는 것입니다. 하나님이 계시다면, 당연히 마귀도 있습니다. 이것을 잊어서는 안 됩니다. 성경을 보면 창세기 때부터 사탄이 나타나서 요한계시록까지 사탄의 역사가 일어납니다. 분명한 사실은 사탄은 존재한다는 것입니다. 그리고 눈에 보이지 않는 사탄이 부리는 악하고 더러운 영들이 있다는 사실을 현실적으로 인정해야 합니다.

현대인은 사탄의 존재를 부인함으로써 사탄이 행하는 모든 역사를 그대로 받아들이는 어리석음을 범하고 있습니다. 이 더러운 악령들은 끊임없이 많은 사람의 영혼을 타락시킬 뿐 아니라 지옥으로 끌고 갑니다. 택한 자라 할지라도 우는 사자와 같이 집어삼키려는 것이 사탄입니다. 사탄의 제일 전략은 자기 존재를 숨기는 것입니다. 사람들은 "사탄은 없다. 사탄은 하나의 심리학이다. 그것은 인간의 본능이다"라고 설명해 버립니다. 그러나 이 악령은 현실적으로 존재합니다. 사탄의 악령은 우리에게 질병을 주기도 하고, 우리를 절망과 실패의 구렁텅이에 집어넣기도 합니다.

그렇다면 이러한 악령을 어떻게 내쫓을 수 있을까요? 우리는 자신이 원하지 않는 일을 하게 되는 경우를 경험합니다. 싸우고 싶지 않은데 악한 마음과 분노가 생깁니다. 술 먹고 싶지 않은데 자꾸 술을 먹게 됩니다. 담배 피고 싶지 않은데 담배꽁초를 따라다닙니다. '안 해야 하는데…' 하면서도 더러운 생각이 끈적끈적하게 달라붙어서 끊임없이 괴롭힘을 당합니다. 이는 우리 안에 더러운 세력이 있다는 것을 의미합니다. 사람들은 우리 안의 더러운 영을 인정하지 않고 거부합니다. 그러나 실제로 그런 것들이 있습니다.

이 더러운 악령은 다른 방법으로 나가지 않습니다. 단 한 가지 방법, 성령이 임하셔야 합니다. 마치 빛이 임하면 어둠이 물러가는 것과 같습니다. 성령이 강하게 역사하면 모든 악한 영들은 넘어지며 떠납니다. 성경을 보면 예수님이 가시는 곳마다 예수님이 말씀하시기도 전에 귀신들이 벌벌 떨며 소리 지르고 떠났습니다. 왜냐하면 예수님은 생명이요 빛이시기 때문입니다. 예수님이 서자마자 더러운 귀신들은 통곡하며 떠납니다. 귀신이 떠날 때 귀신이 가지고 왔던 모든 질병, 불안, 불쾌감, 거짓말, 분노, 미움, 실패, 절망, 열등감들이 순식간에 사라지게 됩니다.

내 안에 뗄 수 없는 어떤 악한 영이 나를 지배하고 있다고 생각합니까? 밤마다 무섭고 두렵습니까? 마음속에 음란한 생각이 자꾸 피어오릅니까? 더러운 탐욕이, 무서운 시기심이, 분노가, 질투가 자신을 사로잡고 있습니까? 그것은 우리 안에 더러운 세력이 있기 때문입니다. 더러운 악령이 우리를 지배하고 있는 것입니다. 예수님을 좀 더 잘 믿고 싶은데, 기도하고 싶은데, 전도하고 싶은데 그것들이 잘 안 될 때, 사랑하고 싶은데 사랑할 능력이 없을 때 끈적끈적한 더러운 악령이 우리를 조종하고 있음을 깨달아야 합니다. 이런 때에는 끊임없이 비판하고 끊임없이 열등감에 빠집니다. 자기를 미워하고, 인간 관계를 미워합니다. 자기의 상황과 존재를 거부합니다. 이것은 악한 영이 우리를 밀어붙이고 있기 때문입니다.

그렇다면 어떻게 악한 영에서 벗어날 수 있을까요? 한 가지 방법밖에 없습니다. 하나님의 성령이 임하시면 더러운 귀신이 떠납니다. 우리는 과연 성령 충만합니까? 예수님을 믿는 사람에게는 성령이 있습니다. 성령 없는 사람은 한 사람도 없습니다. 그러나 성령이 있다 할지라도 그 성령님이 우리 안에서 지배하며 움직이고 우리를 통제하고 충만하게 역사하지 않는다면 우리는 마귀에게 순간순간 당하게 될 것입니다.

성령이 있지만, 모든 사람이 성령 충만한 것은 아닙니다. 예수님은 분명히 하나님의 성령이 임하시면 귀신이 떠난다고 말씀하셨습니다. 귀신이 떠나면 하나님의 나라가 임합니다.

예컨대 물이 있습니다. 물 자체는 아무런 힘도 없습니다. 그러나 그 물에 열을 가해서 펄펄 끓게 되면 그 물은 엄청난 힘을 나타내기 시작합니다. 우리 안에 성령님이 계십니다. 그러나 그 성령님이 차고 넘치게 활동하고 역사하시면 상상할 수 없는 기적과 능력이 성령님을 통해 나타나게 됩니다.

어둠이 물러갈 때 임하는 하나님의 나라

주기도문에 "하나님의 나라가 임하옵시며"라는 구절이 있습니다. 진정한 하나님의 나라, 즉 천국은 어디서부터 시작됩니까? 예수 믿고 나서 죽으면 천국 가는 것이 아니라 현재 내 영혼에서 귀신이 떠나면 하나님의 나라가 임하기 시작합니다. 그래서 천국의 주인이신 예수 그리스도가 나의 삶을 지배하게 될 때 하나님의 나라를 경험하게 됩니다. 육체적으로는 모든 질병이 떠나고 새 힘과 새 능력으로 가득 차게 되며 동시에 우리의 영혼은 성령으로 기뻐 뛰며 새 믿음과 새 소망을 갖게 됩니다.

또한 모든 어두운 세력들이 물러가게 될 때 내 마음속에 천국이 임합니다.

"초막이나 궁궐이나 내 주 예수 모신 곳이 그 어디나 하늘나라"(새찬송가 438장)라는 찬양을 하게 됩니다. 우리 마음속에서 승리하신 예수 그리스도가 주님이요 왕으로 통치하실 때 우리는 진정한 하나님의 나라를 경험하게 될 것입니다.

이제 예수님은 귀신을 쫓아내서 병을 고친 것이 귀신의 능력이 아니라고 세 번째 반증하십니다.

> 사람이 먼저 강한 자를 결박하지 않고서야 어떻게 그 강한 자의 집
> 에 들어가 그 세간을 강탈하겠느냐 결박한 후에야 그 집을 강탈하
> 리라(마 12:29).

여기서 예수님의 반증은 예수님이 강한 사탄의 세력을 꺾으셨
다는 것입니다. 예수님은 사망 권세를 무너뜨리셨습니다. 예수님
은 사탄을 이기시고 정복하셨기 때문에 사탄의 잔존 세력을 죽이
실 수가 있었습니다. 이것이 바로 예수님이 귀신을 쫓아내실 수 있
었던 이유입니다. 예수님은 사탄을 묶고 제어할 뿐 아니라 모든 악
하고 어두운 세력을 몰아내셨습니다. 여기에 진정한 하나님의 나
라가 임합니다.

우리 속에 있는 더럽고 악한 세력들을 추방하기 원합니까? 그렇
다면 예수님의 능력을 믿고 예수님을 영접해야 합니다. 예수님은
사탄을 이기신 분입니다. 그리고 예수님이 가는 곳마다 마귀는 통
곡하며 떠나게 됩니다. 장님이 눈을 뜨고, 말 못 하는 자가 말을 하
게 되고, 저는 자가 걷게 됩니다. 이 능력이 우리 안에 있기를 바랍
니다.

37

영적 중립을 거부하라

마태복음 12:30-37

사람들을 보면 하나님이 택하신 사람이 있고 택하시지 않은 사람이 있는 것 같습니다. 아무리 두드려 보아도 전혀 반응이 없는 사람이 있습니다. 특별히 전도해 보면 그런 것을 느끼게 됩니다. 어떤 사람은 겉보기에는 굉장히 강퍅해 보여도 두드리면 열리는 사람이 있습니다. 선택이란 우리가 알 수 없는 하나님의 신비입니다. 누구를 택하고 누구를 택하지 않는지는 우리가 다 알 수가 없습니다.

그런데 "나는 택함을 받았는가? 혹시 하나님이 나를 버리시지 않았는가?"라고 생각할 수 있는 사람은 분명히 하나님이 택하신 사람입니다. 교회에 오면서도 계속 갈등하고 고민하는 사람이 있습니다. 하나님이 믿어지지도 않고 안 믿어지지도 않는 상태, 결심할 수도 없고 안 할 수도 없는 상태로 계속 교회에 나옵니다. 어떤 사람은 자의가 아니라 끌려 나오는 사람도 있습니다. 교회 가고 싶지 않은데 할 수 없이, 거절할 수 없는 사람에게서 끌려온 사람은 그 상황 자체가 이미 선택받은 것입니다. '나는 하나님에게 버림받았다. 하나님이 나를 선택하시지 않았다'라고 마음에 결정한 사람도 이미 선택받은 사람입니다. 왜냐하면 그런 생각을 할 정도면 하나님의 기운이 그 사람에게 접촉된 것이기 때문입니다.

성령을 악령으로 해석한 사람들

그런데 성령의 역사가 눈에 보이고 귀에 들리고 손으로 만져지는 상황인데도 전혀 믿지 않는 사람이 있습니다. 예수님이 귀신 들려 눈멀고 말 못 하는 자를 고쳐 주셨을 때, 똑같은 사건을 놓고 한 무리의 사람은 성령의 사건이라 하고, 다른 한 무리의 사람은 바알세불의 힘을 빌은 마귀의 장난이라고 해석했습니다. 왜 바리새인들은 하나님의 성령 사건을 놓고 악령의 사건으로 해석하게 되었을까요? 이것이 우리가 생각해야 할 말씀의 열쇠입니다.

바리새인들뿐만이 아닙니다. 예수님 이래로 기독교 역사상 이런 사람이 많았습니다. 로마의 네로 황제가 초대 기독교인들을 처참하게 처형했습니다. 중세 로마 가톨릭이 종교 개혁을 무참하게 짓밟아 버렸습니다. 근세 공산주의자들이 이데올로기 혁명을 하면서 교회를 파괴하고 수많은 종교 지도자들을 죽였습니다. 김일성은 1,200여 명의 목사를 죽였습니다. 왜 그렇게 하였습니까? 분명히 그들은 하나님의 사람이고 성령의 사람들인데, 그 사람들의 눈에는 찢어 죽여야 할 만큼 나쁜 사람으로 비친 것입니다. 작게는 우리 가정과 사회에서도 이런 사건을 얼마든지 목격할 수 있습니다.

지나칠 정도로 예수님을 잘 믿는 사람이 있습니다. 또 성령 충만한 교회가 있습니다. 그런데 이상하게도 그런 사람, 그런 교회를 감정적으로 비판하고 정죄하고 박해하는 사람이 꼭 존재합니다. 다른 예를 들 것도 없이, 예수님이 그러한 삶을 사셨습니다. 아무리 성경을 찾아보아도 예수님이 조금이라도 나쁜 일을 하신 적이 없습니다. 나쁜 말을 하신 적도 없습니다. 그런데 그분을 무참하게 십자가에 못 박아 죽였던 것이 인간의 마음이었습니다.

영적 전쟁에는 중립이 없다

예수님은 성령의 역사를 사탄의 역사라고 우기는 사람들의 마음을 아셨습니다. 그래서 논리적으로 차근차근 이들의 생각을 반증하셨습니다. 그러고 나서 아주 중요한 말씀을 하셨습니다.

> 나와 함께 아니하는 자는 나를 반대하는 자요 나와 함께 모으지 아니하는 자는 헤치는 자니라(마 12:30).

이 말씀은 부드러운 말씀 같으나 사실은 아주 무서운 말씀입니다. 예수님은 다른 일에 대해서는 굉장히 부드러우십니다. 그러나 마귀에 대해서는 단호하십니다. 조금도 여유를 두지 않고 분명하게 입장을 선포하십니다. 이 말씀의 뜻은 영적전쟁에 있어서 중립적인 태도는 있을 수 없다는 것입니다. 이런 것 같기도 하고 저런 것 같기도 한 것은 안 된다는 뜻입니다.

누가복음 9장 49-50절에 보면 예수님의 제자가 아닌 어떤 사람들이 예수님의 이름으로 귀신을 쫓았을 때 제자들은 그들이 귀신

쫓는 것을 금했습니다. 이때 예수님은 "너희를 반대하지 않는 자는 너희를 위하는 자니라"는 말씀을 주십니다. 사소한 의견 대립에 대해서는 너그럽고 폭넓게 이해하셨습니다. 비록 예수님과 동행하면서 제자의 길을 가지 않는다 할지라도 예수님의 이름으로 귀신 쫓는 것은 괜찮다고 하셨습니다.

"우리 교회 오지 않으면 구원 못 받는다. 우리 교회에서 성경공부하지 않으면 은혜 받지 못한다"는 것은 예수님의 생각과는 아주 다릅니다. 꼭 우리처럼 하지 않더라도 그 사람은 나름대로 은혜를 받을 수 있습니다. 성경 중심으로 가고 예수님 중심으로 가면 교파가 달라도 괜찮습니다.

그러나 예수님은 사탄과의 싸움에 있어서는 엄격한 입장을 취하셨습니다. 이것은 마치 열왕기상 18장에 나타나는 하나님과 바알의 싸움과 같습니다. 엘리야가 "여호와가 만일 하나님이면 그를 따르고 바알이 만일 하나님이면 그를 따를지니라"고 했습니다. 이것은 절대 혼돈할 수 없는 것입니다. 고린도후서 6장 15절에서는 "그리스도와 벨리알이 어찌 조화되며"라고 했습니다. 교파가 다른 것은 문제가 되지 않습니다. 예컨대 문선명이나 구원파, 극단적인 것, 성경에서 벗어난 것 외에는 감리교, 침례교, 순복음, 성결교, 장로교 등은 괜찮습니다. 내 조직이냐, 네 조직이냐는 중요하지 않습니다. 예수님 중심, 하나님 중심으로 가면 우리는 다 같은 형제자매입니다. 그러나 마귀의 역사는 다릅니다.

예수님은 "나와 함께 아니하는 자와 나와 함께 모으지 아니하는 자는 다 사탄이거나 사탄의 하수인과 같은 것"이라고 하셨습니다. 여기에 두 종류의 사람이 나타나는 것을 봅니다. 나와 함께하는 사람, 나와 함께 모으는 사람이 있습니다. 반대로 나와 함께하지 않는 사람, 헤치는 사람이 있습니다. 분열을 막으려고 애를 쓰는 사람이 있는 반면에 어느 모임이든지 항상 흩어지게 하는 사람, 훼방하는 사람이 있습니다.

영적 세계에 있어서는 우유부단한 태도가 있을 수 없습니다. 분명한 입장이 있어야 합니다. "너는 나와 함께 모으는 자냐, 아니면 흩어지게 하는 자냐? 너의 인생이, 너의 삶의 여러 모습이 어떤 입장에 서 있느냐?" 하고 예수님이 질문하고 계십니다.

성령을 거부하면 용서받을 수 없다

그다음으로 예수님은 강도 높은 무서운 말씀을 하십니다. 이 말씀을 듣고 벌벌 떨지 않을 사람은 한 사람도 없을 것입니다. 왜냐하면 영원히 용서받을 수 없는 죄가 있다고 하셨기 때문입니다. 죄라면 무엇이든지 다 용서받는 것 아니겠습니까? 그런데 어떤 죄는 내세까지도 용서받을 수 없다고 하셨습니다. 이 말씀을 다른 사람도 아닌 예수님이 하셨기 때문에 굉장히 중요합니다.

그러므로 내가 너희에게 이르노니 사람에 대한 모든 죄와 모독은 사하심을 얻되 성령을 모독하는 것은 사하심을 얻지 못하겠고 또 누구든지 말로 인자를 거역하면 사하심을 얻되 누구든지 말로 성령을 거역하면 이 세상과 오는 세상에서도 사하심을 얻지 못하리라(마 12:31-32).

이 말씀에서 먼저 생각할 것은 모든 죄는 용서받을 수 있다는 것입니다. 이것이 복음입니다. 시편 32편 1절에서 "허물의 사함을 받고 자신의 죄가 가려진 자는 복이 있도다"라고 했습니다. 죄를 고백하지 못하고 용서받지 못할 때처럼 고통스러울 때가 없는데, 시편 기자는 이것을 "내 뼈가 쇠하였도다"라고 표현했습니다. 죄의식이 내 뼈를 녹인다는 것입니다. 몸속에 있는 모든 진액이 마치 여름 가뭄에 말라비틀어진 마름과 같이 되어 버렸다고 했습니다.

그런데 성경은 우리의 죄가 아무리 붉을지라도 흰 눈같이 깨끗하게 될 것이라고 선언합니다. "붉을지라도"라는 말은 '우리의 죄가 비록 하늘에 사무칠 정도로 크다 할지라도'라는 뜻입니다. 하늘에 사무칠 정도의 죄라 해도 하늘 위에 계신 하나님의 자비와 사랑은 그보다 더 크다는 뜻입니다.

여기서 용서받을 수 없는 죄가 하나 있습니다. 그것은 성령을 훼방하는 죄와 성령을 거역하는 죄입니다. 참으로 이해하기 어려운 부분입니다. "다 용서된다. 그러나 성령을 훼방하는 죄와 성령을 말로 거역하는 죄는 이 세상에서도, 오는 세상에서도 용서가 안 된다"고 하셨습니다. 왜 예수님이 이런 죄는 용서가 안 된다고 하셨을까요?

마가복음에서 "내가 진실로 너희에게 이르노니 사람의 모든 죄와 모든 모독하는 일은 사하심을 얻되 누구든지 성령을 모독하는 자는 영원히 사하심을 얻지 못하고 영원한 죄가 되느니라"(막 3:28-29)고 했습니다. 또한 요한 일서에서는 "사망에 이르는 죄가 있으니 이에 관하여 나는 구하라 하지 않노라 모든 불의가 죄로되 사망에 이르지 아니하는 죄도 있도다"(요일 5:16-17)라고 했습니다. 이것은 고의적으로 성령을 거스르는 죄입니다. 이는 예수님을 거스르는 것과는 또 다릅니다. 예수님을 거부하면 용서받을 수 있으나 성령을 거부하면 용서받을 수 없습니다. 왜 이것이 이처럼 큰 죄가 될까요? 그것은 예수 그리스도의 복음과 구원을 받아들이게 하는 것이 바로 성령의 역사이기 때문입니다.

우리가 여러 가지 감정이나 오해 때문에 예수님을 믿지 않을 수는 있습니다. 그러나 예수님을 부인했다고 해도 성령의 역사가 있으면 받아들일 수가 있습니다. 그런데 성령의 역사를 거부하면 예수 그리스도를 영접할 길이 없게 됩니다.

성령으로 아니하고는 누구든지 예수를 주시라 할 수 없느니라(고전 12:3).

복음이 너희에게 말로만 이른 것이 아니라 또한 능력과 성령과 큰
확신으로 된 것임이라(살전 1:5)

이것은 지식의 문제가 아닙니다. 옳고 그름의 문제도 아닙니다.
왜 예수 믿게 되었는지는 이성적으로 설명이 안 됩니다. 단지 성경
의 일점일획도 틀림이 없는 하나님의 말씀이라고 믿는 것입니다.
이것이 성령의 역사입니다.

하나님을 다 아는 사람은 없습니다. 그러나 우리는 하나님을 절
대적으로 믿습니다. 그분이 나를 창조하신 것을 믿습니다. 그분이
나를 구원하신 것을 믿습니다. 천국에 가 본 사람은 아무도 없습니
다. 그래도 우리는 천국이 있음을 믿는 것입니다. 그런데 그 믿어
지는 믿음이 보통 믿어지는 것이 아닙니다. 틀림없이, 확실히 믿어
지는 것입니다.

이것을 어떻게 설명합니까? 성령의 역사로 가능합니다. 우리가
믿음을 갖게 된 것도 성령의 역사요, 구원받게 된 것도 성령의 역
사입니다. 그런데 의도적으로, 악의에 찬 태도로 이런 성령의 역사
를 거부한다면 구원의 길은 막히게 되고 결국은 구원받을 수 있는
기회를 영원히 놓치게 됩니다.

예수님의 안타까운 경고

그렇다면 예수님은 왜 이런 말씀을 이때 하셨을까요? 그 배경을 우리는 잘 이해해야 합니다. 바리새인들이 영원히 구원받을 수 없음을 예수님이 반증하고 있는 것입니까? 아닙니다. 이것은 일종의 경고입니다. 바리새인들이 지금 영원히 저주받을 만한 상황에 들어가고 있기 때문에, 성령의 역사를 마귀의 역사라 말하는, 성령을 훼방하는 결정적인 죄로 들어가고 있기 때문에 예수님이 마지막으로 경고하신 것입니다.

혹시 우리에게도 마지막 경고를 해 주는 사람이 있을지 모릅니다. 그것을 놓치면 우리는 죽게 됩니다. 한 번 예수 그리스도를 거부하고 성령의 역사를 훼방했다고 해서 영원히 용서받을 수 없다는 말은 아닙니다. 여기서 바리새인들은 영원히 용서받을 수 없는 죄의 벼랑길, 낭떠러지에 마지막으로 걸려 있습니다. 그래서 예수님은 비통하고 안타까운 심정으로 경고하고 호소하셨습니다. 성령의 역사를 사탄의 역사로 바꾸어 비판하는 것은 과거에 예수님에 대해 시기하고 시비를 걸고 안식일에 대해서 논쟁하던 수준이 아닙니다. 그것보다 훨씬 심각한 상태로 바리새인들이 들어가고 있는 것입니다. 이렇듯 극단적인 단계에 왔기 때문에 여기서 돌이키지 않으면 마지막이 됩니다.

여기서 만약 이 말씀을 듣고 바리새인들과 서기관들이 회개한다면 그 사람들은 다 구원을 받습니다. 그런데 이미 마귀에 사로잡힌 사람들은 더 강퍅해지기만 하고 부드러워지지 않습니다.

예수님이 십자가에 달리셨을 때, 옆에 두 강도가 있었습니다. 한 편의 강도는 예수님을 저주했습니다. 그는 과거에도 악하게 살아 왔지만 마지막 죽는 순간에도 강퍅하게 "네 자신이나 구원하라. 천국이 어디 있느냐?"라며 예수님을 조롱했습니다. 이 사람은 영 원히 용서받을 수 없는 길목으로 마지막까지 간 것입니다. 그런데 다른 편의 강도는 자신이 과거에는 잘못 살아왔지만 "주여, 나를 기억하여 주시옵소서"라고 했습니다. 이 회개한 강도는 구원을 받 게 됩니다.

이 두 사람의 차이는 무엇입니까? 그들이 선한 일을 했습니까? 그들이 성경 공부를 했습니까? 아닙니다. 한 사람은 끝까지 악했 고, 다른 한 사람은 과거에는 악하게 살았지만 그 순간에 회개했습 니다. 여기서 볼 수 있듯이 성령을 거스르고 훼방하는 자는 궁극적 으로 예수 그리스도에 관해 증거하신 성령의 역사를 고의적으로 끝까지 거부하는 사람을 의미합니다.

사람이 악해지면 그 결과가 좋지 않습니다. 악은 악을 낳습니다. 강퍅함은 강퍅함을 낳습니다. 지금은 별로 심각한 상태가 아니지 만 더 나쁜 상태로 갈 가능성이 확실합니다. 이런 사람은 마지막에 죽어 가는 순간에도 예수님을 거부합니다. 십자가에서 마지막으 로 예수님을 보면서도 "예수는 나와는 상관없다"고 하는 것이 영 원히 용서받지 못하는 죄의 모습입니다. 이것이 성령을 거스르는 죄, 훼방하는 죄입니다.

마음을 고쳐야 행동이 바뀐다

예수님은 "나무도 좋고 열매도 좋다 하든지 나무도 좋지 않고 열매도 좋지 않다 하든지 하라 그 열매로 나무를 아느니라"(마 12:33)고 하셨습니다. 나쁜 나무에서 좋은 열매가 맺혔다거나 좋은 나무에서 나쁜 열매가 맺혔다고 하지 말라는 것입니다. 하나님의 성령의 거룩한 역사를 보면서 억지로 그것을 사탄의 역사라고 말하지 말라는 것입니다. 자기 자신도 이해되지 않는 이 강퍅하고 고집스러운 마음, 잘못된 줄 알면서도 굽히지 않는 마음이 늘 문제입니다. 성령의 역사가 일어났음을 보고 알았으면 솔직히 인정하고 하나님을 찬양해야 합니다. 그때 기적이 일어나고 구원을 받습니다. 그러나 말씀을 주셨음에도 불구하고 받지 못하면 영원히 구원받지 못한 상태로 가 버리게 됩니다.

독사의 자식들아 너희는 악하니 어떻게 선한 말을 할 수 있느냐 이는 마음에 가득한 것을 입으로 말함이라 선한 사람은 그 쌓은 선에서 선한 것을 내고 악한 사람은 그 쌓은 악에서 악한 것을 내느니라 (마 12:34-35).

드디어 예수님의 입에서 "독사의 자식들"이라는 말이 나왔습니다. 우리는 예수님이 이런 말씀을 하시는 데까지 이르지 않아야 합니다. 그러나 그래서는 안 되는 줄 알면서도 우리는 자꾸만 죄를 반복해서 짓습니다. 그 상황이 계속되면 어떤 결말을 맞게 될지 아무도 모릅니다. 사람은 누구든지 마음에 품은 대로 그 생각을 입으로 말하게 되어 있습니다. 어떤 사람은 죄의 생각, 미움의 생각, 복수의 생각, 음란한 생각이 있는데 겉으로는 안 그런 척합니다. 그런데 언젠가는 그 생각이 꼭 입으로 나오게 되어 있고, 행동으로 표현하게 되어 있습니다. 아무리 감추려고 해도 결국은 드러납니다.

그러므로 행동을 고치는 것이 중요한 게 아닙니다. 마음을 고쳐야 합니다. 마음에서부터 악한 생각이 없어져야 고쳐지는 것이지 겉으로 아무리 이를 악물어도, 아무리 금식해도 안 됩니다. 지금 이 순간, 우리의 마음을 근본적으로 바꾸기로 결심해야 합니다. 악한 생각이 있거든 입으로 시인하고 당장 그것을 끊도록 성령의 도움을 구해야 합니다. 그것을 끊지 않고서는 아무리 정장을 입고 화장하고 세련되게 꾸민다고 해도 소용없습니다.

지성이라는 것은 죄 앞에서 꼼짝 못 합니다. 마음에서 근본적으로 죄를 제거해야 합니다. 또 성령의 역사가 임하는데 그것을 거역하는 교만, 자존심, 인간적인 생각이 있다면 지금 이 순간 끊어 버려야 합니다. 지금 못 꺾으면 안 꺾입니다. 하나님이 택하신 사람인데 안 꺾이면 그 사람은 죽고 맙니다. 그 영혼을 구원하기 위해서, 그 육체를 죽이는 수도 있습니다. 이만큼 하나님은 이 부분에 대해서는 분명하십니다.

> 내가 너희에게 이르노니 사람이 무슨 무익한 말을 하든지 심판 날에 이에 대하여 심문을 받으리니(마 12:36).

마음에 없는 소리를 했다 하더라도 심판 날에는 문제가 됩니다. 하나님은 농담이 안 통합니다. 어떤 사람은 하나님에게 경솔하고 경박한 짓을 합니다. 하나님은 네가 무슨 무식한 말을 하더라고 심판 날에 그것을 묻겠다고 하셨습니다. 용서받은 죄는 하나님이 묻지 않으십니다. 그러나 용서받지 못한 죄는 심판 날에 물으실 것입니다.

기회를 주시는 하나님

> 네 말로 의롭다 함을 받고 네 말로 정죄함을 받으리라(마 12:37).

이제 결정은 우리의 손에 달려 있습니다. 지금 우리가 무엇을 결정하느냐에 따라 의롭다 함을 받을 수도 있고 정죄를 받을 수도 있습니다. 지금 우리는 "주여, 나는 성령의 역사를 인정합니다"라고 시인해야 합니다. 나의 인생과 삶이 있는데 지금 갑자기 어떻게 바꾸느냐고 따지지 마십시오. 성경은 분명히 말합니다. "네 입으로 의롭다 함을 받을 수도 있고 네 입으로 정죄함을 받을 수도 있다." 지금까지 쌓아 온 진노와 죄를 풀 수도 있고 아니면 더 강퍅해질 수도 있습니다. 그러나 여기에서 풀면 사랑으로, 용서로, 하나님의 은혜의 삶으로 계속해서 들어가게 됩니다. 갑자기 모든 것이 다 이루어지는 것이 아닙니다. 그러나 이 순간부터라도 죄를 막아야 합니다. 사탄의 역사를 막아야 합니다. 그분에게 경배하기 시작하면 굉장히 큰 기적이 일어나게 될 것입니다.

지금 이 순간 하나님이 우리를 향해 기회를 주십니다. 하나님은 우리를 용서하기를 원하고 계십니다. 과거를 묻지 않으십니다. 자녀로 삼고 싶어 하십니다. 하나님은 자신의 피 묻은 손으로 우리의 손을 잡기를 원하십니다. 하나님은 모든 것을 다 주고 싶어 하십니다. 하나님은 우리를 기다리고 계십니다. 우리가 독사의 자식이 되지 않기를 기도하고 계십니다.

38

그리스도의
참된 표적을 받으라

마태복음 12:38-45

사람의 마음이란 예외 없이 다 똑같습니다. 한번 악해지고 강퍅해지면 끝없이 악해지고 강퍅해집니다. 반대로 사랑이 생기고 부드러워지기 시작하면 점점 더 부드러워집니다. 어떤 사람은 죽을 때까지 마음이 강퍅해져서 죽기 전에야 정신이 드는 사람이 있고, 죽을 때까지도 모르고 죽는 사람이 있습니다. 본문 말씀을 보면 바리새인들이 계속 강퍅해지고 있는 것을 발견하게 됩니다.

그 때에 서기관과 바리새인 중 몇 사람이 말하되 선생님이여 우리에게 표적 보여주시기를 원하나이다(마 12:38).

대부분 강퍅한 사람은 거칠고 사납습니다. 그러나 강퍅하면서도 겉으로는 겸손한 척할 수 있습니다. 이것을 가리켜 교활이라고 합니다. 성령의 사건을 악령의 사건이라고 비판했던 이들이 갑자기 "선생님이여"라고 하며 표적을 보여 달라고 부드럽게 말하고 있습니다. 이것은 결코 부드러운 것이 아니라 교활한 것입니다.

표적을 요구하는 사람들

그들은 왜 표적을 보여 달라고 했을까요? 예수님은 이미 안식일에 손 마른 자를 고쳐 주셨고 그 후에 귀신 들려 눈멀고 말 못 하는 자를 고쳐 주셨습니다. 이미 표적을 보여 주신 것입니다. 그런데도 그들은 그 표적을 믿지 않았습니다. 이미 보여 준 것을 부인하고 또 보여 달라는 것입니다. 말하는 것은 부드러웠지만 그 내용은 하나도 변하지 않았습니다.

어떤 사람이 겉모양은 조금 변한 것 같은데 그 중심은 하나도 안 변할 수 있습니다. 하나님이 그렇게 많은 은혜를 베풀어 주셨고 그렇게 많은 기적을 보여 주셨건만, 그들은 믿지 않고 "하나님, 기적을 보여 주시옵소서. 하나님이 은혜를 베풀어 주시면 하나님을 내가 믿겠습니다"라고 말하는 것입니다. 이것은 하나님을 속이고 자신도 속이는 것에 불과합니다. 하나님이 우리에게 많은 은혜와 기적을 보여 주셨건만 우리는 그것을 별로 신통치 않게 생각하고 또 다른 은혜와 기적을 요구하는 것입니다.

예수님은 그들의 태도를 아시고 단호하게 요구를 거절하십니다. 예수님은 항상 말씀을 들어주시는 분이 아닙니다. 거짓된 요구는 언제나 거절하십니다. 반면에 진실한 요구는 한 번도 거절하시는 법이 없습니다. 우리의 표현이 좋든 나쁘든 하나님 앞에 진실하게 기도하는 것을 하나님은 한 번도 배척하시는 법이 없습니다. 속으로 독을 품고 칼을 갈고 있는 사람이 있습니다. 이런 사람의 요구를 하나님은 들어주시지 않습니다. 그는 항상 타인이 실수하기를 기다리는 사람입니다. 예컨대 기분 나쁘게 웃으면서 타인의 실수를 기다리는 사람, 결코 싸우지 않고 기회를 노리는 사람입니다. 상대방이 실수하는 순간에 즉시 공격하여 파고 들어가서 그 사람을 파괴해버리는 사람입니다. 그는 결코 사랑하고 있었던 것이 아닙니다. 결코 인내하고 있었던 것도 아닙니다. 상대방의 약점이 드러나기를 기다리고 있었던 것뿐입니다.

> 예수께서 대답하여 이르시되 악하고 음란한 세대가 표적을 구하나 선지자 요나의 표적밖에는 보일 표적이 없느니라(마 12:39).

예수님은 단호히 거절하십니다. 왜냐하면 이미 표적을 보여 주셨기 때문입니다. 장님이 눈뜨고, 벙어리가 말하는 것을 보고도 기적이 아니라고 부인하던 그들이 예수님에게 또 다른 표적을 보여 달라고 했을 때 예수님은 다시는 표적을 보여 주시지 않았습니다. 여기서 예수님은 '악하다'라는 표현을 쓰셨습니다. 이 말의 뜻은 그들의 마음이 교활하다는 것입니다. '음란하다'는 말의 뜻은 우리가 일반적으로 생각하는 것과는 조금 다릅니다. 그들이 하나님과의 관계에 있어서 음란하다는 뜻입니다. 구약에 음란하다는 말이 많이 나오는데, 그것은 전부 하나님에 대한 배교를 뜻합니다. 하나님을 섬기면서도 물질을 좋아하고, 하나님을 섬기면서도 권력을 좋아하고, 하나님을 섬기면서도 가끔 점치는 것 등입니다. 이런 우상 숭배의 태도, 하나님 외에 다른 신을 섬기는 모습을 성경에서는 음란하다고 했습니다.

그렇습니다. 그 시대 사람들은 겉으로는 가장 신앙적이고 윤리적인 것처럼 보였지만 예수님의 말씀처럼 회칠한 무덤이었고 독사의 알을 품고 있었습니다. 뿐만 아니라 그들은 하나님을 가장 잘 섬기는 사람으로 소문나 있었지만 실상은 수없이 많은 우상 숭배를 통해 영적 간음을 하고 있었습니다.

잘못된 지도자가 미치는 영향

예수님은 악하고 음란한 세대가 표적을 구한다고 하셨습니다. 여기서 우리가 주의해서 봐야 할 것은 주님이 바리새인들과 서기관들의 영적 상태와 그 시대정신을 동일하게 보신 점입니다. 표적을 보여 달라고 한 사람들은 그 당시의 모든 사람이 아닌, 바리새인들과 서기관들이었습니다. 그런데 예수님은 악하고 음란한 세대가 표적을 구한다고 하셨습니다. 이 말씀은 악하고 음란하게 세상을 오염시킨 장본인이 바리새인과 서기관이라는 것입니다.

이를 통해 우리는 잘못된 지도자, 특히 잘못된 영적 지도자가 한 세대에 미치는 영향력이 얼마나 큰 것인지를 깨닫게 됩니다. 좋은 지도자를 만나면 국민은 편안해집니다. 그러나 잘못된 정치 지도자를 만나면 국민은 끝없이 고생합니다. 잘못된 영적 지도자를 만나면 교회는 풍랑 속에 떠다니는 배처럼 되어 버립니다. 그러나 진정한 지도자를 만난 교회는 평안히 승리하는 생활을 하게 됩니다. 그 시대에 막강하게 영향력을 미쳤던 바리새인들과 서기관들이 악하고 음란했기 때문에 그 시대의 모든 백성이 악하고 음란해진 것입니다. 그래서 예수님은 악하고 음란한 세대라고 말씀하셨습니다.

우리는 여기서 교회의 역할이 얼마나 중요한지 배우게 됩니다. 그리스도인과 교회에는 세상을 욕할 자격이 없습니다. 왜냐하면 궁극적인 책임은 그리스도인과 교회에 있기 때문입니다. 우리가 잘못된 영향을 끼친 것입니다.

예수님이 보여 주시는 참된 표적

예수님은 바리새인들과 서기관들의 질문에 대해 세 가지로 대답하셨습니다. 첫째, 너희들이 원하는 표적이 아니라 내가 제시하는 참된 표적을 가르쳐 주리라고 하셨습니다. 둘째, 거짓된 표적을 구하는 자가 받을 심판이 어떤 것인가를 보여 주겠다고 하셨습니다. 셋째, 앞으로 이 시대가 겪어야 할 영적 상황에 대해 설명해 주셨습니다.

첫 번째로 예수님은 요나의 표적밖에는 보여 줄 것이 없다고 말씀하셨습니다. 그러면 요나의 표적이란 무엇입니까? 다양한 의미가 이 말씀 안에 내포되어 있지만 가장 중요한 뜻은, 요나가 불순종하여 큰 물고기 뱃속에 3일 동안 들어갔다가 나온 것같이 주님은 우리 죄를 위하여 십자가에 죽으셨다가 3일 후에 다시 살아나게 된다는 것입니다.

> 요나가 밤낮 사흘 동안 큰 물고기 뱃속에 있었던 것같이 인자도 밤낮 사흘 동안 땅 속에 있으리라(마 12:40).

이것이 바로 예수님이 보여 주시는 표적입니다. "요나가 물고기 뱃속에 들어간 것처럼 내가 너희에게 보여 줄 표적은 기적이 아니라 죽는 길이다. 즉 십자가 표적이다"라는 뜻입니다. "너희처럼 그렇게 악하고 음란하고 강퍅한 세대에게 보여 줄 표적은 내가 죽는 길밖에 없다"는 뜻입니다.

그렇습니다. 부활처럼 완전하고 궁극적인 것은 없습니다. 지금까지 예수님은 병자를 고치시고, 자연을 통제하시고, 귀신을 쫓아내시고, 죽은 자를 살리시는 초자연적인 기적을 보여 주셨는데, 이러한 모든 것은 부활에 비하면 그림자에 불과합니다. 그리스도인의 최대의 표적은 부활을 믿는 믿음입니다. 환상을 보고, 방언을 하고, 예언을 하고 기적을 일으키는 정도가 아닙니다. 그런 것도 중요한 표적일 수 있겠지만 궁극적인 표적은 부활하신 주님을 믿는 것입니다. 최후의 승리를 믿는 것입니다.

악한 세대가 받을 심판

두 번째로 참된 표적을 갖지 못하는 사람들이 받을 심판에 대해 설명하고 있습니다.

> 심판 때에 니느웨 사람들이 일어나 이 세대 사람을 정죄하리니 이는 그들이 요나의 전도를 듣고 회개하였음이거니와 요나보다 더 큰 이가 여기 있으며(마 12:41).

마지막 심판 때에 니느웨 사람들이 유대인을 정죄할 것이라고 했습니다. 예수님과는 비교도 되지 않는 인물인 요나가 한 설교, 그것도 기뻐서가 아니라 할 수 없이 매 맞고 한 설교를 듣고도 선택받지 않은 니느웨 사람들은 회개했습니다. 왕에서부터 온 백성에 이르기까지, 또 모든 가축, 즉 소 떼와 양 떼에게까지 금식을 명하고 회개한 것입니다. 그런데 요나보다 더 크신 예수님이 선택받은 이스라엘 백성에게 직접 구원과 복음을 선포하셨음에도 불구하고 그들은 믿지 않았습니다.

> 심판 때에 남방 여왕이 일어나 이 세대 사람을 정죄하리니 이는 그가 솔로몬의 지혜로운 말을 들으려고 땅 끝에서 왔음이거니와 솔로몬보다 더 큰 이가 여기 있느니라(마 12:42).

여기서 남방 여왕은 당시 애굽과 에티오피아의 여왕인 시바 여왕을 말합니다. 솔로몬은 하나님으로부터 지혜를 받은 왕이었습니다. 시바 여왕은 솔로몬의 지혜에 대한 소문을 듣고 땅끝에서 찾아와 지혜를 얻으려고 했던 것입니다. 그런데 솔로몬과 감히 비교할 수 없는 하나님의 아들 예수 그리스도가 오셔서 친히 말씀을 전하는데도 듣지 않는다면 심판 때에 시바 여왕이 와서 정죄할 것이라는 말씀입니다.

악하고 음란한 세대는 심판 때에 정죄를 받게 됩니다. 이 말씀은 그들을 위한 말씀일 뿐 아니라 바로 우리를 향한 말씀입니다. 요즘 우리는 얼마나 많은 설교를 듣습니까? 성경공부 테이프, 설교 테이프, 부흥회 테이프 등 말씀이 담긴 테이프도 너무나 많습니다. 오라고 하는 집회가 너무나 많습니다. 수많은 자료, 정보, 설교, 게다가 교회 수는 또 얼마나 많습니까? 그럼에도 불구하고 우리의 영적 상태는 점점 땅속으로 기어 들어가고 있습니다. 성경이 없어서 쪽 성경을 읽는 성도에 비하면 우리는 너무나 쉽게 성경을 구할 수 있습니다. 게다가 주석, 사전까지 붙어 있어서 사람들을 게으르게 만들어 놓았습니다.

이처럼 모든 것이 편리해졌지만 과연 우리가 변한 것이 무엇입니까? 우리의 영적 경건성이 더 크고 깊어졌습니까? 아닙니다. 오히려 영적 수준이 낮아졌습니다. 백 년 전 우리 믿음의 선배들의 신앙과 지금 우리의 신앙은 비교할 수가 없습니다. 그들은 생명을

건 신앙이었습니다. 그러나 우리는 아주 게으르고 나태한 신앙생
활을 하고 있습니다.

악한 세대에게 일어날 영적 현상

세 번째, 예수님은 거짓된 표적을 구하는 이들에게 앞으로 일어날
영적 현상에 대해 말씀하고 계십니다.

> 더러운 귀신이 사람에게서 나갔을 때에 물 없는 곳으로 다니며 쉬
> 기를 구하되 쉴 곳을 얻지 못하고 이에 이르되 내가 나온 내 집으로
> 돌아가리라 하고 와 보니 그 집이 비고 청소되고 수리되었거늘 이
> 에 가서 저보다 더 악한 귀신 일곱을 데리고 들어가서 거하니 그 사
> 람의 나중 형편이 전보다 더욱 심하게 되느니라 이 악한 세대가 또
> 한 이렇게 되리라(마 12:43-45).

이 말씀에서 우리 세대가 더욱더 포악해지고 강퍅해지고 있다
는 사실을 발견하게 됩니다. 강남에 유수한 교회가 그토록 많지만
유수한 술집도 너무나 많습니다. 교회가 많아지면 술집이 없어져
야 하는데, 이상하게도 교회와 술집이 공존합니다. 교회가 활발히
일어나는 것처럼 향락 산업도 기승을 부립니다. 교회가 이 문제에
대해 전혀 영적 능력이 없는 것입니다. 숫자로는 안 됩니다. 믿는

사람이 많아도 세상은 강퍅해집니다. 왜냐하면 잘못 믿고 있기 때문입니다.

더러운 귀신은 예수님이 계시는 동안은 힘을 쓸 수 없고 결국은 통곡하며 떠나게 됩니다. 귀신은 절대로 예수님을 이길 수 없습니다. 예수님이 가시는 곳마다 귀신은 패배하고 떠났습니다. 질병과 절망과 죽음은 예수님이 계시는 동안은 역사할 수 없습니다. 그러나 귀신은 반드시 돌아온다는 것을 알아야 합니다.

귀신은 나가기도 하지만 다시 들어오기도 잘합니다. 귀신이 나갔다고 해서 좋아해서는 안 됩니다. 왜냐하면 그 귀신은 반드시 다시 들어오기 때문입니다. 귀신은 물 없는 곳, 즉 광야로 쫓겨 나갑니다. 그러나 귀신은 광야에서 쉴 수가 없기 때문에 타락한 인간들에게 다시 돌아옵니다.

귀신은 기도하지 않는 영혼, 타락한 영혼 안에 깃들기를 제일 좋아합니다. 아무리 집을 잘 청소하고 수리한다고 할지라도 그 집이 비어 있으면 반드시 귀신에게 점령당한다는 사실을 명심하십시오. 여기서 집은 인간의 마음을 의미합니다. 예수님을 믿고, 교회에 나왔습니다. 그리고 나쁜 습관을 다 버렸습니다. 몸속의 더러운 생각을 다 내어 쫓았고, 여러 가지 새로운 것으로 깨끗이 청소하고 수리하고 장식했습니다. 이 사람은 누가 보아도 괜찮은 사람이 되었습니다. 그런데 들여다 보니까 주인이 없습니다. 집이 비어 있습니다. 빈집, 그것이 문제입니다.

백악관이나 청와대는 집이 좋다는 뜻이 아니라 그 나라의 통치를 대표하는 사람이 산다는 것을 의미합니다. 대통령이 없는 백악관, 대통령이 없는 청와대란 박물관에 불과합니다. 우리가 아무리 도덕적이고 실천적인 삶을 산다고 해도 예수님이 우리 인생의 계속적으로 주인이 되지 못한다면 나갔던 귀신은 더 악한 상태가 되어서 우리를 점령할 것입니다. 예수 믿는 것으로 끝났다고 생각하면 큰 오산입니다. "예수 이름으로 명하노니 더러운 귀신아 떠나갈지어다!"라고 하면 귀신이 울며 통곡하며 나갑니다. 병도 낫습니다. 그러나 그것으로 만족해서는 안 됩니다. 그렇게 귀신이 나가서 내가 깨끗이 청소되고, 새로 장식되었다고 할지라도 계속해서 내 마음의 중심에 예수 그리스도를 주인으로 모시지 않으면, 계속적으로 그분이 나의 왕이요 나의 주인이 되지 않으면, 귀신은 더 악한 귀신을 데려와 우리를 더 나쁜 상태로 만들 것입니다.

귀신이 나갔다는 사실보다 더 중요한 것은 귀신이 다시 들어오지 못하게 하는 일입니다. 예수님을 주인으로 모셔서 마귀가 아무리 우는 사자처럼 덤벼도 우리 속에 들어올 수 없게 만드는 것이 승리의 비결입니다. 우리가 예수님을 믿고 변했다는 것으로 스스로 만족해서는 안 됩니다. 오늘 변하고 내일 또 변할 수 있습니다. 계속해서 예수님을 나의 주인으로, 나의 왕으로 모시고 사는 길밖에 없습니다.

39

우리는 모두
천국 가족으로 부름 받았다

마태복음 12:46-50

가장 이해받고 사랑받아야 할 사람에게 배척당하고 오해를 받을 때처럼 괴로울 때는 없습니다. 차라리 모르는 사람이나 반대파에게 반대를 당한다면 상처를 덜 받을 것입니다. 예수님은 바리새인과 서기관들로부터 심각한 오해와 비판을 받으셨습니다. 그런데 본문 말씀에서는 육신의 어머니와 형제들에게서 오해와 불신을 받으시는 것을 보게 됩니다.

> 예수께서 무리에게 말씀하실 때에 그의 어머니와 동생들이 예수께 말하려고 밖에 섰더니(마 12:46).

예수님의 모친과 그의 형제들이 예수님을 이해하고 격려하기 위해 찾아온 것이 아니라는 사실은 앞뒤 문맥을 통해 분명히 알 수 있습니다. 그들은 예수님의 사역을 막기 위해서 찾아온 것입니다. 이 내용은 마가복음 3장 20-21절을 보면 좀 더 뚜렷합니다.

"집에 들어가시니 무리가 다시 모이므로 식사할 겨를도 없는지라 예수의 친족들이 듣고 그를 붙들러 나오니 이는 그가 미쳤다 함일러라."

예수님은 식사할 겨를조차 없으셨습니다. 아마 끼니를 거르시기도 하고 또 제때에 식사를 못하시기도 했던 것 같습니다. 그리고 예수님이 하시는 모든 활동이 일반 사람의 눈으로 볼 때는 이상한 모습으로 비추어졌을 것입니다.

그래서 예수님의 친척들이 와서 예수님을 붙들어 가려고 했습니다. 일부 세상 사람이 생각하는 대로 예수님을 미친 사람으로 오해한 것입니다. 식사를 거르면서까지 무리하게 고된 사역을 한다든지, 끊임없이 바리새인들과 서기관들과 충돌한다든지, 그리고 보통 사람으로서는 할 수 없는 기적을 베풀고 있다든지 하는 소문들이 가족에게 들려왔습니다.

마가복음 3장 31절을 보면 본문과 비슷한 내용이 있습니다.

"그 때에 예수의 어머니와 동생들이 와서 밖에 서서 사람을 보내어 예수를 부르니."

아마 예수님이 말씀을 가르치시고 있는 동안에 사람들이 많이 모였기 때문에 예수님이 있는 곳에 들어갈 수 없었을 것입니다. 그래서 사람을 시켜서 잠시 나오게 한 듯 보입니다. 누가복음 8장 19절에서는 "예수의 어머니와 그 동생들이 왔으나 무리로 인하여 가까이 하지 못하니"라고 했습니다.

마태, 마가, 누가복음의 기록을 보면 예수님의 모친과 동생들 중에서 특별히 주축이 되는 인물은 어머니 마리아입니다. 요셉에 대한 기록이 없는 것으로 보아 이때 이미 요셉은 죽은 것으로 추측되고, 동생들은 어머니의 의견에 따라 동행한 것으로 보입니다.

천국 가족은 인간 관계 위에 세워질 수 없다

마리아는 어떤 사람입니까? 예수님의 사역 초기에 특별히 요한복음 2장을 보면 누구보다도 예수님의 신성을 인정했던 사람입니다. 그뿐 아니라 그 자신이 예수님을 잉태할 때 남자를 통해서 잉태한 것이 아니라 성령을 통해서 한 것을 누구보다도 잘 알았습니다. 그럼에도 불구하고 여기서 그녀는 예수님에 대한 신앙적인 이해보다는 인간적인 이해 쪽으로 기울어지고 있습니다.

이 부분은 마치 베드로가 예수님을 지극히 사랑하고 예수님에게 충성했지만 그의 충성과 사랑이 인간적이었던 것과 같습니다. 베드로는 십자가를 지려는 예수님에게 "주여, 그리 마옵소서"라고 하며 만류했습니다. 이것은 인간적으로 보면 충성이요 헌신이지만 신앙적으로 보면 하나님의 일을 막는 것이었습니다. 이때 예수님은 태도가 돌변하시면서 "사탄아 내 뒤로 물러가라 너는 나를 넘어지게 하는 자로다 네가 하나님의 일을 생각하지 아니하고 도리어 사람의 일을 생각하는도다"(마 16:23)라고 하셨습니다. 여기서 사탄이 아주 간교하고 교활하게 공격하는 것을 보게 됩니다.

바리새인과 서기관을 통해서 하는 비판과 공격은 쉽게 구분할 수 있습니다. 힘들고 고통스럽지만 그것은 눈으로 잘 볼 수 있는 사탄의 공격입니다. 그러나 가족이나 충성하는 사람들을 통해서 하나님의 뜻을 저버리는 것은 아주 교활한 사탄의 공격입니다. 사람들은 가끔 이러한 영적 도전을 받을 때가 있습니다. 그것은 그 사람을 위한 것이면서도 궁극적으로는 그 사람을 버리게 만들기도 합니다.

예수님은 이러한 영적 도전에 대해 예리하게 판단하시고 다음과 같이 대답하셨습니다.

> 한사람이 예수께 여짜오되 보소서 당신의 어머니와 동생들이 당신께 말하려고 밖에 서 있나이다 하니 말하던 사람에게 대답하여 이르시되 누가 내 어머니이며 내 동생들이냐 하시고 손을 내밀어 제자들을 가리켜 이르시되 나의 어머니와 나의 동생들을 보라 누구든지 하늘에 계신 내 아버지의 뜻대로 하는 자가 내 형제요 자매요 어머니이니라 하시더라(마 12:47-50).

여기서 주의해야 할 것이 예수님이 가정이나 식구나 어머니를 무시하거나 배척한 것이 아니라는 사실입니다. 예수님은 누구보다도 어머니를 사랑하셨습니다. 예수님은 누구보다도 가족을 사랑하셨습니다. 그 대표적인 예로, 예수님이 십자가상에서 피를 흘리시면서 사랑하는 제자에게 어머니를 부탁하신 일입니다. 나의 육신의 어머니를 평생토록 잘 돌봐 달라고 부탁하신 것을 보면 결코 예수님은 어머니를 무시하거나 효도하지 않은 것이 아님을 알 수 있습니다. 그러면 예수님이 누가 내 모친이며 내 형제냐고 하신 말씀은 무슨 뜻입니까? 여기에는 중요한 세 가지 뜻이 있습니다.

첫째, 하나님 나라의 가족은 인간 관계 위에 세워질 수 없다는 진리입니다. 이 세상의 나라는 모든 것이 인간 관계에서 시작됩니다. 혈연이든지 지연이든지, 학연 같은 것을 통해서 사회가 형성됩니다. 아무리 이념이 강한 집단이라 할지라도 이러한 인간 관계의 끈은 피할 길이 없습니다. 몰락한 필리핀의 경우나 루마니아의 차우셰스쿠, 북한의 김일성 등은 모두가 가족 권력 구조입니다. 그들이 가족을 동원시키지 않았다면 이렇게까지 사태가 심각하지 않았을 것입니다. 권력을 잡고 자기 부인과 아들, 그리고 많은 일가 친척을 권력 구조로 끌어들였습니다. 이것은 인간 사회가 필연적으로 가질 수밖에 없는 구조입니다.

또 어떤 정치 권력구조를 보면, 경상도 사람끼리 모이는 구조가 있습니다. 또 전라도 사람끼리 모이는 구조가 있습니다. 이것을 비슷하게 흉내 내는 교회도 있습니다. 북한 사람들이 모이는 교회, 경상도 사람이 모이는 교회, 호남 사람들이 모이는 교회, 이렇게 끼리끼리 동류결합 원칙으로 모이는 것이 세상의 구조입니다. 선배냐, 후배냐, 몇 기냐를 따지고, 가능하면 자기들끼리 사회 권력 구조와 이념 집단을 형성해 가는 것입니다. 자기들은 이런 이해 관계와는 전혀 상관이 없다는 이념 집단일지라도, 김일성과 차우셰스쿠를 보면 현실은 그것이 아닙니다.

그러나 천국은 결코 이러한 인간 관계로 맺어지는 구조가 아님을 예수님이 보여 주고 계십니다. 예수님은 "사람의 원수가 자기 집안 식구리라"(마 10:36)고 말씀하셨습니다. 이 말씀은 어느 부분에 있어서는 진리입니다. 혈연과 지연과 학연이 중요하기는 합니다. 그러나 그것은 세상에서의 인간 관계일 뿐이지 천국에서는 아무 의미가 없습니다.

천국 가족은 영적 관계에서 시작된다

둘째, 그러면 하나님 나라의 기초는 어디에 근거합니까? 영적 관계에서 천국 가족이 시작됩니다. 초대 기독교인들은 다음과 같이 말했습니다. "그리스도인의 유일한 친척은 성도다. 성도들이 우리의 가족이요 친척이다." 요한복음을 보면 예수님의 형제에 대해서 "이는 그 형제들까지도 예수를 믿지 아니함이러라"(요 7:5)고 했습니다. 예수님의 형제들이 예수님을 믿지 않은 것입니다. 그렇다고 놀랄 것은 하나도 없습니다. 그것이 바로 혈연의 한계이기 때문입니다. 사실 가족이란 가장 가까우면서도 원수처럼 될 수 있는 관계입니다. 이 세상에 형제끼리 싸우고 미워하고 원수 된 사람들이 얼마나 많습니까? 혹시 우리 중에도 무슨 이유에서든지 형제와 말하지 않고 서로 등진 사람들이 있을 수 있습니다. 심지어 어떤 때는 '이 사람이 과연 내 형제인가? 과연 한 배에서 나왔나?' 싶을 정도로 원수 사이가 됩니다. '과연 내 부모가 날 낳았을까? 혹시 나를 낳지 않은 것이 아닐까?' 하는 생각까지 갖게 하는 부모도 있고, '정말 이 자식이 내 배에서 나왔나?' 싶을 정도로 속썩이는 자식도 있습니다. 그러므로 천국은 이런 인간 관계의 구조에 기초하지 않는다는 사실을 믿어야 합니다. 천국은 영적 관계에서 가족이 형성됩니다.

그러면 영적 관계, 영적 기초에서 형성되는 천국 가족의 태도는 어떠해야 합니까? 예수님은 한마디로 정의하셨습니다.

누구든지 하늘에 계신 내 아버지의 뜻대로 하는 자가 내 형제요 자매요 어머니이니라(마 12:50).

피를 나눈 사람이 아니라, 동창이 아니라, 한 지역에서 같이 자란 사람이 아니라, 하나님의 뜻에 따라 순종하는 사람이 하나님의 가족입니다. '우리 부모님이 기도하니까 나는 천국 가겠지'라고 생각하지 말라는 것입니다. 인간 관계의 기초가 곧 천국의 기초가 아니기 때문입니다. 우리는 우리 자신의 믿음을 가져야 합니다. 세상에서 부부가 같이 살다가 천국까지 같이 가면 그 이상 더 좋은 것이 없습니다. 그러나 세상의 인간 관계가 천국 관계는 아닙니다.

누가 천국 가족입니까? 요한복음에서 "영접하는 자 곧 그 이름을 믿는 자들에게는 하나님의 자녀가 되는 권세를 주셨으니"(요 1:12)라고 말했습니다. 예수 그리스도를 영접하고 믿는 사람이 천국 가족입니다. 또한 "영생은 곧 유일하신 참 하나님과 그가 보내신 자 예수 그리스도를 아는 것"(요 17:3)이라는 말씀처럼 천국 가족은 예수 그리스도를 영접하고, 예수 그리스도를 믿고, 예수 그리스도를 아는 사람입니다. 입으로만 "주여, 주여" 하는 사람들이 아닙니다. 하늘에 계신 아버지의 뜻대로 행하는 사람들이 천국 가족입니다. 교회에 들락날락하고, 찬송 부르고, 기도하고, "주여, 주여" 한다고 해서 하나님 아버지의 자식이 아닙니다. 진실로 내 마음속으로 내 삶을 통해서 하나님을 인정하고 예수 그리스도를 믿고 그 뜻대로 사는 사람만이 천국 가족입니다. 그러므로 영적인 관계에 기초하여 볼 때 우리는 서로 형제가 될 수도 있고, 친구가 될 수도 있고, 어머니가 될 수도 있습니다.

그리스도 안에서 가족인 우리

셋째, 발견하는 놀라운 진리는 하나님 나라의 가족은 누구냐는 것입니다.

> 손을 내밀어 제자들을 가리켜 이르시되 나의 어머니와 나의 동생들을 보라(마 12:49).

원문에는 이 말씀이 "볼지어다"라는 감탄사로 시작됩니다. 천국 가족은 혈연으로 이루어진 것이 아닙니다. 진정한 예수 그리스도의 제자의 삶을 살아가는 사람들이 천국 가족입니다. 이것은 놀라운 말씀입니다.

이 진리는 영적인 모든 영역에서 다 이루어집니다. 예수님을 믿고 나면 친구의 개념도 달라집니다. 옛날에 그렇게 친하던 친구가 가까워지지 않습니다. 참복음을 알고 나면 피를 나눈 형제도 옛날처럼 되지 않습니다. 참우정은 영적인 데서 시작합니다. 영적으로 맺어진 우정, 그것은 설명할 수 없이 깊고 오묘합니다. 진정한 부부는 영적으로 맺어진 부부입니다. 한 사람은 예수를 잘 믿고 한 사람은 잘 믿지 않는 부부는 영적으로 일치감이 없기 때문에 참으로 갈등이 많습니다.

이뿐만이 아닙니다. 영적인 것으로 기초가 된 학문은 다릅니다. 영적으로 기초 된 것은 문학, 음악, 미술 등 예술의 세계에 있어서도 근본적으로 다릅니다. 성령 충만한 사람이 부르는 노래와 성령이 없는 사람이 부르는 노래는 전혀 다릅니다. 연주도 다릅니다. 이는 기초가 다르기 때문입니다. 영적으로 맺어진 것은 어떤 것이든지 세상 것과 바꿀 수 없는 높은 가치가 있습니다.

이렇듯 영적인 가정은 중요하기 때문에 영적인 가족끼리 상처를 받으면 그 상처가 아주 큽니다. 그래서 예수 믿는 사람끼리는 조심해야 합니다. 믿는 사람끼리 상처 받으면 그 상처가 아주 깊습니다. 왜냐하면 영적으로 생긴 일이기 때문입니다. 우리는 혈연으로도, 지연으로도, 학연으로도 설명할 수 없는 사람들입니다. 그리스도 안에서 형제 된 사람들입니다. 예수님이 가르쳐 주신 진리가 바로 여기에 있습니다. 누가 나의 어머니며, 나의 형제입니까? 아버지의 뜻대로 살고자 하는 사람이 다 우리의 형제요 자매요 우리의 가족입니다.

교회에 살짝 왔다가 살짝 가는 사람은 불쌍한 사람입니다. 말씀 듣는 축복도 중요하지만 천국 가정의 교제권을 잃어버린 사람은 정말 불쌍합니다. 세상 어디에 가서 위로를 받을 수 있겠습니까? 그러니 구역 예배도 꼭 참여해야 합니다. 구역 식구들이 그렇게 좋을 수가 없습니다. 세상에 어느 누가 서로 기도해 주고 염려해 주고 사랑해 줄 수 있겠습니까? 밤 12시가 되어도 헤어질 수가 없습니다. 천국 가족이기 때문입니다. 일대일 성경공부도 그래서 중요합니다.

우리는 천국을 누리고 사는 외롭지 않은 사람들입니다. 새찬송가 220장에서 "사랑하는 주님 앞에 형제자매 한자리에 크신 은혜 생각하며 즐거운 찬송 부르네. 사랑하는 주님 예수 같은 주로 섬기나니 한 피 받아 한 몸 이룬 형제여 친구들이여"라고 했습니다. 더 이상 외롭게 살지 말아야 합니다. 우리는 한 목적, 한 방향, 한 꿈을 가지고 사는 사람들입니다. 주님이 우리에게 맡겨 주신 지상 명령을 성취하기 위해 모인 사람들입니다. 그러기에 예수님처럼 사랑해야 합니다. 형제가 실수하면 용서해 주어야 합니다. 너무 비판하지 마십시오. 너무 욕하지 마십시오. 너무 의심하지 마십시오. 우리는 식구입니다. 형제입니다. 그리스도 안에서 우리는 한 피를 받아 한 몸을 이룬 사람들입니다.